松亭 金赫濟 校閱

原本集註

詩傳

(全)

明文堂

詩經序

或有問於予曰詩何爲而作也予應之曰人生而靜天之性也感於物而動性之欲也夫既有欲矣則不能無思既有思矣則不能無言既有言矣則言之所不能盡而發於咨嗟咏歎之餘者必有自然之音響節族(音奏)而不能已焉此詩之所以作也曰然則其所以教者何也曰詩者人心之感物而形於言之餘也心之所感有邪正故言之所形有是非惟聖人在上則其所感者無不正而其言皆足以爲教其或感之之雜而所發不能無可擇者則上之人必思所以自反而因有以勸懲之是亦所以爲教也昔周盛時上自郊廟朝廷而下達於鄉黨閭巷其言粹然無不出於正者聖人固已協之聲律

而用之鄕人用之邦國以化天下至於列國之詩則天子巡守亦必陳而觀之以行黜陟之典降自昭穆而後寖以陵夷至於東遷而遂廢不講矣孔子生於其時旣不得位無以行帝王勸懲黜陟之政於是特擧其籍而討論之去其重複正其紛亂而其善之不足以爲法惡之不足以爲戒者則亦刋而去之以從簡約示久遠使夫學者卽是而有以考其得失善者師之而惡者改焉是以其政雖不足以行於一時而其敎實被於萬世是則詩之所以爲敎者然也曰然則國風雅頌之體其不同若是何也曰吾聞之凡詩之所謂風者多出於里巷歌謠之作所謂男女相與詠歌各言其情者也唯周南召南親被文王之化以成德而人皆有以得其性情之

正故其發於言者樂而不過於淫哀而不及於傷是以二篇獨爲風詩之正經自邶而下則其國之治亂不同人之賢否亦異其所感而發者有邪正是非之不齊而所謂先王之風者於此焉變矣若夫雅頌之篇則皆成周之世朝廷郊廟樂歌之詞其語和而莊其義寬而密其作者往往聖人之徒固所以爲萬世法程而不可易者也至於雅之變者亦皆一時賢人君子閔時病俗之所爲而聖人取之其忠厚惻怛之心陳善閉邪之意尤非後世能言之士所能及之此詩之爲經所以人事浹於下天道備於上而無一理之不具也曰然則其學之也當奈何曰本之二南以求其端參之列國以盡其變正之於雅以大其規和之於頌以要其止此學詩之大

旨也於是乎章句以綱之訓詁以記之諷詠以昌之涵濡以體之察之情性隱微之間審之言行樞機之始則修身及家平均天下之道其亦不待他求而得之於此矣問者唯唯而退余時方輯詩傳因悉次是語以冠其篇云淳熙四年丁酉冬十月戊子新安朱熹書

詩經序終

詩經目錄

國風　一

周南　一
召南　一一
邶　一五
鄘　三〇
衛　五八
王　七二
鄭　八八
齊　一〇一
魏　一二一
唐　一三三
秦　一四一
陳　一五五
檜　一七〇
曹　一七八
　　一八二
豳　一八七

小雅　二〇七

鹿鳴之什　二〇七
白華之什　二二九
彤弓之什　二三九
祈父之什　二五七
小旻之什　二八九
北山之什　三一八
桑扈之什　三四一
都人士之什　三五九

大雅　三七三

文王之什　三七三
生民之什　四〇六
蕩之什　四三六

頌　四八三

周頌清廟之什　四八三

周頌臣工之什 四九二
周頌閔予小子之什 五〇一
魯頌 五一二
商頌 五二五

詩經目錄終

詩經一

物名

○周南

關雎

雎저鳩구증경이　荇힝말암○도약이○猪저蓴순

葛覃

葛갈츩　黃황鳥됴꾀쏘리

卷耳

卷권耳이돗쏘말이　馬마말

兕시說文에닐오ᄃᆡ들쇼ᄀᆞᆺ고털이프르고얼고리코키리ᄀᆞ타니라交州記에닐오ᄃᆡ兕시ㅣ九德의셔나니쓸기리셕ᄌᆞ남고얼굴이馬마鞭편內병ᄀᆞ타니라

樛木

藟류멀애○뫼ㅅ멀외

螽斯

螽 종 斯 ᄉᆞ 븨ᄶᅡᆼ이

桃夭

桃 도 복숑아

兎罝

兎 토 톳기

芣苢

芣 부 苢 이 뵘쟝이 길경이

漢廣

楚 초 가시나무○說文에 닐오ᄃᆡᄯᅡᆯ기나무

蔞 려 믈쑥

駒 구 망아지

汝墳

魴 방 방어

麟之趾

麟린 긔린

○召南

鵲巢

鵲쟉 가치　鳩子 비둘기

采蘩

蘩번 다북쑥

草蟲

草초蟲츙 븨쌍이　阜부螽죵 묏도기　蕨궐 고사리　薇미 회초믜

采蘋

蘋빈 ᄆᆞ란안ᄂᆞᆫ말암　藻조 쓰ᄂᆞᆫ말옴○말

甘棠

棠(흰아가외)

行露

雀작(춤서)　鼠셔(쥐)

羔羊

羔고(샷기양○염쇼)　羊양(양)

摽有梅

梅미(미화)

野有死麕

麕균(노로)　鹿록(亽숨)　茅모(뛰)　尨방(더펄기)

何彼襛矣

唐당棣톄(블근아가외○산미ᄌᆞ)　李리(외얏)

騶虞

葭가 갈　豝파 수퇫　騶추虞우 埤雅의닐오ᄃᆡ셩녁즘승이니님금이지극ᄒᆞᆫ밋븐덕이이시면나ᄂᆞ니라山海經의닐오ᄃᆡ쑈리몸두끈길고다리가지비치다가ᄌᆞ니라면ᄒᆞ로천리ᄅᆞᆯ가ᄂᆞ니라　蓬봉 다복쑥　豵종 ᄒᆞ랍돗

詩經二

物名

○邶風

栢舟

栢빅 측빅

燕燕

燕연 접이

凱風

棘극 가시나무○ᄯᅩ션대쵸

雄雉

雉 치 꿩

匏有苦葉

匏 포 박　鴈 안 기러기

谷風

葑 봉 만쳥이니 쉿무우　菲 비 뒨무우　荼 도 싀화　薺 졔 나이

旄丘

狐 호 여으

簡兮

虎 호 범　榛 진 개얌　苓 영 감초

北風

烏 오 가마괴

靜女

荑 뎨 삐오기

新臺

鴻 홍 기러기

詩經三

物名

○鄘風

墻有茨

茨 ᄌᆞ 남가서

桑中

唐 당 새삼 麥 미 밀

鶉之奔奔

鶉 슌 모초라기

定之方中

栗률 밤　椅의 머귀류ㅣ니ᄆᆞᄅᆡ여름이오머귀겁질이라　桐동 머귀　梓ᄌᆡ ᄀᆞᄅᆡ　漆칠 옷　桑상 ᄲᅩᆼ

○衛風

淇澳

竹쥭 대

碩人

蝤츄蠐졔 ᄌᆞ채○셔근남긔버러지라　瓠호犀셔 박씨　螓진 ᄆᆡ얌이ᄀᆞᆺ토ᄃᆡ져그니라　蛾아 나뷔　鱣

젼 큰고기니입이ᄆᆡᆨ아릐잇고몸의빗진비ᄂᆞᆯ이잇고고기ᄂᆞ루ᄂᆞᆫ니큰이ᄂᆞᆫ기릐二三丈이라　鮪유 鱣ᄀᆞᆺ토ᄃᆡ적고빗치프르고검고머리적고ᄲᅧᄅᆞᆺᄒᆞ야쇠루구ᄀᆞᆺ고입이턱아릐이시니큰이ᄂᆞᆫ王鮪ㅣ오적은이ᄂᆞᆫ叔鮪ㅣ라

氓

葚심 오ᄃᆡ　菼담 달○ᄀᆞᆺ나ᄂᆞᆫ골

竹竿

檜회 젓 松송 솔

芄蘭

芄환蘭란 새박

河廣

葦위 갈

伯兮

諼훤草초 넘ᄂᆞ말

木瓜

木목瓜과 모파

詩經四

物名

○王風

黍離

黍서 기장 稷직 피

君子于役

雞계 닭 牛우 소

揚之水

薪신 섭나무 蒲포 깃버들

中谷有蓷

蓷퇴 임문비앗

采葛

蕭쇼 비양쑥 艾애 쑥

丘中有麻

麻마 삼

○鄭風

將仲子

杞 긔 ᄆᆡ버들　桑 상 뽕나무　檀 단 박달

大叔于田

鴇 보 그믄총

羔裘

豹 포 바독범

女曰雞鳴

鳧 부 오믈리

有女同車

舜 슌 일일화

山有扶蘇

蘇소(초죠 기) 荷하(련) 龍룡(말엳 귀)

東門之墠

茹여(곡도 손) 藘려

出其東門

荼(이 ᄉᆡᆨ 사)

溱洧

蕑간(난) 勺작 藥약(샤 약)

詩經五

物名

○齊風

雞鳴

蠅승(파 리)

還

狼 랑 일히

東方未明

柳 류 버들

盧令

盧 로 샹영기

敝笱

魴 방 방어　鱞 환 未詳　鱮 셔 련어

載驅

驪 리 청가라

○魏風

葛屨

象 샹 코키리

汾沮洳

莫 모 未詳　藚 쇽 쇠귀나말

伐檀

貆 환 너구리삿기

詩經六

物名

○唐風

蟋蟀

蟋 실 蟀 솔 귀도람이뵈짱이

山有樞

樞 츄 스므나무　楡 유 느릅

栲 고 춤나무　杻 뉴 대싸리

椒聊

椒 쵸 천쵸

杕杜

杜 두 아가외

鴇羽

鴇 보 너시　栩 우 덥갈　稻 도 벼　粱 량 기장

葛生

蘞 렴 未詳

采苓

苦 고 바곳

○秦風

車鄰

楊양 버들

駟鐵

獫험 상여미

歇헐驕교 상양미

小戎

騏긔 털청총이

馵쥬 자덕발흰

騮류 월라

騧화 공골

龍룡 룡

蒹葭

蒹겸 달

終南

條됴 꼴릐나무

晨風

晨신風풍 새미

櫟륵 덥갈

駮박 잡석

棣톄 불근아가의산미즈

檖슈 뫼비

詩經七

物名

○陳風

東門之枌

枌 분 느릅　荍 교 규화

東門之池

紵 저 모시　菅 간 글회영

墓門

鴞 효 올바미일오도서

防有鵲巢

苕 됴 俗名金藤花　鷊 격 未詳

澤陂

蒲포(부들) 菡함萏담(련꼿)

○檜風

隰有萇楚

萇장楚초(未詳)

○曹風

蜉蝣

蜉부蝣류(ᄒᆞᄅᆞ사리)

候人

鵜뎨(사ᄃᆞ새)

鳲鳩

鳲시鳩구(법국새)

下泉

稂랑 마랏 蓍시 시쵸

詩經八

物名

○豳風

七月

倉창庚경 아리서 萑환 달 女녀桑상 뽕 鵙격 未詳 萋 遠志鄕名阿只草 蜩됴 며얌
미 貉락 너구리 貍리 삵 豜견 사랍돈 斯ᄉ螽종 뫼똑기 莎사鷄계 뵈짱
이 鬱울 아가외一일뫼이ᄉ랏 薁욱 산미ᄌ○멀위 葵규 아혹 菽슉 콩 棗조 ᄃᆡ쵸 瓜과 외
壺호 박 苴져 열씨 樗져 미둥나무 禾화 벼 重즁 벼 穋륙 벼 韭구 염규

鴟鴞

鴟치鴞호 부헝이 荼도 달이식

東山

蠋촉(뽕나무벌예) 果과蠃라(하놀다리) 伊이威위(쥐며누리) 蠨쇼蛸쵸(말거믜) 宵

쇼行힝(반되) 鸛관(한새)

九罭

鱒존(未詳)

詩經九

物名

○鹿鳴之什

鹿鳴

苹평(쑥류라) 蒿호(다북쑥一일비양쑥一일서쑥) 芩금(未詳)

四牡

鵻츄(집비두리) 駱락(가리온)

皇皇者華

駰 인 총이○그은총

常棣

脊令 척령 할미새○아리새○례뒤새○사되요

伐木

羜 저 사세양○수양

采薇

常 상 뫼이스랏　魚 어 반달피

○白華之什

魚麗

鱨 상 놀티　鯊 사 몰애부리○사어　鱧 례 가믈티　鰋 언 미여기　鯉 리 리어

南有嘉魚

嘉가魚어 未詳

南山有臺

臺듸 향부조　萊릐 밍회　楰유 가릐뤼라

詩經十

物名

○彤弓之什

菁菁者莪

莪아 埤雅莪亦曰蘿蒿蘿之爲言高也莪生澤國漸洳之地葉似斜蒿而細科生可食一名蘿蒿一名角蒿

六月

鱉별 쟈라

采芑

芑긔 사라부　隼쥰 나친이

吉日

麀우 암사슴

詩經十一

物名

○祈父之什

白駒

藿곽 콩닙

黃鳥

穀곡 닥

我行其野

蓫츅 솔옷

葍복 우무예 것엇뎨

斯干

熊웅(수곰 小쇼曰왈ㅣ) 羆비(大대曰왈ㅣ) 虺훼(독샤) 蛇샤(비얌)

正月

蜴셕(도룡)

詩經十二

物名

○小旻之什

小旻

龜귀(거북)

小宛

螟명蛉령(자자히) 蜾과蠃라(나나리) 桑샹扈호(오두애)

小弁

鸒여(갈가마괴)

巧言

犬건 미

何人斯

蜮역 埤雅蜮短孤也似鱉三足含水射人

巷伯

豺싀 싀랑

蓼莪

蔚위 문비야ㅅ

四月

鳶연 쇼로기 棣이 未詳

詩經十三

物名

○北山之什

信南山

鸞란 난됴

大田

螟명 뫼ㅅ도기

詩經十四

物名

○桑扈之什

桑扈

鷖잉 괴ㅅ고리

鴛鴦

鴛원 원앙卽今중경이　鴦앙 원앙卽今중경이

頍弁

蔦됴 겨오사리 蘿라 서삼

車舝

鷮교 셩 柞작 가락나무

采菽

芹근 미나리

角弓

猱노 진납

詩經十五

物名

○都人士之什

都人士

采綠

藎 딕 갈젼

綠 록 未詳 藍 람 족

白華

白 빅 華 화 埤雅爾雅曰白華野菅傳曰已漚爲菅未漚人功故謂之野菅菅茅屬也而其華白故一曰白華 鶖 츄 믈수리俗名명검새 鶴 학 학

漸漸之石

豕 시 돗

詩經十六

物名

○文王之什

大明

鷹 응 믹

緜

瓞딜 외너출　堇근 바곳　棫역 덥가나무

棫樸

樸복 섈기나무

旱麓

楛호 니슈리나무

皇矣

檉청 긧버들　椐거 비두나무 又단것　檿염 뫼뽕　柘쟈 뫼뽕○산지뽕

靈臺

鼉타 야

文王有聲

芑긔 흰ᄎᆞ조

詩經十九

物名

○周頌

思文

來 릭 밀○봉리 牟 모 보리○쓸보리

振鷺

鷺 로 하야로비

豐年

稌 두 나락○벼

潛

鰷 됴 어빅

小毖

蜂봉 벌　桃도蟲츙 볍서　蓼료 엿피

詩經二十

物名

○魯頌

駉

驈휼 월라　皇황 가리온　黃황 고황라　騅츄 츄마　駓비 공골○부로○좀불　騂셩 절다　驒타 련졀총　雒락 표구렁○월라　騢하 류부로○덕부로　驔뎜 소족뵈　魚어 골회눈

有駜

駽현 듯총

泮水

茆묘 슌

○商頌

玄鳥

玄현鳥됴 져바

詩經卷之一　　朱熹集傳

國風一

國者諸侯所封之域而風者民俗歌謠之詩也謂之風者以其被上之化以有言而其言又足以感人如物因風之動以有聲而其聲又足以動物也是以諸侯采之以貢於天子天子受之而列於樂官於以考其俗尙之美惡而知其政治之得失焉舊說二南爲正風所以用之閨門鄕黨邦國而化天下也十三國爲變風則亦領在樂官以時存肄備觀省而垂監戒耳合之凡十五國云

周南一之一

周國名南南方諸侯之國也周國本在禹貢雍州境內岐山之陽后稷十三世孫古公亶父始居其地傳子王季歷至孫文王昌辟國寖廣於是徙都于豐而分岐周故地以爲周公旦召公奭之采邑且使周公爲政於國中而召公宣布於諸侯於是德化大成於內而南方諸侯之國江沱汝漢之間莫不從化蓋三分天下而有其二焉至子武王發又遷于鎬遂克商而有天下武王崩子成王誦立周公相之制作禮樂乃采文王之世風化所及民俗之詩被之筦管同弦絃同以爲房中之樂而又推之以及於鄕黨邦國所以著明先王風俗之盛而使天下後世之修身齊家治國平天下者皆得以取法焉蓋其得之國中者雜以南國之詩而謂之周南言自天子之國而被

於諸侯不但國中而已也其得之南國者則直謂之召南言自方伯之國被於南方而不敢以繫于天子也岐周在今鳳翔府岐山縣豐在今京兆府鄠縣終南山北南方之國卽今興元府京西湖北等路諸州鎬在豐東二十五里小序曰關雎麟趾之化王者之風故繫之周公南言化自北而南也鵲巢騶虞之德諸侯之風也先王之所以教故繫之召公斯言得之矣

關關雎(音疽)**鳩**ㅣ**在河之洲**ㅣ로다 **窈**(音杳)**窕**(徒了反) **淑女**ㅣ**君子好逑**(音求)ㅣ로다

●關關ᄒᆞᄂᆞᆫ雎鳩ㅣ河ㅅ洲에잇도다窈窕ᄒᆞᆫ어진女ㅣ君子의好ᄒᆞᆫ작이로다

○興也關關雌雄相應之和聲也雎鳩水鳥一名王雎狀類鳧鷖今江淮間有之生有定偶而不相亂偶常並遊而不相狎故毛傳以爲摯而有别列女傳以爲人未嘗見其乘居而匹處者蓋其性然也河北方流水之通名洲水中可居之地也窈窕幽閒之意淑善也女者未嫁之稱蓋指文王之妃太姒爲處子時而言也君子則指文王也好亦善也逑匹也毛傳云摯字與至通言其情意深至也○興者先言他物以引起所詠之詞也周之文王生有聖德又得聖女姒氏以爲之配宮中之人於其始至見其有幽閒貞靜之德故作是詩言彼關關然之雎鳩則相與和鳴於河洲之上矣此窈窕之淑女則豈非君子之善匹乎言其相與和樂而恭敬亦若雎鳩之情摯而有別也後凡言興者其文意皆放此云漢匡衡曰窈窕淑女君子好逑言能致其貞淑不貳其操情欲之感無介乎容儀宴私之

意不形乎動靜夫然後可以配至尊而爲宗廟主此綱紀之首王敎之端也可謂善說詩
矣

○參(初金反)差(初宜反)荇(音杏)菜를 左右流之로다 窈窕淑女를 寤寐求之로다 求
之不得이라 寤寐思服(叶蒲北反)야 悠哉悠哉라 輾(音展)轉反側호소라

●參差ᄒᆞᆫ荇菜를左ㅣ며右로流ᄒᆞ놋다窈窕ᄒᆞᆫ어진女를ᄭᆡ며자며求ᄒᆞ놋다 求ᄒᆞ야엇지못ᄒᆞᆫ디라ᄭᆡ며자며
思ᄒᆞ며服ᄒᆞ야悠ᄒᆞ며悠ᄒᆞᆫ디라輾ᄒᆞ며轉ᄒᆞ며反ᄒᆞ며側ᄒᆞ소라

○興也參差長短不齊之貌荇接余也根生水底莖如釵股上靑下白葉紫赤圓徑寸餘
浮在水面或左或右言無方也流順水之流而取之也或寤或寐言無時也服猶懷也
悠長也輾者轉之半轉者輾之周反者輾之過側者轉之留皆臥不安席之意○此章本
其未得而言彼參差之荇菜則當左右無方以流之矣此窈窕之淑女則當寤寐不忘以
求之矣蓋此人此德世不常有求之不得則無以配君子而成其內治之美故其憂思之
深不能自已至於如此也

○參差荇菜를 左右采(叶此禮反)之로다 窈窕淑女를 琴瑟友(叶羽己反)之로다 參
差荇菜를 左右芼(音帽 叶音邈)之로다 窈窕淑女를 鍾鼓樂(音洛)之로다

●參差ᄒᆞᆫ荇菜를左ㅣ며右로采ᄒᆞ놋다窈窕ᄒᆞᆫ어진女를琴과瑟로友ᄒᆞ놋다 參差ᄒᆞᆫ荇菜를左ㅣ며右로芼ᄒᆞ
놋다窈窕ᄒᆞᆫ어진女를鍾과鼓로樂ᄒᆞ놋다

○興也采取而擇之也芼熟而薦之也琴五弦或七弦瑟二十五弦皆絲屬樂之小者也友者親愛之意也鍾金屬鼓革屬樂之大者也樂則和平之極也○此章据今始得而言彼參差之荇菜既得之則當采擇而亨芼之矣此窈窕之淑女既得之則當親愛而娛樂之矣蓋此人此德世不常有幸而得之則有以配君子而成內治故其喜樂尊奉之意不能自已又如此云

關雎三章一章四句二章章八句

孔子曰關雎樂而不淫哀而不傷愚謂此言爲此詩者得其性情之正聲氣之和也蓋德如雎鳩摯而有別則后妃性情之正固可以見其一端矣至於寤寐反側琴瑟鍾鼓極其哀樂而皆不過其則焉則詩人性情之正又可以見其全體也獨其聲氣之和有不可得而聞者雖若可恨然學者姑卽其詞而玩其理以養心焉則亦可以得學詩之本矣○匡衡曰妃(音配)匹之際生民之始萬福之原婚姻之禮正然後品物遂而天命全孔子論詩以關雎爲始言太上者民之父母后夫人之行不侔乎天地則無以奉神靈之統而理萬物之宜自上世以來三代興廢未有不由此者也

葛之覃兮ㅣ施(音異)于中谷하야 維葉萋萋ㅣ어늘 黃鳥于飛ㅣ 集于灌木하야 其鳴喈喈(叶居奚反)러라

●葛의覃홈이中谷에施ᄒᆞ야닙이萋萋ᄒᆞ거놀黃鳥의ᄂᆞ롬이ᄯᅥ기남긔集ᄒᆞ야그우롬이喈喈ᄒᆞ더라

○賦也葛草名蔓生可爲絺綌者覃延施移也中谷谷中也萋萋盛貌黃鳥鸝也灌木叢木也喈喈和聲之遠聞也○賦者敷陳其事而直言之者也蓋后妃既成絺綌而賦其事追敍初夏之時葛葉方盛而有黃鳥鳴於其上也後凡言賦者放此

○葛之覃兮ㅣ施于中谷ᄒᆞ야維葉莫莫놀이어是刈音乂是濩音鑊ᄒᆞ야爲絺音癡爲綌音隙叶去略反ᄒᆞ니服之無斁音亦叶弋灼反이로다

●葛의覃홈이中谷에施ᄒᆞ야닙이莫莫ᄒᆞ거놀이에뷔며이에살마絺를ᄒᆞ며綌을ᄒᆞ니닙음에슬홈이업도다

○賦也莫莫茂密貌刈斬濩煮也精曰絺麤曰綌斁厭也○此言盛夏之時葛既成矣於是治以爲布而服之無厭蓋親執其勞而知其成之不易所以心誠愛之雖極垢弊而不忍厭棄也

○言告師氏ᄒᆞ야言告言歸호라薄汚我私ㅣ며薄澣音緩我衣니害音曷澣害否如字오歸寧父母호리라

●師氏ᄭᅴ告ᄒᆞ야歸홈을告ᄒᆞ라호라잠깐내私를汚ᄒᆞ며잠깐내衣를澣홀디니어너를澣ᄒᆞ며어너를마랴즉ᄒᆞ요도라가父母를寧호리라

○賦也言辭也師女師也薄猶少也汚煩撋之以去其汚猶治亂而曰亂也澣則濯之而

己私燕服也衣禮服也害何也寧安也謂問安也○上章旣成絺綌之服矣此章遂告其師氏使告于君子以將歸寧之意且曰盍治其私服之汚而澣其禮服之衣乎何者當澣而何者可以未澣乎我將服之以歸寧於父母矣

葛覃三章章六句

此詩后妃所自作故無賛美之詞然於此可以見其已貴而能勤已富而能儉已長而敬不弛於師傅已嫁而孝不衰於父母是皆德之厚而人所難也小序以爲后妃之本庶幾近之

采采卷(上聲)耳(호디)不盈頃(音傾)筐(호야셔)嗟我懷人(이라)寘彼周行(叶戶郎反호라)

●卷耳를캐며캐요디기운筐에초디못호야셔슬프다너사룸을싱각호디라뎌큰길헤뎌두라

○賦也采采非一采也卷耳枲耳葉如鼠耳叢生如盤頃欹也筐竹器懷思也人蓋謂文王也寘舍也周行大道也○后妃以君子不在而思念之故賦此詩託言方采卷耳未滿頃筐而心適念其君子故不能復采而寘之大道之旁也

○陟彼崔(音摧)嵬(音巍나)我馬虺(音灰)隤(音頹란대)我姑酌彼金罍(호야)維以不永懷(叶胡隈反호리라)

●뎌崔嵬에올오려ᄒᆞ나내말이虺隤ᄒᆞ란ᄃᆡ내아직뎌金罍엣거ᄉᆞᆯ브어써기리싱각디아니호리라

○賦也陟升也崔嵬土山之戴石者虺隤馬罷不能升高之病姑且也罍酒器刻爲雲雷之象以黃金飾之永長也○此又託言欲登此崔嵬之山以望所懷之人而往從之則馬罷病而不能進於是且酌金罍之酒而欲其不至於長以爲念也

○**陟彼高岡이나我馬玄黃이란ᄃᆡ我姑酌彼兕**(音似)**觥**(音肱叶古黃反)ᄒᆞ야**維以不永傷**호리라

●뎌노ᄑᆞᆫ岡에올오려ᄒᆞ나내말이玄ᄒᆞᆫ거시黃ᄒᆞ란대내아직뎌兕觥에브어써기리슬허아니호리라

○賦也山脊曰岡玄黃玄馬而黃病極而變色也兕野牛一角靑色重千斤觥爵也以兕角爲爵也

○**陟彼砠**(音疽)**矣**나**我馬瘏**(音塗)**矣**며**我僕痡**(音敷)**矣**니**云何吁矣**오

●뎌砠에올오려ᄒᆞ나내말이瘏ᄒᆞ며내종이痡ᄒᆞ니엇디吁케ᄒᆞᄂᆞ뇨

○賦也石山戴土曰砠瘏馬病不能進也痡人病不能行也吁憂歎也爾雅註引此作盱張目望遠也詳見何人斯篇

卷耳四章章四句

此亦后妃所自作可以見其貞靜專一之至矣豈當文王朝會征伐之時羑里拘幽

之日而作歟然不可考矣

南有樛(音鳩)木(ᄒᆞ니)葛藟(音壘)纍(音류)之(로다)樂(音洛)只(音紙)君子(ㅣ여)福履綏之(로다)

●南에樛ᄒᆞᆫ남기이시니葛과藟ㅣ纍ᄒᆞ엿도다라온君子ㅣ여福과履ㅣ綏ᄒᆞ놋다

○興也南南山也木下曲曰樛藟葛類纍猶繫也只語助辭君子自衆妾而指后妃猶言小君內子也履祿綏安也○后妃能逮下而無嫉妬之心故衆妾樂其德而稱願之曰南有樛木則葛藟纍之矣樂只君子則福履綏之矣

南有樛木(ᄒᆞ니)葛藟荒之(로다)樂只君子(ㅣ여)福履將之(로다)

●南에樛ᄒᆞᆫ남기이시니葛과藟ㅣ더펏도다라온君子ㅣ여福과履ㅣ將ᄒᆞ놋다

○興也荒奄也將猶扶助也

○南有樛木(ᄒᆞ니)葛藟縈(烏營反)之(로다)樂只君子(ㅣ여)福履成之(로다)

●南에樛ᄒᆞᆫ남기이시니葛과藟ㅣ바므럿도다라온君子ㅣ여福과履ㅣ成ᄒᆞ놋다

興也縈旋成就也

樛木三章章四句

螽(音終)斯羽ㅣ詵詵(音莘)兮니宜爾子孫이振振(音眞)兮로다

●螽斯의지치詵詵ᄒᆞ니네子孫이振振홈이맛당ᄒᆞ도다

○比也螽斯蝗屬長而靑長角長股能以股相切作聲一生九十九子詵詵和集貌爾指螽斯也振振盛貌○比者以彼物比此物也后妃不妬忌而子孫衆多故衆妾以螽斯之羣處和集而子孫衆多比之言其有是德而宜有是福也後凡言比者放此

○螽斯羽ㅣ薨薨兮니宜爾子孫이繩繩兮로다

●螽斯의지치薨薨ᄒᆞ니네子孫이繩繩홈이맛당ᄒᆞ도다

○比也薨薨羣飛聲繩繩不絶貌

○螽斯羽ㅣ揖揖(音緝)兮니宜爾子孫이蟄蟄兮로다

●螽斯의지치揖揖ᄒᆞ니네孫이蟄蟄홈이맛당ᄒᆞ도다

○比也揖揖會聚也蟄蟄亦多意

螽斯三章章四句

桃之夭夭(音腰)ㅣ여灼灼其華(音花)ㅣ로다之子于歸여宜其室家ㅣ로다

●桃의夭夭홈이여灼灼ᄒᆞᆫ그꽃지로다之子의歸홈이여그室家를宜케ᄒᆞ리로다

○興也桃木名華紅實可食夭夭少好之貌灼灼華之盛也木少則華盛之子是子也此

指嫁者而言也婦人謂嫁曰歸周禮仲春令會男女然則桃之有華正婚姻之時也宜者和順之意室謂夫婦所居家謂一門之內○文王之化自家而國男女以正婚姻以時故詩人因所見以起興而歎其女子之賢知其必有以宜其室家也

○桃之夭夭ㅣ여有蕡(音父)其實이로다之子于歸여宜其家室이로다

●桃의夭夭홈이여蕡ᄒᆞᆫ그 여름이로다之子의歸홈이여그家室을宜케ᄒᆞ리로다

○興也蕡實之盛也家室猶室家也

○桃之夭夭ㅣ여其葉蓁蓁(音臻)이로다之子于歸여宜其家人이로다

●桃의夭夭홈이여그닙이蓁蓁ᄒᆞ도다之子의歸홈이여그집사ᄅᆞᆷ을宜케ᄒᆞ리로다

○興也蓁蓁葉之盛也家人一家之人也

桃夭三章章四句

肅肅兎罝(音嗟又子余反與夫叶)ㅣ여椓之丁丁(音爭)이로다赳赳武夫ㅣ여公侯干城이로다

●肅肅ᄒᆞᆫ兎의그믈이여椓홈을丁丁히ᄒᆞ놋다赳赳ᄒᆞᆫ武夫ㅣ여公과侯의干이며城이로다

○興也肅肅整飭貌罝罟也丁丁椓杙聲也赳赳武貌干盾也干城皆所以扞外而衛內者○化行俗美賢才衆多雖罝兎之野人而其才之可用猶如此故詩人因其所事以起興而美之而文王德化之盛因可見矣

○肅肅兎罝ㅣ여施于中逵ㅣ로다 赳赳武夫ㅣ여公侯好仇ㅣ로다

●肅肅ᄒᆞᆫ兎의그믈이여中逵에施ᄒᆞ엿도다赳赳ᄒᆞᆫ武夫ㅣ여公과侯의好ᄒᆞᆫ짝이로다

○興也逵九達之道仇與逑同匡衡引關雎亦作仇字公侯善匹猶曰聖人之耦則非特干城而已歎美之無已也下章放此

○肅肅兎罝ㅣ여施于中林이로다 赳赳武夫ㅣ여公侯腹心이로다

●肅肅ᄒᆞᆫ兎의그믈이여中林에施ᄒᆞ엿도다赳赳ᄒᆞᆫ武夫ㅣ여公과侯의腹心이로다

○興也中林林中腹心同心同德之謂則又非特好仇而已也

兎罝三章章四句

采采芣(音浮)苢(音以)를薄言采(叶此禮反)之호라 采采芣苢를薄言有(叶羽已反)之호라

●캐며캐ᄂᆞᆫ芣苢를좀ᄯᅡ캐요라캐며캐ᄂᆞᆫ芣苢를잠ᄭᆞᆫ두라

○賦也芣苢車前也大葉長穗好生道旁采始求之也有旣得之也○化行俗美家室和平婦人無事相與采此芣苢而賦其事以相樂也采之未詳何用或曰其子治產難

○采采芣苢를薄言掇(都奪反)之호라 采采芣苢를薄言捋(力活反)之호라

●캐며캐ᄂᆞᆫ芣苢를잠ᄭᆞᆫ掇호라캐며캐ᄂᆞᆫ芣苢를잠ᄭᆞᆫ捋호라

○賦也掇拾也捋取其子也

○采采芣苢를薄言袺(音結)之호라 采采芣苢를薄言襭(音纈)之호라

●캐며캐ᄂᆞᆫ芣苢를잡산袺호라캐며캐ᄂᆞᆫ芣苢를잡산襭호라

○賦也袺以衣貯之而執其衽也襭以衣貯之而扱其衽於帶間也

芣苢三章章四句

南有喬木ᄒᆞ나不可休息이로다 漢有游女ᄒᆞ나不可求思ㅣ로다 漢之廣叶古曠反矣ㅣ不可泳叶于誑反思ㅣ며江之永叶弋亮反矣ㅣ不可方叶甫妄反思ㅣ로다

●南애喬ᄒᆞᆫ남기이시나可히쉬지못ᄒᆞ리로다漢애游ᄒᆞᄂᆞᆫ女ㅣ이시나 可히求티못ᄒᆞ리로다漢의너브미可히泳티못ᄒᆞ며江의길음이可히方티못ᄒᆞ리로다

○興而比也上竦無枝曰喬思語辭也篇內同漢水出興元府嶓冢山至漢陽軍大別山入江江漢之俗其女好游漢魏以後猶然如大堤之曲可見也泳潛行也江水出永康軍岷山東流與漢水合東北入海永長也方桴也○文王之化自近而遠先及於江漢之間而有以變其淫亂之俗故其出游之女人望見之而知其端莊靜一非復前日之可求矣因以喬木起興江漢爲比而反復詠歎之也

○翹翹音喬錯薪애言刈其楚호리라 之子于歸에言秣其馬叶滿補反호리라 漢之廣矣ㅣ不可泳思ㅣ며江之永矣ㅣ不可方思ㅣ로다

●翹翹ᄒᆞᆫ錯ᄒᆞᆫ薪애그楚를뷔오리라之子ㅣ도라갈제그馬알먹요리 라漢의너브미可히 泳티못ᄒᆞ며江의길음이可히方티못ᄒᆞ리로다

○興而比也翹翹秀起之貌錯雜也楚木名荆屬之子指遊女也秣飼也○以錯薪起興而欲秣其馬則悅之至以江漢爲比而歎其終不可求則敬之深

○翹翹錯薪애 言刈其蔞호리(音閭라) 之子于歸예 言秣其駒호리라 漢之廣矣ㅣ不可泳思ㅣ며 江之永矣ㅣ不可方思ㅣ로다

●翹翹ᄒᆞᆫ錯ᄒᆞᆫ薪애그蔞ᄅᆞᆯ뷔오리라之子ㅣ도라갈제그망아지ᄅᆞᆯ먹요리라漢의너ᄇᆞ미可히泳티몯ᄒᆞ며江의길옴이可히方티몯ᄒᆞ리로다

○興而比也蔞蔞蒿也葉似艾靑白色長數寸生水澤中駒馬之小者

漢廣三章章八句

遵彼汝墳ᄒᆞ야 伐其條枚호(音梅라) 未見君子ㅣ라 惄(音溺)如調(音周)飢호라

●뎌汝ㅅ墳을조차그條와枚ᄅᆞᆯ버ᄒᆞ라君子ᄅᆞᆯ보디몯ᄒᆞᆫ디라惄히調飢ᄒᆞᆫᄃᆞᆺᄒᆞ라

○賦也遵循也汝水出汝州天息山徑蔡潁州入淮墳大防也枝曰條榦曰枚惄飢意也調一作輖重也○汝旁之國亦先被文王之化者故婦人喜其君子行役而歸因記其未歸之時思望之情如此而追賦之也

○遵彼汝墳ᄒᆞ야 伐其條肄호(音異라) 旣見君子호니 不我遐棄로다

●뎌汝ㅅ墳을조차그條와肄ᄅᆞᆯ버ᄒᆞ라이믜君子ᄅᆞᆯ보니나ᄅᆞᆯ멀리ᄇᆞ리디아니ᄒᆞ놋다

○賦也斬而復生曰肄遐遠也○伐其枚而又伐其肄則踰年矣至是乃見其君子之歸

而喜其不遠棄我也

○魴(音房)魚赬(音蟶)尾(어늘)王室如燬(音毁下同)(로다)雖則如燬(나)父母孔邇(시니라)

●魴魚ㅣ 꼬리붉거ᄂᆞᆯ王室이燬ᄒᆞᄂᆞᆫ닷ᄒᆞ도다비록燬ᄒᆞᄂᆞᆫ듯ᄒᆞ나父母ㅣ심히갓가오시니라

○比也魴魚名身廣而薄少力細鱗赬赤也魚勞則尾赤魴尾本白而今赤則勞甚矣王室指紂所都也燬焚也父母指文王也孔甚邇近也○是時文王三分天下有其二而率商之叛國以事紂故汝墳之人猶以文王之命供紂之役其家人見其勤苦而勞之曰汝之勞既如此而王室之政方酷烈而未已雖其酷烈而未已然文王之德如父母然望之甚近亦可以忘其勞矣此序所謂婦人能閔其君子猶勉之以正者蓋曰雖其別離之久思念之深而其所以相告語者猶有尊君親上之意而無情愛狎昵之私則其德澤之深風化之美皆可見矣一說父母甚近不可以懈於王事而貽其憂亦通

汝墳三章章四句

麟之趾(여)振振(音眞)公子(叶奬ㅣ로里反소니)于(音吁)嗟麟兮(로다)

●麟의발이여振振ᄒᆞᆫ公子ㅣ로소니于嗟ᄒᆞᆸ다麟이로다

○興也麟麕身牛尾馬蹄毛蟲之長也趾足也麟之足不踐生草不履生蟲振振仁厚貌于嗟歎辭○文王后妃德脩于身而子孫宗族皆化於善故詩人以麟之趾興公之子言麟性仁厚故其趾亦仁厚文王后妃仁厚故其子亦仁厚然言之不足故又嗟歎之言是乃麟也何必麕身牛尾而馬蹄然後爲王者之瑞哉

○麟之定(音訂이여)振振公姓이로소니于嗟麟兮로다
●麟의이마여振振훈公姓이로소니于嗟훔다麟이로다
○興也定額也麟之額未聞或曰有額而不以抵也公姓公孫也姓之爲言生也
○麟之角(叶盧谷反이여)振振公族이로소니于嗟麟兮로다
●麟의쁠이여振振훈公族이로소니于嗟훔다麟이로다
○興也麟一角角端有肉公族公同高祖祖廟未毁有服之親

麟之趾三章章三句(序以爲關雎之應得之)

周南之國十一篇三十四章百五十九句

按此篇首五詩皆言后妃之德關雎擧其全體而言也葛覃卷耳言其志行之在已樛木螽斯美德惠之及人皆指其一事而言也其詞雖主於后妃然其實則皆所以著明文王身脩家齊之効也至於桃夭兎罝芣苢則家齊而國治之效漢廣汝墳則以南國之詩附焉而見天下已有可平之漸矣若麟之趾則又王者之瑞有非人力所致而自至者故復以是終焉而序者以爲關雎之應也夫其所以至此后妃之德固不爲無所助矣然妻道無成則亦豈得而專之哉今言詩者或乃專美后妃而不本於文王其亦誤矣

召南一之二

○召地名召公奭之采邑也舊說扶風雍縣南有召亭卽其地今雍縣析爲岐山天興二縣未知召亭的在何縣餘己見周南篇

○**維鵲有巢**에**維鳩居**(音姬御反)**之**로다**之子于歸**에**百兩**(如字又音亮)**御**(音迓叶魚據反)**之**로다

●鵲이巢를두미鳩ㅣ居ᄒᆞ놋다之子ㅣ歸홈애百兩으로맛놋다

○興也鵲鳩皆鳥名鵲善爲巢其巢最爲完固鳩性拙不能爲巢或有居鵲之成巢者之子指夫人也兩一車也一車兩輪故謂之兩御迎也諸侯之子嫁於諸侯送御皆百兩也

○南國諸侯被文王之化能正心修身以齊其家其女子亦被后妃之化而有專靜純一之德故嫁於諸侯而其家人美之曰維鵲有巢則鳩來居之是以之子于歸而百兩迎之也此詩之意猶周南之有關雎也

○**維鵲有巢**애**維鳩方之**로다**之子于歸**에**百兩將之**로다

●鵲이巢를두미鳩ㅣ方ᄒᆞ놋다之子ㅣ歸홈애百兩으로보내놋다

○興也方有之也將送也

○**維鵲有巢**애**維鳩盈之**로다**之子于歸**애**百兩成之**로다

●鵲이巢를두미鳩ㅣ盈ᄒᆞ얏도다之子ㅣ歸홈애百兩오로일오놋다

○興也盈滿也謂衆媵姪娣之多成成其禮也

鵲巢三章章四句

于以采蘩이于沼于沚로다于以用之ㅣ公侯之事ㅣ로다(叶上止反)

●이에써蘩을캐옴이沼애며沚에ᄒᆞ놋다이에써씀이公과侯의事에ᄒᆞ놋다

○賦也于於也蘩白蒿也沼池也沚渚也事祭事也○南國被文王之化諸侯夫人能盡誠敬以奉祭祀而其家人叙其事以美之也或曰蘩所以生蠶蓋古者后夫人有親蠶之禮此詩亦猶周南之有葛覃也

○于以采蘩이于澗之中이로다于以用之ㅣ公侯之宮이로다

●이제써蘩을캐옴이澗가온ᄃᆡᄒᆞ놋다이에써씀이公과侯의宮의ᄒᆞ놋다

○賦也山夾水曰澗宮廟也或曰卽記所謂公桑蠶室也

○被(音備)之僮僮(音同)이여夙夜在公이로다被之祁祁여薄言還(音旋)歸로다

●被의僮僮홈이여일음며밤에公애잇도다被의祁祁홈이여잠깐도라가놋다

○賦也被首飾也編髮爲之僮僮竦敬也夙早也公公所也祁祁舒遲貌去事有儀也祭義曰及祭之後陶陶遂遂如將復入然不欲遽去愛敬之無已也或曰公卽所謂公桑也

采蘩三章章四句

喓喓(音要)草蟲이며趯趯阜螽이로다未見君子ㅣ라憂心忡忡(音充)이라亦旣見止며亦旣覯止면我心則降(音杭 叶平攻反)이로다

●喓喓ᄒᆞᄂᆞᆫ草蟲이며趯趯ᄒᆞᄂᆞᆫ阜螽이로다君子를보디못ᄒᆞᆫ디라근심ᄒᆞᄂᆞᆫᄆᆞᄋᆞᆷ이忡忡호라ᄯᅩ이믜보며ᄯᅩ

이믜만나면내ᄆᆞ음이곳降ᄒᆞ리로다

○賦也喓喓聲也草蟲蝗屬奇音靑色趯趯躍貌阜螽蠜也忡忡猶衝衝也止語辭覯遇降下也○南國被文王之化諸侯大夫行役在外其妻獨居感時物之變而思其君子如此亦若周南之卷耳也

○陟彼南山ᄒᆞ야言采其蕨호라未見君子ㅣ라憂心惙惙音掇호라亦既見止며亦既覯止면我心則說音悅이로다

●뎌南山의올라그蕨을캐오라君子를보디몯ᄒᆞᆫ디라근심ᄒᆞᄂᆞᆫᄆᆞ음이惙惙호라ᄯᅩ이믜보며ᄯᅩ이믜만나면내ᄆᆞ음이곳깃브리로다

○賦也登山蓋託以望君子蕨鼈也初生無葉時可食亦感時物之變也惙憂也

○陟彼南山ᄒᆞ야言采其薇호라未見君子ㅣ라我心傷悲호라亦既見止며亦既覯止면我心則夷로다

●뎌南山의올나그薇를캐오라君子를보디몯ᄒᆞᆫ디라내ᄆᆞ암이슬허호라ᄯᅩ이믜보며ᄯᅩ이믜만나면내ᄆᆞ암이곳편ᄒᆞ리로다

○賦也薇似蕨而差大有芒而味苦山間人食之謂之迷蕨胡氏曰疑卽莊子所謂迷陽者夷平也

草蟲三章章七句

于以采蘋이南澗之濱이로다于以采藻ㅣ于彼行潦(音老)ㅣ로다

●이에서蘋을캐옴이南澗ㅅᄀᆞ애ᄒᆞ놋다이에서藻를캐옴이며行潦애ᄒᆞ놋다

○賦也蘋水上浮萍也江東人謂之薸濱厓也藻聚藻也生水底莖如釵股葉如蓬蒿行潦流潦也○南國被文王之化大夫妻能奉祭祀而其家人敍其事以美之也

于以盛(音成)之ㅣ維筐及筥(音擧)ㅣ로다于以湘之ㅣ維錡(音蟻)及釜(音父)ㅣ로다

●이에서담음이筐과밋筥ㅣ에ᄒᆞ놋다이에서숢음이錡와밋釜에ᄒᆞ놋다

○賦也方曰筐圓曰筥湘烹也蓋粗熟而淹以爲菹也錡釜屬有足曰錡無足曰釜○此足以見其循序有常嚴敬整飭之意

于以奠之ㅣ宗室牖下(後五反)ㅣ로다誰其尸之오有齊(音齋)季女ㅣ로다

●이에서奠홈이宗室ㅅ牖아래ᄒᆞ놋다뉘그尸ᄒᆞ뇨齊ᄒᆞᆫ季女ㅣ로라

○賦也奠置也宗室大宗之廟也大夫士祭於宗室牖下室西南隅所謂奧也尸主也齊敬季少也祭祀之禮主婦主薦豆實以菹醢少而能敬尤見其質之美而化之所從來者遠矣

采蘋三章章四句

蔽芾(音廢)甘棠을勿翦勿伐ᄒᆞ라召伯所茇(音跋)이니라

●蔽芾ᄒᆞᆫ甘棠을翦치말며伐티말라召伯의茇ᄒᆞ던비니라

○賦也蔽芾盛貌甘棠杜梨也白者爲棠赤者爲杜翦翦其枝葉也伐伐其條幹也伯方伯也茇草舍也○召伯循行南國以布文王之政或舍甘棠之下其後人思其德故愛其樹而不忍傷也

○蔽芾甘棠을勿翦勿敗(叶蒲寐反)ᄒᆞ라召伯所憩(音器)ㅣ니라

●蔽芾훈甘棠을翦치말며敗치말라召伯의憩ᄒᆞ던비니라

○賦也敗折憩息也勿敗則非特勿伐而已愛之愈久而愈深也下章放此

○蔽芾甘棠을勿翦勿拜(叶變制反)ᄒᆞ라召伯所說(音稅)ㅣ니라

●蔽芾훈甘棠을翦치말며拜치말라召伯의說ᄒᆞ던비니라

○賦也拜屈說舍也勿拜則非特勿敗而已

甘棠三章章三句

厭(入聲)浥(音邑)行露에豈不夙夜(叶羊茹反)ㅣ리마는謂行多露ㅣ니라

●厭浥훈길이슬에엇디일져므리아니러ᄒᆞ리오마는길헤이슬이한가녀계니라

○賦也厭浥濕意行道夙早也○南國之人遵召伯之敎服文王之化有以革其前日淫亂之俗故女子有能以禮自守而不爲强暴所汚者自述己志作此詩以絶其人言道間之露方濕我豈不欲早夜而行乎畏多露之沾濡而不敢爾蓋以女子早夜獨行或有强暴侵陵之患故託以行多露而畏其沾濡也

○誰謂雀無角(叶盧谷反)이리오 何以穿我屋고ᄒᆞ며 誰謂女(音汝)無家(音叶谷)ㅣ리오 何以速我獄고컨마ᄂᆞᆫ 雖速我獄이나 室家ᄂᆞᆫ 不足ᄒᆞ니라

●뉘닐오ᄃᆡ雀이角이업다ᄒᆞ리오엇디써내집을ᄯᅮᆲᄂᆞᆫ고ᄒᆞ며뉘닐오ᄃᆡ네家ㅣ업다ᄒᆞ리오엇디써나ᄅᆞᆯ獄애速ᄒᆞᄂᆞᆫ고컨마ᄂᆞᆫ비록나ᄅᆞᆯ獄애速ᄒᆞ나室家ᄂᆞᆫ足디못ᄒᆞ니라

○興也家謂以媒聘求爲室家之禮也速召致也○貞女之自守如此然猶或見訟而召致於獄因自訴而言人皆謂雀有角故能穿我屋以興人皆謂汝於我嘗有求爲室家之禮故能致我於獄然不知汝雖能致我於獄而求爲室家之禮初未嘗備如雀雖能穿屋而實未嘗有角也

○誰謂鼠無牙(叶五紅反)ㅣ리오 何以穿我墉고ᄒᆞ며 誰謂女無家(叶各空反)ㅣ리오 何以速我訟(叶祥容反)고컨마ᄂᆞᆫ 雖速我訟이나 亦不女從호리라

●뉘닐오ᄃᆡ鼠ㅣ엄이업다ᄒᆞ리오엇디써내담을ᄯᅮᆲᄂᆞᆫ고ᄒᆞ며뉘닐오ᄃᆡ네家ㅣ업다ᄒᆞ리오엇디써나ᄅᆞᆯ訟애速ᄒᆞᄂᆞᆫ고컨마ᄂᆞᆫ비록나ᄅᆞᆯ訟애速ᄒᆞ나ᄯᅩᄒᆞᆫ너ᄅᆞᆯ좃디아니호리라

○興也牙牡齒也墉牆也○言汝雖能致我於訟然其求爲室家之禮有所不足則我亦終不汝從矣

行露三章一章三句二章章六句

羔羊之皮(叶蒲何反)여 素絲五紽(音駝)ㅣ로다 退食自公ᄒᆞ니 委(音威)蛇(音移叶唐何反)委蛇로다

●羔羊의皮여흰실로다삿고듸紽ᄒᆞ엿도다退ᄒᆞ야食홈을公으로브터ᄒᆞ니委蛇ᄒᆞ며委蛇ᄒᆞ도다

○賦也小曰羔大曰羊皮所以爲裘大夫燕居之服素白也紽未詳蓋以絲飾裘之名也退食退朝而食於家也自公從公門而出也委蛇自得之貌○南國化文王之政在位皆節儉正直故詩人美其衣服有常而從容自得如此也

○羔羊之革(音訖力反)이여 素絲五緎(音緎)이로다 委蛇委蛇ᄒᆞ니 自公退食이로다

●羔羊의革이여흰실로다삿고듸緎ᄒᆞ엿도다委蛇ᄒᆞ며委蛇ᄒᆞ니公으로브터退ᄒᆞ야食ᄒᆞ놋다

○賦也革猶皮也緎裘之縫界也

○羔羊之縫(音逢)이여 素絲五總(音宗)이로다 委蛇委蛇ᄒᆞ니 退食自公이로다

●羔羊의縫이여흰실로다삿고듸總ᄒᆞ엿도다委蛇ᄒᆞ며委蛇ᄒᆞ니退ᄒᆞ야食홈을公으로브터ᄒᆞ놋다

○賦也縫縫皮合之以爲裘也總亦未詳

羔羊三章章四句

殷(音隱)其雷ㅣ 在南山之陽이어늘 何斯違斯ㅣ라 莫敢或遑고 振振(音眞)君子ㅣ 歸哉歸哉ㅣ뎌

●殷ᄒᆞᄂᆞᆫ그雷ㅣ南山ㅅ陽의잇거늘엇지이이에違ᄒᆞᆫ지라敢히或도遑티못ᄒᆞᄂᆞᆫ고振振ᄒᆞᆫ君子ᄂᆞᆫ도라오며도라올딘뎌

○興也殷雷聲也山南曰陽何斯斯此人也違斯斯此所也遑暇也振振信厚也○南國

被文王之化婦人以其君子從役在外而思念之故作此詩言殷殷然雷聲則在南山之陽矣何此君子獨去此而不敢少暇乎於是又美其德且冀其早畢事而還歸也

○殷其雷ᄂᆞᆫ在南山之側叶莊力反이어늘 何斯違斯ㅣ라莫敢遑息고 振振君子ᄂᆞᆫ歸哉歸哉ㄴ뎌

●殷ᄒᆞᄂᆞᆫ그雷ᄂᆞᆫ南山ㅅᄀᆞ애잇거늘엇디이이에違ᄒᆞᆫ디라敢히遑ᄒᆞ야쉬디못ᄒᆞᄂᆞ고振振ᄒᆞᆫ 君子ᄂᆞᆫ도라오며도라올진뎌

○興也息止也

○殷其雷ᄂᆞᆫ在南山之下音後五反날ㅣ어 何斯違斯ㅣ라莫或遑處上聲오 振振君子ᄂᆞᆫ歸哉歸哉ㄴ뎌

●殷ᄒᆞᄂᆞᆫ그雷ᄂᆞᆫ南山아래잇거늘엇디이이에違ᄒᆞᆫ지라或도遑ᄒᆞ야處치못ᄒᆞᄂᆞ고振振ᄒᆞᆫ君子ᄂᆞᆫ 도라오면도라올진뎌

○興也

殷其雷三章章六句

摽音殍有梅여 其實七兮로다 求我庶士ᄂᆞᆫ迨其吉兮ㄴ뎌

●摽ᄒᆞᄂᆞᆫ梅여그여름이닐곱이로다나ᄅᆞᆯ求ᄒᆞᄂᆞᆫ庶士ᄂᆞᆫ그吉을미출진뎌

○賦也摽落也梅木名華白實似杏而酢庶衆迨及也吉吉日也○南國被文王之化女

子知以貞信自守懼其嫁不及時而有强暴之辱也故言梅落而在樹者少以見時過而太晩矣求我之衆士其必有及此吉日而來者乎

○摽有梅여其實三(音疏簪反)兮로다求我庶士ᄂᆞᆫ迨其今兮인뎌

●摽ᄒᆞᄂᆞᆫ梅여그여름이세히로다나를求ᄒᆞᄂᆞᆫ庶士ᄂᆞᆫ그이제를미출진뎌

○賦也梅在樹者三則落者又多矣今今日也蓋不待吉矣

○摽有梅여頃(音傾)筐塈(許器反)之로다求我庶士ᄂᆞᆫ迨其謂之인뎌

●摽ᄒᆞᄂᆞᆫ梅여筐을기우려塈ᄒᆞ놋다나를求ᄒᆞᄂᆞᆫ庶士ᄂᆞᆫ그닐음을미출진뎌

○賦也塈取也頃筐取之則落之盡矣謂之則但相告語而約可定矣

摽有梅三章章四句

嘒(音嚖)彼小星이여三五在東이로다肅肅宵征이여夙夜在公ᄒᆞ니寔命不同일셰니라

●嘒ᄒᆞᆫ뎌小星이여세히며다ᄉᆞ시東애잇도다肅肅히밤의감이여일져므리公애이쇼니진실로命이ᄒᆞᆫ가지아닐시니라

○興也嘒微貌三五言其稀蓋初昏或將旦時也肅肅齊遬貌宵夜征行也寔與實同命謂天所賦之分也○南國夫人承后妃之化能不妬忌以惠其下故其衆妾美之如此蓋衆妾進御於君不敢當夕見星而往見星而還故因所見以起興其於義無所取特取在

東在公而字之相應耳遂言其所以如此者由其所賦之分不同於貴者是以深以得御於君爲夫人之惠而不敢致怨於往來之勤也

○嘒彼小星이여維參(所林反)與昴(叶力求反)ㅣ로다肅肅宵征이여抱衾與裯(音儔)호니寔命不猶ㅣ시니라

●嘒ᄒᆞᆫ뎌小星이여參과다뭇昴ㅣ로다肅肅히밤의감이여衾과다뭇裯를안오니진실로命이ᄀᆞᆺ디 아닐시니라

○興也參昴西方二宿之名衾被也裯禪被也興亦取與昴與裯二字相應猶亦同也

小星二章章五句

呂氏曰夫人無妬忌之行而賤妾安於其命所謂上好仁而下必好義者也

江有汜(音祀叶羊里反)ㅣ어ᄂᆞᆯ之子歸에不我以ㅣ로다不我以나其後也悔(叶虎洧反)로다

●江에ᄂᆞᆫ汜ㅣ잇거ᄂᆞᆯ之子ㅣ歸ᄒᆞᆯ제나를以티아니ᄒᆞ놋다나를以티아니ᄒᆞ나그後에悔ᄒᆞ놋다

○興也水決復入爲汜今江陵漢陽安復之間蓋多有之之子媵妾指嫡妻而言也婦人謂嫁曰歸我媵自我也能左右之曰以謂挾己而偕行也○是時汜水之旁媵有待年於國而嫡不與之偕行者其後嫡被后妃夫人之化乃能自悔而迎之故媵見江水之有汜而因以起興言江猶有汜而之子之歸乃不我以雖不我以然其後也亦悔矣

○江有渚ㅣ어ᄂᆞᆯ之子歸에不我與ㅣ로다不我與ㅣ나其後也處ㅣ로다

●江에는渚ㅣ잇거놀之子ㅣ歸홀제나를與티아니ᄒᆞ놋다나를與티아니ᄒᆞ나그後에處ᄒᆞ도다

○興也渚小洲也水岐成渚與猶以也處安也得其所安也

○江有沱(音駝)ㅣ어놀之子歸에不我過(音戈)ㅣ로다不我過ㅣ나其嘯也歌ㅣ로다

●江에는沱ㅣ잇거놀之子ㅣ歸홀제나를過치아니ᄒᆞ놋다나를過치아니ᄒᆞ나그嘯ᄒᆞ다가歌ᄒᆞ놋다

○興也沱江之別者過謂過我而與俱也嘯蹙口出聲以舒憤懣之氣言其悔時也歌則得其所處而樂也

江有汜三章章五句

陳氏曰小星之夫人惠及媵妾而媵妾盡其心江沱之嫡惠不及媵妾而媵妻不怨蓋父雖不慈子不可以不孝各盡其道而已矣

野有死麕(俱倫反與春叶)이어놀白茅包(音補苟反)之로다有女懷春이어놀吉士誘之로다

●들에죽은麕이잇거놀白茅로싸놋다女ㅣ春에懷ᄒᆞ거놀吉士ㅣ달애놋다

○興也麕獐也鹿屬無角懷春當春而有懷也吉士猶美士也○南國被文王之化女子有貞潔自守不爲强暴所汚者故詩人因所見以興其事而美之或曰賦也言美士以白茅包其死麕而誘懷春之女也

○林有樸(蒲木反)樕(音速)ᄒᆞ며野有死鹿이어놀白茅純(音豚)束ᄒᆞ니有女如玉이로다

●수풀에樸樕이이시며들에죽은鹿이잇거놀白茅로純束ᄒᆞᄂᆞ니女ㅣ玉ᄀᆞᆺ도다

○興也樸樕小木也鹿獸名有角純束猶包之也如玉者美其色也上三句興下一句也
或曰賦也言以樸樕藉死鹿束以白茅而誘此如玉之如也

○舒而脫脫音兎兮ᄒᆞ야無感我帨音稅兮ᄒᆞ며無使尨美邦反也吠符廢反ᄒᆞ라

●날호여脫脫히ᄒᆞ야내帨를感티말며尨으로ᄒᆞ여곰즛게말라

○賦也舒遲緩也脫脫舒緩貌感動帨巾尨犬也○此章乃述女子拒之之辭言姑徐徐
而來毋動我之帨毋驚我之犬以甚言其不能相及也其凜然不可犯之意蓋可見矣

野有死麕三章二章章四句一章三句

何彼穠音濃與雝叶矣오唐棣音第之華ㅣ로다曷不肅雝이리오王姬之車ㅣ로다

●엇디뎌리穠ᄒᆞ뇨唐棣의華ㅣ로다엇디肅ᄒᆞ며雝치아니ᄒᆞ리오王姬의車ㅣ로다

○興也穠盛也猶曰戎戎也唐棣移也似白楊肅敬雝和也周王之女姬姓故曰王姬
王姬下嫁於諸侯車服之盛如此而不敢挾貴以驕其夫家故見其車者知其能敬且和
以執婦道於是作詩以美之曰何彼戎戎而盛乎乃唐棣之華也此何不肅肅而敬雝雝
而和乎乃王姬之車也此乃武王以後之詩不可的知其何王之世然文王太姒之敎久
而不衰亦可見矣

○何彼穠矣오華如桃李로다平王之孫과齊侯之子叶獎里反ㅣ로다

●엇디뎌리穠ᄒᆞ뇨華ㅣ桃李又도다平王의孫과齊侯의子ㅣ로다

○興也李木名華白實可食舊說平正也武王女文王孫適齊侯之子或曰平王卽平王宜臼齊侯卽襄公諸兒事見春秋未知孰是○以桃李二物興男女二人也

○**其釣維何오 維絲伊緡이로다 齊侯之子와 平王之孫**(叶須倫反)**이로다**

●그釣ᄒᆞ논거시므섯고絲로緡ᄒᆞ얏도다齊侯의子와平王의孫이로다

○興也伊亦維也緡綸也絲之合而爲綸猶男女之合而爲昏也

何彼襛矣三章章四句

彼茁(音拙)**者葭**(音加)**애 壹發五豝**(音巴)**ㅣ로소니 于**(音吁)**嗟乎騶虞**(叶音牙)**ㅣ로다**

●뎌茁ᄒᆞᆫ葭애ᄒᆞᆫ번發홈애다셧豝ㅣ로소니于嗟홉다騶虞ㅣ로다

○賦也茁生出壯盛之貌葭蘆也亦名葦發發矢豝牡豕也一發五豝猶言中必疊雙也騶虞獸名白虎黑文不食生物者也○南國諸侯承文王之化脩身齊家以治其國而其仁民之餘恩又有以及於庶類故其春田之際草木之茂禽獸之多至於如此而詩人述其事以美之且歎之曰此其仁心自然不由勉强是卽眞所謂騶虞矣

○**彼茁者蓬에 壹發五豵**(音宗)**이로소니 于嗟乎騶虞**(叶五紅反)**ㅣ로다**

●뎌茁ᄒᆞᆫ蓬애ᄒᆞᆫ번發홈애다셧豵이로소니于嗟홉다騶虞ㅣ로다

○賦也蓬草名一歲曰豵亦小豕也

騶虞二章章三句

文王之化始於關雎而至於麟趾則其化之入人者深矣形於鵲巢而及於騶虞則其澤之及物者廣矣蓋意誠心正之功不息而久則其熏蒸透徹融液周徧自有不能已者非智力之私所能及也故序以騶虞爲鵲巢之應而見王道之成其必有所傳矣

召南之國十四篇四十章百七十七句

愚按鵲巢至采蘋言夫人大夫妻以見當時國君大夫被文王之化而能脩身以正其家也甘棠以下又見由方伯能布文王之化而國君能脩之家以及其國也其詞雖無及於文王者然文王明德新民之功至是而其所施者溥矣抑所謂其民皡皡而不知爲之者與唯何彼穠矣之詩爲不可曉當闕所疑耳○周南召南二國凡二十五篇先儒以爲正風今姑從之○孔子謂伯魚曰女爲周南召南矣乎人而不爲周南召南其猶正牆面而立也與○儀禮鄉飲酒鄉射燕禮皆合樂周南關雎葛覃卷耳召南鵲巢采蘩采蘋燕禮又有房中之樂鄭氏註曰弦歌周南召南之詩而不用鍾磬云房中者后夫人之所諷誦以事其君子○程子曰天下之治正家爲先天下之家正則天下治矣二南正家之道也陳后妃夫人大夫妻之德推之士庶人之家一也故使邦國至於鄉黨皆用之自朝廷至於委巷莫不謳吟諷誦所以風化天下

詩經卷之二

朱熹集傳

邶一之三

邶鄘衛三國名在禹貢冀州西阻太行北逾衡漳東南跨河以及兗州桑土之野及商之季而紂都焉武王克商分自紂城朝歌而北謂之邶南謂之鄘東謂之衛以封諸侯邶鄘不詳其始封衛則武王弟康叔之國也衛本都河北朝歌之東淇水之北百泉之南其後不知何時并得邶鄘之地至懿公爲狄所滅戴公東徙渡河野處漕邑文公又徙居于楚丘朝歌故城在今衛州衛縣西二十二里所謂殷墟衛故都卽今衛縣漕楚丘皆在滑州大抵今懷衛澶相滑濮等州開封大名府界皆衛境也但邶鄘地旣入衛其詩皆爲衛事而猶繫其故國之名則不可曉而舊說以此下十三國皆爲變風焉

汎芳梵反**彼柏舟**ㅣ여**亦汎其流**ㅣ로다**耿耿**古幸反**不寐**ᄒᆞ야**如有隱憂**ㅣ라**微我無酒**ㅣ**以敖**音翺**以遊**ㅣ니라

● 汎ᄒᆞᆫ뎌栢舟ㅣ여 ᄯᅩᄒᆞᆫ그流에汎ᄒᆞ엿도다耿耿히자디못ᄒᆞ야 隱憂ᄅᆞᆯ둔ᄂᆞᆫᄃᆞᆺᄒᆞ라내술이써敖ᄒᆞ며써遊ᄒᆞᆯ써시업산줄이아니니라

○比也汎流貌柏木名耿耿小明憂之貌也隱痛也微猶非也○婦人不得於其夫故以柏舟自比言以柏爲舟堅緻牢實而不以乘載無所依薄但汎然於水中而已故其隱憂之深如此非爲無酒可以敖遊而解之也列女傳以此爲婦人之詩今考其辭氣卑順柔

弱且居變風之首而與下篇相類豈亦莊姜之詩也歟

○我心匪鑒이라不可以茹音儒ㅣ며亦有兄弟나不可以據ㅣ로소니薄言往愬ㅣ오逢彼之怒ᄒᆞ다

●내ᄆᆞ암이鑒이아니라可히ᄡᅥ茹치못ᄒᆞ리며ᄯᅩᄒᆞᆫ兄弟이시나可히ᄡᅥ據치못ᄒᆞ리로소니잠ᄭᅡᆫ가愬ᄒᆞ고뎌의怒를逢ᄒᆞ라

○賦也鑒鏡茹度據依愬告也○言我心既匪鑒而不能度物雖有兄弟而又不可依以爲重故往告之而反遭其怒也

○我心匪石이라不可轉也ㅣ며我心匪席이라不可卷音捲也ㅣ며威儀棣棣ㅣ라不可選也ㅣ로다

●내ᄆᆞ암이石이아니라可히轉치못ᄒᆞ리며내ᄆᆞ암이席이아니라可히卷치못ᄒᆞ리며威儀ㅣ棣棣ᄒᆞᆫ디라可히選치못ᄒᆞ리로다

○賦也棣棣富而閑習之貌選簡擇也○言石可轉而我心不可轉席可卷而我心不可卷威儀無一不善又不可得而簡擇取舍皆自反而無闕之意

○憂心悄悄七小反ㅣ어놀慍于羣小ᄒᆞ라覯音垢閔既多ㅣ어놀受侮不少ᄒᆞ라靜言思之오寤辟音闢有摽音殍ᄒᆞ라

●ᄆᆞ음에憂홈을悄悄히ᄒᆞ거ᄂᆞᆯ羣小의게慍히요라閔을覯홈이이믜하거ᄂᆞᆯ侮을受홈을적이아니호라靜히셔思ᄒᆞ고寤ᄒᆞ야辟홈을摽히호라

〇賦也悄悄憂貌慍怒意羣小衆妾也言見怒於衆妾也覯見閔病也辟拊心也摽拊心貌

〇日居月諸여ㅣ胡迭(音垤)而微오心之憂矣여如匪澣(音翰)衣로다靜言思之오不能奮飛로라

●日이며月이여엇지迭ᄒᆞ야微ᄒᆞᄂᆞ뇨ᄆᆞ음의憂홈이여澣치아닌衣ᄀᆞᆺ도다靜히셔思ᄒᆞ고能히奮ᄒᆞ야飛치못호라

〇比也居諸語辭迭更微虧也匪澣衣謂垢汚不濯之衣奮飛如鳥奮翼而飛去也〇言日當常明月則有時而虧猶正嫡當尊衆妾當卑今衆妾反勝正嫡是日月更迭而虧是以憂之至於煩冤憒眊如衣不澣之衣恨不能奮起而飛去也

柏舟五章章六句

綠兮衣兮여綠衣黃裏로다心之憂矣여曷維其已오

●綠ᄒᆞᆫ衣여綠이衣오黃이裏로다ᄆᆞ음의憂홈이여언제그己홀고

〇比也綠蒼勝黃之間色黃中央土之正色間色賤而以爲衣正色貴而以爲裏言皆失其所也己止也〇莊公惑於嬖妾夫人莊姜賢而失位故作此詩言綠衣黃裏以比賤妾

尊顯而正嫡幽微使我憂之不能自已也

○綠兮衣兮여 綠衣黃裳이로다 心之憂矣여 曷維其亡고

●綠ᄒᆞᆫ衣여綠이衣오黃이裳이로다ᄆᆞ음의憂홈이여언제그亡ᄒᆞᆯ고

○比也上曰衣下曰裳記曰衣正色裳間色今以綠爲衣而黃者自裏轉而爲裳其失所益甚矣亡之爲言忘也

○綠兮絲兮라 女音汝所治平聲兮로다 我思古人ᄒᆞ야 俾無訧音尤叶于其反兮로다

●綠이絲ㅣ라네의治ᄒᆞᆫ배로다내녯사ᄅᆞᆷ을思ᄒᆞ야ᄒᆞ여곰訧ㅣ업게ᄒᆞ디로다

○比也女指其君子而言也治謂理而織之也俾使訧過也○言綠方爲絲而女又治之以比妾方少艾而女又嬖之也然則我將如之何哉亦思古人有嘗遭此而善處之者以自勵焉使不至於有過而已

○絺兮綌兮여 凄音妻其以風叶孚愔反이로다 我思古人호니 實獲我心이로다

●絺며綌이여凄ᄒᆞᆫ그風으로써ㅣ로다내녯사ᄅᆞᆷ을思호니진실로내ᄆᆞ음을獲ᄒᆞ도다

○比也凄寒風也○絺綌而遇寒風猶己之過時而見棄也故思古人之善處此者眞能先得我心之所求也

綠衣四章章四句

莊姜事見春秋傳此詩無所考姑從序說下三篇同

燕燕于飛여差(初宜反)池其羽ㅣ로다之子于歸에遠送于野호라瞻望弗及이라泣涕如雨호라

●燕이며燕의飛홈이여差池ᄒᆞᆫ그羽ㅣ로다之子ㅣ歸홈애멀이野의가보내오라瞻望ᄒᆞ야도밋디못ᄒᆞ더라泣涕홈을비ᄀᆞ치호라

○興也燕鳦也謂之燕燕者重言之也差池不齊之貌之子指戴嬀也歸大歸也○莊姜無子以陳女戴嬀之子完爲己子莊公卒完卽位嬖人之子州吁弑之故戴嬀大歸于陳而莊姜送之作此詩也

○燕燕于飛여頡(與絜同)之頏(與杭同)之로다之子于歸에遠于將之호라瞻望弗及이라佇立以泣호라

●燕이며燕의飛홈이여頡ᄒᆞ며頏ᄒᆞᄂᆞ다之子ㅣ歸홈애멀이가보내오라瞻望ᄒᆞ야도밋디못ᄒᆞ더라오리셔셔서泣호라

○興也飛而上曰頡飛而下曰頏將送也佇立久立也

○燕燕于飛여下上(上聲)其音이로다之子于歸에遠送于南호라瞻望弗及이라實勞我心호라

●燕이며燕의飛홈이여下ᄒᆞ며上ᄒᆞᄂᆞᆫ그소리로다之子ㅣ歸홈애멀이南의가보내오라瞻望ᄒᆞ야도밋디못ᄒᆞ더라진실로내ᄆᆞᄋᆞᆷ을勞호라

○興也鳴而上曰上音鳴而下曰下音送于南者陳在衛南

○仲氏任(平聲)只(音紙)ᄒᆞ니其心塞淵(叶一均反)이로다 終溫且惠ᄒᆞ야 淑愼其身이오 先君之思로 以勗寡人이로다

●仲氏ㅣ任ᄒᆞ니그ᄆᆞ음이塞ᄒᆞ며淵ᄒᆞ도다ᄆᆞᄎᆞᆷ내溫ᄒᆞ고ᄯᅩ惠ᄒᆞ야淑히그몸을삼가고先君을思홈으로써寡人을勗ᄒᆞᄂᆞ다

○賦也仲氏戴嬀字也以恩相信曰任只語辭塞實淵深終竟溫和惠順淑善也先君謂莊公也勗勉也寡人寡德之人莊姜自稱也○言戴嬀之賢如此又以先君之思勉我使我常念之而不失其守也楊氏曰州吁之暴桓公之死戴嬀之去皆夫人失位不見答於先君所致也而戴嬀猶以先君之思勉其夫人可謂溫且惠矣

燕燕四章章六句

日居月諸ㅣ 照臨下土ㅣ시니 乃如之人兮ㅣ 逝不古處ᄒᆞ나다 胡能有定이리오마ᄂᆞᆫ 寧不我顧(叶果五反)오

●日이며月이下土에照ᄒᆞ야臨ᄒᆞ야계시니이러ᄐᆞᆺᄒᆞᆫ사ᄅᆞᆷ이古로處치아니ᄒᆞᄂᆞ다엇디能히定홈이이시리오마ᄂᆞᆫ엇디나ᄅᆞᆯ顧치아니ᄒᆞᄂᆞ뇨

○賦也日居月諸呼而訴之也之人指莊公也逝發語辭古處未詳或云以古道相處也胡寧皆何也○莊姜不見答於莊公故呼日月而訴之言日月之照臨下土久矣今乃有

如是之人而不以古道相處是其心志回惑亦何能有定哉而何爲其獨不我顧也見棄如此而猶有望之之意焉此詩之所以爲厚也

○日居月諸ㅣ下土是冒ㅣ시니 乃如之人兮ㅣ 逝不相好(呼報反)ᄒᆞᄂᆞ다 胡能有定이리오마ᄂᆞᆫ 寧不我報오

●日이며月이下土에이冒ᄒᆞ야게시니이러ᄐᆞᆺᄒᆞᆫ사ᄅᆞᆷ이서ᄅᆞ好치아니ᄒᆞᄂᆞ다 엇디能히定ᄒᆞᆷ이이시리오마ᄂᆞᆫ엇디나ᄅᆞᆯ報치아니ᄒᆞᄂᆞ뇨

○賦也冒覆也報答也

○日居月諸ㅣ 出自東方이샷다 乃如之人兮ㅣ 德音無良이로다 胡能有定이리오마ᄂᆞᆫ 俾也可忘가

●日이며月이出ᄒᆞᆷ을東方으로브터ᄒᆞ셧다이러ᄐᆞᆺᄒᆞᆫ사ᄅᆞᆷ이德音이良ᄒᆞᆷ이업도다엇디能히定ᄒᆞᆷ이이시리오마ᄂᆞᆫ히여곰可히니잘거시라ᄒᆞᄂᆞ냐

○賦也日旦必出東方月望亦出東方德音美其辭無良醜其實也俾也可忘言何獨使我爲可忘者邪

○日居月諸ㅣ 東方自出이샷다 父兮母兮ㅣ 畜我不卒이샷다 胡能有定이리오마ᄂᆞᆫ 報我不述ᄒᆞ노다

●日이며月이東方으로브터出ᄒᆞ샷다父와母ㅣ나ᄅᆞᆯ畜ᄒᆞᆷ을卒치아니ᄒᆞ샷다 엇디能히定ᄒᆞᆷ이이시리오마ᄂᆞᆫ

나ᄅᆞᆯ報호ᄃᆡ述치아니ᄒᆞᄂᆞ다

○賦也畜養卒終也不得其夫而歎父母養我之不終蓋憂患疾痛之極必呼父母人之至情也述循也言不循義理也

日月四章章六句

此詩當在燕燕之前下篇放此

終風且暴ㅣ나顧我則笑(叶音燥)ᄒᆞ나**謔**(許約反)**浪笑敖**(音五)ㅣ라**中心是悼**ㅣ로다

●終風이ᄯᅩ暴ᄒᆞ나나ᄅᆞᆯ顧ᄒᆞ면笑ᄒᆞᄂᆞ니謔ᄒᆞ며浪ᄒᆞ며笑ᄒᆞ며敖ᄒᆞᆫ지라中心에이悼ᄒᆞ놋다

○比也終風終日風也暴疾也謔戲言也浪放蕩也悼傷也○莊公之爲人狂蕩暴疾莊姜蓋不忍斥言之故但以終風且暴爲比言雖其狂暴如此然亦有顧我則笑之時但皆出於戲慢之意而無愛敬之誠則又使我不敢言而心獨傷之耳蓋莊公暴慢無常而莊姜正靜自守所以忤其意而不見答也

○**終風且霾**(與埋同)ㅣ나**惠然肯來**ᄒᆞᄂᆞ니**莫往莫來**라**悠悠我思**ㅣ로다

●終風ᄒᆞ고ᄯᅩ霾ᄒᆞ나惠然히즐겨來ᄒᆞᄂᆞ니往호아니며來호아니ᄒᆞᄂᆞᆫ지라悠悠ᄒᆞᆫ내思ㅣ로다

○比也霾雨土蒙霧也惠順也悠悠思之長也○終風且霾以比莊公之狂惑也雖云狂惑然亦或惠然而肯來但又有莫往莫來之時則使我悠悠而思之望其君子之深厚之至也

○終風且曀(於計反)오 不日有曀로다 寤言不寐ᄒᆞ며 願言則嚔(音帝同)호라

●終風ᄒᆞ고 ᄯᅩ曀ᄒᆞ고 놀이 못ᄒᆞᆫ야서 ᄯᅩ曀ᄒᆞ놋다 寤ᄒᆞ야 寐치 못ᄒᆞ면 願ᄒᆞ얀 곳 嚔호라

○比也陰而風曰曀有又也不日有曀言旣曀矣不旋日而又曀也亦比人之狂惑暫開而復蔽也願思也嚔鼽嚔也人氣感傷閉鬱又爲風霧所襲則有是疾也

○曀曀其陰이며 虺虺其雷로다 寤言不寐ᄒᆞ며 願言則懷호라

●曀曀ᄒᆞᆫ 그 陰이며 虺虺ᄒᆞᆫ 그 雷로다 寤ᄒᆞ야 寐치 못ᄒᆞ며 願ᄒᆞ야 懷호라

○比也曀曀陰貌虺虺雷將發而未震之聲以比人之狂惑愈深而未已也懷思也

終風四章章四句 (說見上)

擊鼓其鏜(與湯同)이어놀 踊躍用兵ᄒᆞ놋다 土國城漕ㅣ어늘 我獨南行호라

●鼓擊홈을 그 鏜이ᄒᆞ거놀 踊躍ᄒᆞ야 兵을 用호라 國에 土ᄒᆞ며 漕에 城ᄒᆞ거놀 내 호올로 南으로 行호라

○賦也鏜擊鼓聲也踊躍坐作擊刺之狀也兵謂戈戟之屬土土功也國國中也漕衛邑名○衛人從軍者自言其所爲因言衛國之民或役土功於國或築城於漕而我獨南行有鋒鏑死亡之憂危苦尤甚也

○從孫子仲ᄒᆞ야 平陳與宋ᄒᆞ소라 不我以歸라 憂心有忡(與充同)호라

●孫子仲을 조차 陳과 다못 宋을 平ᄒᆞ소라 나를 더부러 歸치 아닌ᄂᆞᆫ지라 ᄆᆞᄋᆞᆷ에 憂홈을 忡히호라

○賦也孫氏子仲字時軍帥也平和也合二國之好也舊說以此爲春秋隱公四年州吁

自立之時宋衛陳蔡伐鄭之事恐或然也以猶與也言不與我而歸也

○爰居爰處ᄒᆞ야 爰喪息浪反ᄒᆞ고 其馬ㅣ 于以求之ㅣ 于林之下호라

●이에居ᄒᆞ며이에處ᄒᆞ야그馬를喪ᄒᆞ고써求ᄒᆞ옴이수풀으래호라

○賦也爰於也於是居於是處於是喪其馬而求之於林下見其失伍離次無鬭志也

○死生契與挈同闊에 與子成說호라 執子之手ᄒᆞ야 與子偕老ㅣ라호라

●死ᄒᆞ며生ᄒᆞ며契闊홈에子로더브러說을成호라子의手를執ᄒᆞ야子로더브러홈씌늙즈호라

○賦也契闊隔遠之意成說謂成其約誓之言○從役者念其室家因言始爲室家之時期以死生契闊不相忘棄又相與執手而期以偕老也

○于音吁下同嗟闊兮여 不我活兮로다 于嗟洵音荀兮여 不我信師人反兮로다

●于嗟홉다闊홈이여우리活치못ᄒᆞ리로다于嗟홉다洵이여우리信치못ᄒᆞ리로라

○賦也于嗟歎辭也闊契闊也活生洵信也信與申同○言昔者契闊之約如此而今不得活偕老之信如此而今不得伸意必死亡不復得與其室家遂前約之信也

擊鼓五章章四句

凱風自南으로 吹彼棘心이로다 棘心夭夭與腰同ㅣ어늘 母氏劬勞叶音僚ㅣ샷다

●凱風이南으로브터더棘心을부놋다棘心이夭夭ᄒᆞ거늘母氏ㅣ劬勞ᄒᆞ샷다

○比也南風謂之凱風長養萬物者也棘小木叢生多刺難長而心又其稚弱而未成者

也夭夭少好貌劬勞病苦也○衛之淫風流行雖有七子之母猶不能安其室故其子作此詩以凱風比母棘心比子之幼時蓋曰母生衆子幼而育之其劬勞甚矣本其始而言以起自責之端也

○凱風自南으로 吹彼棘薪이로다 母氏聖善이어시늘 我無令人호소라

●凱風이南으로브터棘薪을부놋다母氏ㅣ聖ᄒᆞ며善ᄒᆞ시거늘우리어진사ᄅᆞᆷ이업소라

○興也聖叡令善也○棘可以爲薪則成矣然非美材故以興子之壯大而無善也復以聖善稱其母而自謂無令人其自責也深矣

○爰有寒泉이 在浚之下ㅣ로다(叶後五反) 有子七人호되 母氏勞苦야

●이에寒ᄒᆞᆫ泉이浚ㅅ아래잇도다아ᄃᆞᆯ七人이이소ᄃᆡ母氏로勞苦케ᄒᆞᄂᆞ냐

○興也浚衛邑○諸子自責言寒泉在浚之下猶能有所滋益於浚而有子七人反不能事母而使母至於勞苦乎於是乃若微指其事而痛自刻責以感動其母心也母以淫風流行不能自守而諸子自責但以不能事母使母勞苦爲詞婉詞幾諫不顯其親之惡可謂孝矣下章放此

○睍(同與演)睆(同與莞)黃鳥ㅣ 載好其音이로다 有子七人호되 莫慰母心가

●睍睆ᄒᆞᆫ黃鳥ㅣ그소리를됴히ᄒᆞ놋다아ᄃᆞᆯ七人이이소ᄃᆡ엄의ᄆᆞ암을慰치못ᄒᆞᄂᆞ냐

○興也睍睆淸和圓轉之意○言黃鳥猶能好其音以悅人而我七子獨不能慰悅母心哉

凱風四章章四句

雄雉于飛여泄泄(與異同)其羽ㅣ로다我之懷矣여自詒伊阻ㅣ로다

●雄雉의飛홈이여泄泄ᄒᆞᆫ그羽ㅣ로다나의懷ᄒᆞᆫ이여스스로阻홈을詒ᄒᆞ놋다

○興也雉野鷄雄者有冠長尾身有文采善鬬泄泄飛之緩也懷思詒遺阻隔也○婦人以其君子從役于外故言雄雉之飛舒緩自得如此而我之所思者乃從役于外而自遺阻隔也

○雄雉于飛여下上(時掌反)其音이로다展矣君子여實勞我心이로다

●雄雉의飛홈이여下ᄒᆞ며上ᄒᆞᄂᆞᆫ그소리로다진실로君子ㅣ여진실로나ᄆᆞ암을勞케ᄒᆞ놋다

○興也下上其音言其飛鳴自得也展誠也言誠又言實所以甚言此君子之勞我心也

○瞻彼日月호니悠悠我思ㅣ로다(叶新齎反)道之云遠이어니曷云能來리오(叶陵之反)

●뎌日月을瞻호니悠悠ᄒᆞᆫ내思ㅣ로다길히멀거니엇디能히來ᄒᆞ리오

○賦也悠悠思之長也見日月之往來而思其君子從役之久也

○百爾君子ᄂᆞᆫ不知德行(下孟反叶戶郎反)가不忮(與至同)不求ㅣ면何用不臧이리오

●믈읫君子ᄂᆞᆫ德行을아디몯ᄒᆞ랴忮치아니며求치아니면어디ᄡᅥ臧치아니ᄒᆞ리오

○賦也百猶凡也忮害求貪臧善也○言凡爾君子豈不知德行乎若能不忮害又不貪求則何所爲而不善哉憂其遠行之犯患冀其善處而得全也

雄雉四章章四句

匏有苦葉이어늘 濟有深涉이로다 深則厲ㅣ오 淺則揭니 音器라

● 匏ㅣ쓴닙피잇거늘濟ᄒᆞᄂᆞᆫ되깁픈涉이잇도다깁거든厲ᄒᆞ고엿거든揭홀디니라

○比也匏瓠也匏之苦者不可食特可佩以渡水而已然今尙有葉則亦未可用之時也濟渡處也行渡水曰涉以衣而涉曰厲褰衣而涉曰揭○此刺淫亂之詩言匏未可用而渡處方深行者當量其淺深而後可渡以比男女之際亦當量度禮義而行也

○有瀰與米同濟盈이어늘 有鷕以小反雉鳴이로다 濟盈不濡軌叶與晷同居有反ᄒᆞ며 雉鳴求其牡ㅣ로다

● 瀰히濟ㅣ盈ᄒᆞ엿거늘鷕히雉ㅣ鳴ᄒᆞ놋다濟ㅣ盈호되軌젓지아니며雉ㅣ鳴ᄒᆞ야그牡을求ᄒᆞ놋다

○比也瀰水滿貌鷕雌雉聲軌車轍也飛曰雌雄走曰牝牡○夫濟盈必濡其轍雉鳴當求其雄此常理也今濟盈而曰不濡軌雉鳴而反求其牡以比淫亂之人不度禮義非其配耦而犯禮以相求也

○雝雝鳴鴈은叶魚旰反 旭許玉反日始旦ㅣ니라 士如歸妻ㄴ댄 迨冰未泮이니라

● 雝雝이우ᄂᆞᆫ鴈은旭ᄒᆞᆫ日이비로소아춤의ᄒᆞᄂᆞ니라 士ㅣ만일妻를歸ᄒᆞ려ᄒᆞᆯ진된冰이泮치아닌적을미쳐홀지니라

○賦也雝雝聲之和也鴈鳥名似鵝畏寒秋南春北旭日初出貌昏禮納采用鴈親迎以

昏而納采請期以迨冰泮而納采請期迨冰未泮之時○言古人之於婚姻其求之不暴而節之以禮如此以深刺淫亂之人也

○招招(音韶)舟子(叶獎里反)에 人涉卬(與昻同)否(叶美蒲反)호 人涉卬否ᄂᆞᆫ 卬須我友(叶羽軌反)ㅣ니라

●招招ᄒᆞᄂᆞᆫ舟子에人은涉ᄒᆞ거ᄂᆞᆯ나ᄂᆞᆫ아니호라人은涉ᄒᆞ거든나ᄂᆞᆫ아니홈은너벗을기다리미니라

○比也招招號召之貌舟子舟人主濟渡者卬我也○舟人招人以渡人皆從之而我獨否者待我友之招而後從之也以比男女必待其配耦而相從而刺此人之不然也

匏有苦葉四章章四句

習習谷風이 以陰以雨ㅣ니 黽勉同心이언뎡 不宜有怒(叶暖五反)ㅣ니라 采葑(與封同)采菲(與匪同)ᄂᆞᆫ 無以下體니 德音莫違ㄴ된 及爾同死(叶想止反)ㅣ니라

●習習ᄒᆞᆫ谷風이ᄡᅥ陰ᄒᆞ며ᄡᅥ雨ᄒᆞᄂᆞ니黽勉ᄒᆞ야ᄆᆞᄋᆞᆷ을ᄒᆞᆫ가지로홀디언뎡怒를두미맛당치아니니라 葑을캐며菲를캐기ᄂᆞᆫ下體로ᄡᅥ아니홀지니德音이違치아닐진댄널로밋ᄒᆞᆫ가지로死홀지니라

○比也習習和舒也東風謂之谷風葑蔓菁也菲似葍莖麤葉厚而長有毛下體根也葑菲根莖皆可食而其根則有時而美惡德音美譽也○婦人爲夫所棄故作此詩以敘其悲怨之情言陰陽和而後雨澤降如夫婦和而後家道成故爲夫婦者當黽勉以同心而不宜至於有怒又言采葑菲者不可以其根之惡而棄其莖之美如爲夫婦者不可以其

顏色之衰而棄其德音之善但德音之不違則可以與爾同死矣

○行道遲遲ᄒᆞ야 中心有違어늘 不遠伊邇ᄒᆞ야 薄送我畿音祈ᄒᆞᄂᆞ다 誰謂荼音徒苦오 其甘如薺音泚로다 宴爾新昏ᄒᆞ야 如兄如弟待禮反ᄒᆞᄂᆞ다

●道에行ᄒᆞᆷ을遲遲히ᄒᆞ야中心에違ᄒᆞᆷ이잇거늘멀이아니ᄒᆞ고갓가이ᄒᆞ야잠간나를畿에셔보내ᄂᆞ다뉘닐오ᄃᆡ荼ㅣ苦라ᄒᆞ더뇨그ᄃᆞᆯ롬이薺ᄀᆞᆺ도다너의新昏을宴ᄒᆞ야兄ᄀᆞᆺ치ᄒᆞ며弟ᄀᆞᆺ치ᄒᆞᄂᆞ다

○賦而比也遲遲徐行貌違相背也畿門內也荼苦菜蓼屬也詳見良耜薺甘菜宴樂也新昏夫所更娶之妻也○言我之被棄行於道路遲遲不進蓋其足欲前而心有所不忍如相背然而故夫之送我乃不遠而甚邇亦至其門內而止耳又言荼雖甚苦反甘如薺以比己之見棄其苦甚於荼而其夫方且宴樂其新昏如兄如弟而不見恤蓋婦人從一而終今雖見棄猶有望夫之情厚之至也

○涇以渭濁이나 湜湜音殖ᄒᆞᆫ 其沚音止니라 宴爾新昏ᄒᆞ야 不我屑以ᄒᆞᄂᆞ다 毋逝我梁ᄒᆞ야 毋發我笱與苟同ㅣ언만ᄂᆞᆫ 我躬不閱이온 遑恤我後胡口反아

●涇이渭로써濁ᄒᆞ나湜湜ᄒᆞᆫ그沚ㅣ니라너의新昏을宴ᄒᆞ야나를屑히너겨以치아니ᄒᆞᄂᆞ다내梁에 가디마라내笱를發치말라ᄒᆞ련만ᄂᆞᆫ내몸도閱치못ᄒᆞ곤遑ᄒᆞ야내後로恤ᄒᆞ랴

○比也涇渭二水名涇水出今原洲百泉縣笄頭山東南至永興軍高陵入渭渭水出渭洲渭源縣鳥鼠山至同洲馮翊縣入河湜湜淸貌沚水渚也屑潔以與逝之也梁堰石障

水而空其中以通魚之往來者也笱以竹爲器而承梁之空以取魚者也閱容也○涇濁渭淸然涇未屬渭之時雖濁而未甚見由二水旣合而淸濁益分然其別出之渚流或稍緩則猶有淸處婦人以自比其容貌之衰久矣又以新昏形之益見憔悴然其心則固猶有可取者但以故夫之安於新昏故不以我爲潔而與之耳又言毋逝我之梁毋發我之笱以比欲戒新昏毋居我之處毋行我之事而又自思我身且不見容何暇恤我已去之後哉知不能禁而絕意之辭也

○就其深矣란 方之舟之오 就其淺矣란 泳之游之호라 何有何亡고ᄒᆞ야 黽勉求之ᄒᆞ며 凡民有喪애 匍音蒲匐蒲卜反 救叶居尤反之호라

●그깁픈듸나아가란方ᄒᆞ며舟ᄒᆞ고그엿ᄐᆞᆫ듸나아가란泳ᄒᆞ며游호라므서시이시며므서시업소리오ᄒᆞ야黽勉ᄒᆞ야求ᄒᆞ며믈읫人民이喪이소미匍匐ᄒᆞ야救호라

○興也方桴舟船也潛行曰泳浮水曰游匍匐手足並行急遽之甚也○婦人自陳其治家勤勞之事言我隨事盡其心力而爲之深則方舟淺則泳游不計其有與亡而勉强以求之又周睦其鄰里鄕黨莫不盡其道也

○不我能慉與畜同이오 反以我爲讎ᄒᆞᄂᆞ다 旣阻我德ᄒᆞ니 賈音古用不售與讎同叶市周反ㅣ로다 昔育恐育鞠與菊同ᄒᆞ야 及爾顚覆叶福同이라니 旣生旣育ᄒᆞ얀 比予于

毒가

●나를能히慉디아니ᄒᆞ고도로혀날로써讎를삼ᄂᆞ다이믜너德을阻ᄒᆞ니賈ㅣ써售치못홈이로다 녜育홀제育홈이鞠ᄒᆞ야널로밋顚覆홀가저허ᄒᆞ다니이믜生ᄒᆞ며이믜育ᄒᆞ야ᄂᆞᆫ나를毒에比ᄒᆞᄂᆞ냐

○賦也慉養阻却鞠窮也○承上章言我於女家勤勞如此而女既不我養而反以我爲仇讎惟其心既拒却我之善故雖勤勞如此而不見取如賈之不見售也因念其昔時相與爲生惟恐其生理窮盡而及爾皆至於顚覆今既遂其生矣乃反比我於毒而棄之乎張子曰育恐謂生於恐懼之中育鞠謂生於困窮之際亦通

○我有旨蓄(勅六反)은 亦以御(音語)冬이니라 宴爾新昏이여 以我御窮이랏다 有洸(音光)ᄒᆞ며有潰(音繪)ᄒᆞ야 既詒我肄(音異)ᄒᆞ니 不念昔者에 伊余來塈로다

●너旨ᄒᆞᆫ蓄을두믄또ᄒᆞᆫ써冬을御호려니라네의新昏을宴홈이여날로써窮을御홈이랏다 洸ᄒᆞ며潰ᄒᆞ야이믜너게肄로기치니녜너의來ᄒᆞ야塈ᄒᆞ던적을念치아니ᄒᆞ놋다

○興也旨美蓄聚御當也洸武貌潰怒色也肄勞塈息也○又言我之所以蓄聚美菜者蓋欲以禦冬月乏無之時至於春夏則不食之矣今君子安於新昏而厭棄我是但使我禦其窮苦之時至於安樂則棄之也又言於我極其武怒而盡遺我以勤勞之事曾不念昔者我之來息時也追言其始見君子之時接禮之厚怨之深也

谷風六章章八句

式微式微어놀胡不歸오微君之故면ㅣ胡爲乎中露ㅣ리오

●微ᄒᆞ며微ᄒᆞ거놀엇디歸치아니ᄒᆞᄂᆞ뇨君의故곳아니면엇디中露에ᄒᆞ니오

○賦也式發語辭微猶衰也再言之者言衰之甚也微猶非也中露露中也言有霑濡之辱而無所庇覆也○舊說以爲黎侯失國而寓於衛其臣勸之曰衰微甚矣何不歸哉我若非以君之故則亦胡爲而辱於此哉

○式微式微어놀胡不歸오微君之躬이면胡爲乎泥中이리오

●微ᄒᆞ며微ᄒᆞ거놀엇디歸치아니ᄒᆞᄂᆞ뇨君의躬곳아니면엇디泥中에ᄒᆞ리오

○賦也泥中言有陷溺之難而不見拯救也

式微二章章四句 此無所考姑從序說

旄丘之葛叶居謁反兮ㅣ何誕音憚之節兮오叔兮伯叶音逼兮ㅣ何多日也오

●旄丘의葛이엇지節이誕ᄒᆞ뇨叔이며伯이엇지日이하뇨

○興也前高後下曰旄丘誕闊也叔伯衛之諸臣也○舊說黎之臣子自言久寓於衛時物變矣故登旄丘之上見其葛長大而節疎闊因托以起興曰旄丘之葛何其節之闊也衛之諸臣何其多日而不見救也此詩本責衛君而但斥其臣可見其優柔而不迫也

○何其處也오必有與也ㅣ로다何其久叶舉里反也오必有以也ㅣ로다

●엇지그處ᄒᆞ엿ᄂᆞ뇨반다시與ᄒᆞᄂᆞ니잇도다엇지그오라뇨반다시以잇도다

○賦也處安處也與與國也以他故也○因上章何多日也而言何其安處而不來意必有與國相俟而俱來耳又言何其久而不來意其或有他故而不得來耳詩之曲盡人情如此

○狐裘蒙戎ᄒᆞ니匪車不東이라叔兮伯兮ㅣ靡所與同이로다

●狐裘ㅣ蒙戎ᄒᆞ니車ㅣ東치아닌ᄂᆞᆫ주리아니라叔이며伯이더브러同ᄒᆞᆯ배업도다

○賦也大夫狐蒼裘蒙戎亂貌言弊也○又自言客久而裘弊矣豈我之車不東告於女乎但叔兮伯兮不與我同心雖往告之而不肯來耳至是始微諷切之或曰狐裘蒙戎指衛大夫而譏其慣亂之意匪車不東言非其車不肯東來救我也但其人不肯與俱來耳今按黎國在衛西前說近是

○瑣音鎖兮尾兮ㅣ流離之子叶獎里反ㅣ로다叔兮伯兮ㅣ褎音又如充耳로다

●瑣ᄒᆞ며尾ᄒᆞᆫ이流離ᄒᆞᆫ子ㅣ로다叔이며伯이褎히耳를充ᄒᆞᆫ듯ᄒᆞ도다

○賦也瑣細尾末也流離漂散也褎多笑貌充耳塞耳也耳聾之人恒多笑○言黎之君臣流離瑣尾若此其可憐也而衛之諸臣褎然如塞耳而無聞何哉至是然後盡其辭焉流離患難之餘而其言之有序而不迫如此其人亦可知矣

旄丘四章章四句 說同上篇

簡兮簡兮ㅣ方將萬舞ᄒᆞ라日之方中이어ᄂᆞᆯ在前上處上聲ᄒᆞ다

●簡ᄒᆞ며簡히녀야호로장찻萬으로舞호라日이녀야호로中ᄒᆞ얏거ᄂᆞᆯ前上處의在호라

○賦也簡簡易不恭之意萬者舞之總名武用干戚文用羽籥也日之方中在前上處言當明顯之處○賢者不得志而仕於伶官有輕世肆志之心焉故其言如此若自譽而實自嘲也

○碩人俁俁音語ᄒᆞ니公庭萬舞ㅣ로다有力如虎ㅣ며執轡如組音祖ㅣ로다

●碩ᄒᆞᆫ人이俁俁ᄒᆞ니公庭의셔萬으로舞ᄒᆞ놋다힘이솜이虎ᄀᆞᆺ다며轡ㅣ執홈을組ᄀᆞᆺ치ᄒᆞ놋다

○賦也碩大也俁俁大貌轡今之韁也組織絲爲之言其柔也御能使馬則轡柔如組矣

○又自譽其才之無所不備亦上章之意也

○左手執籥音藥ᄒᆞ고右手秉翟音笛叶直角反ᄒᆞ다赫如渥音握赭音者叶步略反ㅣ어ᄂᆞᆯ公言錫爵ᄒᆞ시다

●左手로籥을잡고右手로翟을잡으라赫이渥ᄒᆞᆫ赭ᄀᆞᆺ거ᄂᆞᆯ公이爵알주시다

○賦也執籥秉翟者文舞也籥如笛而六孔或曰三孔翟雉羽也赫赤貌渥厚漬也赭赤色也言其顏色之充盛也公言錫爵卽儀禮燕飮而獻工之禮也以碩人而得此則亦辱

矣乃反以其賚予之親洽爲榮而誇美之亦玩世不恭之意也

○山有榛音榛이며 隰有苓音零이로다 云誰之思오 西方美人이로다 彼美人兮여 西方之人兮로다

●山에榛이이셔며隰에苓이잇도다누를思ᄒᆞ나뇨西方의美ᄒᆞᆫ人이로다뎌美ᄒᆞᆫ人이여西方의人사ᄅᆞᆷ이로다

○興也榛似栗而小下濕曰隰苓一名大苦葉似地黃卽今甘草也西方美人託言以指西周之盛王如離騷亦以美人目其君也又曰西方之人者歎其遠而不得見之辭也○賢者不得志於衰世之下國而思盛際之顯王故其言如此而意遠矣

簡兮四章三章章四句一章六句 舊三章章六句今改定

張子曰爲祿仕而抱關擊柝則猶恭其職也爲伶官則雜於侏儒俳優之間不恭甚矣其得謂之賢者雖其迹如此而其中固有以過人又能卷而懷之是亦可以爲賢矣東方朔似之

毖音秘 彼泉水도 亦流于淇로다 有懷于衛ᄒᆞ야 靡日不思叶新齎反니 孌音攣 彼諸姬와 聊與之謀叶謨悲反라

●毖ᄒᆞᆫ뎌泉水도ᄯᅩᄒᆞᆫ淇로流ᄒᆞᄂᆞ다衛에懷홈이이셔日로思치아니ᄒᆞᆫ적업시호니孌ᄒᆞᆫ뎌모단姬와애아로시

더브러謀호라

○興也毖泉始出之貌泉水卽今衛州共城之百泉也淇水出相州林慮縣東流泉水自西北而東南來注之變好貌諸姬謂姪娣也○衛女嫁於諸侯父母終思歸寧而不得故作此詩言毖然之泉水亦流於淇矣我之有懷於衛則亦無日而不思矣是以卽諸姬而與之謀爲歸衛之計如下兩章之云也

○出宿于泲(音濟)호고 飮餞(音踐)于禰(音儞)호니 女子有行이 遠(去聲)父母兄弟라
問我諸姑코 遂及伯姊(叶奬禮反)호라

●泲에出호야宿호고禰에餞을飮호니女子의行홈이父母와兄弟를멀이혼지라우리모단姑드려뭇고드되여伯姊의게及호라

○賦也泲地名飮餞者古之行者必有祖道之祭祭畢處者送之飮於其側而後行也禰亦地名皆自衛來時所經之處也諸姑伯姊卽所謂諸姬也○言始嫁來時則固己遠其父母兄弟矣況今父母旣終而復可歸哉是以問於諸姑伯姊而謀其可否云耳鄭氏曰國君夫人父母在則歸寧沒則使大夫寧於兄弟

○出宿于干(叶居焉反)호고 飮餞于言호야 載脂載舝(音轄叶下介反)호야 還(音旋)車言邁호면
遄(市專反)臻于衛언마는 不瑕有害아

●干에出ᄒᆞ야宿ᄒᆞ고言에餞을飮ᄒᆞ야곳脂ᄒᆞ며곳舝ᄒᆞ야車를還ᄒᆞ야邁ᄒᆞ면셜리衛에 臻ᄒᆞ련마ᄂᆞᆫ아니엇던害이실가

○賦也干言地名適衛所經之地也脂以脂膏塗其舝使滑澤也舝車軸也不駕則脫之設之而後行也還回旋也旋其嫁來之車也遄疾臻至也瑕何古音相近通用○言如是則其至衛疾矣然豈不害於義理乎疑之而不敢遂之辭也

○我思肥泉ᄒᆞ야 玆之永歎叶它涓反ᄒᆞ라 思須與漕叶祖侯反ᄒᆞ니 我心悠悠ㅣ로다 駕言出遊ᄒᆞ야 以寫我憂아

●너肥泉을思ᄒᆞ야이에기리歎ᄒᆞ라須와다뭇漕를思ᄒᆞ니너ᄆᆞ음이悠悠ᄒᆞ도다 駕ᄒᆞ야出遊ᄒᆞ야써너憂를寫ᄒᆞᆯ가

○賦也肥泉水名須漕衛邑也悠悠思之長也寫除也○既不敢歸然其思衛之不能忘也安得出遊於彼而寫其憂哉

泉水四章章六句

楊氏曰衛女思歸發乎情也其卒也不歸止乎禮義也聖人著之於經以示後世使知適異國者父母終無歸寧之義則能自克者知所處矣

出自北門叶眉貧反ᄒᆞ야 憂心殷殷ᄒᆞ라 終窶其矩反 且貧이어ᄂᆞᆯ 莫知我艱叶居銀反ᄒᆞᄂᆞ다

已焉哉叶將其反下同라 天實爲之시니 謂之何哉리오

●出홈을北門으로보터ᄒᆞ야ᄆᆞᄋᆞᆷ에憂홈을殷殷호라ᄆᆞᄎᆞᆷ내窶ᄒᆞ고ᄯᅩ貧ᄒᆞ거ᄂᆞᆯ내艱홈을아ᄃᆡ못ᄒᆞᄂᆞᆫ다마ᄅᆞᆯᄃᆡ라하ᄂᆞᆯ히진실로ᄒᆞ시니니란ᄃᆞᆯ엇지ᄒᆞ리오

○比也北門背陽向陰殷殷憂也窶者貧而無以爲禮也○衛之賢者處亂世事暗君不得其志故因出北門而賦以自比又歎其貧窶人莫知之而歸之於天也

○王事適我ㅣ어늘 政事一埤音琵益我ㅣ로다 我入自外ᄒᆞ니 室人交徧讁音責叶竹棘反我ᄒᆞᄂᆞ다 已焉哉라 天實爲之시니 謂之何哉리오

●王의事ㅣ내게適ᄒᆞ엿거ᄂᆞᆯ政事ㅣᄒᆞᆫ갈ᄋᆞ티너계두터이益ᄒᆞ놋다너入홈을밧그로브터호니집사ᄅᆞᆷ이서로다나ᄅᆞᆯ讁ᄒᆞᄂᆞ다마ᄅᆞᆯᄃᆡ라하ᄂᆞᆯ이진실로ᄒᆞ시니니란ᄃᆞᆯ엇디ᄒᆞ리오

○賦也王事王命使爲之事也適之也政事其國之政事也一猶皆也埤厚室家讁責也

○王事旣適我矣政事又一切以埤益我其勞如此而窶貧又甚室人至無以自安而交徧讁我則其困於内外極矣

○王事敦叶都回反我ㅣ어늘 政事一埤遺去聲叶夷回反我ㅣ로다 我入自外ᄒᆞ니 室人交徧摧徂回反我ᄒᆞᄂᆞ다 已焉哉라 天實爲之시니 謂之何哉리오

●王의事ㅣ너에敦ᄒᆞ엿거ᄂᆞᆯ政事ㅣᄒᆞᆫ갈ᄋᆞ티너계두터이遺ᄒᆞ놋다내入홈을밧그로브터호니집사ᄅᆞᆷ이서

로다나를摧ᄒᆞ놋다마를디라하ᄂᆞᆯ이진실로ᄒᆞ시니니란날엇디ᄒᆞ리오
○賦也敦猶投擲也遺加摧沮也

北門三章章七句

楊氏曰忠信重祿所以勸士也衛之忠臣至於窶貧而莫知其艱則無勸士之道矣仕之所以不得志也先王視臣如手足豈有以事投遺之而不知其艱哉然不擇事而安之無懟憾之辭知其無可奈何而歸之於天所以爲忠臣也

北風其涼이며雨去聲雪其雱音滂이로다惠而好去聲我로携手同行叶戶郎反호리라其虛其邪音徐下同아既亟只音紙且音疽下同ㅣ로다
●北風이그涼ᄒᆞ며雨ᄒᆞᄂᆞᆫ雪이그雱히ᄒᆞ놋다惠ᄒᆞ야나를好ᄒᆞᄂᆞ니로手를携ᄒᆞ야ᄒᆞᆫ가지로行호리라 그虛히ᄒᆞ며그邪히ᄒᆞ랴이믜亟ᄒᆞ도다
○比也北風寒涼之風也涼寒氣也雱雪盛貌惠愛行去也虛寬貌邪一作徐緩也亟急也只且語助辭○言北風雨雪以比國家危亂將至而氣象愁慘也故欲與其相好之人去而避之且曰是尙可以寬徐乎彼其禍亂之迫已甚而去不可不速矣

○北風其喈音皆叶居奚反며雨雪其霏音非로다惠而好我로携手同歸호리라其虛其邪아既亟只且ㅣ로다

●北風이그喈ᄒᆞ며雨ᄒᆞ는雪이그霏ᄒᆞ놋다惠ᄒᆞ야나를好ᄒᆞᄂᆞ니로手를攜ᄒᆞ야ᄒᆞᆫ가지로歸호리라 그虛히ᄒᆞ며그邪히ᄒᆞ랴이믜亟ᄒᆞ도다

○比也喈疾聲也霏雨雪分散之狀歸者去而不反之辭也

莫赤匪狐ㅣ며莫黑匪烏아惠而好我로攜手同車호리라 其虛其邪아既亟只且ㅣ로다

●赤디아니타狐ㅣ아니며黑디아니타烏ㅣ아닌가惠ᄒᆞ야나를好ᄒᆞᄂᆞ니로手를攜ᄒᆞ야車를ᄒᆞᆫ가지로호리라그虛히ᄒᆞ며그邪히ᄒᆞ랴이믜亟ᄒᆞ도다

○比也狐獸名似犬黃赤色烏鴉黑色皆不祥之物人所惡見者也所見無非此物則國將危亂可知同行同歸猶賤者也同車則貴者亦去矣

北風三章章六句

靜女其姝(音殊)ᄒᆞ니俟我於城隅ㅣ러니愛而不見ᄒᆞ야搔(音騷)首踟(音池)躕(音廚)호라

●靜ᄒᆞᆫ女ㅣ그姝ᄒᆞ니나를城入隅에셔俟ᄒᆞ더니愛호ᄃᆡ보지못ᄒᆞ야首를搔ᄒᆞ고踟躕호라

○賦也靜者閒雅之意姝美色也城隅幽僻之處不見者期而不至也踟躕猶躑躅也此淫奔期會之詩也

○靜女其孌ᄒᆞ니貽我彤(音同)管(叶古寬反)이로다 彤管有煒(音偉)ᄒᆞ니說(音悅)懌(音亦)女美호라

●靜ᄒᆞᆫ女ㅣ그變ᄒᆞ니나를形管을貽ᄒᆞ놋다形管이煒ᄒᆞ니女의美홈을깃거호라

○賦也變好貌於是則見之矣形管未詳何物蓋相贈以結殷勤之意耳煒赤貌言旣得此物而又悅懌此女之美也

○自牧歸荑ᄒᆞ니洵美且異로다匪女音汝之爲美라美人之貽與異同니라

●牧으로브터荑를歸ᄒᆞ니진실로美ᄒᆞ고ᄯᅩ異ᄒᆞ도다네美ᄒᆞᆫ주리아니라美ᄒᆞᆫ人의貽ᄒᆞᆫ거실시니라

○賦也牧外野也歸亦貽也荑茅之始生者洵信也女指荑而言也○言靜女又贈我以荑而其荑亦美且異然非此荑之爲美特以美人之所贈故其物亦美耳

靜女三章章四句

新臺有泚此禮反ᄒᆞ니河水瀰瀰音米로라燕婉之求에籧音蘧篨音除不鮮斯淺反叶想止反이로다

●新臺ㅣ泚ᄒᆞ니河ㅅ水ㅣ瀰瀰ᄒᆞ도다燕婉을求홈에籧篨ㅣ鮮티아니ᄒᆞ도다

○賦也泚鮮明也瀰瀰盛也燕安婉順也籧篨不能俯疾之醜者也蓋籧篨本竹席之名人或編以爲囷其狀如人之擁腫而不能俯者故又因以名此疾也鮮少也○舊說以爲衛宣公爲其子伋娶於齊而聞其美欲自娶之乃作新臺於河上而要之國人惡之而作此詩以刺之言齊女本求與伋爲燕婉之好而反得宣公醜惡之人也

○新臺有洒(音璀叶先典反)니 河水浼浼(音每叶美辨反)로다 燕婉之求에 籧篨不殄이로다

●新臺ㅣ洒ᄒᆞ니河ㅅ水ㅣ浼浼ᄒᆞ도다燕婉을求홈에籧篨ㅣ殄치아니ᄒᆞ놋다

○賦也洒高峻也浼浼平也殄絶也言其病不已也

○魚網之設애 鴻則離之로다 燕婉之求애 得此戚施로다

●魚網을設홈애鴻이곳離ᄒᆞ도다燕婉을求홈애이戚施를得ᄒᆞ도다

○興也鴻鴈之大者離麗也戚施不能仰亦醜疾也○言設魚網而反得鴻以興求燕婉而反得醜疾之人所得非所求也

新臺三章章四句

凡宣姜事首末見春秋傳然於詩則皆未有考也諸篇放此

○二子乘舟ᄒᆞ니 汎汎(芳劒反) 其景(叶舉兩反)이로다 願言思子ㅣ라 中心養養ᄒᆞ라

●二子ㅣ舟를乘ᄒᆞ니汎汎ᄒᆞᆫ그景이로다願ᄒᆞ야子를思ᄒᆞ논지라中心이養養ᄒᆞ라

○賦也二子謂伋壽也乘舟渡河如齊也景古影字養養猶漾漾憂不知所定之貌○舊說以爲宣公納伋之妻是爲宣姜生壽及朔朔與宣姜愬伋於公公令伋之齊使賊先待於隘而殺之壽知之以告伋伋曰君命也不可以逃壽竊其節而先往賊殺之伋至曰君命殺我壽有何罪賊又殺之國人傷之而作是詩也

○二子乘舟ᄒᆞ니 汎汎其逝ㅣ로다 願言思子ᄒᆞ니 不瑕有害아

●二子ㅣ舟를乘ᄒᆞ니汎汎히그逝ᄒᆞ놋다願ᄒᆞ야子를思호니아니엇던害잇는가
○賦也逝往也不瑕疑辭義見泉水此則見其不歸而疑之也

二子乘舟二章章四句

太史公曰余讀世家言至於宣公之子以婦見誅弟壽爭死以相讓此與晉太子申生不敢明驪姬之過同俱惡傷父之志然卒死亡何其悲也或父子相殺兄弟相戮亦獨何哉

邶十九篇七十二章三百六十三句

鄘一之四 說見上篇

汎彼柏舟여ㅣ在彼中河ㅣ로다髧音萏彼兩髦ㅣ實維我儀叶牛何反ㅣ니之死矢靡他音拖ㅣ언뎡호리라母也天叶鐵因反只音紙下同ㅣ시니不諒人只아
●汎ᄒᆞᆫ뎌柏舟ㅣ여뎌中河에잇도다髧ᄒᆞᆫ뎌兩髦ㅣ진실로내儀니죽으미니르디언뎡矢호리니他ㅣ업소리라母ㅣ天이시니사ᄅᆞᆷ을諒티아니ᄒᆞ시ᄂᆞ냐
○興也中河中於河也髧髮垂貌兩髦者翦髮夾囟子事父母之飾親死然後去之此蓋指共伯也我共姜自我也儀匹之至矢誓靡無也只語助辭諒信也○舊說以爲衛世子共伯蚤死其妻共姜守義父母欲奪而嫁之故共姜作此以自誓言柏舟則在彼中河兩髦則實我之匹雖至於死誓無它心母之於我覆育之恩如天罔極而何其不諒我之心

乎不及父者疑時獨母在或非父意耳

○汎彼柏舟ㅣ여在彼河側이로다 髧彼兩髦ㅣ實維我特이니 之死ㅣ언뎡矢靡慝音忒호리라 母也天只시니 不諒人只아

●汎ᄒᆞᆫ뎌柏舟ㅣ여뎌河ㅅᄀᆞ에잇도다 髧ᄒᆞᆫ뎌 兩髦ㅣ진실로내特이니죽으매닐ᄅᆞ러도 矢ᄒᆞ리니慝이업소리라母ㅣ天이시니사ᄅᆞᆷ을諒치아니ᄒᆞ시ᄂᆞ냐

○興也特亦匹也慝邪也以是爲慝則其絕之甚矣

柏舟二章章七句

牆有茨ᄒᆞ니不可埽叶蘇后反也ㅣ로다 中冓音姤之言이여不可道叶徒厚反也ㅣ로다 所可道也ㅣ런言之醜也ㅣ로다

●牆에茨ㅣ이시니可히埽치못ᄒᆞ리로다中冓읫言이여可히道치못ᄒᆞ리로다 可히道ᄒᆞᆯ빈딘言이醜ᄒᆞ도다

○興也茨蒺藜也蔓生細葉子有三角刺人中冓謂舍之交積材木也道言醜惡也○舊說以爲宣公卒惠公幼其庶兄頑烝於宣姜故詩人作此詩以刺之言其閨中之事皆醜惡而不可言理或然也

○牆有茨ᄒᆞ니不可襄也ㅣ로다 中冓之言이여不可詳也ㅣ로다 所可詳也ㅣ런言之長也ㅣ로다

●墻에茨ㅣ이시니可히襄치못ᄒᆞ리로다中冓읫言이여可히詳치못ᄒᆞ리로다 可히詳홀빈딘言이長ᄒᆞ도다
○興也襄除也詳詳言之也言之長者不欲言而託以語長難竟也
○牆有茨ᄒᆞ니 不可束也ㅣ로다 中冓之言이여 不可讀也ㅣ로다 所可讀
也ㄴ딘 言之辱也ㅣ로다
●墻에茨ㅣ이시니可히束지못ᄒᆞ리로다中冓읫言이여可히讀지못ᄒᆞ리로다 可히讀홀빈딘言이辱홈도다
○興也束束而去之也讀誦言也辱猶醜也

牆有茨三章章六句

楊氏曰公子頑通乎君母閨中之言至不可讀其汚甚矣聖人何取焉而著之於經
也蓋自古淫亂之君自以爲密於閨門之中世無得而知者故自肆而不反聖人所
以著之於經使後世爲惡者知雖閨門之言亦無隱而不彰也其爲訓戒深矣

君子偕老ㅣ라 副笄六珈(音加叶居河反)ㅣ니 委委(音威)佗佗(音駝)ㅣ며 如山如河ㅣ라 象服
是宜(叶牛何反)어늘 子之不淑은 云如之何오
●君子와홈ᄭᅴ늘글지라副ᄒᆞ고笄ᄒᆞᆫ딘여삿곳에珈ᄒᆞ엿시니委委ᄒᆞ며佗佗ᄒᆞ며山ᄀᆞᆺ타며 河ᄀᆞᆺ튼지라象服
이이宜ᄒᆞ거늘子의淑지아니홈은엇지리오
○賦也君子夫也偕老言偕生而偕死也女子之生以身事人則當與之同生與之同死
故天死稱未亡人言亦待死而已不當復有他適之志也副祭服之首飾編髮爲之笄衡

笄也垂于副之兩旁當耳其下以紞懸瑱珈之言加也以玉加於笄而爲飾也委委佗佗雍容自得之貌如山安重也如河弘廣也象服法度之服也淑善也○言夫人當與君子偕老故其服飾之盛如此而雍容自得安重寬廣又有以宜其象服今宣姜之不善乃如此雖有是服亦將如之何哉言不稱也

○玼(音此)兮玼兮ᄒᆞ니 其之翟(叶去聲)也ㅣ로다 鬒(音軫)髮如雲ᄒᆞ니 不屑髢(音第)也ㅣ로다 玉之瑱(上殿反)也ㅣ며 象之揥(勅帝反)也ㅣ며 揚且(音疽)之晳(音錫叶征例反)也ㅣ로다 胡然而天也ㅣ며 胡然而帝也오

●玼ᄒᆞ며玼ᄒᆞ니그의翟이로다鬒ᄒᆞᆫ髮이雲ᄀᆞᆺ타니髢를屑치아니ᄒᆞ놋다 玉으로ᄒᆞᆫ瑱이며象으로ᄒᆞᆫ揥며揚且ᄒᆞ고晳ᄒᆞ도소니엇더ᄒᆞᆫ天이며엇더ᄒᆞᆫ帝오

○賦也玼鮮盛貌翟衣祭服刻繒爲翟雉之形而彩畫之以爲飾也鬒黑也如雲言多而美也屑潔也髢髲髢也人少髮則以髢益之髮自美則不潔於髢而用之也瑱塞耳也象象骨也揥所以摘髮也揚眉上廣也且語助辭晳白也胡然而天胡然而帝言其服飾容貌之美見者驚猶鬼神也

○瑳(上聲)兮瑳兮ᄒᆞ니 其之展(音戰叶諸延反)也ㅣ로다 蒙彼縐(音皺)絺ᄒᆞ니 是紲(音屑)袢(音半叶汾乾反)也ㅣ로다 子之清揚이여 揚且之顏(叶魚堅反)也ㅣ로다 展如之人兮여 邦之媛(音院)

也叶于權反ㅣ로다

●瑳ᄒᆞ며瑳ᄒᆞ니그의展이로다며縐絺에蒙ᄒᆞ니이紲袢ᄒᆞ엿도다 子의淸ᄒᆞ고揚홈이여揚ᄒᆞ고顏ᄒᆞ도다진실로이러ᄐᆞᆺᄒᆞᆫ사ᄅᆞᆷ이여邦의媛이로다

○賦也瑳亦鮮盛貌展衣也以禮見於君及見賓客之服也蒙覆也縐絺絺之蹙蹙者當暑之服也紲袢束縛意以展衣蒙絺綌而爲之紲袢所以自歛飭也或曰蒙謂加絺綌於褻衣之上所謂表而出之也淸視淸明也揚眉上廣也顏額角豐滿也展誠也美女曰媛見其徒有美色而無人君之德也

君子偕老三章一章七句一章九句一章八句

東萊呂氏曰首章之末云子之不淑云如之何責之也二章之末云胡然而天也胡然而帝也問之也三章之末云展如之人兮邦之媛也惜之也辭益婉而意益深矣

爰采唐矣를**沬**音妹**之鄉矣**로다**云誰之思**오**美孟姜矣**로다**期我乎桑中**叶諸良反이며**要**音腰**我乎上宮**叶居王反이오**送我乎淇之上**叶辰羊反**矣**로다

●이에唐을캐오믈沬ㅅ鄕의ᄒᆞ놋다누를思ᄒᆞᄂᆞ뇨美ᄒᆞᆫ孟姜이로다나를桑中에期ᄒᆞ며나를上宮에要ᄒᆞ고나를淇ㅅ上의서보내놋다

○賦也唐蒙菜也一名兎絲沬衛邑也書所謂妹邦者也孟長也姜齊女言貴族也桑中上宮淇上又沬鄉之中小地名也要猶迎也○衛俗滛亂世族在位相竊妻妾故此人自

言將采唐於沬而與其所思之人相期會迎送如此也

○爰采麥(叶訖力反)矣를 沬之北矣로다 云誰之思오 美孟弋矣로다 期我乎桑中이며 要我乎上宮이오 送我乎淇之上矣로다

●이에麥을캐오믈沬ㅅ北에ᄒᆞ놋다 누를思ᄒᆞᄂᆞ뇨美ᄒᆞᆫ孟弋이로다 나를桑中에期ᄒᆞ며나를上宮에要ᄒᆞ고나를淇ㅅ上에셔보내놋다

○賦也麥穀名秋種夏熟者弋春秋或作姒蓋杞女夏后氏之後亦貴族也

○爰采葑矣를 沬之東矣로다 云誰之思오 美孟庸矣로다 期我乎桑中이며 要我乎上宮이오 送我乎淇之上矣로다

●이에葑을캐오믈沬ㅅ東에ᄒᆞ놋다 누를思ᄒᆞᄂᆞ뇨美ᄒᆞᆫ孟庸이로다 나를桑中에期ᄒᆞ며나를上宮에要ᄒᆞ고나를淇ㅅ上에셔보내놋다

○賦也葑蔓菁也庸未聞疑亦貴族也

桑中三章章七句

樂記曰鄭衛之音亂世之音也比於慢矣桑間濮上之音亡國之音也其政散其民流誣上行私而不可止也按桑間卽此篇故小序亦用樂記之語

鶉(音純)之奔奔이며 鵲之彊彊(音姜)이어늘 人之無良을 我以爲兄(叶虛王反)가

●鶉은奔奔ᄒᆞ며鵲은彊彊ᄒᆞ거늘사ᄅᆞᆷ의良치아닌이를내써兄을삼안ᄂᆞ냐

○興也鶉鵪屬奔奔彊彊居有常匹飛則相隨之貌人謂公子頑良善也○衛人刺宣姜與頑非匹耦而相從也故爲惠公之言以刺之曰人之無良鶉鵲之不若而我反以爲兄何哉

○鵲之彊彊이며鶉之奔奔(叶逋昆反)이어늘 人之無良을 我以爲君가

●鵲은彊彊ᄒᆞ며鶉은奔奔ᄒᆞ거늘사ᄅᆞᆷ의良치아닌이를내써君을삼안ᄂᆞ냐

○興也人謂宣姜君小君也

鶉之奔奔二章章四句

范氏曰宣姜之惡不可勝道也國人疾而刺之或遠言焉或切言焉遠言之者君子偕老是也切言之者鶉之奔奔是也衛詩至此而人道盡天理滅矣中國無以異於夷狄人類無以異於禽獸而國隨以亡矣胡氏曰楊時有言詩載此篇以見衛爲狄所滅之因也故在定之方中之前因以是說考於歷代凡淫亂者未有不至於殺身敗國而亡其家者然後知古詩垂戒之大而近世有獻議乞於經筵不以國風進講者殊失聖經之旨矣

定(音訂)之方中이어늘 作于楚宮ᄒᆞ니 揆之以日ᄒᆞ야 作于楚室이오 樹之榛栗椅(音醫)桐梓漆ᄒᆞ니 爰伐琴瑟이로다

●定이바야흐로中커놀楚ㅅ宮을作ᄒᆞ니揆호ᄃᆡ日로써ᄒᆞ야楚ㅅ室을作ᄒᆞ고 榛과栗과椅과桐과梓과漆을시므니이에伐ᄒᆞ야琴과瑟을ᄒᆞ리로다

○賦也定北方之宿營室星也此星昏而正中夏正十月也於是時可以營制宮室故謂之營室楚宮楚丘之宮也揆度也樹八尺之臬而度其日之出入之景以定東西又參日中之景以正南北也楚室猶楚宮互文以協韻耳榛栗二木其實榛小栗大皆可供籩實椅梓實桐皮桐梧桐也梓楸之疎理白色而生子者漆木有液黏黑可飾器物四木皆琴瑟之材也爰於也○衛爲狄所滅文公徙居楚丘營立宮室國人悅之而作是詩以美之蘇氏曰種木者求用於十年之後其不求近功凡此類也

○升彼虛

○升彼虛音墟叶起呂反矣ᄒᆞ야以望楚矣로다望楚與堂ᄒᆞ며景山與京叶居良反ᄒᆞ며降觀于桑ᄒᆞ니卜云其吉이러니終焉允臧이로다

●뎌虛의올라써楚를望ᄒᆞ놋다楚과다ᄆᆞᆺ堂을望ᄒᆞ며山과다ᄆᆞᆺ京을景ᄒᆞ며降ᄒᆞ야 桑을보니卜애닐오ᄃᆡ그吉라ᄒᆞ더니ᄆᆞᄎᆞᆷ애진실로臧ᄒᆞ도다

○賦也虛故城也楚楚丘也堂楚之旁邑也景測景以正方面也與旣景迺岡之景同或曰景山名見商頌京高丘也桑木名葉可飼蠶者觀之以察其土宜也允信臧善也○此章本其始之望景觀卜而言以至於終而果獲其善也

○靈雨旣零이어놀命彼倌音官人ᄒᆞ야星言夙駕ᄒᆞ야說音說于桑田叶徒因反ᄒᆞ니匪直也人의秉心塞淵이라叶一均反이騋音來牝三千叶倉新反이로다

●靈ᄒᆞᆫ雨ㅣ이믜零ᄒᆞ거ᄂᆞᆯ倌人을命ᄒᆞ야星인제일駕ᄒᆞ야 桑田에가說ᄒᆞ니ᄒᆞᆫᄀᆞᆺ사ᄅᆞᆷ의마ᄋᆞᆷ秉ᄒᆞᆷ이塞ᄒᆞ고淵ᄒᆞᆯ뿐이아니라騋牝이三千이로다

○賦也靈善零落也倌人主駕者也星見星也說舍止也秉操塞實淵深也馬七尺以上爲騋○言方春時雨旣降而農桑之務作文公於是命主駕者晨起駕車亟往而勞勸之然非獨此人所以操其心者誠實而淵深也蓋其所畜之馬七尺而牝者亦已至於三千之衆矣蓋人操心誠實而淵深則無所爲而不成其致此富盛宜矣記曰問國君之富數馬以對今言騋牝之衆如此則生息之蕃可見而衛國之富亦可知矣此章又要其終而言也

定之方中三章章七句

按春秋傳衛懿公九年冬狄入衛懿公及狄人戰于熒澤而敗死焉宋桓公迎衛之遺民渡河而南立宣姜子申以廬於漕是爲戴公是年卒立其弟燬是爲文公於是齊桓公合諸侯以城楚丘而遷衛焉文公大布之衣大帛之冠務材訓農通商惠工敬教勸學授方任能元年革車三十乘季年乃三百乘

蝃(音帶)蝀(音凍)在東ᄒᆞ니莫之敢指로다女子有行은遠(去聲)父母兄弟니라

●蝃蝀이東에이시니敢히指치못ᄒᆞ리로다女子의行을ᄃᆞᆷ은父母와兄弟를멀리ᄒᆞᄂᆞ니라

○比也蝃蝀虹也日與雨交倏然成質似有血氣之類乃陰陽之氣不當交而交者蓋天

地之淫氣也在東者莫虹也虹隨日所映故朝西而暮東也○此刺淫奔之詩言蝃蝀在東而人不敢指以比淫奔之惡人不可道況女子有行又當遠其父母兄弟豈可不顧此而冒行乎

○朝隮(音齊)于西ᄒᆞ니崇朝其雨ㅣ로다 女子有行은 遠兄弟父母ㅣ니(叶蒲補反)라

●아ᄎᆞᆷ에西에隮ᄒᆞ니朝ㅣ崇ᄒᆞᆯ만ᄒᆞᆫ그雨ㅣ로다女子의行을둠은兄弟와父母를멀리ᄒᆞ느니라

○比也隮升也周禮十煇九曰隮註以爲虹蓋忽然而見如自下而升也崇終也從旦至食時爲終朝言方雨而虹見則其雨終朝而止矣蓋淫慝之氣有害於陰陽之和也今俗謂虹能截雨信然

○乃如之人也ㅣ여 懷昏姻也ㅣ로다 大無信(叶斯人反)也ᄒᆞ니 不知命(叶彌幷反)也ㅣ로다

●이러ᄐᆞᆺᄒᆞᆫ사ᄅᆞᆷ이여昏姻을懷ᄒᆞ놋다키信이업스니命을아지못ᄒᆞ놋다

○賦也乃如之人指淫奔者而言昏姻謂男女之欲程子曰女子以不自失爲信命正理也○言此淫奔之人但知思念男女之欲是不能自守其貞信之節而不知天理之正也程子曰人雖不能無欲然當有以制之無以制之而惟欲之從則人道廢而入於禽獸矣以道制欲則能順命

蝃蝀三章章四句

相(去聲)鼠有皮(叶蒲何反)ᄒᆞ니 人而無儀(叶牛何反)아 人而無儀는 不死何爲(叶吾何反)오

●鼠를相호딘皮이시니사ᄅᆞᆷ이오儀업스랴사ᄅᆞᆷ이오儀업스니ᄂᆞᆫ죽지아이코므슴ᄒᆞ리오

○興也相視也鼠蟲之可賤惡者○言視彼鼠而猶必有皮可以人而無儀乎人而無儀則其不死亦何爲哉

○相鼠有齒ᄒᆞ니 人而無止아 人而無止는 不死何俟(叶羽巳反 又音始)오

●鼠를相호딘齒이시니사ᄅᆞᆷ이오止업스랴사ᄅᆞᆷ이오止업슨이ᄂᆞᆫ죽지아니코므서슬기다릴이오

○興也止容止也俟待也

○相鼠有體ᄒᆞ니 人而無禮아 人而無禮는 胡不遄死(叶想止反)오

●鼠를相호딘體이시니사ᄅᆞᆷ이오禮업스랴사ᄅᆞᆷ이오禮업슨이ᄂᆞᆫ엇지섈리죽지아니ᄂᆞ뇨

○興也體支體也遄速也

相鼠三章章四句

孑孑(音結)干旄ㅣ여 在浚(音峻)之郊(叶音高ㅣ로라) 素絲紕(音避)之코 良馬四之로소니 彼姝(音樞)者子는 何以畀(音庇)之오

●孑孑ᄒᆞᆫ干旄ㅣ여浚ㅅ郊에잇도다素絲로紕ᄒᆞ얏고良馬를四로ᄒᆞ얏도소니뎌姝ᄒᆞᆫ子ᄂᆞᆫ모서스로써畀ᄒᆞᆯ고

○賦也孑孑特出之貌干旄以旄牛尾注於旗干之首而建之車後也浚衛邑名邑外謂

之郊紕織組也蓋以素絲織組而維之也四之兩服兩驂凡四馬以載之也姝美也子指所見之人也畀與也○言衛大夫乘此車馬建此旄旄以見賢者彼其所見之賢者將何以畀之而答其禮意之勤乎

○孑孑干旟ㅣ여 在浚之都ㅣ로다 素絲組(音祖)之오 良馬五之ㅣ로소니 彼姝者子ᄂᆞᆫ 何以予(音與)之오

●孑孑ᄒᆞᆫ干旟ㅣ여浚ㅅ都에잇도다素絲로組ᄒᆞ얏고良馬를五로ᄒᆞ얏도소니뎌姝ᄒᆞᆫ子ᄂᆞᆫ므서스로써予ᄒᆞᆯ고

○賦也旟州里所建鳥隼之旗也上設旌旄其下繫斿斿下屬縿皆畫鳥隼也下邑曰都五之五馬言其盛也

○孑孑干旌이여 在浚之城이로다 素絲祝之오 良馬六之ㅣ로소니 彼姝者子ᄂᆞᆫ 何以告(音谷)之오

●孑孑ᄒᆞᆫ干旌이여浚ㅅ城에잇도다素絲로祝ᄒᆞ얏고良馬를六으로ᄒᆞ얏도소니뎌姝ᄒᆞᆫ子ᄂᆞᆫ므서스로써告ᄒᆞᆯ고

○賦也析羽爲旌干旌蓋析翟羽設於旗干之首也城都城也祝屬也六之六馬極其盛而言也

干旄三章章六句

此上三詩小序皆以爲文公時詩蓋見其列於定中載馳之間故爾他無所考也然衛本以淫亂無禮不樂善道而亡其國今破滅之餘人心危懼正其有以懲創往事而興起善端之時也故其爲詩如此蓋所謂生於憂患死於安樂者小序之言疑亦有所本云

載馳載驅(叶祛尤反)ᄒᆞ야 **歸唁衛侯**호리라 **驅馬悠悠**ᄒᆞ야 **言至於漕**(叶徂侯反)ㅣ러니 **大夫跋涉**이라 **我心則憂**호라

●곳馳ᄒᆞ며곳驅ᄒᆞ야도라가衛侯를唁호리라馬를驅홈을悠悠히ᄒᆞ야漕에至호리러니 티우ㅣ跋ᄒᆞ며涉ᄒᆞᄂᆞᆫ디라내ᄆᆞᄋᆞᆷ애憂호라

○賦也載則也弔失國曰唁悠悠遠而未至之貌草行曰跋水行曰涉○宣姜之女爲許穆公夫人閔衛之亡馳驅而歸將以唁衛侯於漕邑未至而許之大夫有奔走跋涉而來者夫人知其必將以不可歸之義來告故心以爲憂也既而終不果歸乃作此詩以自言其意爾

○**既不我嘉**ㅣ실시 **不能旋反**호라 **視爾不臧**이나 **我思不遠**호라 **既不我嘉**ㅣ실시 **不能旋濟**호라 **視爾不臧**이나 **我思不閟**호라

●이믜나를嘉히아니녀길시能히旋反티몯호라네의臧히아니녀김을보나내의思ᄂᆞᆫ遠티몯호라 이믜나를嘉히아니녀길시能히旋濟티몯호라네의臧히아니녀김을보나내의思ᄂᆞᆫ閟티몯호라

○賦也嘉臧皆善也遠猶忘也濟渡也自許歸衛必有所渡之水也閟閉也止也言思之不止也○言大夫旣至而果不以我歸爲善則我亦不能旋反而濟以至於衛矣雖視爾不以我爲善然我之所思終不能自已也

○陟彼阿丘하야 言采其蝱(音盲叶호 謨郎反라) 女子善懷ㅣ 亦各有行(叶戶이어 郎反늘) 許人尤之하니 衆穉(音 幾)且狂이로다

●뎌阿丘에陟하야그蝱을采호라女子의善懷ᄯᅩ한각각行이잇거늘許ㅅ사름이尤하니衆이穉하고ᄯᅩ狂하도다

○賦也偏高曰阿丘蝱貝母主療鬱結之疾善懷多憂思也猶漢書云岸善崩也行道尤過也○又言以其旣不適衛而思終不止也故其在塗或升高以舒憂想之情或采蝱以療鬱結之疾蓋女子所以善懷者亦各有道而許國之衆人以爲過則亦少不更事而狂妄之人爾許人守禮非穉且狂也但以其不知己情之切至而言若是爾然而卒不敢違焉則亦豈眞以爲穉且狂哉

○我行其野호니 芃芃(音蓬)其麥(叶訖이로 力反다) 控于大邦이나 誰因誰極고 大夫君子ㅣ 無我有尤(叶于ㅣ어 其反다) 百爾所思(叶新ㅣ 齎反나) 不如我所之니라

●내그野에行호니芃芃호그麥이로다大邦애控코져하나누를因하며누를極홀고대우와君子아나를尤ㅣ

잇다마를디어다네思ᄒᆞ는비百가지나ᄒᆞ나나의갈바만ᄀᆞᆺ지못ᄒᆞ니라

○賦也芃芃麥盛長貌控持而告之也因如因魏莊子之因極至也大夫卽跋涉之大夫君子謂許國之衆人也○又言歸塗在野而涉芃芃之麥又自傷許國之小而力不能救故思欲爲之控告于大邦而又未知其將何所因而何所至乎大夫君子無以我爲有過雖爾所以處此百方然不如使我得自盡其心之爲愈也

載馳四章一章章六句二章章八句

事見春秋傳(見閔公二年)舊說此詩五章一章六句二章三章四句四章六句五章八句蘇氏合二章三章以爲一章按春秋傳叔孫豹賦載馳之四章而取其控于大邦誰因誰極之意與蘇說合今從之范氏曰先王制禮父母沒則不得歸寧者義也雖國滅君死不得往赴焉義重於亡故也

鄘國十篇二十九章百七十六句

衛一之五

瞻彼淇奧(音與흔郁同되)**綠竹猗猗**(音醫叶於何反다로)**有匪君子**여ㅣ**如切如磋**(平聲ᄒᆞ며)**如琢如磨**다ㅣ로**瑟兮僩**(音限)**兮**며**赫兮咺**(況晚反)**兮**니**有匪君子**여ㅣ**終不可諼**(音喧叶況遠反)**兮**다로

●뎌淇ㅅ奧을본딘綠竹이猗猗ᄒᆞ도다匪ᄒᆞᆫ君子ㅣ여切ᄒᆞᆫᄃᆞᆺᄒᆞ며磋ᄒᆞᆫᄃᆞᆺᄒᆞ며琢ᄒᆞᆫᄃᆞᆺᄒᆞ며磨ᄒᆞᆫᄃᆞᆺᄒᆞ도다 瑟ᄒᆞ며僩ᄒᆞ며赫ᄒᆞ며咺ᄒᆞ니匪ᄒᆞᆫ君子ㅣ여ᄆᆞᄎᆞᆷ내可히諼치몯ᄒᆞ리로다

○興也淇水名奧隈也綠色也淇上多竹漢世猶然所謂淇園之竹是也猗猗始生柔弱而美盛也匪斐通文章著見之貌也君子指武公也治骨角者旣切以刀斧而復磋以鑢鍚治玉石者旣琢以槌鑿而復磨以沙石言其德之修飾有進而無已也瑟矜莊貌僩威嚴貌咺宣著貌諼忘也○衛人美武公之德而以綠竹始生之美盛興其學問自修之進益也大學傳曰如切如磋者道學也如琢如磨者自修也瑟兮僩兮者恂慄也赫兮咺兮者威儀也有斐君子終不可諼兮者道盛德至善民之不能忘也

○瞻彼淇奧혼딘 綠竹靑靑音精이로다 有匪君子ㅣ여 充耳琇瑩音營이며 會音恠弁如星이로다 瑟兮僩兮며 赫兮咺兮니 有匪君子ㅣ여 終不可諼兮로다

●뎌淇ㅅ奧을본딘綠竹이靑靑ᄒᆞ도다匪ᄒᆞᆫ君子ㅣ여充耳ᄒᆞᆫ거시琇瑩이며弁에會ᄒᆞᆫ거시星갓도다 瑟ᄒᆞ며僩ᄒᆞ며赫ᄒᆞ며咺ᄒᆞ니匪ᄒᆞᆫ君子ㅣ여ᄆᆞᄎᆞᆷ내可히諼티몯ᄒᆞ리로다

○興也靑靑堅剛茂盛之貌充耳瑱也琇瑩美石也天子玉瑱諸侯以石會縫也弁皮弁也以玉飾皮弁之縫中如星之明也○以竹之堅剛茂盛興其服飾之尊嚴而見其德之稱也

○瞻彼淇奧ᄒᆞᆫᄃᆡ綠竹如簀(音責側歷反)이로다有匪君子ㅣ여如金如錫이며如圭如璧이로다寬兮綽兮ᄒᆞ니猗(音倚)重(平聲)較(音角)兮로다善戱謔兮ᄒᆞ니不爲虐兮로다

●뎌淇ㅅ奧을본ᄃᆡ綠竹이簀ᄀᆞᆮ도다匪ᄒᆞᆫ君子ㅣ여金ᄀᆞᆮᄐᆞ며錫ᄀᆞᆮᄐᆞ며圭ᄀᆞᆮᄐᆞ며璧ᄀᆞᆮ도다寬ᄒᆞ며綽ᄒᆞ니猗ᄒᆞᆸ다重較이로다善히戱謔ᄒᆞ니虐이되지아니ᄒᆞ놋다

○興也簀棧也竹之密比似之則盛之至也金錫言其鍛鍊之精純圭璧言其生質之温潤寬宏裕也綽開大也猗歎辭也重較卿士之車也較兩輢上出軾者謂車兩旁也善戱謔不爲虐者言其樂易而有節也○以竹之至盛興其德之成就而又言其寬廣而自如和易而中節也葢寬綽無歛束之意戱謔非莊厲之時皆常情所忽而易致過差之地也然猶可觀而必有節焉則其動容周旋之間無適而非禮亦可見矣禮曰張而不弛文武不能也弛而不張文武不爲也一張一弛文武之道也此之謂也

淇奧三章章九句

按國語武公年九十有五猶箴儆于國曰自卿以下至于師長士苟在朝者無謂我老耄而舍我必恪恭於朝以交戒我遂作懿(懿當讀作抑)戒之詩以自警而賓之初筵亦武公悔過之作則其有文章而能聽規諫以禮自防也可知矣衛之他君葢無足以及此者故序以此詩爲美武公而今從之也

考槃在澗(叶居賢反)ᄒᆞ니 碩人之寬(叶區權反)이로다 獨寐寤言이나 永矢弗諼(音喧)이로다

●槃을考ᄒᆞ야澗에이시니碩人의寬이로다호올로寐ᄒᆞ고寤ᄒᆞ야셔言ᄒᆞ나기리諼치아니호려矢ᄒᆞ놋다

○賦也考成也槃盤桓之意言成其隱處之室也陳氏曰考扣也槃器名蓋扣之以節歌如鼓盆拊缶之爲樂也二說未知孰是山夾水曰澗碩大寬廣永長矢誓諼忘也○詩人美賢者隱處澗谷之間而碩大寬廣無戚戚之意雖獨寐而寤言猶自誓其不忘此樂也

○考槃在阿ᄒᆞ니 碩人之薖(音科)ㅣ로다 獨寐寤歌ㅣ나 永矢弗過(音戈)ㅣ로다

●槃을考ᄒᆞ야阿에이시니碩人의薖ㅣ로다호올로寐ᄒᆞ고寤ᄒᆞ야셔歌ᄒᆞ나기리過티아니호려矢ᄒᆞ놋다

○賦也曲陵曰阿薖義未詳或云亦寬大之意也永矢弗過自誓所願不踰於此若將終身之意也

○考槃在陸ᄒᆞ니 碩人之軸이로다 獨寐寤宿이나 永矢弗告(音谷)이로다

●槃을考ᄒᆞ야陸에이시니碩人의軸이로다호올로寐ᄒᆞ고寤ᄒᆞ야셔宿ᄒᆞ나기리告티아니호려矢ᄒᆞ놋다

○賦也高平曰陸軸盤桓不行之意宿已覺而猶臥也弗告者不以此樂告人也

考槃三章章四句

碩人其頎(音祈)ᄒᆞ니 衣(去聲)錦褧(音熲)衣로다 齊侯之子ㅣ요 衛侯之妻ㅣ오 東宮之妹ㅣ오 邢侯之姨ㅣ오 譚公維私ㅣ로다

●碩人이그頎ᄒᆞ니錦을衣ᄒᆞ고褧衣를ᄒᆞ얏도다齊侯의子ㅣ오衛侯의妻ㅣ오東宮의妹오邢侯의姨오譚公이私ㅣ로다

○賦也碩人指莊姜也頎長貌錦文衣也褧襌也錦衣而加褧焉爲其文之太著也東宮太子所居之宮齊太子得臣也繫太子言之者明與同母言所生之貴也女子後生曰妹妻之姊妹曰姨姊妹之夫曰私邢侯譚公皆莊姜姊妹之夫互言之也諸侯之女嫁於諸侯則尊同故歷言之○莊姜事見邶風綠衣等篇春秋傳曰莊姜美而無子衛人爲之賦碩人卽謂此詩而其首章極稱其族類之貴以見其爲正嫡小君所宜親厚而重歎莊公之昏惑也

○手如柔荑(音啼)오膚如凝脂오領如蝤(音四)蠐(音齊)오齒如瓠(音互)犀오螓(音秦)首蛾眉로소니巧笑倩兮며美目盼(叶匹見反)兮로다

●손은柔ᄒᆞᆫ荑ᄀᆞᆺ고ᄉᆞᆯ은凝ᄒᆞᆫ脂ᄀᆞᆺ고목은蝤蠐ᄀᆞᆺ고니ᄂᆞᆫ瓠犀ᄀᆞᆺ고螓의머리오蛾의눈섭이로소니 巧히笑홈에倩ᄒᆞ며美ᄒᆞᆫ눈이盼ᄒᆞ도다

○賦也茅之始生曰荑言柔而白也凝脂脂寒而凝者亦言白也領頸也蝤蠐木蟲之白而長者瓠犀瓠中之子方正潔白而比次整齊也螓如蟬而小其額廣而方正蛾蠶蛾也其眉細而長曲倩口輔之美也盼黑白分明也○此章言其容貌之美猶前章之意也

○碩人敖敖(音五)ᄒᆞ니說(音稅)于農郊(叶音高)ᄒᆞ야四牡有驕(音橋叶音高)ᄒᆞ며朱幩鑣鑣(音標)

ㅣ어놀

翟茀(音弗)**以朝**(音潮叶直豪反)ᄒᆞ니**大夫夙退**ᄒᆞ야**無使君勞**ㅣ러니라

● 碩人이敖敖ᄒᆞ니農郊에說ᄒᆞ야四牡ㅣ驕ᄒᆞ며블근幩이鑣鑣ᄒᆞ거놀翟茀로써朝ᄒᆞ니대우ㅣ일退ᄒᆞ야君으로히여곰勞치말과뎌ᄒᆞ더니라

○賦也敖敖長貌說舍也農郊近郊也四牡車之四馬驕壯貌幩鑣飾也鑣者馬銜外鐵人君以朱纏之也鑣鑣盛也翟翟車也夫人以翟羽飾車茀蔽也婦人之車前後設蔽夙早也玉藻曰君日出而視朝退適路寢聽政使人視大夫大夫退然後適小寢釋服○此言莊姜自齊來嫁舍止近郊乘是車馬之盛以入君之朝國人樂得以爲莊公之配故謂諸大夫朝於君者宜早退無使君勞於政事不得與夫人相親而歎今之不然也

○**河水洋洋**ᄒᆞ야**北流活活**(音括叶戶劣反)ㅣ어놀**施罛**(音孤)**濊濊**(呼活叶許月反)ᄒᆞ니**鱣**(音邅)**鮪**(音洧)**發發**(音撥叶方月反)ᄒᆞ며**葭**(音加)**菼**(他覽反)**揭揭**(音傑)이어놀**庶姜孽孽**ᄒᆞ며**庶士有朅**(音傑)이러니라

● 河ㅅ水ㅣ洋洋ᄒᆞ야北으로流흠이活活ᄒᆞ거놀罛를施흠이濊濊ᄒᆞ니鱣과鮪ㅣ發發ᄒᆞ며葭와菼이揭揭ᄒᆞ거놀庶姜이孽孽ᄒᆞ며庶士ㅣ朅ᄒᆞ더니라

○賦也河在齊西衛東北流入海洋洋盛大貌活活流貌施設也罛魚罟也濊濊罟入水聲也鱣魚似龍黃色銳頭口在頷下背上腹下皆有甲大者千餘斤鮪似鱣而小色青黑發發盛貌葭蘆菼薍也亦謂之荻揭揭長也庶姜謂姪娣孽孽盛飾也庶士謂媵臣朅武貌○言齊地廣饒而夫人之來士女佼好禮儀盛備如此亦首章之意也

碩人四章章七句

氓之蚩蚩(音癡)ㅣ 抱布貿絲(叶新齊反)ㅣ러니 匪來貿絲ㅣ라 來卽我謀(叶謨悲反)ㅣ러라 送子涉淇ᄒᆞ야 至于頓丘(叶祛奇反)호라 匪我愆期라 子無良媒(叶謨悲反)ㅣ니 將(音搶)子無怒ㅣ어다 秋以爲期라호라

●氓의蚩蚩ㅣ布를抱ᄒᆞ야絲를貿ᄒᆞ더니來ᄒᆞ야絲를貿홈이아니라 來ᄒᆞ안내게卽ᄒᆞ야謀ᄒᆞ더라子를送ᄒᆞ노라淇를涉ᄒᆞ야頓丘애至호라내期를愆ᄒᆞ주리아니라子ㅣ良媒업슬시니라원컨ᄃᆡᆫ 子ᄂᆞᆫ怒치마를디어다 秋로써期를사모라호라

○賦也氓民也蓋男子而不知其誰何之稱也蚩蚩無知之貌蓋怨而鄙之也布幣貿買也貿絲蓋初夏之時也頓丘地名愆過也將願也請也○此淫婦爲人所棄而自敘其事以道其悔恨之意夫既與之謀而不遂往又責所無以難其事再爲之約以堅其志此其計亦狡矣以御蚩蚩之氓宜其有餘而不免於見棄蓋一失其身人所賤惡始雖以欲而迷後必以時而悟是以無往而不困耳士君子立身一敗而萬事瓦裂者何以異此可不戒哉

○乘彼垝(音鬼)垣(音袁)ᄒᆞ야 以望復關(叶圭員反)호라 不見復關ᄒᆞ야 泣涕漣漣(音連)이라니 既見復關ᄒᆞ야 載笑載言호라 爾卜爾筮애 體無咎言이어든 以爾車來

ᄒᆞ라以我賄(呼罪反)遷이라호라

●뎌垝垣에乘ᄒᆞ야써復關을望호라復關을보디못ᄒᆞ야泣涕홈을漣漣히ᄒᆞ다니이믜 復關을보아곳笑ᄒᆞ며
곳言호라네卜이며네筮애體에咎言이업거든네車로써來ᄒᆞ라내賄로써遷호리라호라

○賦也垝毁垣墻也復關男子之所居也不敢顯言其人故託言之耳龜曰卜蓍曰筮體兆卦之體也賄財遷徙也○與之期矣故及期而乘垝垣以望之旣見之矣於是問其卜筮所得卦兆之體若無凶咎之言則以爾之車來迎當以我之賄往遷也

○桑之未落애其葉沃若이러니라于(音吁下同)嗟鳩兮여無食桑葚(音甚叶知林反)이어다于嗟女兮여無與士耽(叶持林反)이어다士之耽兮는猶可說也ㅣ어니와女之耽兮는不可說也ㅣ니라

●桑이落디아녀실제그葉이沃若ᄒᆞ더니라于嗟홉다鳩ㅣ여桑葚을食디말올디어다于嗟홉다 女ㅣ여士로ᄃᆞ려耽ᄎᆞ말올디어다士의耽은오히려可히說ᄒᆞ려니와女의耽호可히說치못ᄒᆞ리니라

○比而興也沃若潤澤貌鳩鶻鳩也似山雀而小短尾靑黑色多聲葚桑實也鳩食葚多則致醉耽相樂也說解也○言桑之潤澤以比己之容色光麗然又念其不可恃此而從欲忘反故遂戒鳩無食桑葚以興下句戒女無與士耽也士猶可說而女不可說者婦人被棄之後深自愧悔之辭主言婦人無外事唯以貞信爲節一失其正則餘無足觀爾不可便謂士之耽惑實無所妨也

○桑之落矣니 其黃而隕叶于貧反이로다 自我徂爾로ᄒᆞ나 三歲食貧호라 淇水湯湯音傷ᄒᆞ니 漸音尖車帷裳이로다 女也不爽叶師莊反이어ᄂᆞᆯ 士貳其行去聲叶戶郞反이니 士也罔極ᄒᆞ니 二三其德이로다

●桑이落ᄒᆞ니그黃ᄒᆞ야隕ᄒᆞ놋다내네게가모로브터세히를貧을食호라 淇ㅅ水ㅣ湯湯ᄒᆞ니車ㅅ帷裳이젓ᄒᆞ놋다女ㅣ爽ᄒᆞᆫ줄리안니라士ㅣ그ᄒᆡᆼ실을두가지로ᄒᆞ서니라 士ㅣ極이업스니그德을두세가지로ᄒᆞ놋다

○比也隕落徂往也湯湯水盛貌漸漬也帷裳車飾亦名童容婦人之車則有之爽差極至也○言桑之黃落以比己之容色凋謝遂言自我往之爾家而値爾之貧於是見棄復乘車而渡水以歸復自言其過不在此而在彼也

○三歲爲婦ᄒᆞ야 靡室勞矣며 夙興夜寐ᄒᆞ야 靡有朝叶直豪反矣호라 言旣遂矣어늘 至于暴矣ᄒᆞ니 兄弟不知ᄒᆞ야 咥音戲其笑叶音燥矣다ᄒᆞ나 靜言思之오 躬自悼矣호라

●세히를婦ㅣ되여室로勞치아니ᄒᆞ며일興ᄒᆞ고밤들거든寐ᄒᆞ야朝도두지아니호라 言이이믜遂ᄒᆞ거늘暴홈에니르니兄과弟아디못ᄒᆞ야咥히그笑ᄒᆞᄂᆞ다靜히셔思ᄒᆞ고몸소스스로悼호라

○賦也靡不夙早興起也咥笑貌○言我三歲爲婦盡心竭力不以室家之務爲勞早起夜臥無有朝日之暇與爾始相謀約之言旣遂而爾遽以暴戾加我兄弟見我之歸不知其然但咥然其笑而已蓋淫奔從人不爲兄弟所齒故其見棄而歸亦不爲兄弟所恤理

固有必然者亦何所歸咎哉但自痛悼而已

○及爾偕老ㅣ라니 老使我怨이로다 淇則有岸(叶魚戰反)이며 隰則有泮(音畔 叶匹見反)이어늘 總角之宴애 言笑晏晏(叶伊佃反)ᄒᆞ며 信誓旦旦(叶得絹反)일서 不思其反(叶孚絢反)호라 是不思(叶新齎反)ㅣ어니 亦已焉哉(叶將黎反)엇다

●늘노ᄆᆡᆺᄒᆞᆫ셔 늙구려 ᄒᆞ다니 늙거야날로ᄒᆞ여곰怨케ᄒᆞᄂᆞᆺ다 淇애岸이이시며 隰애泮이잇거늘 總角엣宴홈애言笑ㅣ晏晏ᄒᆞ며信誓ㅣ旦旦ᄒᆞ시그反홈을思티아니호라反홈을思티아니ᄒᆞ여니또ᄒᆞᆫ말지엇다

○賦而興也及與也泮涯也高下之判也總角女子未許嫁則未笄但結髮爲飾也晏晏和柔也旦旦明也○言我與汝本期偕老不知老而見棄如此徒使我怨也淇則有岸矣隰則有泮矣而我總角之時與爾宴樂言笑成此信誓曾不思其反復以至於此也此則興也既不思其反復而至此矣則亦如之何哉亦已而已矣傳曰思其終也思其復也思其反之謂也

氓六章章十句

籊籊(音笛)竹竿으로 以釣于淇를 豈不爾思ㅣ리오마ᄂᆞᆫ 遠莫致之로다

●籊籊ᄒᆞᆫ竹竿으로써淇에釣홈을엇지싱각지아니ᄒᆞ리오마ᄂᆞᆫ머러닐위디못ᄒᆞ리로다

○賦也籊籊長而殺也竹衛物淇衛地也○衛女嫁於諸侯思歸寧而不可得故作此詩

言思以竹竿釣于淇水而遠不可至也

○泉源在左오 淇水在右叶羽軌反ᄒᆞ니라 女子有行이여 遠去聲父母兄弟叶滿彼反로다

●泉源이左의잇고淇水ㅣ右의인ᄂᆞ니라女子의行을둠이여父母와兄弟를멀니ᄒᆞᄂᆞ다

○賦也泉源卽百泉也在衛之西北而東南流入淇故曰在左淇在衛之西南而東流與泉源合故曰在右○思二水之在衛而自歎其不如也

○淇水在右오 泉源在左ᄒᆞ니라 巧笑之瑳上聲ㅣ며 佩玉之儺乃可反야

●淇水ㅣ右애잇고泉源이左애잇ᄂᆞ니라巧히笑홈을瑳히ᄒᆞ며佩玉으로儺ᄒᆞ라

○賦也瑳鮮白色笑而見齒其色瑳然猶所謂粲然皆笑也儺行有度也○承上章言二水在衛而自恨其不得笑語遊戲於其間也

○淇水滺滺音由ᄒᆞ니 檜楫松舟ㅣ로다 駕言出遊ᄒᆞ야 以寫我憂아

●淇水ㅣ滺滺ᄒᆞ니檜로ᄒᆞᆫ楫이며松으로ᄒᆞᆫ舟ㅣ로다駕ᄒᆞ야出遊ᄒᆞ야써내憂를寫ᄒᆞ라

○賦也滺滺流貌檜木名似栢楫所以行舟也○與泉水之卒章同意

竹竿四章章四句

芄音丸蘭之支여 童子佩觿音畦ㅣ로다 雖則佩觿ㅣ나 能不我知로다 容兮

遂兮ᄒᆞ니垂帶悸其季反兮로다

●芄蘭의支여童子ㅣ觿를佩ᄒᆞ얏도다비록觿를佩ᄒᆞ나能히너게知티못ᄒᆞ도다容ᄒᆞ며遂ᄒᆞ니垂ᄒᆞᆫ帶ㅣ悸ᄒᆞ도다

○興也芄蘭草一名蘿摩蔓生斷之有白汁可啖支枝同鑴錐也以象骨爲之所以解結成人之佩非童子之飾也知猶智也言其才能不足以知於我也容遂舒緩放肆之貌悸帶下垂之貌

○芄蘭之葉이여童子佩韘失涉反이로다雖則佩韘이나能不我甲叶古協反이로다容兮遂兮ᄒᆞ니垂帶悸兮로다

●芄蘭의葉이여童子ㅣ韘을佩ᄒᆞ얏도다비록韘을佩ᄒᆞ나能히내게甲디못ᄒᆞ도다容ᄒᆞ며遂ᄒᆞ니垂ᄒᆞᆫ帶ㅣ悸ᄒᆞ도다

○興也韘決也以象骨爲之著右手大指所以鉤弦闓體鄭氏曰沓也卽大射所謂朱極三是也以朱韋爲之用以彄沓右手食指將指無名指也甲長也言其才能不足以長於我也

芄蘭二章章六句

此詩不知所謂不敢强解

誰謂河廣고一葦音偉杭之로다誰謂宋遠고跂音企予望叶武方反之로다

●뉘닐오ᄃᆡ河ㅣ넙다ᄒᆞᄂᆞ고ᄒᆞᆫ葦로杭ᄒᆞ리로다뉘닐오ᄃᆡ宋이머다ᄒᆞᄂᆞ고跂ᄒᆞ야내望ᄒᆞ리로다

○賦也葦蒹葭之屬杭度也衛在河北宋在河南○宣姜之女爲宋桓公夫人生襄公而出歸于衛襄公卽位夫人思之而義不可往蓋嗣君承父之重與祖爲體母出與廟絕不可以私反故作此詩言誰謂河廣乎但以一葦加之則可以渡矣誰謂宋國遠乎但一跂足而望則可以見矣明非宋遠而不可至也乃義不可而不得往耳

○誰謂河廣고曾不容刀ㅣ로다 誰謂宋遠고曾不崇朝ㅣ로다

●뉘닐오ᄃᆡ河ㅣ넙다ᄒᆞᄂᆞ고일즉刀도容티못ᄒᆞ리로다뉘닐오ᄃᆡ宋이머다ᄒᆞᄂᆞ고 일즉아ᄎᆞᆷ도ᄆᆞᆺ디못ᄒᆞ리로다

○賦也小船曰刀不容刀言小也崇終也行不終朝而至言近也

河廣二章章四句

范氏曰夫人之不往義也天下豈有無母之人歟有千乘之國而不得養其母則人之不幸也爲襄公者將若之何生則致其孝沒則盡其禮而已衛有婦人之詩自共姜至於襄公之母六人焉皆止於禮義而不敢過也夫以衛之政教淫僻風俗傷敗然而女子乃有知禮而畏義如此者則以先王之化猶有存焉故也

伯兮朅(音挈)兮ᄒᆞ니邦之桀兮로다伯也執殳(音殊)ᄒᆞ야爲(去聲)王前驅ㅣ로다

●伯이朅ᄒᆞ니邦읫桀이로다伯이殳ᄅᆞᆯ자바王을爲ᄒᆞ야前驅ᄒᆞ놋다

○賦也伯婦人目其夫之字也朅武貌傑才過人也殳長丈二而無刃○婦人以夫久從征役而作是詩言其君子之才之美如是今方執殳而爲王前驅也

○自伯之東야ᄒᆞ首如飛蓬라ᄒᆞ豈無膏沐이리오마ᄂᆞᆫ誰適音的爲容이리오

●伯이東흠으로브터머리ᄂᆞᆫ蓬갓도라엇지膏ㅣ며沐이업스리오마ᄂᆞᆫ누ᄅᆞᆯ適ᄒᆞ야容을ᄒᆞ리오

○賦也蓬草名其華如柳絮聚而飛如亂髮也膏所以澤髮者沐滌首去垢也適主也○言我髮亂如此非無膏沐可以爲容所以不爲者君子行役無所主而爲之故也傳曰女爲悅巳容

○其雨其雨에杲杲古老反出日이로다願言思伯이라甘心首疾이로다

●그雨콰뎌그雨콰뎌홈에杲杲히日이出ᄒᆞ놋다願ᄒᆞ야伯을思혼지라首疾을ᄆᆞ옴애甘ᄒᆞ놋다

○比也其者冀其將然之詞○冀其將雨而杲然日出以比望其君子之歸而不歸也是以不堪憂思之苦而寧甘心於首疾也

○焉音煙得諼音萱草야ᄒᆞ言樹之背音佩오願言思伯이라使我心痗音妹로다

●엇지諼草ᄅᆞᆯ어더背에樹ᄒᆞ고願ᄒᆞ야伯을思혼지라날로ᄒᆡ여곰ᄆᆞ음이痗케ᄒᆞ놋다

○賦也諼忘也諼草合歡食之令人忘憂者背北堂也痗病也○言焉得忘憂之草樹之北堂以忘吾憂乎然終不忍忘也是以寧不求此草而但願言思伯雖至於心痗而不辭爾心痗則其病益深非特首疾而已也

伯兮四章章四句

范氏曰居而相離則思期而不至則憂此人之情也文王之遣戍役周公之勞歸士皆敍其室家之情男女之思以閔之故其民悅而忘死聖人能通天下之志是以能成天下之務兵者毒民於死者也孤人之子寡人之妻傷天地之和召水旱之災故聖王重之如不得已而行則告以歸期念其勤勞哀傷慘怛不啻在己是以治世之詩則言其 君上閔恤之情 亂世之詩則錄其室家 怨思之苦以爲人情不出乎此也

有狐綏綏ᄒᆞ니在彼淇梁이로다 心之憂矣ᄂᆞᆫ 之子無裳이니라

●狐ㅣ綏綏ᄒᆞ니며淇ㅅ梁에잇도다ᄆᆞᄋᆞᆷ의시름홈은之子ㅣ裳이업ᄉᆞᆷ시이라

○比也狐者妖媚之獸綏綏獨行求匹之貌石絶水曰梁在梁則可以裳矣○國亂民散喪其配耦有寡婦見鰥夫而欲嫁之故託言有狐獨行而憂其無裳也

有狐綏綏ᄒᆞ니在彼淇厲ㅣ로다 心之憂矣ᄂᆞᆫ 之子無帶ㅣ니 叶丁計反라

●狐ㅣ綏綏ᄒᆞ니며淇ㅅ厲에잇도다ᄆᆞᄋᆞᆷ의시름홈은之子ㅣ帶업ᄉᆞᆷ시이라

○比也厲深水可涉處也帶所以申束衣也在厲則可以帶矣

有狐綏綏ᄒᆞ니在彼淇側이로다 心之憂矣ᄂᆞᆫ 之子無服이니 叶蒲北反라

●狐ㅣ綏綏ᄒᆞ니며淇ㅅ側에잇도다ᄆᆞᄋᆞᆷ의시름홈은之子ㅣ服이업ᄉᆞᆷ시니라

○比也濟乎水則可以服矣

有狐三章章四句

○投我以木瓜(叶攻乎反)에 報之以瓊琚(音居)ㅣ오 匪報也는 永以爲好(去聲)也ㅣ니라

●내게木瓜로써投홈애報호ᄃᆡ瓊琚로써ᄒᆞ고報호라아니홈은기리써好호례니라

○比也木瓜楙木也實如小瓜酢可食瓊玉之美者琚珮玉名○言人有贈我以微物我當報之以重寶而猶未足以爲報也但欲其長以爲好而不忘耳疑亦男女相贈答之辭如靜女之類

○投我以木桃애 報之以瓊瑤ㅣ오 匪報也는 永以爲好也ㅣ니라

●내게木桃로써投홈애報호ᄃᆡ瓊瑤로써ᄒᆞ고報호라아니홈은기리써好호례니라

○比也瑤美玉也

○投我以木李애 報之以瓊玖(音久叶擧里反)ㅣ오 匪報也는 永以爲好也ㅣ니라

●내게木李로써投홈애報호ᄃᆡ瓊玖로써ᄒᆞ고報호라아니홈은기리써好호례니라

○比也玖亦玉名也

木瓜三章章四句

衛國十篇三十四章二百三句

張子曰衛國地濱大河其地土薄故其人氣輕浮其地平下故其人質柔弱其地肥饒不費耕耨故其人心怠惰其人情性如此則其聲音亦淫靡故聞其樂使人懈慢而有邪僻之心也鄭詩放此

王一之六

王謂周東都洛邑王城畿內方六百里之地在禹貢豫州大華外方之間北得河陽漸冀州之南也周室之初文王居豐武王居鎬至成王周公始營洛邑爲時會諸侯之所以其土中四方來者道里均故也自是謂豐鎬爲西都而洛邑爲東都至幽王嬖褒姒生伯服廢申后及太子宜臼宜臼奔申申侯怒與犬戎攻宗周弑幽王于戲晉文侯鄭武公迎宜臼于申而立之是爲平王徙居東都王城於是王室遂卑與諸侯無異故其詩不爲雅而爲風然其王號未替也故不曰周而曰王其地則今河南府及懷孟等州是也

彼黍離離어늘 彼稷之苗ㅣ로다 行邁靡靡호야 中心搖搖호라 知我者는 謂我心憂ㅣ어늘 不知我者는 謂我何求오호니 悠悠蒼天아(叶鐵因反) 此何

人哉오

●뎌黍ㅣ離離ᄒᆞ거ᄂᆞᆯ뎌稷이苗ᄒᆞ얏도다行邁홈을靡靡히ᄒᆞ야中心애搖搖호다나ᄅᆞᆯ아ᄂᆞᆫ者ᄂᆞᆫ 나ᄅᆞᆯ닐오ᄃᆡ心에憂ᄒᆞᆫ다ᄒᆞ거ᄂᆞᆯ나ᄅᆞᆯ아디몯ᄒᆞᄂᆞᆫ者ᄂᆞᆫ나ᄅᆞᆯ닐오ᄃᆡ므어ᄉᆞᆯ求ᄒᆞᄂᆞ뇨ᄒᆞᄂᆞ니悠悠ᄒᆞᆫ蒼天아이러케ᄒᆞ니ᄂᆞᆫ엇던사ᄅᆞᆷ고

○賦而興也黍穀名苗似蘆高丈餘穗黑色實圓重離離垂貌稷亦穀也一名穄似黍而小或曰粟也邁行也靡靡猶遲遲也搖搖無所定也悠悠遠貌蒼天者據遠而視之蒼蒼然也○周旣東遷大夫行役至于宗周過故宗廟宮室盡爲禾黍閔周室之顚覆彷徨不忍去故賦其所見黍之離離與稷之苗以興行之靡靡心之搖搖旣歎時人莫識己意又傷所以致此者果何人哉追怨之深也

○彼黍離離어ᄂᆞᆯ彼稷之穗音遂ㅣ로다行邁靡靡ᄒᆞ야中心如醉호라知我者ᄂᆞᆫ謂我心憂ㅣ어ᄂᆞᆯ不知我者ᄂᆞᆫ謂我何求오ᄒᆞᄂᆞ니悠悠蒼天아此何人哉오

●뎌黍ㅣ離離ᄒᆞ거ᄂᆞᆯ뎌稷이穗ᄒᆞ얏도다行邁홈을靡靡히ᄒᆞ야中心애醉ᄒᆞᆫ듯호라 나ᄅᆞᆯ아ᄂᆞᆫ者ᄂᆞᆫ나ᄅᆞᆯ닐오ᄃᆡ心애憂ᄒᆞᆫ다ᄒᆞ거ᄂᆞᆯ날ᄋᆞᆯ아디몯ᄒᆞᄂᆞᆫ者ᄂᆞᆫ나ᄅᆞᆯ닐오ᄃᆡ므어ᄉᆞᆯ求ᄒᆞᄂᆞ뇨ᄒᆞᄂᆞ니 悠悠ᄒᆞᆫ蒼天아이러케ᄒᆞ니ᄂᆞᆫ엇던사ᄅᆞᆷ고

○賦而興也穗秀也稷穗下垂如心之醉故以起興

○彼黍離離어ᄂᆞᆯ彼稷之實이로다行邁靡靡ᄒᆞ야中心如噎音孽叶於悉反호라知

我者는謂我心憂ㅣ어늘不知我者는謂我何求오ᄒᆞᄂᆞ니悠悠蒼天아此何人哉오

●뎌黍ㅣ離離ᄒᆞ거ᄂᆞᆯ뎌稷이實ᄒᆞ얏도다行邁홈을靡靡히ᄒᆞ야中心에噎ᄒᆞᆫ듯호라나ᄅᆞᆯ아ᄂᆞᆫ者ᄂᆞᆫ나ᄅᆞᆯ닐오ᄃᆡ心에憂ᄒᆞᆫ다ᄒᆞ거ᄂᆞᆯ나ᄅᆞᆯ아지못ᄒᆞᄂᆞᆫ者ᄂᆞᆫ나ᄅᆞᆯ닐오ᄃᆡ므어ᄉᆞᆯ求ᄒᆞᄂᆞᆫ고ᄒᆞᄂᆞ니悠悠ᄒᆞᆫ蒼天아이러케ᄒᆞᄂᆞᆫ니ᄂᆞᆫ엇던사ᄅᆞᆷ고

○賦而興也噎憂深不能喘息如噎之然稷之實如心之噎故以起興

黍離三章、章十句、

元城劉氏、曰常人之情、於憂樂之事、初遇之、則其心變焉、次遇之、則其變、少衰、三遇之、則其心、如常矣、至於君子、忠厚之情、則不然、其行役往來、固非一見也、初見稷之苗矣、又見稷之穗矣、又見稷之實矣、而所感之心、終始如一、不少變而愈深、此則詩人之意也、

君子于役이여不知其期로소니曷至哉오(叶將黎反) 鷄棲(音西)于塒(音時)며日之夕矣라羊牛下來(叶陵之反)로소니君子于役이여如之何勿思(叶新齎反)ㅣ리오

●君子의役홈이여그期를아지못ᄒᆞ리로소니어ᄃᆡ至ᄒᆞ얏ᄂᆞᆫ고雞ㅣ塒애棲ᄒᆞ며日이夕ᄒᆞᆫ디라羊과牛ㅣ下ᄒᆞ야來ᄒᆞ노소니君子의役홈이여엇지思ᄃᆡ아니ᄒᆞ리오

○賦也君子婦人目其夫之辭鑿牆而棲曰塒日夕則羊先歸而牛次之○大夫久役于

外其室家思而賦之曰君子行役不知其反還之期且今亦何所至哉雞則棲于塒矣日則夕矣羊牛則下來矣是則畜産出入尙有旦暮之節而行役之君子乃無休息之時使我如何而不思也哉

○君子于役이여不日不月이로소니曷其有佸音括叶戶劣反고雞棲于桀이며日之夕矣라牛羊下括音活叶古劣反이로소니君子于役이여苟無飢渴叶巨列反이어다

●君子의役홈이여日로못ᄒᆞ며月로못ᄒᆞ리로소니언제그佸ᄒᆞᆯ고雞ㅣ桀애棲ᄒᆞ며日이夕ᄒᆞᆫ디라牛와羊이下ᄒᆞ야括ᄒᆞ노소니君子의役홈이여ᄯᅩ飢渴이나업슬디어다

○賦也佸會桀杙括至苟且也○君子行役之久不可計以日月而又不知其何時可以來會也亦庶幾其免於飢渴而已矣此憂之深而思之切也

君子于役二章章八句

君子陽陽ᄒᆞ야左執簧音黃ᄒᆞ고右招我由房ᄒᆞᄂᆞ니其樂音洛只音止且音疽ㅣ로다

●君子ㅣ陽陽ᄒᆞ야左의簧을執ᄒᆞ고右로나를招호ᄃᆡ房으로조차ᄒᆞᄂᆞ니그樂홈도다

○賦也陽陽得志之貌簧笙竽管中金葉也蓋笙竽皆以竹管植於匏中而竅其管底之側以薄金葉障之吹則鼓之而出聲所謂簧也故笙竽皆謂之簧笙十三簧或十九簧竽十六簧也由從也房東房也只且語助辭○此詩疑亦前篇婦人所作蓋其夫旣歸不以行役爲勞而安於貧賤以自樂其家人又識其意而深歎美之皆可謂賢矣豈非先王之

澤哉或曰序說亦通宜更詳之

○君子陶陶ᄒᆞ야左執翿音桃ᄒᆞ고右招我由敖音吾ᄒᆞᄂᆞ니其樂只且ㅣ로다

●君子ㅣ陶陶ᄒᆞ야左의翿를執ᄒᆞ고右로나를招호ᄃᆡ敖로조차ᄒᆞᄂᆞ니그樂홈도다

○賦也陶陶和樂之貌翿舞者所持羽旄之屬敖舞位也

君子陽陽二章章四句

揚之水ㅣ여不流束薪이로다彼其音記之子ㅣ여不與我戍申이로다懷叶胡威反哉懷哉로니曷月애予還音旋歸哉오

●揚ᄒᆞᆫ水ㅣ여束ᄒᆞᆫ薪도流티못ᄒᆞᄂᆞᆺ다뎌之子ㅣ여날로ᄃᆞ려申애戍티아니ᄒᆞᄂᆞᆺ다懷ᄒᆞ며懷ᄒᆞ노니어너ᄃᆞᆯ애내還ᄒᆞ야歸홀고

○興也揚悠揚也水緩流之貌彼其之子戍人指其室家而言也戍屯兵以守也申姜姓之國平王之母家也在今鄧州信陽軍之境懷思曷何也○平王以申國近楚數被侵伐故遣畿內之民戍之而戍者怨思作此詩也興取之不二字如小星之例

○揚之水ㅣ여不流束楚ㅣ로다彼其之子ㅣ여不與我戍甫ㅣ로다懷哉懷哉로니曷月애予還歸哉오

●揚ᄒᆞᆫ水ㅣ여束ᄒᆞᆫ楚도流티못ᄒᆞᄂᆞᆺ다뎌之子ㅣ여날로다려甫애戍티아니ᄒᆞᄂᆞᆺ다懷ᄒᆞ며懷ᄒᆞ노니어너달애내還ᄒᆞ야歸홀고

○興也楚木也甫卽呂也亦姜姓書呂刑禮記作甫刑而孔氏以爲呂侯後爲甫侯是也當時蓋以申故而幷戍之今未知其國之所在計亦不遠於申許也

○揚之水ㅣ여不流束蒲叶滂古反ㅣ로다 彼其之子ㅣ여不與我戍許ㅣ로다 懷哉懷哉니로 曷月애 予還歸哉오

●揚ᄒᆞᆫ水ㅣ여束ᄒᆞᆫ蒲도流티못ᄒᆞ놋다뎌之子ㅣ여날로다려許애戍치아니ᄒᆞ놋다懷ᄒᆞ며懷ᄒᆞ노니어늬달애내還ᄒᆞ야歸ᄒᆞᆯ고

○興也蒲蒲柳春秋傳云董澤之蒲杜氏云蒲楊柳可以爲箭者是也許國名亦姜姓今潁昌府許昌縣是也

揚之水三章章六句

申侯與犬戎攻宗周而弑幽王則申侯者王法必誅不赦之賊而平王與其臣庶不共戴天之讐也今平王知有母而不知有父知其立己爲有德而不知其弑父爲可怨至使復讐討賊之師反爲報施酬恩之擧則其忘親逆理而得罪於天已甚矣又況先王之制諸侯有故則方伯連帥以諸侯之師討之王室有故則方伯連帥以諸侯之師救之天子鄉遂之民供貢賦衛王室而已今平王不能行其威令於天下無以保其母家乃勞天子之民遠爲諸侯戍守故周人之戍申者又以非其職而怨思焉則其衰懦微弱而得罪於民又可見矣嗚呼詩亡而後春秋作其不以此也

哉

中谷有蓷吐雷反ᄒᆞ니暵音罕其乾矣로다有女仳音痞離라嘅其歎音灘矣ᄒᆞ라嘅其歎矣ᄒᆞ니遇人之艱難矣로다

●中谷에蓷이시니그乾ᄒᆞᆫ디써지暵ᄒᆞ놋다女ㅣ仳離ᄒᆞᆫ디라嘅히그嘆호라嘅히그嘆호니 人의艱難을遇ᄒᆞ도다

○興也蓷鵻也葉似萑方莖白華華生節間卽今益母草也暵燥仳別也嘅歎聲艱難窮厄也○凶年饑饉室家相棄婦人覽物起興而自述其悲歎之詞也

○中谷有蓷ᄒᆞ니暵其脩叶式竹反矣로다有女仳離라條其歗叶息六反矣ᄒᆞ라條其歗矣ᄒᆞ니遇人之不淑矣로다

●中谷애蓷이시니그脩ᄒᆞᆫ써시暵ᄒᆞ놋다女ㅣ仳離ᄒᆞᆫ디라條히그歗호라條히그歗호니 人의不淑을遇ᄒᆞ도다

○興也脩長也或曰乾也如脯之謂脩也條條然歗貌歗蹙口出聲也悲恨之深不止於歎矣淑善也古者謂死喪饑饉皆曰不淑蓋以吉慶爲善事凶禍爲不善事雖今人語猶然也○曾氏曰凶年而遽相棄背蓋衰薄之甚者而詩人乃曰遇斯人之艱難遇斯人之不淑而無怨懟過甚之詞焉厚之至也

○中谷有蓷ᄒᆞ니暵其濕矣로다有女仳離라啜張劣反其泣矣ᄒᆞ라啜其

泣矣호니何嗟及矣리오

●中谷애蓷이시니그濕호되도暵호놋다女ㅣ仳離호더라啜히그泣호마 啜히그泣호니엇디嗟호들及호리오

○興也暵濕者旱甚則草之生於濕者亦不免也啜泣貌何嗟及矣言事已至此末如之何窮之甚也

中谷有蓷三章章六句

范氏曰世治則室家相保者上之所養也世亂則室家相棄者上之所殘也其使之也勤其取之也厚則夫婦日以衰薄而凶年不免於離散矣伊尹曰匹夫匹婦不獲自盡民主罔與成厥功故讀詩者於一物失所而知王政之惡一女見棄而知人民之困周之政荒民散而將無以爲國於此亦可見矣

有兎爰爰이어늘 **雉離于羅**ㅣ로다 **我生之初**애 **尙無爲**러니(叶吾禾反) **我生之後**애 **逢此百罹**호니(叶良何反) **尙寐無吪**ㅣ엇다

●兎ㅣ爰爰호거늘雉ㅣ羅의離호도다내生호初애오히려힘옴이업더니 내生호後애이百罹를逢호니거의寐호야吪홈이업솜쟈엇다

○比也兎性陰狡爰爰緩意雉性耿介離麗羅網尙猶罹憂也尙庶幾也吪動也○周室衰微諸侯背叛君子不樂其生而作此詩言張羅本以取兎今兎狡得脫而雉以耿介反

離于羅以比小人致亂而以巧計幸免君子無辜而以忠直受禍也爲此詩者蓋猶及見西周之盛故曰方我生之初天下尙無事及我生之後而逢時之多難如此然旣無如之何則但庶幾寐而不動以死耳或曰興也以兎爰興無爲以雉離興百罹也下章放此

○有兎爰爰이어늘 雉離于罦(音孚叶步廟反)ㅣ로다 我生之初애 尙無造ㅣ러니 我生之後애 逢此百憂(叶一笑反)호니 尙寐無覺(音敎叶居笑反)ㅣ엇다

●兎ㅣ爰爰ᄒᆞ거ᄂᆞᆯ雉ㅣ罦의離ᄒᆞ도다내生ᄒᆞᆫ初애오히려造ᄒᆞᆷ이업더니 내生ᄒᆞᆫ後애이百憂를逢ᄒᆞ니거의寐ᄒᆞ야覺ᄒᆞᆷ이업ᄉᆞᆯᄯᅵ엇다

○比也罦覆車也可以掩兎造亦爲也覺寤也

○有兎爰爰이어늘 雉離于罿(音衝)이로다 我生之初애 尙無庸이러니 我生之後애 逢此百凶호니 尙寐無聰이엇다

●兎ㅣ爰爰ᄒᆞ거ᄂᆞᆯ雉ㅣ罿의離ᄒᆞ도다내生ᄒᆞᆫ初애오히려庸ᄒᆞᆷ이업더니 내生ᄒᆞᆫ後애이百凶을逢ᄒᆞ니거의寐ᄒᆞ야聰ᄒᆞᆷ이업슬지엇다

○比也罿罬也卽罦也或曰施羅於車上也庸用聰聞也無所聞則亦死耳

兎爰三章章七句

綿綿葛藟(音壘)ㅣ여 在河之滸(音虎)ㅣ로다 終遠(去聲)兄弟라 謂他人父호라 謂他

人父ㅣ나亦莫我顧叶果五反ㅣ로다

●綿綿흔葛藟ㅣ여河ㅅ滸에잇도다마춤내兄弟를멀리흔디라他人을닐오딕父ㅣ라호라 他人을닐오딕父ㅣ라호나쏘나를顧티아니호놋다

○興也綿綿長而不絕之貌岸上曰滸○世衰民散有去其鄕里家族而流離失所者作此詩以自歎言綿綿葛藟則在河之滸矣今乃終遠兄弟而謂他人爲己父己雖謂彼爲父而彼亦不我顧則其窮也甚矣

○綿綿葛藟ㅣ여在河之涘音俟叶矣ㅣ로 始二首다 終遠兄弟라 謂他人母叶滿彼反ㅣ라호

謂他人母ㅣ나亦莫我有叶羽己反ㅣ로다

●綿綿흔葛藟ㅣ여河ㅅ涘에잇도다마춤내兄弟를멀리흔지라他人을닐오딕 母ㅣ라호라他人을닐오딕母ㅣ라호나쏘나를有티아니호놋다

○興也水涯曰涘謂他人父者其妻則母也有識有也春秋傳曰不有寡君

○綿綿葛藟ㅣ여在河之漘音脣이로다 終遠兄弟라 謂他人昆叶古勻反ㅣ라호 謂

他人昆이나亦莫我聞叶微勻反이로다

●綿綿흔葛藟ㅣ여河ㅅ漘에잇도다마춤내兄弟를멀리흔지라他人을닐오딕昆이라호라 他人을닐오딕昆이라호나쏘나를聞치아니호놋다

○興也夷上洒下曰漘漘之爲言脣也昆兄也聞相聞也

葛藟三章章六句

彼采葛(叶居謁反)兮여 一日不見이 如三月兮로다

●뎌葛을采ᄒᆞᄂᆞ니여 一日을보지못홈이三月ᄀᆞᆺ도다

○賦也采葛所以爲絺綌蓋淫奔者託以行也故因以指其人而言思念之深未久而似久也

彼采蕭(叶疎鳩反)兮여 一日不見이 如三秋兮로다

●뎌蕭을采ᄒᆞᄂᆞ니여 一日을보지못홈이三秋ᄀᆞᆺ도다

○賦也蕭荻也曰葉莖蘼科生有香氣祭則焫以報氣故采之曰三秋則不止三月矣

彼采艾兮여 一日不見이 如三歲(本艾與反)兮로다

●뎌艾를采ᄒᆞᄂᆞ니여 一日을보지못홈이三歲ᄀᆞᆺ도다

○賦也艾蒿屬乾之可灸故采之曰三歲則不止三秋矣

采葛三章章三句

大車檻檻ᄒᆞ니 毳(尺銳反)衣如菼(吐敢反)이로다 豈不爾思ㅣ리오마ᄂᆞᆫ 畏子不敢이니라

●大車ㅣ檻檻ᄒᆞ니毳衣菼ᄀᆞᆺ도다엇지너를思티아니리오마ᄂᆞᆫ子를畏ᄒᆞ야敢티못ᄒᆞ애니라

○賦也大車大夫車檻檻車行聲也毳衣天子大夫之服菼蘆之始生也毳衣之屬衣繪而裳繡五色皆備其靑者如菼爾淫奔者相命之詞也子大夫也不敢不敢奔也○周衰

大夫猶有能以刑政治其私邑者故淫奔者畏而歌之如此然其去二南之化則遠矣此可以觀世變也

○大車哼哼(音吞)ᄒᆞ니 毳衣如璊(音門)이로다 豈不爾思ㅣ리오마ᄂᆞᆫ 畏子不奔이니라

●大車ㅣ哼哼ᄒᆞ니毳衣璊ᄀᆞᆺ도다엇디너를思치아니리오마ᄂᆞᆫ子를畏ᄒᆞ야奔치못ᄒᆞ예니라

○賦也哼哼重遲之貌璊玉赤色五色備則有赤

○穀則異室이나 死則同穴(叶戶橘反)호리라 謂予不信인댄 有如皦(音皎)日이니라

●穀ᄒᆞ얀室이異ᄒᆞ나死ᄒᆞ야나穴을同호리라날을信치아니타니를진댄이려ᄐᆞᆺᄒᆞᆫ皦日이잇ᄂᆞ니라

○賦也穀生穴壙皦白也○民之欲相奔者畏其大夫自以終身不得如其志也故曰生不得相奔以同室庶幾死得合葬以同穴而已謂予不信有如皦日約誓之辭也

大車三章章四句

○丘中有麻ᄒᆞ니 彼留子嗟ㅣ로다 彼留子嗟ㅣ니 將(音槍)其來施施(叶蛇)아

●丘中에麻ㅣ이시니뎌리子嗟를留ᄒᆞ얏도다뎌리子嗟를留ᄒᆞ야시니將ᄒᆞᆫ달그來홈을施施히ᄒᆞ랴

○賦也麻穀名子可食皮可績爲布者子嗟男子之字也將願也施施喜悅之意○婦人望其所與私者而不來故疑丘中有麻之處復有與之私而留之者今安得其施施然而來乎

○丘中有麥ᄒᆞ니 彼留子國이로다 彼留子國이니 將其來食가

●丘中애麥이이시니뎌긔子國을留ᄒᆞ얏도다뎌긔子國을留ᄒᆞ야시니將ᄒᆞᆫ들그來ᄒᆞ야食ᄒᆞ랴

○賦也子國亦男子字也來食就我而食也

○**丘中有李**ᄒᆞ니**彼留之子**叶獎ㅣ里反로다**彼留之子**ㅣ니**貽我佩玖**叶擧아里反

●丘中애李이시니뎌긔之子를留ᄒᆞ얏도다뎌긔之子를留ᄒᆞ야시니나를佩ᄒᆞᆫ玖를貽ᄒᆞ랴

○賦也之子幷指前二人也貽我佩玖冀其有以贈己也

丘中有麻三章章四句

王國十篇二十八章六十二句

詩經卷之三　朱熹集傳

鄭一之七

鄭邑名本在西都畿內咸林之地宣王以封其弟友爲采地後爲幽王司徒而死於犬戎之難是爲桓公其子武公掘突定平王於東都亦爲司徒又得虢檜之地乃徙其封而施舊號於新邑是爲新鄭咸林在今華州鄭縣新鄭卽今之鄭州是也其封域山川詳見檜風

緇衣之宜兮여 敝予又改爲兮호리라 適子之館音古玩反兮라 還予授子之粲兮호리라

●緇衣의宜홈이여敝커든내또다시호리라子의館에適호논지라還호야내子를粲으로授호리라

○賦也緇黑色緇衣卿大夫居私朝之服也宜稱改更適之館舍粲餐也或曰粲粟之精鑿者○舊說鄭桓公武公相繼爲周司徒善於其職周人愛之故作是詩言子之服緇衣也甚宜敝則我將爲子更爲之且將適子之館旣還而又授子以粲言好之無已也

○緇衣之好兮여 敝予又改造叶在早反兮호리라 適子之館兮라 還予授子之粲兮호리라

●緇衣의好홈이여敝커든내또다시造호리라子의館에適호논지라還호야내子를粲으로授호리라

○賦也好猶宜也

○緇衣之蓆(叶祥籥反)兮여 敝予又改作兮호리라 適子之館兮라 還予授子之粲兮호리라

●緇衣의蓆ᄒᆞᆷ이여敝커든내또다시作호리라子의館에適ᄒᆞ논지라還ᄒᆞ야내子를粲으로授호리라

○賦也蓆大也程子曰蓆有安舒之義服稱其德則安舒也

緇衣三章章四句

記曰好賢如緇衣又曰於緇衣見好賢之至

將(音槍)仲子兮는 無踰我里ᄒᆞ야 無折(音哲)我樹杞어다 豈敢愛之리오 畏我父母(叶滿彼反)ㅣ니 仲可懷(叶胡威反)也ㅣ나 父母之言이 亦可畏(叶於非反)也ㅣ니라

●將컨된仲子는내里를踰티마라내樹ᄒᆞᆫ杞를折치말올셔 엇다 엇지敢히 愛ᄒᆞ리오우리 父母를畏ᄒᆞ예니라仲을可히懷ᄒᆞ나父母의言이또可히畏ᄒᆞ니라

○賦也將請也仲子男子之字也我女子自我也里二十五家所居也杞柳屬也生水旁樹如柳葉麤而白色理微赤蓋里之地域溝樹也○莆田鄭氏曰此淫奔者之辭

○將仲子兮는 無踰我牆ᄒᆞ야 無折我樹桑이어다 豈敢愛之리오 畏我諸兄(叶虛陽反)이니 仲可懷也ㅣ나 諸兄之言이 亦可畏也ㅣ니라

●將컨ᄃᆡ仲子ᄂᆞᆫ내墻을踰치마라내樹ᄒᆞᆫ桑을折치말을ᄶᅵ어다엇지敢히愛ᄒᆞ리오우리諸兄을畏ᄒᆞ예니라
仲을可히懷ᄒᆞ나諸兄의言이ᄯᅩ可히畏ᄒᆞ니라
○賦也墻垣也古者樹墻下以桑

○將仲子兮ᄂᆞᆫ無踰我園ᄒᆞ야 無折我樹檀(叶徒沿反)이어다 豈敢愛之리오 畏人之多言이라이니 仲可懷也ㅣ나 人之多言이 亦可畏也ㅣ니라

●將컨ᄃᆡ仲子ᄂᆞᆫ내園을踰치마라내樹ᄒᆞᆫ檀을折치말을ᄶᅵ어다엇지敢히愛ᄒᆞ리오人의多言을畏ᄒᆞ예니라
仲을可히懷ᄒᆞ나人의多言이ᄯᅩ可히畏ᄒᆞ니라
○賦也園者圃之藩其內可種木也檀皮靑滑澤材彊靭可爲車

將仲子三章章八句

叔于田(叶地因反)ᄒᆞ니 巷無居人이로다 豈無居人이리오마ᄂᆞᆫ 不如叔也의 洵美且仁이니라

●叔이田ᄒᆞ니巷애居人이업도다엇지居人이업ᄉᆞ리오마ᄂᆞᆫ叔의진실로美ᄒᆞ고ᄯᅩ仁홈만ᄀᆞᆺ지못ᄒᆞ니라
○賦也叔莊公弟共叔段也事見春秋田取禽也巷里塗也洵信美好也仁愛人也○段不義而得衆國人愛之故作此詩言叔出而田則所居之巷若無居人矣非實無居人也雖有而不如叔之美且仁是以若無人耳或疑此亦民間男女相悅之詞也

○叔于狩(叶始九反)ᄒᆞ니 巷無飮酒ㅣ로다 豈無飮酒ㅣ리오마ᄂᆞᆫ 不如叔也의 洵美

且好叶許厚反ㅣ니라

●叔이狩ᄒᆞ니巷애酒를飮ᄒᆞ리업도다엇지酒를飮ᄒᆞ리업ᄉᆞ리오마ᄂᆞᆫ叔의진실로美ᄒᆞ고ᄯᅩ好홈만ᄀᆞᆺ지못ᄒᆞ니라

○賦也冬獵曰狩

○叔適野叶上與反ᄒᆞ니 巷無服馬叶滿補反ㅣ로다 豈無服馬ㅣ리오마ᄂᆞᆫ 不如叔也의 洵美且武ㅣ니라

●叔이野의適ᄒᆞ니巷애馬를服ᄒᆞ리업도다엇지馬를服ᄒᆞ리업ᄉᆞ리오마ᄂᆞᆫ叔의진실로美ᄒᆞ고ᄯᅩ武홈만ᄀᆞᆺ지못ᄒᆞ니라

○賦也適之也郊外曰野服乘也

叔于田三章章五句

叔于田ᄒᆞ니 乘乘下去聲 馬叶滿補反ㅣ로다 執轡如組音祖ᄒᆞ니 兩驂如舞ㅣ로다 叔在藪音叟叶素苦反ᄒᆞ니 火烈具擧ㅣ로다 襢音袒裼音錫 暴虎ᄒᆞ야 獻于公所ㅣ로다 將音槍 叔無狃音紐叶女古反ㅣ어다 戒其傷女音汝ᄒᆞ노라

●叔이田ᄒᆞ니乘馬를乘ᄒᆞ얏도다轡를執홈을組ᄀᆞᆺ치ᄒᆞ니兩驂이舞ᄒᆞᄂᆞᆫᄃᆞᆺᄒᆞ도다 叔이藪에在ᄒᆞ니火ㅣ烈ᄒᆞ커든다擧ᄒᆞ놋다襢裼ᄒᆞ고虎를暴ᄒᆞ야公의所애獻ᄒᆞ놋다將컨ᄃᆡ叔은狃치말을씨어다그너를傷홀가戒ᄒᆞ니라

○賦也叔亦段也車衡外兩馬曰驂如舞謂諧和中節皆言御之善也藪澤也火焚而射也烈熾盛貌具俱也襢裼肉袒也暴空手搏虎也公莊公也狃習也國人戒之曰請叔無習此事恐其或傷汝也蓋叔多材好勇而鄭人愛之如此

○叔于田ᄒᆞ니乘乘黃이로다兩服上襄이오兩驂鴈行(音杭)이로다叔在藪ᄒᆞ니火烈具揚이로다叔善射忌(音記)ㅣ며又良御(叶魚駕反)忌로소니抑磬(音慶)控(口貢反)忌며抑縱送忌로다

●叔이田ᄒᆞ니乘黃을乘ᄒᆞ얏도다兩服이上인襄이오兩驂이鴈行이로다叔이藪에在ᄒᆞ니火ㅣ烈커든揚ᄒᆞ놋다叔이射를善히ᄒᆞ며또御를良히ᄒᆞ노소니磬ᄒᆞ고控ᄒᆞ며縱ᄒᆞ고送ᄒᆞ놋다

○賦也乘黃四馬皆黃也衡下夾轅兩馬曰服襄駕也馬之上者爲上駕猶言上駟也鴈行者驂少次服後如鴈行也揚起也忌抑皆語助辭騁馬曰磬止馬曰控舍拔曰縱覆𩏂曰送

○叔于田ᄒᆞ니乘乘鴇(音保叶補苟反)ㅣ로다兩服齊首ㅣ오兩驂如手ㅣ로다叔在藪ᄒᆞ니火烈具阜ㅣ로다叔馬慢(叶黃半反)忌며叔發罕(叶虛旰反)忌로소니抑釋掤(音氷)忌며抑鬯(音暢)弓(叶姑宏反)忌로다

●叔이田ᄒᆞ니乘鴇를乘ᄒᆞ얏도다兩服이首ㅣ齊ᄒᆞ고兩驂이手ᄀᆞᆺ도다叔이藪에在ᄒᆞ니火ㅣ烈커든阜ᄒᆞ놋

다叔의馬이慢ᄒᆞ며叔의發이罕ᄒᆞ도소니掤을釋ᄒᆞ며弓을鬯ᄒᆞᄂᆞᆺ다

○賦也驪白雜毛曰鴇今所謂烏驄也齊首如手兩服並首在前而兩驂在旁稍次其後如人之兩手也阜盛慢遲也發發矢也罕希釋解也掤矢箙蓋春秋傳作氷鬯弓韔也與韔同言其田事將畢而從容整暇如此亦喜其無傷之詞也

大叔于田三章章十句

陸氏曰首章作大叔于田者誤蘇氏曰二詩皆曰叔于田故加大以別之不知者乃以段有大叔之號而讀曰泰又加大於首章失之矣

淸人在彭(叶普郞反)ᄒᆞ니**駟介旁旁**(音方叶補岡反)이로다**二矛重**(平聲)**英**(叶於良反)으로**河上乎翺翔**이로다

●淸人人이彭애在ᄒᆞ니駟介旁旁ᄒᆞᄂᆞᆺ다二矛에重ᄒᆞᆫ英으로河上에셔翺翔ᄒᆞᄂᆞᆺ다

○賦也淸邑名淸人淸邑之人也彭河上地名駟介四馬而被甲也旁旁馳驅不息之貌二矛酋矛夷矛也英以朱羽爲矛飾也酋矛長二丈夷矛長二丈四尺並建於車上則其英重疊而見翺翔遊戲之貌○鄭文公惡高克使將淸邑之兵禦狄於河上久而不召師散而歸鄭人爲之賦此詩言其師出之久無事而不得歸但相與遊戲如此其勢必至於潰散而後已爾

○**淸人在消**ᄒᆞ니**駟介麃麃**(音標)ㅣ로다**二矛重喬**로**河上乎逍遙**ㅣ로다

●淸人人이消애在ᄒᆞ니駟介麃麃ᄒᆞ놋다二矛애重ᄒᆞᆫ喬로河上에서逍遙ᄒᆞ놋다

○賦也消亦河上地名麃麃武貌矛之上句曰喬所以懸英也英敝而盡所存者喬而已

淸人在軸(叶音胄)ᄒᆞ니**駟介陶陶**(叶徒侯反)ㅣ로다**左旋右抽**(叶敕救反)ᄒᆞ거ᄂᆞᆯ**中軍作好**(叶許侯反)ㅣ로다

●淸人人이軸에在ᄒᆞ니駟介陶陶ᄒᆞ놋다左ㅣ旋ᄒᆞ며右ㅣ抽ᄒᆞ거ᄂᆞᆯ軍에中ᄒᆞ연ᄂᆞ니好를作ᄒᆞ놋다

○賦也軸亦河上地名陶陶樂而自適之貌左謂御在將軍之左執轡而御馬者也旋還車也右謂勇力之士在將軍之右執兵以擊刺者也抽拔刃也中軍謂將在鼓下居車之中卽高克也好謂容好也○東萊呂氏曰言師久而不歸無所聊賴姑遊戲以自樂必潰之勢也不言已潰而言將潰其詞深其情危矣

淸人三章章四句 事見春秋

胡氏曰人君擅一國之名寵生殺予奪惟我所制耳使高克不臣之罪已著按而誅之可也情狀未明黜而退之可也愛惜其才以禮馭之亦可也烏可假以兵權委諸境上坐視其離散而莫之卹乎春秋書曰鄭棄其師其責之深矣

羔裘如濡(叶而朱而由二反)ᄒᆞ니**洵直且侯**(叶洪姑洪鉤二反)ㅣ로다**彼其**(音記)**之子**ㅣ여**舍**(音赦)**命不渝**(叶容朱容周二反)ㅣ로다

●羔裘ㅣ濡ᄒᆞᆫ듯ᄒᆞ니진실로直ᄒᆞ고또侯ᄒᆞ도다뎌之子ㅣ여命에舍ᄒᆞ야渝디아니ᄒᆞᄂᆞ다
○賦也羔裘大夫服也如濡潤澤也洵信直順侯美也其語助辭舍處渝變也○言此羔裘潤澤毛順而美彼服此者當生死之際又能以身居其所受之理而不可奪蓋美其大夫之詞然不知其所指矣

○**羔裘豹飾**이로소니**孔武有力**이로다**彼其之子**ㅣ여**邦之司直**이로다
●羔裘애豹로飾ᄒᆞ얏도소니孔히武ᄒᆞ고力이잇도다뎌之子ㅣ여邦에直을司ᄒᆞ엿도다
○賦也飾緣袖也禮君用純物臣下之故羔裘而以豹皮爲飾也孔甚也豹甚武而有力故服其所飾之裘者如之司主也

○**羔裘晏兮**오**三英粲兮**로다**彼其之子**ㅣ여**邦之彥**叶魚旰反**兮**로다
●羔裘ㅣ晏ᄒᆞ고三英이粲ᄒᆞ도다뎌之子ㅣ여邦에彥이로다
○賦也晏鮮盛也三英裘飾也未詳其制粲光明也彥者士之美稱

羔裘三章章四句

遵大路兮ᄒᆞ야**摻**所覽反**執子之袪**叶起據反**兮**호라**無我惡**去聲**兮**어다**不寁**音咎**故也**ㅣ니라
●大路로遵ᄒᆞ야子의袪를摻ᄒᆞ야執호라나를惡치마롤디어다故를寁치몯ᄒᆞᆯ써시니라
○賦也遵循摻擥袪袂寁速故舊也○淫婦爲人所棄故於其去也擥其袪而留之曰子

無惡我而不留故舊不可以遽絶也宋玉賦有遵大路兮攬子袪之句亦男女相說之辭也

○遵大路兮ᄒᆞ야 摻執子之手兮호라 無我魗(音讎 叶齒九反)兮어다 不寁好(叶許口反)也ㅣ니라

●大路로遵ᄒᆞ야子의手를摻ᄒᆞ야執호매나를魗타마올디어다好를寁치못ᄒᆞᆯ거시니라

○賦也魗與醜同欲其不以己爲醜而棄之也好情好也

遵大路二章章四句

女曰雞鳴이어늘 士曰昧旦ㅣ어니라 子興視夜ᄒᆞ라 明星有爛이어니 將翺將翔ᄒᆞ야 弋鳧(音符)與鴈이어다

●女ㅣᄀᆞᆯ오ᄃᆡ雞鳴다커늘士ㅣᄀᆞᆯ오ᄃᆡ旦ㅣ昧ᄒᆞ얏ᄂᆞ니라子ㅣ興ᄒᆞ야夜를보라明星이 爛ᄒᆞ거니쟝ᄎᆞᆺ翺ᄒᆞ며쟝ᄎᆞᆺ翔ᄒᆞ야鳧와다뭇鴈을弋ᄒᆞᆯ지어다

○賦也昧晦旦明也昧旦天欲旦昧晦未辨之際也明星啓明之星先日而出者也弋繳射謂以生絲繫矢而射也鳧水鳥如鴨青色背上有文○此詩人述賢夫婦相警戒之詞言女曰雞鳴以警其夫而士曰昧旦則不止於雞鳴矣婦人又語其夫曰若是則子可以起而視夜之如何意者明星已出而爛然則當翺翔而往弋取鳧鴈而歸矣其相與警戒之言如此則不留於宴昵之私可知矣

○弋言加(叶居之居何二反)之어든 與子宜(叶魚奇魚何二反)之ᄒᆞ야 宜言飲酒ᄒᆞ야 與子偕老(叶呂吼反)호리라 琴瑟在御ㅣ 莫不靜好(叶許厚反)ㅣ로다

●弋ᄒᆞ야加ᄒᆞ거든子로ᄃᆞ려宜ᄒᆞ야宜케ᄒᆞ든酒를飲ᄒᆞ야子로ᄃᆞ려ᄒᆞᆷᄭᅴ老호리라 琴瑟이御에인ᄂᆞᆫ거시靜ᄒᆞ며好치아닛아니ᄒᆞ도다

○賦也加中也史記所謂以弱弓微繳加諸鳧鴈之上是也宜和其所宜也內則所謂鴈宜麥之屬是也○射者男子之事而中饋婦人之職故婦謂其夫旣得鳧鴈以歸則我當爲子和其滋味之所宜以之飲酒相樂期於偕老而琴瑟之在御者亦莫不安靜而和好其和樂而不淫可見矣

○知子之來(叶六直反)之란 雜佩以贈(叶音則)之며 知子之順之란 雜佩以問之며 知子之好(去聲)之란 雜佩以報之호리라

●子의來케ᄒᆞᄂᆞ니를알아ᄂᆞᆫ雜佩로ᄡᅥ贈ᄒᆞ며子의順ᄒᆞᄂᆞ니를알아ᄂᆞᆫ雜佩로ᄡᅥ問ᄒᆞ며 子의好ᄒᆞᄂᆞ니를알아ᄂᆞᆫ雜佩로ᄡᅥ報호리라

○賦也來之致其來者如所謂修文德以來之雜佩者左右佩玉也上橫曰珩下繫三組貫以蠙珠中組之半貫一大珠曰瑀末懸一玉兩端皆銳曰衝牙兩旁組半各懸一玉長博而方曰琚其末各懸一玉如半璧而內向曰璜又以兩組貫珠上繫珩兩端下交貫於瑀而下繫於兩璜行則衝牙觸璜而有聲也呂氏曰非獨玉也觿燧箴管凡可佩者皆是

也贈送順愛問遺也○婦又語其夫曰我苟知子之所致而來及所親愛者則當解此雜佩以送遺報答之葢不惟法其門內之職又欲其君子親賢友善結其驩心而無所愛於服飾之玩也

女曰雞鳴三章章六句

有女同車ᄒᆞ니顔如舜華叶芳無反ㅣ로다 將翺將翔ᄒᆞ니 佩玉瓊琚ㅣ로다 彼美孟姜이여洵美且都ㅣ로다

●女ㅣ車를同ᄒᆞ니顔이舜의華ᄀᆞᆺ도다장찻翺ᄒᆞ며장찻翔ᄒᆞᄂᆞ니佩ᄒᆞᆫ玉이瓊琚ㅣ로다 뎌美ᄒᆞᆫ孟姜이여진실로美ᄒᆞ고ᄯᅩ都ᄒᆞ도다

○賦也舜木槿也樹如李其華朝生暮落孟字姜姓洵信都閑雅也○此疑亦淫奔之詩言所與同車之女其美如此而又歎之曰彼美色之孟姜信美矣而又都也

○有女同行叶戶郎反ᄒᆞ니顔如舜英叶於良反이로다 將翺將翔ᄒᆞ니 佩玉將將音鏘이로다 彼美孟姜이여德音不忘이로다

●女ㅣᄒᆞᆫ가지로行ᄒᆞ니顔이舜의英ᄀᆞᆺ도다장찻翺ᄒᆞ며장찻翔ᄒᆞᄂᆞ니佩ᄒᆞᆫ玉이將將ᄒᆞ도다 뎌美ᄒᆞᆫ孟姜이여德音을忘치못ᄒᆞ리로다

○賦也英猶華也將將聲也德音不忘言其賢也

有女同車二章章六句

山有扶蘇ㅣ며隰有荷華叶芳無反ㅣ어늘不見子都ㅣ오乃見狂且音疽ㅣ아

●山에扶蘇ㅣ이시며隰에荷華ㅣ잇거늘子都를보지못ᄒᆞ고이희狂을見ᄒᆞ야나

○興也扶蘇扶胥小木也荷華芙蕖也子都男子之美者也狂狂人也且語辭也○淫女戲其所私者曰山則有扶蘇矣隰則有荷華矣今乃不見子都而見此狂人何哉

○山有橋松이며隰有游龍이어늘不見子充이오乃見狡童가

●山에橋ᄒᆞᆫ松이이시며隰에游ᄒᆞᆫ龍이잇거늘子充을보지못ᄒᆞ고이희狡ᄒᆞᆫ童을見ᄒᆞ야나

○興也上竦無枝曰橋亦作喬游枝葉放縱也龍紅草也一名馬蓼葉大而色白生水澤中高丈餘子充猶子都也狡童狡獪之小兒也

山有扶蘇二章章四句

蘀音託兮蘀兮여風其吹女音汝ㅣ리라叔兮伯兮여倡去聲予和去聲叶戶圭反女호리라

●蘀이여蘀이여風이그너를吹ᄒᆞ리라叔이여伯이여나를倡ᄒᆞ면너를和ᄒᆞ리라

○興也蘀木槁而將落者也女指蘀而言也叔伯男子之字也予女子自予也女叔伯也

○此淫女之詞言蘀兮蘀兮則風將吹女矣叔兮伯兮則盍倡予而予將和女矣

○蘀兮蘀兮여風其漂女ㅣ리라叔兮伯兮여倡予要音腰女호리라

●蘀이여蘀이여風이그너를漂ᄒᆞ리라叔이여伯이여나를倡ᄒᆞ면너를要호리라

○興也漂飄同要成也

蘀兮二章章四句

彼狡童兮ㅣ 不與我言兮ᄒᆞᆫ다 維子之故ㅣ 使我不能餐七丹反叶七宣反兮아

●뎌狡ᄒᆞᆫ童이날로더려言티아니ᄒᆞᄂᆞ다子의故ㅣ날로ᄒᆞ여곰能히餐치못ᄒᆞ게ᄒᆞ라

○賦也此亦淫女見絕而戲其人之詞言悅己者衆子雖見絕未至於使我不能餐也

○彼狡童兮ㅣ 不與我食兮ᄒᆞᆫ다 維子之故ㅣ 使我不能息兮아

●뎌狡ᄒᆞᆫ童이날로더려食디아니ᄒᆞᄂᆞ다子의故ㅣ날로ᄒᆞ여곰能히息지못ᄒᆞ계ᄒᆞ라

○賦也息安也

狡童二章章四句

子惠思我ㄴ댄 褰裳涉溱音臻이어니와 子不我思ㄴ댄 豈無他人이리오 狂童之狂也且ㅣ로다

●子ㅣ惠ᄒᆞ야나ᄅᆞᆯ思ᄒᆞᆯ진댄裳을褰ᄒᆞ고溱을涉ᄒᆞ려니와子ㅣ나ᄅᆞᆯ思치안니ᄒᆞᆯ진댄엇지他人이업스리오狂童이狂ᄒᆞ도다

○賦也惠愛也溱鄭水名狂童猶狂且狡童也且語辭也○淫女語其所私者曰子惠然而思我則將褰裳而涉溱以從子子不我思則豈無他人之可從而必於子哉狂童之狂

也且亦謔之之辭

○子惠思我ㅣ댄 褰裳涉溱叶于己反ㅣ어니와 子不我思ㅣ댄 豈無他士ㅣ리오 狂童之狂也且ㅣ로다

●子ㅣ惠ᄒᆞ야나를思ᄒᆞᆯ진댄裳을褰ᄒᆞ고溱를涉ᄒᆞ려니와子ㅣ나를思치아니ᄒᆞᆯ진댄 엇지他士ㅣ업스리오 狂童이狂ᄒᆞ도다

○賦也溱亦鄭水名士未娶者之稱

褰裳二章章五句

子之丰芳容反叶芳用反兮ㅣ 俟我乎巷叶胡貢反乎ㅣ려니 悔予不送兮ᄒᆞ노라

●子의丰홈이나를巷의셔俟ᄒᆞ더니내送치아니홈을悔ᄒᆞ노라

○賦也丰豐滿也巷門外也○婦人所期之男子已俟乎巷而婦人以有異志不從則悔之而作是詩也

○子之昌兮ㅣ 俟我乎堂兮ㅣ려니 悔予不將兮ᄒᆞ노라

●子의昌홈이나를堂의셔俟ᄒᆞ더니내將치아니홈을悔ᄒᆞ노라

○賦也昌盛壯貌將亦送也

○衣去聲錦褧絅同衣ㅣ코 裳錦褧裳ᄒᆞ니 叔兮伯兮ㅣ 駕予與行叶戶郞反이리라

●錦을衣ᄒᆞ고褧衣를ᄒᆞ고錦을裳ᄒᆞ고褧裳을ᄒᆞ니叔이며伯이駕ᄒᆞ야나를다려行ᄒᆞ리라

○賦也褧禪也叔伯或人之字也○婦人旣悔其始之不送而失此人也則曰我之服飾旣盛備矣豈無駕車以迎我而偕行者乎

○裳錦褧裳코衣錦褧衣호니叔兮伯兮ㅣ駕予與歸리라

●錦을裳ᄒᆞ고褧裳ᄒᆞ고錦을衣ᄒᆞ고褧衣을호니叔이며伯이駕ᄒᆞ야나를ᄃᆞ려歸ᄒᆞ리라

○賦也婦人謂嫁曰歸

丰四章二章章三句二章章四句

東門之墠(音善叶上演反)에 茹(音如)藘(音閭)在阪(音反叶孚臠反)이로다 其室則邇나 其人甚遠이로다

●東門ㅅ墠에茹藘ㅣ阪에잇도다그室은곳邇ᄒᆞ나그人이甚히遠ᄒᆞ도다

○賦也東門城東門也墠除地町町者茹藘茅蒐也一名茜可以染絳陂者曰阪門之旁有墠墠之外有阪阪之上有草識其所與淫者之居也室邇人遠者思之而未得見之詞也

○東門之栗에 有踐家室이로다 豈不爾思ㅣ리오마ᄂᆞᆫ 子不我卽이니라

●東門ㅅ栗에踐ᄒᆞᆫ家室이잇도다엇지너를思치아니ᄒᆞ리오마ᄂᆞᆫ子ㅣ너재卽다아닐서니라

○賦也踐行列貌門之旁有栗栗之下有成行列之家室亦識其處也卽就也

東門之墠二章章四句

風雨凄凄(音妻)ㅣ어 雞鳴喈喈(音皆 居奚反)ㅣ로다 旣見君子호니 云胡不夷리오

●風雨ㅣ凄凄ᄒᆞ거놀雞ㅣ鳴홈을喈喈히ᄒᆞ놋다임의君子를보니엇지夷치아니ᄒᆞ리오

○賦也凄凄寒凉之氣喈喈雞鳴之聲風雨晦冥蓋淫奔之時君子指所期之男子也夷平也○淫奔之女言當此之時見其所期之人而心悅也

風雨瀟瀟ㅣ어 鷄鳴膠膠(叶音驕)ㅣ로다 旣見君子호니 云胡不瘳(叶憐蕭反)ㅣ리오

●風雨ㅣ瀟瀟ᄒᆞ거놀雞ㅣ鳴홈을膠膠히ᄒᆞ놋다임의君子를보니엇지瘳치아니리오

○賦也瀟瀟風雨之聲膠膠猶喈喈也瘳病愈也言積思之病至此而愈也

風雨如晦(叶呼洧反)어놀 鷄鳴不已로다 旣見君子호니 云胡不喜리오

●風雨ㅣ晦ᄒᆞᆫ듯ᄒᆞ거놀雞ㅣ鳴홈을巳치아니ᄒᆞ놋다임의君子를보니엇지喜치아니리오

○賦也晦昏已止也

風雨三章章四句

靑靑子衿(音金)이여 悠悠我心이로다 縱我不往이나 子寧不嗣音고

●靑靑ᄒᆞᆫ子의衿이여너心이悠悠ᄒᆞ도다비록너往치아니ᄒᆞ나子ㅣ엇지音을嗣치아니ᄒᆞᄂᆞᆫ고

○賦也靑靑純緣之色具父母衣純以靑子男子也衿領也悠悠思之長也我女子自我

也嗣音繼續其聲問也此亦淫奔之詩

○靑靑子佩叶蒲眉反여 悠悠我思叶新齋反ㅣ로다 縱我不往이나 子寧不來叶陵之反오

●靑靑ᄒᆞᆫ子의佩여너思ㅣ悠悠ᄒᆞ도다비록내往치아니ᄒᆞ나子ㅣ엇지來치아니ᄒᆞᄂᆞ고

○賦也靑靑組綬之色佩佩玉也

○挑兮達音獺叶他悅反兮ᄒᆞ니 在城闕兮로다 一日不見이 如三月兮로다

●挑ᄒᆞ며達ᄒᆞ니城闕에잇도다一日을보지못홈이三月又도다

○賦也挑輕儇跳躍之貌達放恣也

子衿三章章四句

揚之水여ㅣ 不流束楚ㅣ로다 終鮮上聲兄弟라 維予與女女汝同ㅣ로니 無信人之言이어다 人實迋音誑女ㅣ니라

●揚ᄒᆞᆫ水ㅣ여束ᄒᆞᆫ楚도流치못ᄒᆞ놋다마ᄎᆞᆷ내兄弟鮮ᄒᆞᆫ디라나와다못네로니人의言을信치마을디어다人이진실로너를迋ᄒᆞᄂᆞ니라

○興也兄弟婚姻之稱禮所謂不得嗣爲兄弟是也予女男女自相謂也人他人也迋與誑同○淫者相謂言揚之水則不流束楚矣終鮮兄弟則維予與女矣豈可以他人離間之言而疑之哉彼人之言特誑女耳

○揚之水여ㅣ 不流束薪이로다 終鮮兄弟라 維予二人이로니 無信人

之言이어다 人實不信叶斯人反이니라

●揚ᄒᆞᆫ水ㅣ여 束ᄒᆞᆫ薪도流치못ᄒᆞᄂᆞᆺ다 ᄆᆞᄎᆞᆷ내兄弟鮮ᄒᆞᆫ디라 우리二人이로니 人의言을信치마올디어다人이진실로信치못ᄒᆞ니라

○興也

揚之水二章章六句

出其東門ᄒᆞ니 有女如雲이로다 雖則如雲이나 匪我思存이로다 縞音杲衣綦巾音其이여 聊樂音洛我員音云이로다

●그東門에出ᄒᆞ니女ㅣ雲ᄀᆞᆺ도다비록雲ᄀᆞᆺ트나내思의存ᄒᆞᆷ이아니로다 縞衣와綦巾ᄒᆞ니여내게樂ᄒᆞ도다

○賦也 如雲美且衆也縞白色綦蒼艾色縞衣綦巾女服之貧陋者此人自目其室家也員與云同語辭也○人見淫奔之女而作此詩以爲此女雖美且衆而非我思之所存也如己之室家雖貧且陋而聊可以自樂也是時淫風大行而其間乃有如此之人亦可謂能自好而不爲習俗所移矣羞惡之心人皆有之豈不信哉

○出其闉音因闍音都ᄒᆞ니 有女如荼音徒ㅣ로다 雖則如荼ㅣ나 匪我思且音疽ㅣ로다 縞衣茹藘ㅣ여 聊可與娛ㅣ로다

●그闉闍에出ᄒᆞ니女ㅣ荼ᄀᆞᆺ도다비록荼ᄀᆞᆺ타나나의思ᄒᆞᆯ거시아니로다 縞衣와茹藘ᄒᆞ니여可히ᄃᆞ려娛ᄒᆞ리로다

○賦也闉曲城也闍城臺也荼茅華輕白可愛者也且語助辭茹藘可以染絳故以名衣服之色娛樂也

出其東門二章章六句

野有蔓草ᄒᆞ니零露漙(音團叶上兗反)兮로다 有美一人이여 淸揚婉兮로다 邂逅相遇ᄒᆞ니 適我願(叶五遠反)兮로다

●野의蔓草ㅣ이시니零ᄒᆞᆫ露ㅣ漙ᄒᆞ도다美ᄒᆞᆫ一人이여淸揚이婉ᄒᆞ도다 邂逅히서ᄅᆞ遇ᄒᆞ니내願에맛도다

○賦而興也蔓延也漙露多貌淸揚眉目之間婉然美也邂逅不期而會也○男女相遇於野田草露之間故賦其所在以起興言野有蔓草則零露漙矣有美一人則淸揚婉矣邂逅相遇則得以適我願矣

○野有蔓草ᄒᆞ니 零露瀼瀼이로다 有美一人이여 婉如淸揚이로다 邂逅相遇ᄒᆞ니 與子偕臧이로다

●野의蔓草ㅣ이시니零ᄒᆞᆫ露ㅣ瀼瀼ᄒᆞ도다美ᄒᆞᆫ一人이여婉ᄒᆞᆫ淸揚이로다 邂逅히서ᄅᆞ遇ᄒᆞ니子로ᄃᆞ려다臧ᄒᆞ도다

○賦而興也瀼瀼亦露多貌臧美也與子偕臧言各得其所欲也

野有蔓草二章章六句

溱與洧ㅣ方渙渙(叶于元反)兮어ᄂᆞᆯ 士與女ㅣ方秉蕑(音閑叶古賢反)兮로다 女曰觀乎

ㄴ뎌士曰旣且(音疽)ㅣ로다 且往觀乎ㄴ뎌 洧之外는 洵訏(音吁)且樂(音洛)이라ᄒᆞ야 維士與女ㅣ伊其相謔ᄒᆞ야 贈之以勺藥이로다

●溱과다못洧ㅣ보야흐로渙渙ᄒᆞ거ᄂᆞᆯ士와다못女ㅣ보야흐로簡을秉ᄒᆞ얏도다 女ㅣ골오대觀ᄒᆞᆯ진뎌士ㅣ골오ᄃᆡ旣호라ᄯᅩ가觀ᄒᆞᆯ진뎌洧ㅅ外ᄂᆞᆫ진실로訏ᄒᆞ고ᄯᅩ樂다ᄒᆞ야士와다못 女ㅣ그서로謔ᄒᆞ야勺藥으로ᄡᅥ贈ᄒᆞᄂᆞ다

○賦而興也渙渙春水盛貌蓋冰解而水散之時也蕑蘭也其莖葉似澤蘭廣而長節節中赤高四五尺且語辭洵信訏大也勺藥亦香草也三月開花芳色可愛○鄭國之俗三月上巳之辰采蘭水上以祓除不祥故其女問於士曰盍往觀乎士曰吾旣往矣女復要之曰且往觀乎蓋洧水之外其地信寬大而可樂也於是士女相與戲謔且以勺樂爲贈而結恩情之厚也此詩淫奔者自叙之辭

○溱與洧ㅣ瀏(音留)其淸矣어ᄂᆞᆯ 士與女ㅣ殷其盈矣로다 女曰觀乎ㄴ뎌 士曰旣且ㅣ로다 且往觀乎ㄴ뎌 洧之外는 洵訏且樂이라ᄒᆞ야 維士與女ㅣ伊其相謔ᄒᆞ야 贈之以勺藥이로다

●溱과다못洧ㅣ瀏히그淸ᄒᆞ거ᄂᆞᆯ士와다못女ㅣ殷히그盈ᄒᆞ도다女ㅣ골오ᄃᆡ觀ᄒᆞᆯ진뎌士ㅣ골오ᄃᆡ 旣호라ᄯᅩ가觀ᄒᆞᆯ진뎌洧ㅅ外ᄂᆞᆫ진실로訏ᄒᆞ고ᄯᅩ樂다ᄒᆞ야士와다못女ㅣ그서로謔ᄒᆞ야勺藥으로ᄡᅥ贈ᄒᆞᄂᆞ다

○賦而興也瀏深貌殷衆也將當作相聲之誤也

溱洧二章章十二句

鄭國二十一篇五十三章二百八十三句

鄭衛之樂皆爲淫聲然以詩考之衛詩三十有九而淫奔之詩才四之一鄭詩二十有一而淫奔之詩已不翅七之五衛猶爲男悅女之辭而鄭皆爲女惑男之語衛人猶多刺譏懲創之意而鄭人幾於蕩然無復羞愧悔悟之萌是則鄭聲之淫有甚於衛矣故夫子論爲邦獨以鄭聲爲戒而不及衛蓋擧重而言固自有次第也詩可以觀豈不信哉

齊一之八

齊國名本少昊時爽鳩氏所居之地在禹貢爲青州之域周武王以封太公望東至于海西至于河南至于穆陵北至于無棣太公姜姓本四岳之後旣封於齊通工商之業便魚塩之利民多歸之故爲大國今青齊淄濰德棣等州是其地也

雞旣鳴矣라 **朝**(音潮)**旣盈矣**라ᄒᆞ니 **匪雞則鳴**이라 **蒼蠅之聲**이로다

●雞ㅣ임의鳴ᄒᆞᆫ지라朝ᄒᆞᄂᆞ니임의盈ᄒᆞ얏ᄂᆞᆫ가ᄒᆞ니雞ㅣ곳鳴ᄒᆞᆫ주리아니라蒼蠅의소릐로다

○賦也言古之賢妃御於君所至於將旦之時必告君曰雞旣鳴矣會朝之臣旣已盈矣欲令君早起而視朝也然其實非雞之鳴也乃蒼蠅之聲也○蓋賢妃當夙興之時心常恐晩故聞其似者而以爲眞非其心存警畏而不留於逸欲何以能此故詩人叙其事而

美之也

○東方明(叶謨郞反)矣라 朝旣昌矣니라ᄒᆞ 匪東方則明이라 月出之光이로다

●東方이明ᄒᆞᆫ지라朝ᄒᆞᄂᆞ니임의昌ᄒᆞ얏ᄂᆞᆫ가ᄒᆞ니東方이곳明ᄒᆞᆫ주리아니라月이出ᄒᆞᆫ光이로다

○賦也東方明則日將出矣昌盛也此再告也

○蟲飛薨薨이어든 甘與子同夢(叶莫滕反)이연마ᄂᆞᆫ 會且歸矣란 無庶予子憎가

●蟲이飛ᄒᆞ야薨薨ᄒᆞ거든子로ᄃᆞ려ᄒᆞ가지로夢호믈甘ᄒᆞ건마ᄂᆞᆫ會ᄒᆞ얏다가ᄯᅩ歸ᄒᆞ야란거의날로ᄒᆞ야子조차憎홈이업슬가

○賦也蟲飛夜將旦而百蟲作也甘樂會朝也○此三告也言當此時我豈不樂子同寢而夢哉然羣臣之會於朝者俟君不出將散而歸矣無乃以我之故而幷以子爲憎乎

鷄鳴三章章四句

子之還(音旋)兮ㅣ 遭我乎峱(音鐃)之間(叶居賢反)兮라 並驅從兩肩兮ᄒᆞ소니 揖我謂我儇(許全反)兮라ᄒᆞ나다

●子의還홈이나를峱ㅅ間애만ᄂᆞᆫ지라ᄀᆞᆯ와驅ᄒᆞ야兩肩을從ᄒᆞ소니나를揖ᄒᆞ야나를일오ᄃᆡ儇타ᄒᆞᄂᆞ다

○賦也還便捷之貌峱山名也從逐也獸三歲曰肩儇利也○獵者交錯於道路且以便捷輕利相稱譽如此而不自知其非也則其俗之不美可見而其來亦必有所自矣

○子之茂(叶莫口反)兮ㅣ遭我乎峱之道(叶徒厚反)兮라 並驅從兩牡兮ᄒᆞ소니 揖我謂我好(叶許厚反)兮라ᄒᆞᄂᆞ다

●子의茂홈이나를峱ㅅ道애만ᄂᆞᆫ지라ᄀᆞᆯ와驅ᄒᆞ야兩牡를從ᄒᆞ소니나를揖ᄒᆞ야나를닐오ᄃᆡ好타ᄒᆞᄂᆞ다

○賦也茂美也

○子之昌兮ㅣ遭我乎峱之陽兮라 並驅從兩狼兮ᄒᆞ소니 揖我謂我臧兮라ᄒᆞᄂᆞ다

●子의昌홈이나를峱ㅅ陽애만ᄂᆞᆫ지라ᄀᆞᆯ와驅ᄒᆞ야兩狼을從ᄒᆞ소니나를揖ᄒᆞ야나를닐오ᄃᆡ臧타ᄒᆞᄂᆞ다

○賦也昌盛也山南曰陽狼似犬銳頭白頰高前廣後臧善也

還三章章四句

俟我於著(音宁叶直居反)乎而ᄒᆞᄂᆞ니 充耳以素(叶孫租反)乎而오 尙之以瓊華(叶芳無反)乎而로다

●나를著애셔俟ᄒᆞᄂᆞ니充耳를素로써ᄒᆞ고尙ᄒᆞᄃᆡ瓊華로써ᄒᆞ얏도다

○賦也俟待也我嫁者自謂之著門屛之間也充耳以纊懸瑱所謂紞也尙加也瓊華美石似玉者卽所以爲瑱也○東萊呂氏曰昏禮壻往婦家親迎旣奠鴈御輪而先歸俟於門外婦至則揖以入時齊俗不親迎故女至壻門始見其俟己也

○俟我於庭乎而ᄒᆞ니 充耳以靑乎而오 尙之以瓊瑩(音榮)乎而로다

●나를庭에셔俟ᄒᆞᄂᆞ니充耳를靑으로써ᄒᆞ고尙호ᄃᆡ瓊瑩으로써ᄒᆞ얏도다

○賦也庭在大門之內寢門之外瓊瑩亦美石似玉者○呂氏曰此昏禮所謂壻道婦及寢門揖入之時也

○俟我於堂乎而ᄒᆞ니 充耳以黃乎而오 尙之以瓊英(叶於良反)乎而로다

●나를堂에셔俟ᄒᆞᄂᆞ니充耳를黃으로써ᄒᆞ고尙호ᄃᆡ瓊英으로써ᄒᆞ얏도다

○賦也瓊英亦美石似玉者○呂氏曰升階而後至堂此昏禮所請升自西階之時也

著三章章三句

東方之日兮여 彼姝(音樞)者子ㅣ 在我室兮로다 在我室兮ᄒᆞ니 履我卽兮로다

●東方에日이여뎌姝ᄒᆞᆫ子ㅣ내室애잇도다내室에이시니나를履ᄒᆞ야卽ᄒᆞᄂᆞ다

○興也履躡卽就也言此女躡我之跡而相就也

○東方之月兮여 彼姝者子ㅣ 在我闥(叶它悅反)兮로다 在我闥兮ᄒᆞ니 履我發(叶方月反)兮로다

●東方에月이여뎌妹혼子ㅣ너闥애잇도다너闥애이시나를履ᄒᆞ야發ᄒᆞᄂᆞ다

○賦也闥門內也發行去也言躡我而行去也

東方之日二章章五句

○東方未明(叶謨郎反)이어늘 顚倒(上聲)衣裳호라 顚之倒(叶都妙反)之어늘 自公召之로다

●東方이明치못ᄒᆞ얏거늘衣裳을顚倒호라顚ᄒᆞ며倒ᄒᆞ거늘公으로부터召ᄒᆞᄂᆞ다

○賦也自從也羣臣之朝別色始入○此詩人刺其君興居無節號令不時言東方未明而顚倒其衣裳則既早矣而又已有從君所而來召之者焉蓋猶以爲晩也或曰所以然者以有自公所而召之者故也

○東方未晞어늘 顚倒裳衣호라 倒之顚(叶典因反)之어늘 自公令(去聲叶力呈反)之로다

●東方이晞치못ᄒᆞ얏거늘裳衣를顚倒호라倒ᄒᆞ며顚ᄒᆞ거늘公으로부터令ᄒᆞᄂᆞ다

○賦也晞明之始升也令號令也

○折(音哲)柳樊圃(叶博故反)를 狂夫瞿瞿(音句)ㅣ어늘 不能晨夜(叶羊茹反)ᄒᆞ야 不夙則莫(音慕)ㅣ로다

●柳를折ᄒᆞ야圃를樊ᄒᆞ거늘狂夫ㅣ瞿瞿ᄒᆞ거늘晨과夜를能히못ᄒᆞ야夙에아니면곳莫에ᄒᆞᄂᆞ다

○比也柳楊之下垂者柔脆之木也樊藩也圃菜園也瞿瞿驚顧之貌夙早也○折柳樊圃雖不足恃然狂夫見之猶驚顧而不敢越以比晨夜之限甚明人所易知今乃不能知

而不失之早則失之莫也

東方未明三章章四句

南山崔崔(音摧)ㅣ어늘 雄狐綏綏ㅣ로다 魯道有蕩이어늘 齊子由歸로다 既曰歸止어시니 曷又懷(叶胡威反)止오

●南山이崔崔ᄒᆞ거늘雄狐ㅣ綏綏ᄒᆞ놋다魯道ㅣ蕩ᄒᆞ거늘齊子ㅣ由ᄒᆞ야歸ᄒᆞ도다임의歸ᄒᆞ얏거시니엇지또懷ᄒᆞᄂᆞ뇨

○比也南山齊南山也崔崔高大貌狐邪媚之獸綏綏求匹之貌魯道適魯之道也蕩平易也齊子襄公之妹魯桓公夫人文姜襄公通焉者也由從也婦人謂嫁曰歸懷思也止語辭○言南山有狐以比襄公居高位而行邪行且文姜既從此道歸於魯矣襄公何爲而復思之乎

○葛屨五兩(如字又音亮)이며 冠緌(音由) 雙(叶所終反)止니라 魯道有蕩이어늘 齊子庸止로다 既曰庸止어시니 曷又從止오

●葛屨ㅣ다ᄉᆞᆺ兩이며冠에緌ㅣ雙이니라魯道ㅣ蕩ᄒᆞ거늘齊子ㅣ庸ᄒᆞ도다임의庸ᄒᆞ얏거시니엇지또從ᄒᆞᄂᆞ뇨

○比也兩二屨也緌冠上飾也屨必兩緌必雙物各有耦不可亂也庸用也用此道以嫁於魯也從相從也

○藝麻如之何오衡(音橫)從(音宗)其畝ㅣ니라取(去聲)妻如之何오必告(音谷)父母ㅣ니라既曰告止어시니曷又鞠(音菊)止오

●麻를藝호ᄃᆡ엇지ᄒᆞᄂᆞ뇨그畝를衡ᄒᆞ며從ᄒᆞᄂᆞ니라妻를取호ᄃᆡ엇지ᄒᆞᄂᆞ뇨 반다시父母께告ᄒᆞᄂᆞ니라임의告ᄒᆞ얏거시니엇지또鞠ᄒᆞᄂᆞ뇨

○賦也藝樹鞠窮也○欲樹麻者必先縱橫耕治其田畝欲娶妻者必先告其父母今魯桓公既告父母而娶矣又曷爲使之得窮其欲而至此哉

○析薪如之何오匪斧不克이니라取妻如之何오匪媒不得이니라既曰得止어시니曷又極止오

●薪을析호ᄃᆡ엇지ᄒᆞᄂᆞ뇨斧ㅣ아니면克지못ᄒᆞᄂᆞ니라妻를取호ᄃᆡ엇지ᄒᆞᄂᆞ뇨媒ㅣ아니면 得지못ᄒᆞᄂᆞ니라임의得ᄒᆞ얏거시니엇지또極ᄒᆞᄂᆞ뇨

○興也克能也極亦窮也

南山四章章六句

春秋桓公十八年公與夫人姜氏如齊公薨於齊傳曰公將有行遂與姜氏如齊申繻曰女有家男有室無相瀆也謂之有禮易此必敗公會齊侯于濼遂及文姜如齊齊侯通焉公謫之以告夏四月享公使公子彭生乘公公薨于車此詩前二章刺齊襄後二章刺魯桓也

無田(音佃)甫田이어다 維莠(音酉)驕驕(叶音高)ㅣ리라 無思遠人이어다 勞心忉忉(音刀)ㅣ리라

●甫田을田치말을지어다莠ㅣ驕驕ᄒᆞ리라遠人을思치말을지어다心勞홈을忉忉히ᄒᆞ리라

○比也田謂耕治之也甫大也莠害苗之草也驕驕張皇之意忉忉憂勞也○言無田甫田也田甫田而力不給則草盛矣無思遠人也思遠人而人不至則心勞矣以戒時人厭小而務大忽近而圖遠將徒勞而無功也

○無田甫田이어다 維莠桀桀이리라 無思遠人이어다 勞心怛怛(叶旦悅反)이리라

●甫田을田티말올써어다莠ㅣ桀桀ᄒᆞ리라遠人을思티말올써어다心勞홈을怛怛히ᄒᆞ리라

○比也桀桀猶驕驕也怛怛猶忉忉也

○婉兮孌(叶龍眷反)兮ㅣ總角丱(音慣叶古縣反)兮를 未幾(上聲)見兮면 突而弁兮ᄒᆞᄂᆞ니라

●婉ᄒᆞ며孌히總角이丱ᄒᆞᆫ것슬未幾에보면突히弁ᄒᆞᄂᆞ니라

○比也婉孌少好貌丱兩角貌未幾未多時也突忽然高出之貌弁冠名○言總角之童見之未久而忽然戴弁以出者非其躐等而强求之也葢循其序而勢有必至耳此又以明小之可大邇之可遠能循其序而脩之則可以忽然而至其極若躐等而欲速則反有所不達矣

甫田三章章四句

盧令令(音零)이로소니 其人美且仁이로다

●盧ㅣ令令ᄒᆞ노소니그人이美ᄒᆞ고또仁ᄒᆞ도다

○賦也盧田犬也令令犬領下環聲○此詩大意與還略同

○盧重環(平聲)이로소니其人美且鬈(音卷)이로다

●盧ㅣ重ᄒᆞᆫ環이로소니그人이美ᄒᆞ고또鬈ᄒᆞ도다

○賦也重環子母環也鬈鬢鬢好貌

○盧重鋂(音梅)로소니其人美且偲(音鰓)로다

●盧ㅣ重ᄒᆞᆫ鋂로소니그人이美ᄒᆞ고또偲ᄒᆞ도다

○賦也鋂一環貫二也偲多鬚之貌春秋傳所謂于思卽此字古通用耳

盧令三章章二句

○敝笱在梁ᄒᆞ니其魚魴鰥(音關叶古倫反)이로다 齊子歸止ᄒᆞ니其從(去聲)如雲이로다

●敝ᄒᆞᆫ笱ㅣ梁에이시니그魚ㅣ魴이며鰥이로다齊子ㅣ歸ᄒᆞ니그從이雲ᄀᆞᆺ도다

○比也敝壞笱罟也魴鰥大魚也歸歸齊也如雲言衆也○齊人以敝笱不能制大魚比魯莊公不能防閑文姜故歸齊而從之者衆也

○敝笱在梁ᄒᆞ니其魚魴鱮(音序)ㅣ로다 齊子歸止ᄒᆞ니其從如雨ㅣ로다

●敝ᄒᆞᆫ笱ㅣ梁에이시니그魚ㅣ魴이며鱮ㅣ로다齊子ㅣ歸ᄒᆞ니그從이雨ᄀᆞᆺ도다

○比也鱮似魴厚而頭大或謂之鰱如雨亦多也

○敝笱在梁ᄒᆞ니其魚唯唯(上聲)ㅣ로다 齊子歸止ᄒᆞ니其從如水ㅣ로다

●敝ᄒᆞᆫ笱ㅣ梁에이시니그魚ㅣ唯唯ᄒᆞ놋다齊子ㅣ歸ᄒᆞ니그從이水ᄀᆞᆺ도다

○比唯唯行出入之貌如水亦多也

敝笱三章章四句

按春秋魯莊公二年夫人姜氏會齊侯于禚四年夫人姜氏享齊侯于祝丘五年夫人姜氏如齊師七年夫人姜氏會齊侯于防又會齊侯于穀

○載驅薄薄(音粕)ᄒᆞ니簟茀朱鞹(音擴)이로다 魯道有蕩이어ᄂᆞᆯ 齊子發夕(叶祥龠反)이로다

●곳驅ᄒᆞᆷ을薄薄히ᄒᆞ니簟으로ᄒᆞᆫ茀이며朱ᄒᆞᆫ鞹이로다魯道ㅣ蕩ᄒᆞ거ᄂᆞᆯ齊子ㅣ夕에서發ᄒᆞ놋다

○賦也薄薄疾驅聲簟方文席也茀車後戶也朱朱漆也鞹獸皮之去毛者蓋車革質而朱漆也夕猶宿也發夕謂離於所宿之舍○齊人刺文姜乘此車而來會襄公也

○四驪(音離)濟濟(上聲)ᄒᆞ니 垂轡濔濔(音彌)로다 魯道有蕩이어ᄂᆞᆯ 齊子豈(音愷)弟(叶待禮反)로다

●四驪ㅣ濟濟ᄒᆞ니垂ᄒᆞᆫ轡ㅣ濔濔ᄒᆞ도다魯道ㅣ蕩ᄒᆞ거ᄂᆞᆯ齊子ㅣ豈弟ᄒᆞ도다

○賦也驪馬黑色也濟濟美貌濔濔柔貌豈弟樂易也言無忌憚羞恥之意也

○汶(音問)水湯湯(音傷)이어ᄂᆞᆯ 行人彭彭(音邦)이로다 魯道有蕩이어ᄂᆞᆯ 齊子翶翔이로다

●汶水ㅣ湯湯ᄒᆞ거ᄂᆞᆯ行人이彭彭ᄒᆞ도다魯道ㅣ蕩ᄒᆞ거ᄂᆞᆯ齊子ㅣ翶翔ᄒᆞ놋다

○賦也汶水名在齊南魯北二國之境湯湯水盛貌彭彭多貌言行人之多亦以見其無

恥也

○汶水滔滔(音叨)ㅣ어놀 行人儦儦(音標 叶章褒反)ㅣ로다 魯道有蕩이어놀 齊子遊敖ㅣ로다

●汶水ㅣ 滔滔ᄒᆞ거놀 行人이 儦儦ᄒᆞ도다 魯道ㅣ 蕩ᄒᆞ거놀 齊子ㅣ 遊敖ᄒᆞᄂᆞ다

○賦也滔滔流貌儦儦衆貌遊敖猶翶翔也

載驅四章章四句

猗嗟昌兮여 頎(音祈)而長兮며 抑若揚兮며 美目揚兮며 巧趨蹌兮로소니 射則臧兮로다

●猗嗟홉다 昌홈이여 頎히 長ᄒᆞ며 抑호ᄃᆡ 揚ᄒᆞᄂᆞᆫ듯ᄒᆞ며 美ᄒᆞᆫ 目이 揚ᄒᆞ며 巧ᄒᆞᆫ 趨ㅣ 蹌ᄒᆞ노소니 射ㅣ 곳 臧ᄒᆞ도다

○賦也猗嗟歎辭昌盛也頎長貌抑而若揚美之盛也揚目之動也蹌趨翼如也臧善也

○齊人極道魯莊公威儀技藝之美如此所以刺其不能以禮防閑其母若曰惜乎其獨少此耳

○猗嗟名兮여 美目淸兮오 儀旣成兮로소니 終日射(音石)侯호ᄃᆡ 不出正(音征)兮ᄒᆞᄂᆞ니 展我甥(叶桑經反)兮로다

●猗嗟홉다 名홈이여 美ᄒᆞᆫ 目이 淸ᄒᆞ고 儀임의 成ᄒᆞ도소니 日이 終토록 侯을 射호ᄃᆡ 正에 나디 아니ᄒᆞᄂᆞ니 진실로 우리 甥이로다

○賦也名猶稱也言其威儀技藝之可名也淸目淸明也儀旣成言其終事而禮無違也侯張布而射之者也正設的於侯中而射之者也大射則張皮侯而設鵠賓射則張布侯而設正展誠也姊妹之子曰甥言稱其爲齊之甥而又以明非齊侯之子此詩人之微辭也按春秋桓公三年夫人姜氏至自齊六年九月子同生卽莊公也十八年桓公乃與夫人如齊則莊公誠非齊侯之子矣

○猗嗟孌(叶龍眷反)兮여 淸揚婉(叶許願反)兮로다 舞則選(去聲)兮며 射則貫(叶挺縣反)兮며 四矢反(叶孚絢反)兮로소니 以禦亂(叶靈眷反)兮로다

●猗嗟흡다孌홈이여淸이며揚이婉ᄒᆞ도다舞ㅣ곳選ᄒᆞ며射ㅣ곳貫ᄒᆞ며四矢ㅣ反ᄒᆞ노소니 써亂을禦ᄒᆞ리로다

○賦也孌好貌淸目之美也揚眉之美也婉亦好貌選異於衆也或曰齊於樂節也貫中而貫革也四矢禮射每發四矢反復也中皆得其故處也言莊公射藝之精可以禦亂如以金僕姑射南宮長萬可見矣

猗嗟三章章六句

或曰子可以制母乎趙子曰夫死從子通乎其下況國君乎君者人神之主風敎之本也不能正家如正國何若莊公者哀痛以思父誠敬以事母威刑以馭下車馬僕從莫不俟命夫人徒往乎夫人之往也則公哀敬之不至威命之不行耳東萊呂氏

曰此詩三章譏刺之意皆在言外嗟嘆再三則莊公所大闕者不言可見矣

齊國十一篇三十四章一百四十三句

魏一之九

魏國名本舜禹故都在禹貢冀州雷首之北析城之西南枕河曲北涉汾水其地陿隘而民貧俗儉蓋有聖賢之遺風焉周初以封同姓後爲晉獻公所滅而取其地今河中府解州卽其地也蘇氏曰魏地入晉久矣其詩疑皆爲晉而作故列於唐風之前猶邶鄘之於衛也今按篇中公行公路公族皆晉官疑實晉詩又恐魏亦嘗有此官蓋不可考矣

糾糾(音赳)**葛屨**여 **可以履霜**이로다 **摻摻**(音纖)**女手**ㅣ여 **可以縫裳**이로다 **要**(音腰)**之襋**(音棘)**之**ᄒᆞ야 **好人服之**(叶蒲北反)로다

● 赳糾ᄒᆞᆫ葛屨ㅣ여可히써霜을履ᄒᆞ리로다 摻摻ᄒᆞᆫ女의手ㅣ여可히써裳을縫ᄒᆞ리로다 要ᄒᆞ며襋ᄒᆞ야好人이服ᄒᆞ놋다

○賦也糾糾繚戾寒涼之意夏葛屨冬皮屨摻摻猶纖纖也女婦未廟見之稱也娶婦三月廟見然後執婦功要裳要襋衣領好人猶大人也○魏地陿隘其俗儉嗇而褊急故以葛屨履霜起興而刺其使女縫裳又使治其要襋而遂服之也此詩疑卽縫裳之女所作

○好人提提ᄒᆞ야 宛然左辟(音避)ᄒᆞᄂᆞ니 佩其象揥로다 維是褊心이라 是以爲刺(音砌)호라

●好人이提提ᄒᆞ야宛然히左로辟ᄒᆞᄂᆞ니그象으로ᄒᆞᆫ揥를佩ᄒᆞ엿도다이心이褊ᄒᆞᆫ지라일로써刺ᄒᆞ노라

○賦也提提安舒之意宛然讓之貌也讓而辟者必左揥所以摘髮用象爲之貴者之飾也其人如此若無有可刺矣所以刺之者以其褊迫急促如前章之云耳

葛屨二章一章六句一章五句

廣漢張氏曰夫子謂與其奢也寧儉則儉雖失中本非惡德然而儉之過則至於吝嗇迫隘計較分毫之間而謀利之心始急矣葛屨汾沮洳園有桃三詩皆言其急迫瑣碎之意

彼汾(音焚)沮(去聲)洳(如豫反)에 言采其莫(音慕)ㅣ로다 彼其(音記)之子ㅣ여 美無度ㅣ라 美無度ㅣ나 殊異乎公路ㅣ로다

●저汾ㅅ沮洳ᄒᆞᆫ듸그莫를采ᄒᆞᄂᆞ다저之子ㅣ여美홈을度치못ᄒᆞ리로다 美홈을度치못ᄒᆞ나ᄌᆞ못公路와달라도다

○興也汾水名出太原晉陽山西南入河沮洳水浸處下濕之地莫菜也似柳葉厚而長有毛刺可爲羹無度言不可以尺寸量也公路者掌公之路車晉以卿大夫之庶子爲之

○此亦刺儉不中禮之詩言若此人者美則美矣然其儉嗇褊急之態殊不似貴人也

○彼汾一方애 言采其桑이로다 彼其之子ㅣ여 美如英叶於良反이로다 美如英이나 殊異乎公行音杭이로다

●뎌汾ㅅ一方애그桑을采ᄒᆞᄂᆞᆫ다뎌之子ㅣ여美홈이英ᄀᆞᆺ도다美홈이英ᄀᆞᆺᄒᆞ나ᄌᆞᆷ못公行과다라도다

○興也一方彼一方也史記扁鵲視見垣一方人英華也公行卽公路也以其主兵車之行列故謂之公行也

○彼汾一曲애 言采其藚音續이로다 彼其之子ㅣ여 美如玉이로다 美如玉이나 殊異乎公族이로다

●뎌汾ㅅ一曲애그藚을采ᄒᆞᄂᆞᆫ다뎌之子ㅣ여美홈이玉ᄀᆞᆺ도다美홈이玉ᄀᆞᆺᄒᆞ나ᄌᆞᆷ못公族과다라도다

○興也一曲謂水曲流處藚水舃也葉如車前草公族掌公之宗族晉以卿大夫之適子爲之

汾沮洳三章章六句

園有桃ᄒᆞ니 其實之殽ㅣ로다 心之憂矣라 我歌且謠音遙ㅣ로라 不知我者ᄂᆞᆫ 謂我士也驕ㅣ로다 彼人是哉叶將黎反어ᄂᆞᆯ 子曰何其音基오ᄒᆞᄂᆞ니 心之憂矣여 其誰知之리오 其誰知之리오 蓋亦勿思叶新齋反ㅣ로다

●園애桃ㅣ이시니그實을殽ᄒᆞ리로다心애憂ᄒᆞ논지라내歌ᄒᆞ고ᄯᅩ謠호라나를아지못ᄒᆞᄂᆞ니ᄂᆞᆫ 나를닐아ᄃᆡ士ㅣ驕타ᄒᆞ놋다뎌사ᄅᆞᆷ이是ᄒᆞ거ᄂᆞᆯ子의닐옴은엇더오ᄒᆞᄂᆞ니心의憂홈이여그뉘알리오 그뉘알리오ᄯᅩ思치못홈이로다

○興也殽食也合曲曰歌徒歌曰謠其語辭○詩人憂其國小而無政故作是詩言園有桃則其實之殽矣心有憂則我歌且謠矣然不知我之心者見其歌謠而反以爲驕且曰彼之所爲已是矣而子之言獨何爲哉蓋擧國之人莫覺其非而反以憂之者爲驕也於是憂者重嗟歎之以爲此之可憂初不難知彼之非我特未之思耳誠思之則將不暇非我而自憂矣

○園有棘ᄒᆞ니 其實之食이로다 心之憂矣라 聊以行國(于逼反)ᄒᆞ마라 不知我者ᄂᆞᆫ 謂我士也罔極이로다 彼人是哉어ᄂᆞᆯ 子曰何其오ᄒᆞᄂᆞ니 心之憂矣여 其誰知之리오 其誰知之리오 蓋亦勿思ㅣ로다

●園에棘이이시니그實을食ᄒᆞ리로다心의憂ᄒᆞ논지라애아라이ᄡᅥ國에行호라나를아지못ᄒᆞᄂᆞ니ᄂᆞᆫ 나를닐오ᄃᆡ士ㅣ極이업다ᄒᆞ놋다뎌사ᄅᆞᆷ이是ᄒᆞ거ᄂᆞᆯ子의닐옴은엇더오ᄒᆞᄂᆞ니心의憂홈이여그뉘알리오 그뉘알리오ᄯᅩ思치못홈이로다

○興也棘棗之短者聊且略之辭歌謠之不足則出遊於國中而寫憂也極至也罔極言其心縱恣無所至極

園有桃二章章十二句

陟彼岵(音戶)兮ᄒᆞ야瞻望父兮ᄒᆞ노라父曰嗟予子行役ᄒᆞ야夙夜無已로다上愼旃哉어다猶來無止니라

●뎌岵에陟ᄒᆞ야父를瞻望ᄒᆞ노라父ㅣ닐오ᄃᆡ嗟홉다너子ㅣ行役ᄒᆞ야夙夜에已치못ᄒᆞᄂᆞ다 거의愼홀디어다오히려來ᄒᆞ야止홈이업ᄉᆞᆯ디니라

○賦也山無草木曰岵上猶尙也○孝子行役不忘其親故登山以望其父之所在因想像其父念己之言曰嗟乎我之子行役夙夜勤勞不得止息又祝之曰庶幾愼之哉猶可以來歸無止於彼而不來也蓋生則必歸死則止而不來矣或曰止獲也言無爲人所獲也

○陟彼屺(音起)兮ᄒᆞ야瞻望母(叶滿彼反)兮ᄒᆞ노라母曰嗟予季行役ᄒᆞ야夙夜無寐로다上愼旃哉어다猶來無棄니라

●뎌屺에陟ᄒᆞ야母를瞻望ᄒᆞ노라母ㅣ닐오ᄃᆡ嗟홉다내季ㅣ行役ᄒᆞ야夙夜에寐치못ᄒᆞᄂᆞ다 거의愼홀디어다오히려來ᄒᆞ야棄홈이업ᄉᆞᆯ디니라

○賦也山有草木曰屺季少子也尤憐愛少子者婦人之情也無寐亦言其勞之甚也棄謂死而棄其尸也

○陟彼岡兮ᄒᆞ야瞻望兄(叶虛王反)兮ᄒᆞ노라兄曰嗟予弟行役ᄒᆞ야夙夜必偕

上愼旃哉어다 猶來無死ㅣ니(叶想止反)라(叶擧里反)다

●뎌岡에陟ᄒᆞ야兄을瞻望호라兄이닐오듸嗟홉다내弟ㅣ行役ᄒᆞ야夙夜애반다시偕ᄒᆞ놋다 거의愼홀디어다오히려來ᄒᆞ야死홈이업슬디니라

○賦也山脊曰岡必偕言與其儕同作同止不得自如也

陟岵三章章六句

十畝之間(叶居賢反)兮여 桑者閑閑(叶胡田反)兮니 行與子還(叶音旋)兮호리라

●十畝ㅅ間애桑ᄒᆞ는者ㅣ閑閑ᄒᆞ니장찻子로ᄃᆞ려還호리라

○賦也十畝之間郊外所受場圃之地也閑閑往來者自得之貌行猶將也還猶歸也○政亂國危賢者不樂仕於其朝而思與其友歸於農圃故其詞如此

十畝之外(叶五墜反)兮여 桑者泄泄(音異)兮니 行與子逝兮호리라

●十畝ㅅ外에桑ᄒᆞ는者ㅣ泄泄ᄒᆞ니장찻子로ᄃᆞ려逝호리라

○賦也十畝之外隣圃也泄泄猶閑閑也逝往也

十畝之間二章章三句

坎坎伐檀(叶徒沿反)兮ᄒᆞ야 寘之河之干(叶居焉反)兮ᄒᆞ니 河水淸且漣(音連)猗(音醫)로다 不稼不穡이면 胡取禾三百廛(直連反)兮며 不狩不獵이면 胡瞻爾庭有縣

(音玄)貆(音暄)兮리오ᄒᆞᄂᆞ니 彼君子兮여 不素餐(叶七宣反)兮로다

●坎坎히檀을伐ᄒᆞ야河ㅅ干에寘ᄒᆞ니河水ㅣ淸ᄒᆞ고또漣ᄒᆞ도다稼치아니ᄒᆞ며穡디아니ᄒᆞ면 엇지禾三百廛을取ᄒᆞ며狩치아니ᄒᆞ며獵다아니ᄒᆞ면엇지네庭에縣ᄒᆞᆫ貆을瞻ᄒᆞ리오ᄒᆞᄂᆞ니져君子ㅣ여 素餐을아니ᄒᆞᄂᆞᆫ다

○賦也坎坎用力之聲檀木可爲車者寘與置同干厓也漣風行水成文也猗與兮同語辭也書斷斷猗大學作兮莊子亦云而我猶爲人猗是也種之曰稼斂之曰穡胡何也一夫所居曰廛狩亦獵也貆貉類素空餐食也○詩人言有人於此用力伐檀將以爲車而行陸也今乃寘之河干則河水淸漣而無所用雖欲自食其力而不可得矣然其志則自以爲不耕則不可以得禾不獵則不可以得獸是以甘心窮餓而不悔也詩人述其事而歎之以爲是眞能不空食者後世若徐穉之流非其力不食其厲志蓋如此

○坎坎伐輻(音福 叶筆力反)兮ᄒᆞ야 寘之河之側(叶莊力反)兮ᄒᆞ니 河水淸且直猗로다 不稼不穡이면 胡取禾三百億兮며 不狩不獵이면 胡瞻爾庭有縣特兮리오ᄒᆞᄂᆞ니 彼君子兮여 不素食兮로다

●坎坎히輻홀거슬伐ᄒᆞ야河ㅅ側에寘ᄒᆞ니河水ㅣ淸ᄒᆞ고또直ᄒᆞ도다稼치아니ᄒᆞ며穡디아니ᄒᆞ면 엇지禾三百億을取ᄒᆞ며狩치아니ᄒᆞ며獵디아니ᄒᆞ면엇디네庭에縣ᄒᆞᆫ特을瞻ᄒᆞ리오ᄒᆞᄂᆞ니뎌君子ㅣ여 素食을아니ᄒᆞᄂᆞᆫ다

○賦也輻車輻也伐木以爲輻也直波文之直也十萬曰億蓋言禾秉之數也獸三歲曰特

○坎坎伐輪兮ᄒᆞ야 寘之河之漘音脣兮ᄒᆞ니 河水淸且淪猗로다 不稼不穡이면 胡取禾三百囷丘倫反兮며 不狩不獵이면 胡瞻爾庭有縣鶉音純兮리오ᄒᆞᄂᆞ니 彼君子兮여 不素飧音孫叶素倫反兮로다

●坎坎히輪ᄒᆞᆯ거슬伐ᄒᆞ야河ㅅ漘에寘ᄒᆞ니河水ㅣ淸ᄒᆞ고또淪ᄒᆞ도다稼치아니ᄒᆞ며穡디아니ᄒᆞ면엇지禾三百囷을取ᄒᆞ며狩치아니ᄒᆞ며獵디아니ᄒᆞ면엇지네庭에縣ᄒᆞᆫ鶉을瞻ᄒᆞ리오ᄒᆞᄂᆞ니져君子ㅣ여 素飧을아니ᄒᆞ놋다

○賦也輪車輪也伐木以爲輪也淪小風水成文轉如輪也囷圓倉也鶉鷂屬熟食曰飧

伐檀三章章九句

碩鼠碩鼠아 無食我黍ㅣ어다 三歲貫音慣女音汝호ᄃᆡ 莫我肯顧叶果五反ㅣ란ᄃᆡ 逝將去女코 適彼樂音洛下同土호리라 樂土樂土ㅣ여 爰得我所ㅣ로다

●碩ᄒᆞᆫ鼠아碩ᄒᆞᆫ鼠아내黍를食디말을지어다三歲를너를貫호ᄃᆡ나를즐겨顧치아니ᄒᆞ란ᄃᆡ 逝ᄒᆞ야장ᄎᆞᆺ너를去코뎌樂土애適호리라樂土ㅣ여樂土ㅣ여이에내所를得ᄒᆞ리로다

○比也碩大也三歲言其久也貫習顧念逝往也樂土有道之國也爰於也○民困於貪

殘之政故託言大鼠害己而去之也

○碩鼠碩鼠아 無食我麥(叶訖力反)이어다 三歲貫女호ᄂᆞᆯ 莫我肯德이란ᄃᆡ 逝將去女코 適彼樂國(叶于適反)호리라 樂國樂國이여 爰得我直이로다

●碩ᄒᆞᆫ鼠아 碩ᄒᆞᆫ鼠아 내 麥을 食지 말올지어다 三歲를 너를 貫호ᄂᆞᆫ 나를 질겨 德지 아니ᄒᆞᆫ란ᄃᆡ 逝ᄒᆞ야 장ᄎᆞᆺ 너를 去코뎌 樂國애 適호리라 樂國이여 樂國이여 이에 내 直을 得ᄒᆞ리로다

○比也德歸恩也直猶宜也

○碩鼠碩鼠아 無食我苗(叶音毛)ㅣ어다 三歲貫女호ᄂᆞᆯ 莫我肯勞ㅣ란ᄃᆡ 逝將去女코 適彼樂郊(叶音高)호리라 樂郊樂郊ㅣ여 誰之永號(音毫)ㅣ리오

●碩ᄒᆞᆫ鼠아 碩ᄒᆞᆫ鼠아 내 苗를 食지 마올지어다 三歲를 너를 貫호ᄂᆞᆫ 나를 질겨 勞치 아니ᄒᆞᆫ란ᄃᆡ 逝ᄒᆞ야 장ᄎᆞᆺ 너를 去ᄒᆞ고뎌 樂郊에 適호리라 樂郊ㅣ여 樂郊ㅣ여 눌로 기리 號ᄒᆞ리오

○比也勞勤苦也謂不以我爲勤勞也永號長呼也言既往樂郊則無復有害己者當復爲誰而永號乎

碩鼠三章章八句

魏國七篇十八章一百二十八句

唐一之十

唐國名本帝堯舊都在禹貢冀州之域大行恒山之西大原大岳之野周成王以封弟叔虞爲唐侯南有晉水至子燮乃改國號曰晉後徙曲沃又徙居絳其地土瘠民貧勤儉質朴憂深思遠有堯之遺風焉其詩不謂之晉而謂之唐蓋仍其始封之舊號耳唐叔所都在今大原府曲沃及絳皆在今絳州

蟋蟀在堂ᄒᆞ니 歲聿其莫(音慕)ㅣ엇다 今我不樂(音洛下同)이면 日月其除(去聲)ㅣ리라 無已大(音泰)康가 職思其居(叶音據)ᄒᆞ야 好(去聲)樂無荒이 良士의 瞿瞿(音句)ㅣ니라

●蟋蟀이堂애이시니歲ᄃᆞ듸여그莫ᄒᆞ것다이제우리樂지아니면日月이그除ᄒᆞ리라아니녀모康ᄒᆞᆫ가職의그居를思ᄒᆞ야樂을好ᄒᆞ되荒치아니홈이良士의瞿瞿ᄃᆞᆺᄒᆞᆯ지니라

○賦也蟋蟀蟲名似蝗而小正黑有光澤如漆有角翅或謂之促織九月在堂聿遂莫晚除去也大康過於樂也職主也瞿瞿却顧之貌○唐俗勤儉故其民間終歲勞苦不敢少休及其歲晚務閒之時乃敢相與燕飮爲樂而言今蟋蟀在堂而歲忽已晚矣當此之時而不爲樂則日月將舍我而去矣然其憂深而思遠也故方燕樂而又遽相戒曰今雖不可以不爲樂然不已過於樂乎蓋亦顧念其職之所居者使其雖好樂而無荒若彼良士之長慮而却顧焉則可以不至於危亡也蓋其民俗之厚而前聖遺風之遠如此

○蟋蟀在堂ᄒᆞ니 歲聿其逝ㅣ엇다 今我不樂이면 日月其邁(叶力制反)ㅣ리라 無已大康가 職思其外(叶五墜反)ᄒᆞ야 好樂無荒이 良士의 蹶蹶ㅣ니라

●蟋蟀이堂에이시니歲드듸여그逝ᄒᆞᆯ것다이제우리樂지아니면日月이그邁ᄒᆞ리라아니녀모康ᄒᆞᆫ가職의그外를思ᄒᆞ야樂을好호ᄃᆡ荒치아니홈이良士의蹶蹶ᄐᆞᆺ홀지니라

○賦也逝邁皆去也外餘也其所治之事固當思之而所治之餘亦不敢忽蓋其事變或出於平常思慮之所不及故當過而備之也蹶蹶動而敏於事也

○蟋蟀在堂ᄒᆞ니役車其休ㅣ엇다今我不樂이면日月其慆ㅣ리라(音叨叶佗侯反) 無已大康가職思其憂ᄒᆞ야好樂無荒이良士의休休ㅣ니라

●蟋蟀이堂에이시니役ᄒᆞᄂᆞᆫ車ㅣ그休ᄒᆞᆫ것다이제우리樂지아니ㅣ면日月이그慆ᄒᆞ리라아니녀모康ᄒᆞᆫ가職의그憂를思ᄒᆞ야그樂을好호ᄃᆡ荒치아니홈이良士의休休ᄐᆞᆺ홀지니라

○賦也庶人乘役車歲晩則百工皆休矣慆過也休休安閑之貌樂而有節不至於淫所以安也

蟋蟀三章章八句

山有樞ㅣ며隰有楡ㅣ니라子有衣裳호ᄃᆡ弗曳弗婁ㅣ며子有車馬호ᄃᆡ弗馳弗驅ㅣ며宛其死矣어든他人是愉ㅣ리라

●山애樞ㅣ이시며隰애楡ㅣ잇ᄂᆞ니라子ㅣ衣裳을두ᄃᆡ曳치아니며婁치아니며 子ㅣ車馬를두ᄃᆡ馳치아니며驅치아니면宛히그死커든他人이이에愉ᄒᆞ리라

○興也樞荎也今刺楡也楡白枌也婁亦曳也馳走驅策也宛坐見貌愉樂也○此詩蓋

亦答前篇之意而解其憂故言山則有樞矣隰則有楡矣子有衣裳車馬而不服不乘則一日宛然以死而他人取之以爲己樂矣蓋言不可不及時爲樂然其憂愈深而意愈蹙矣

○山有栲(音考ㅣ叶去九反며)隰有杻(音紐ㅣ니라)子有廷內(호ᄃᆡ)弗洒弗埽(叶蘇后反ㅣ며)子有鍾鼓(호ᄃᆡ)弗鼓弗考(叶去九反ㅣ면)宛其死矣(어든)他人是保(叶補苟反ㅣ라)

●山애栲ㅣ이시며隰애杻ㅣ인ᄂᆞ니라子ㅣ廷內를두ᄃᆡ洒치아니며埽치아니며 子ㅣ鍾鼓를두ᄃᆡ皷치아니며考치아니면宛히그死커든他人이이애保ᄒᆞ리라

○興也栲山樗也似樗色小白葉差狹杻檍也葉似杏而尖白色皮正赤其理多曲少直材可爲弓弩榦者也考擊也保居有也

○山有漆(音七이며)隰有栗(이니라)子有酒食(호ᄃᆡ)何不日鼓瑟(ᄒᆞ야)且以喜樂(音洛ᄒᆞ며)且以永日(고)宛其死矣(어든)他人入室(ᄒᆞ리라)

●山애漆이이시며隰애栗이인ᄂᆞ니라子ㅣ酒食을두ᄃᆡ엇지날로瑟을皷ᄒᆞ야ᄯᅩ써喜樂ᄒᆞ며 ᄯᅩ써日을永케아닌ᄂᆞ뇨宛히그死커든他人이室에入ᄒᆞ리라

○興也君子無故琴瑟不離於側永長也人多憂則覺日短飮食作樂可以永長此日也

山有樞三章章八句

揚之水ㅣ여白石鑿鑿音作이로다 素衣朱襮音博으로 從子于沃叶鬱縛反호리라 旣見君子호니云何不樂音洛이리오

●揚ᄒᆞᆫ水ㅣ여白石이鑿鑿ᄒᆞ도다素ᄒᆞᆫ衣와朱ᄒᆞᆫ襮으로子를沃애從호리라임의君子를보니엇지樂지아니리오

○比也鑿鑿巉巖貌襮領也諸侯之服繡黼領而丹朱純也子指桓叔也沃曲沃也○晉昭侯封其叔父成師于曲沃是爲桓叔其後沃盛强而晉微弱國人將叛而歸之故作此詩言水緩弱而石巉巖以比晉衰而沃盛故欲以諸侯之服從桓叔于曲沃且自喜其見君子而無不樂也

○揚之水ㅣ여白石皓皓叶胡暴反ㅣ로다 素衣朱繡叶先妙反로 從子于鵠叶居號反호리라 旣見君子호니云何其憂叶一笑反ㅣ리오

●揚ᄒᆞᆫ水ㅣ여白石이皓皓ᄒᆞ도다素ᄒᆞᆫ衣와朱ᄒᆞᆫ繡로子를鵠에從호리라임의君子를보니엇지 그憂ᄒᆞ리오

○比也朱繡卽朱襮也鵠曲沃邑也

○揚之水ㅣ여白石粼粼이로다 我聞有命叶彌幷反이오 不敢以告人호라

●揚ᄒᆞᆫ水ㅣ여白石이粼粼ᄒᆞ도다너命이소를듯고敢히써人의게告치못호라

○比也粼粼水淸石見之貌聞其命而不敢以告人者爲之隱也桓叔將以傾晉而民爲之隱蓋欲其成矣○李氏曰古者不軌之臣欲行其志必先施小惠以收衆情然後民翕

然從之田氏之於齊亦猶是也故其召公子陽生於魯國人皆知其已至而不言所謂我聞有命不敢以告人也

揚之水三章一章章六句一章四句

椒聊之實이蕃衍盈升이로다彼其(音記)之子ㅣ여碩大無朋이로다椒聊且(音疽)ㅣ여遠條且ㅣ로다

●椒의實이여蕃衍히升에盈ᄒᆞ도다져之子ㅣ여碩大ᄒᆞ야朋이업도다椒ㅣ여條ㅣ遠音도다

○興而比也椒樹似茱萸有鍼刺其實味辛而香烈聊語助也朋比也且歎詞遠條長枝也○椒之蕃盛則采之盈升矣彼其之子則碩大而無朋矣椒聊且遠條且歎其枝遠而實益蕃也此不知其所指序亦以爲沃也

○椒聊之實이여蕃衍盈匊(音菊)이로다彼其之子ㅣ여碩大且篤이로다椒聊且ㅣ여遠條且ㅣ로다

●椒의實이여蕃衍ᄒᆞ야匊에盈ᄒᆞ도다져之子ㅣ여碩大ᄒᆞ고ᄯᅩ篤ᄒᆞ도다椒ㅣ여條ㅣ遠音도다

○興而比也兩手曰匊篤厚也

椒聊二章章六句

綢(音儔)繆(平聲)束薪일서三星在天(叶鐵因反)이로다今夕何夕고見此良人호라子兮

子兮여如此良人何오

●綢繆히薪을束ᄒᆞᆯ시三星이天애잇도다今夕이엇던夕고이良人을보라子ㅣ여子ㅣ여이良人애엇디ᄒᆞ료

○興也綢繆猶纏綿也三星心也在天昏始見於東方建辰之月也良人夫稱也○國亂民貧男女有失其時而後得遂其婚姻之禮者詩人叙其婦語夫之詞曰方綢繆以束薪也而仰見三星之在天今夕不知其何夕也而忽見良人之在此旣又自謂曰子兮子兮其將奈此良人何哉喜之甚而自慶之詞也

○綢繆束芻(叶側九反ㅣ시)三星在隅(叶語口反ㅣ로다)今夕何夕고見此邂(音解)逅(音侯叶狠口反호라)子兮子兮여如此邂逅何오

●綢繆히芻를束ᄒᆞᆯ시三星이隅애잇도다今夕이엇던夕고이邂逅를見호라子ㅣ여子ㅣ여이邂逅애엇디ᄒᆞ료

○興也隅東南隅也昏見之星至此則夜久矣邂逅相遇之意此爲夫婦相語之詞也

○綢繆束楚(ㅣ시)三星在戶(ㅣ로다)今夕何夕고見此粲者(叶章與反호라)子兮子兮여如此粲者何오

●綢繆히楚를束ᄒᆞᆯ시三星이戶애잇도다今夕이엇던夕고이粲ᄒᆞᆫ者를見호라子ㅣ여子ㅣ여이粲ᄒᆞᆫ者애엇디ᄒᆞ료

○興也戶室戶也戶必南出昏見之星至此則夜分矣粲美也此爲夫語婦之詞也或曰

女三爲粲一妻二妾也

綢繆三章章六句

有杕(音弟)之杜ㅣ여 其葉湑湑(上聲)ㅣ로다 獨行踽踽(音禹)호니 豈無他人이리오마는 不如我同父ㅣ니라 嗟行之人은 胡不比(音鼻)焉고 人無兄弟어놀 胡不佽(音次)焉고

●杕ㅎ杜ㅣ여그葉이湑湑ㅎ도다홀로行홈을踽踽히ㅎ니엇디他人이업스리오마는 내同父ㅎ니만굿지못ㅎ니라 嗟홉다行ㅎ는人은엇지比치아닌는고人이兄弟업거놀엇지佽치아닌는고

○興也杕特也杜赤棠也湑湑盛貌踽踽無所親之貌同父兄弟也比輔佽助也○此無兄弟者自傷其孤特而求助於人之詞言杕然之杜其葉猶湑湑然人無兄弟則獨行踽踽曾杜之不如矣然豈無他人之可與同行也哉特以其不如我兄弟是以不免於踽踽耳於是嗟歎行路之人何不閔我之獨行而見親憐我之無兄弟而見助乎

○有杕之杜ㅣ여 其葉菁菁(音精)이로다 獨行睘睘(音瓊)호니 豈無他人이리오마는 不如我同姓(叶桑經反)이니라 嗟行之人은 胡不比焉고 人無兄弟어놀 胡不佽焉고

●杕ㅎ杜ㅣ여그葉이菁菁ㅎ도다홀로行홈을睘睘히ㅎ니엇지他人이업스리오마는 내同姓ㅎ니만굿지못

ᄒᆞ니라嗟홉다行ᄒᆞᄂᆞᆫ人은엇지比치아니ᄒᆞᄂᆞᆫ고人이兄弟업거ᄂᆞᆯ엇지佽치아니ᄒᆞᄂᆞᆫ고

○興也菁菁亦盛貌睘睘無所依貌

杕杜二章章九句

羔裘豹袪(音居)ㅣ로소니 自我人居居ㅣ로다 豈無他人이리오마ᄂᆞᆫ 維子之故ㅣ니라

●羔로ᄒᆞᆫ裘에豹로袪ᄒᆞ얏도소니우리人의居居로브테로다엇지他人이업스리오마ᄂᆞᆫ子의故ㅣ니라

○賦也羔裘君純羔大夫以豹飾袪袂也居居未詳

○羔裘豹褎(音袖)ㅣ로소니 自我人究究ㅣ로다 豈無他人이리오마ᄂᆞᆫ 維子之好(去聲)

叶呼侯反ㅣ니라

●羔로ᄒᆞᆫ裘에豹로褎ᄒᆞ얏도소니우리人의究究로브테로다엇지他人이업스리오마ᄂᆞᆫ子를好홈이니라

○賦也褎猶袪也究究亦未詳

羔裘二章章四句

此詩不知所謂不敢强解

肅肅鴇羽ㅣ여 集于苞栩(音許)ㅣ로다 王事靡盬(音古)ㅣ라 不能蓺稷黍ᄒᆞ니 父母何怙(音戶)오 悠悠蒼天아 曷其有所오

●肅肅ᄒᆞᆫ鴇의羽ㅣ여苞ᄒᆞᆫ栩애集ᄒᆞ얏도다王事를盬치못ᄒᆞᆯ거시라能히稷과黍를蓺치못ᄒᆞ니 父母ㅣ무어

슬怙ᄒᆞᆯ고悠悠ᄒᆞᆫ蒼天아언제그所ㅣ이실고

○比也肅肅羽聲鴇鳥名似鴈而大無後趾集止也苞叢生也栩柞櫟也其子爲皁斗殼可以染皁者是也盬不攻緻也蓺樹怙恃也○民從征役而不得養其父母故作此詩言鴇之性不樹止而今乃飛集于苞栩之上如民之性本不便於勞苦今乃久從征役而不得耕田以供子職也悠悠蒼天何時使我得其所乎

○肅肅鴇翼이여集于苞棘이로다王事靡盬ㅣ라不能蓺黍稷호니父母何食고悠悠蒼天아曷其有極고

●肅肅ᄒᆞᆫ鴇의翼이여苞ᄒᆞᆫ棘애集ᄒᆞ얏도다王事를盬치못ᄒᆞᆯ거시라能히黍와稷을蓺치못ᄒᆞ니父母ㅣ무어슬食ᄒᆞᆯ고悠悠ᄒᆞᆫ蒼天아언제그極이이실고

○比也極已也

○肅肅鴇行(音杭)이여集于苞桑이로다王事靡盬ㅣ라不能蓺稻粱호니父母何嘗고悠悠蒼天아曷其有常고

●肅肅ᄒᆞᆫ鴇의行이여苞ᄒᆞᆫ桑에集ᄒᆞ얏도다王事를盬치못ᄒᆞᆯ거시라能히稻와粱을蓺치못ᄒᆞ니父母ㅣ무어슬嘗ᄒᆞᆯ고悠悠ᄒᆞᆫ蒼天아언제그常이이실고

○比也行列也稻卽今南方所食稻米水生而色白者也粱粟類也有數色嘗食也常復其常也

鴇羽三章章七句

豈曰無衣七兮라오不如子之衣ㅣ安且吉兮니라

●엇지衣ㅣ七이업다ᄒᆞ리오子의衣ㅣ安ᄒᆞ고ᄯᅩ吉홈만ᄀᆞᆺ지못ᄒᆞᆯ시니라

○賦也侯伯七命其車旗衣服皆以七爲節子天子也○史記曲沃桓叔之孫武公伐晉滅之盡以其寶器賂周釐王王以武公爲晉君列於諸侯此詩蓋述其請命之意言我非無是七章之衣也而必請命者蓋以不如天子之命服之爲安且吉也蓋當是時周室雖衰典刑猶在武公旣負弑君簒國之罪則人得討之而無以自立於天地之間故賂王請命而爲說如此然其倨慢無禮亦已甚矣釐王貪其寶玩而不思天理民彝之不可廢是以誅討不加而爵命行焉則王綱於是乎不振而人紀或幾乎絶矣嗚呼痛哉

○豈曰無衣六兮리오不如子之衣ㅣ安且燠(音郁)兮니라

●엇지衣ㅣ六이업다ᄒᆞ리오子의衣ㅣ安ᄒᆞ고ᄯᅩ燠홈만ᄀᆞᆺ지못ᄒᆞᆯ시니라

○賦也天子之卿六命變七言六者謙也不敢以當侯伯之命得受六命之服比於天子之卿亦幸矣燠煖也言其可以久也

無衣二章章三句

有杕之杜ㅣ여生于道左ㅣ로다彼君子兮ㅣ噬(音逝)肯適我아中心好(去聲)

之나曷飮食(音嗣)之오

●杕흔杜ㅣ여道여左애生ᄒᆞ얏도다뎌君子ㅣ질겨내게適ᄒᆞᆯ가中心에好ᄒᆞ나엇지飮ᄒᆞ며食ᄒᆞᆯ고

○比也左東也噬發語詞曷何也○此人好賢而恐不足以致之故言此杕然之杜生于道左其蔭不足以休息如己之寡弱不足恃賴則彼君子者亦安肯顧而適我哉然其中心好之則不已也但無自而得飮食之耳夫以好賢之心如此則賢者安有不至而何寡弱之足患哉

○有杕之杜여生于道周ㅣ로다彼君子兮ㅣ噬肯來遊아中心好之나曷飮食之오

●杕흔杜ㅣ여道周에生ᄒᆞ얏도다뎌君子ㅣ질겨와遊ᄒᆞᆯ가中心에好ᄒᆞ나엇지飮ᄒᆞ며食ᄒᆞᆯ고

○比也周曲也

有杕之杜二章章六句

葛生蒙楚ᄒᆞ며蘝(音廉)蔓于野(叶上與反)ㅣ로다予美亡此ᄒᆞ니誰與獨處오

●葛이生ᄒᆞ야楚애蒙ᄒᆞ며蘝이野애蔓ᄒᆞ얏도다내의美ㅣ이애업스니눌로더브러혼자處ᄒᆞ얀는고

○興也蘝草名似栝樓葉盛而細蔓延也予美婦人指其夫也○婦人以其夫久從征役而不歸故言葛生而蒙于楚蘝生而蔓于野各有所依托而予之所美者獨不在是則誰與而獨處於此乎

葛生蒙棘ᄒᆞ며蘞蔓于域이로다予美亡此ᄒᆞ니誰與獨息고

●葛이生ᄒᆞ야棘애蒙ᄒᆞ며蘞이域애蔓ᄒᆞ얏도다내의美ㅣ이에업스니눌로더브러ᄒᆞᆫ자息ᄒᆞ얀ᄂᆞᆫ고

○興也域塋域也息止也

角枕粲兮며錦衾爛兮로다予美亡此ᄒᆞ니誰與獨旦고

●角枕이粲ᄒᆞ며錦衾이爛ᄒᆞ도다내의美ㅣ이에업스니눌로더브러ᄒᆞᆫ자旦ᄒᆞᄂᆞᆫ고

○賦也粲爛華美鮮明之貌獨旦獨處至旦也

夏之日와冬之夜叶羊ㅣ茹反여百歲之後에나歸于其居叶姬御反호리라

●夏의日과冬의夜ㅣ여百歲入後에나그居의歸호리라

○賦也夏日永冬夜永居墳墓也○夏日冬夜獨居憂思於是爲切然君子之歸無期不可得而見矣要死而相從耳鄭氏曰言此者婦人專一義之至情之盡蘇氏曰思之深而無異心此唐風之厚也

冬之夜上同와夏之日이여百歲之後叶音戶에나歸于其室호리라

●冬의夜와夏의日이여百歲入後에나그室에歸호리라

○賦也室壙也

葛生五章章四句

采苓采苓을 首陽之巓叶典因反가 人之爲言을 苟亦無信叶斯人反이어다 舍音捨旃舍旃ᄒᆞ야 苟亦無然이면 人之爲言이 胡得焉이리오

●苓을采ᄒᆞ며苓을采홈을首陽ㅅ巓애ᄒᆞᆯ것가人의言홈을진실로ᄯᅩ信치마를지어다舍ᄒᆞ며 舍ᄒᆞ야진실로ᄯᅩ然히녀기지아니면人의言홈이엇지得ᄒᆞ리오

○比也首陽首山之南也巓山頂也旃之也○此刺聽讒之詩言子欲采苓於首陽之巓乎然人之爲是言以告子者未可遽以爲信也姑舍置之而無遽以爲然徐察而審聽之則造言者無所得而讒止矣或曰興也下章放此

○采苦采苦를 首陽之下叶後五反아 人之爲言을 苟亦無與ㅣ어다 舍旃舍旃ᄒᆞ야 苟亦無然이면 人之爲言이 胡得焉이리오

●苦를采ᄒᆞ며苦를采홈을首陽ㅅ下애ᄒᆞᆯ것가人의言홈을진실로ᄯᅩ與치마를지어다舍ᄒᆞ며 舍ᄒᆞ야진실로ᄯᅩ然히녀기지아니면人의言홈이엇지得ᄒᆞ리오

○比也苦苦菜也生山田及澤中得霜甛脆而美與許也

○采葑采葑을 首陽之東가 人之爲言을 苟亦無從이어다 舍旃舍旃ᄒᆞ야 苟亦無然이면 人之爲言이 胡得焉이리오

●葑을采ᄒᆞ며葑을采홈을首陽ㅅ東애ᄒᆞᆯ것가人의言홈을진실로ᄯᅩ從치마를지어다舍ᄒᆞ며 舍ᄒᆞ야진실로

또然이너기지아니면人의言홈이엇지得ᄒᆞ리오

○比也從聽也

采苓三章章八句

唐國十二篇三十三章二百三句

秦一之十一

秦國名其地在禹貢雍州之域近鳥鼠山初伯益佐禹治水有功賜姓嬴氏其後中潏居西戎以保西垂六世孫大駱生成及非子非子事周孝王養馬於汧渭之間馬大繁息孝王封爲附庸而邑之秦至宣王時犬戎滅成之族宣王遂命非子曾孫秦仲爲大夫誅西戎不克見殺及幽王爲西戎犬戎所殺平王東遷秦仲孫襄公以兵送之王封襄公爲諸侯曰能逐犬戎卽有岐豐之地襄公遂有周西都畿內八百里之地至玄孫德公又徙於雍秦卽今之秦州雍今京兆府興平縣是也

有車鄰鄰며이有馬白顚叶典因反이로다 未見君子ᄒᆞ니寺人之令平聲이로다

●車ㅣ鄰鄰ᄒᆞ며馬ㅣ顚이白ᄒᆞ도다君子를見치못ᄒᆞ니寺人을令ᄒᆞ놋다

○賦也鄰鄰衆車之聲白顚額有白毛今謂之的顙君子指秦君寺人內小臣也令使也

○是時秦君始有車馬及此寺人之官將見者必先使寺人通之必國人創見而誇美之

也

○阪(音反)有漆이며隰有栗이로다旣見君子ㅣ라並坐鼓瑟호라今者不樂(音洛)이면이逝者其耋(音垤叶地一反)이리라

●阪애漆이이시며隰애栗이잇도다임의君子를見ᄒᆞᆫ지라ᄀᆞᆯ와坐ᄒᆞ야瑟을皷호라이제樂지아니면逝홈이그耋ᄒᆞ리라

○興也八十日耋○阪則有漆矣隰則有栗矣旣見君子則並坐皷瑟矣失今不樂則逝者其耋矣

○阪有桑이며隰有楊이로라旣見君子ㅣ라並坐鼓簧호라今者不樂이면逝者其亡이리라

●阪애桑이이시며隰애楊이잇도다임의君子를見ᄒᆞᆫ지라ᄀᆞᆯ와坐ᄒᆞ야簧을皷호라이계樂지아니면逝홈이그亡ᄒᆞ리라

○興也簧笙中金葉吹笙則鼓動之以出聲者也

車鄰三章一章四句二章章六句

駟驖(音鐵)孔阜ᄒᆞ니六轡在手ㅣ로다公之媚子ㅣ從公于狩(叶姑九反)ㅣ로다

●駟驖이孔히阜ᄒᆞ니六轡ㅣ手애잇도다公의媚ᄒᆞᄂᆞᆫ子ㅣ公을從ᄒᆞ야狩ᄒᆞ놋다

○賦也駟鐵四馬皆黑色如鐵也孔甚也阜肥大也六轡者兩服兩驂各兩轡而驂馬兩轡納之於觖故惟六轡在手也媚子所親愛之人也此亦前篇之意也

○奉時辰牡ᄒᆞ니辰牡孔碩叶常灼反이로다 公曰左之ᄒᆞ시니 舍音捨拔音鈸則獲叶黃郭反이로다

●이辰牡를奉ᄒᆞ니辰牡ㅣ孔히碩ᄒᆞ도다公이닐아샤ᄃᆡ左ᄒᆞ라ᄒᆞ시니拔을舍ᄒᆞᆷ애곳獲ᄒᆞᄂᆞ다

○賦也時是辰時也牡獸之牡者辰牡者冬獻狼夏獻麋春秋獻鹿豕之類奉之者虞人翼以待射也碩肥大也公曰左之者命御者使左其車以射獸之左也蓋射必中其左乃爲中殺五御所謂逐禽左者爲是故也拔矢括也曰左之而舍拔無不獲者言獸之多而射御之善也

○遊于北園ᄒᆞ니四馬旣閑叶胡田反이로다 輶音由車鸞鑣音標ㅣ로소니 載獫音驗歇驕音喬ㅣ로다

●北園에遊ᄒᆞ니四馬ㅣ임의閑ᄒᆞ도다輶ᄒᆞᆫ車애鸞ᄒᆞᆫ鑣ㅣ로소니獫과歇驕를載ᄒᆞ얏도다

○賦也田事已畢故遊于北園閑調習也輶輕也鸞鈴也效鸞鳥之聲鑣馬銜也驅逆之車置鸞於馬銜之兩旁乘車則鸞在衡和在軾也獫歇驕皆田犬名長喙曰獫短喙曰歇驕以車載犬蓋以休其足力也韓愈畫記有騎擁田犬者亦此類

駟鐵三章章四句

小戎俴(音踐)收(ㅣ로소니)五楘(音木)梁輈(音舟ㅣ로다)游環脅驅(叶俱懼反又居錄反ㅣ며)陰靷(音胤)鋈(音沃)續(叶辭屢反又如字이며)文茵(音因)暢轂(叶又去聲이로소니)駕我騏(音其)馵(音注又之錄反ㅣ로다)言念君子(ㅣ니)溫其如玉(이로다)在其板屋(ᄒᆞ야)亂我心曲(이로다)

●小戎이俴ᄒᆞᆫ收ㅣ로소니다ᄉᆞᆺ곳대楘ᄒᆞᆫ梁ᄀᆞᆺᄒᆞᆫ輈ㅣ로다遊ᄒᆞᄂᆞᆫ環이며脅에ᄒᆞᆫ驅ㅣ며 陰애靷호ᄃᆡ續ᄒᆞᆫᄃᆡ鋈ᄒᆞ야지며文茵이며暢ᄒᆞᆫ轂이로소니우리騏와馵를駕ᄒᆞ얏도다君子를念호니溫홈이그玉ᄀᆞᆺ도다 그板屋애在ᄒᆞ야내心曲을亂케ᄒᆞ놋다

○賦也小戎兵車也俴淺也收軫也謂車前後兩端橫木所以收斂所載者也凡車之制廣皆六尺六寸其平地任載者爲大車則軫深八尺兵車則軫深四尺四寸故曰小戎俴收也五五束也楘歷錄然文章之貌也梁輈從前軫以前稍曲而上至衡則向下鉤之橫衡於輈下而輈形穹隆上曲如屋之梁又以皮革五處束之其文章歷錄然也游環靷環也以皮爲環當兩服馬之背上游移前郤無定處引兩驂馬之外轡貫其中而執之所以制驂馬使不得外出左傳曰如驂之有靷是也脅驅亦以皮爲之前係於衡之兩端後係於軫之兩端當服馬脅之外所以驅驂馬使不得內入也陰揜軓也軓在軾前而以板橫側揜之以其陰映此軓故謂之陰也靷以皮二條前係驂馬之頸後係陰版之上也鋈續陰版之上有續靷之處消白金沃灌其環以爲飾也蓋車衡之長六尺六寸止容二服驂馬之頸不當於衡故別爲二靷以引車亦爲之靳左傳曰兩靷將絕是也文茵車中所坐

虎皮褥也暢長也轂者車輪之中外持輻內受軸者也大車之轂一尺有半兵車之轂長三尺二寸故兵車曰暢轂騏騏文也馬左足白曰馵君子婦人目其夫也溫其如玉美之之詞也板屋者西戎之俗以板爲屋心曲心中委曲之處也○西戎者秦之臣子所與不共戴天之讎也襄公上承天子之命率其國人往而征之故其從役者之家人先誇車甲之盛如此而後及其私情蓋以義興師則雖婦人亦知勇於赴敵而無所怨矣

○四牡孔阜ᄒᆞ니 六轡在手ㅣ로다 騏騮(音留)是中(叶諸仍反)이오 騧(音瓜)驪是驂(叶疏簪反)이로소니 龍盾之合이오 鋈以觼(音厥)軜(音納)이로다 言念君子호니 溫其在邑(叶於合反)이로다 方何爲期오 胡然我念之오

●四牡ㅣ孔히阜ᄒᆞ니 六轡手애잇도다 騏와騮ㅣ에이에中ᄒᆞ고騧와驪ㅣ이에驂ᄒᆞ얏도소니龍盾을合ᄒᆞ고鋈ᄒᆞ야써 觼ᄒᆞ되軜ᄒᆞ얏도다君子를念호니溫히 그邑애在ᄒᆞ얏도다장찻어너제로 期를ᄒᆞᆯ고엇지날로念캐ᄒᆞᄂᆞ뇨

○賦也赤馬黑鬣曰騮中兩服馬也黃馬黑喙曰騧驪黑色也盾干也畫龍於盾合而載之以爲車上之衛必載二者備破毀也觼環之有舌也軜驂內轡也置觼於軾前以係軜故謂之觼軜亦消沃白金以爲飾也邑西鄙之邑也方將也將以何時爲歸期乎何爲使我思念之極也

○俴駟孔羣이어놀 厹(音求)矛鋈錞(音隊 叶朱倫反)ㅣ로다 蒙伐有苑(叶音氳)이어놀 虎韔(音暢)

鏤(音漏)膺이로다 交韔二弓이여(叶姑弘反)ᄒᆞ니 竹閉緄(古本反)縢(音滕)이로다 言念君子ᄒᆞ야 載寢載興ᄒᆞ라 厭厭(平聲)良人이여 秩秩德音(叶一陵反)이로다

● 俴ᄒᆞᆫ 駟ㅣ 孔히 羣ᄒᆞ거ᄂᆞᆯ 厹矛ㅅ 錞에 鋈ᄒᆞ얏도다 蒙ᄒᆞᆫ 伐이여 苑ᄒᆞ거ᄂᆞᆯ 虎로ᄒᆞᆫ 韔이며 鏤ᄒᆞᆫ 膺이로다 韔에 二弓을 交ᄒᆞ니 竹으로 閉ᄅᆞᆯᄒᆞ고 緄으로 縢ᄒᆞ얏도다 君子ᄅᆞᆯ 念ᄒᆞ야 곳 寢ᄒᆞ며 곳 興ᄒᆞ라 厭厭ᄒᆞᆫ 良人이여 德音이 秩秩ᄒᆞ도다

○賦也俴駟四馬皆以淺薄之金爲甲欲其輕而易於馬之旋習也孔甚羣和也厹矛三隅矛也鋈錞以白金沃矛之下端平底者也蒙雜也伐中干也盾之別名苑文貌畫雜羽之文於盾上也虎韔以虎皮爲弓室也鏤膺鏤金以飾馬當胷帶也交韔交二弓於韔中謂顚倒安置之必二弓以備壞也閉弓檠也儀禮作柲緄繩縢約也以竹爲閉而以繩約之於弛弓之裏檠弓體使正也載寢載興言思之深而起居不寧也厭厭安也秩秩有序也

小戎三章章十句

蒹(音兼)葭(音加)蒼蒼ᄒᆞ니 白露爲霜이로다 所謂伊人이 在水一方이로다 遡(音素)洄(音回)從之나 道阻且長이며 遡游從之나 宛在水中央이로다

● 蒹葭ㅣ 蒼蒼ᄒᆞ니 白露ㅣ 霜이 되얏다 일은바 伊人이 水ㅅ 一方에 잇도다 遡洄ᄒᆞ야 從호려ᄒᆞ나 道ㅣ 阻ᄒᆞ고 ᄯᅩ 長ᄒᆞ며 遡游ᄒᆞ야 從호려ᄒᆞ나 宛히 水ㅅ 中央에 잇도다

○賦也蒹似萑而細高數尺又謂之蒹葭蘆也蒹葭未敗而露始爲霜秋水時至百川灌河之時也伊人猶言彼人也一方彼一方也遡洄逆流而上也遡游順流而下也宛然坐見貌在水之中央言近而不可至也○言秋水方盛之時所謂彼人者乃在水之一方上下求之而皆不可得然不知其何所指也

○**蒹葭凄凄**ᄒᆞ니 **白露未晞**로다 **所謂伊人**이 **在水之湄**로다 **遡洄從之**나 **道阻且躋**며 **遡游從之**나 **宛在水中坻**(音遲)로다

●蒹葭ㅣ 凄凄ᄒᆞ니 白露ㅣ 晞치 못ᄒᆞ얏도다 일온바 伊人이 水ㅅ湄애 잇도다 遡洄ᄒᆞ야 從호려ᄒᆞ나 道ㅣ 阻ᄒᆞ고ᄯᅩ 躋ᄒᆞ며 遡游ᄒᆞ야 從호려ᄒᆞ나 宛히 水ㅅ中坻애 잇도다

○賦也凄凄猶蒼蒼也晞乾也湄水草之交也躋升也言難至也小渚曰坻

○**蒹葭采采**(叶此禮反)니 **白露未已**로다 **所謂伊人**이 **在水之涘**(叶以始ㅣ二音)로다 **遡洄從之**나 **道阻且右**(叶羽ㅣ軌反)며 **遡游從之**나 **宛在水中沚**로다

●蒹葭ㅣ 采ᄒᆞ며 采ᄒᆞ염즉ᄒᆞ니 白露ㅣ 마지아니ᄒᆞ얏다 일온바 伊人이 水ㅅ涘에 잇도다 遡洄ᄒᆞ야 從호려ᄒᆞ나 道ㅣ 阻ᄒᆞ고ᄯᅩ 右ᄒᆞ며 遡游ᄒᆞ야 從호려ᄒᆞ나 宛히 水ㅅ中沚애 잇도다

○賦也采采言其盛而可采也已止也右不相直而出其右也小渚曰沚

蒹葭三章章八句

終南何有오有條有梅叶莫悲反로다君子至止ᄒᆞ시니錦衣狐裘叶渠之反ㅣ샷다顏如渥音握丹ᄒᆞ시니其君也哉叶將黎反샷다

●終南에무어시인ᄂᆞ뇨條ㅣ이시며梅잇도다君子ㅣ至ᄒᆞ시니狐裘에錦衣를ᄒᆞ샷다顏이渥ᄒᆞᆫ丹ᄀᆞᆺ다시니그君이샷다

○興也終南山名在今京兆府南條山楸也皮葉白色亦白材理好宜爲車版君子指其君也至止至終南之下也錦衣狐裘諸侯之服也玉藻曰君衣狐白裘錦衣以裼之渥漬也其君也哉言容貌衣服稱其爲君也此秦人美其君之詞亦車鄰駟鐵之意也

○終南何有오有紀有堂이로다君子至止ᄒᆞ시니黻音弗衣繡裳이샷다佩玉將將音蹌ᄒᆞ시니壽考不忘이로다

●終南에무어시인ᄂᆞ뇨紀이시며堂이잇도다君子ㅣ至ᄒᆞ시니黻衣며繡裳이샷다佩玉이將將ᄒᆞ시니壽考콰조ᄒᆞ야忘치못ᄒᆞ리로다

○興也紀山之廉角也堂山之寬平處也黻之狀亞兩己相戾也繡刺繡也將將佩玉聲也壽考不忘者欲其居此位服此服長久而安寧也

終南二章章六句

交交黃鳥여ㅣ止于棘이로다誰從穆公고子車奄息이로다維此奄息이여

百夫之特이로다 臨其穴(叶戶橘反)ᄒᆞ야 惴惴其慄이로다 彼蒼者天(叶鐵因反)이여 殲(音尖)我良人이로다 如可贖兮ᆫ댄 人百其身이로다

●交交ᄒᆞᆫ 黃鳥ㅣ여 棘에 止ᄒᆞ얏도다 뉘 穆公을 從ᄒᆞᄂᆞᆫ고 子車奄息이로다 이 奄息이여 百夫의 特이로다 그 穴을 臨ᄒᆞ야 惴惴히 그 慄ᄒᆞᄂᆞᆫ다 뎌 蒼ᄒᆞᆫ 天이여 우리 良人을 殲ᄒᆞᄂᆞᆫ다 만일 可히 贖ᄒᆞᆯ진댄 人이 그 身을 百고져 ᄒᆞ리로다

○興也交交飛而往來之貌從穆公從死也子車氏奄息名特傑出之稱穴壙也惴惴懼貌慄懼殲盡良善贖貿也○秦穆公卒以子車氏之三子爲殉皆秦之良也國人哀之爲之賦黃鳥事見春秋傳卽此詩也言交交黃鳥則止于棘矣誰從穆公則子車奄息也蓋以所見起興也臨穴而惴慄蓋生納之壙中也三子皆國之良而一旦殺之若可貿以他人則人皆願百其身以易之矣

○交交黃鳥ㅣ여 止于桑이로다 誰從穆公고 子車仲行(音杭)이로다 維此仲行이여 百夫之防이로다 臨其穴ᄒᆞ야 惴惴其慄이로다 彼蒼者天이여 殲我良人이로다 如可贖兮ᆫ댄 人百其身이로다

●交交ᄒᆞᆫ 黃鳥ㅣ여 桑애 止ᄒᆞ얏도다 뉘 穆公을 從ᄒᆞᄂᆞᆫ고 子車仲行이로다 이 仲行이여 百夫의 防이로다 그 穴을 臨ᄒᆞ야 惴惴히 그 慄ᄒᆞᄂᆞᆫ다 뎌 蒼ᄒᆞᆫ 天이여 우리 良人을 殲ᄒᆞᄂᆞᆫ다 만일 可히 贖ᄒᆞᆯ진댄 人이 그 身을 百고져 ᄒᆞ리로다

○興也防當也言一人可以當百夫也

○交交黃鳥ㅣ여 止于楚ㅣ로다 誰從穆公고 子車鍼(音拑)虎ㅣ로다 維此鍼虎ㅣ여 百夫之禦ㅣ로다 臨其穴ᄒᆞ야 惴惴其慄이로다 彼蒼者天이여 殲我良人이로다 如可贖兮인댄 人百其身이로다

●交交ᄒᆞᄂᆞᆫ黃鳥ㅣ여楚에止ᄒᆞ얏도다뉘穆公을從ᄒᆞᄂᆞᆫ고子車鍼虎ㅣ로다이鍼虎ㅣ여百夫의禦ㅣ로다그穴을臨ᄒᆞ야惴惴히그慄ᄒᆞ놋다져蒼ᄒᆞᆫ天이여우리良人을殲ᄒᆞ놋다만일可히贖ᄒᆞᆯ진댄人이그身을百고져ᄒᆞ리로다

○興也禦猶當也

黃鳥三章章十二句

春秋傳曰君子曰秦穆公之不爲盟主也宜哉死而棄民先王違世猶詒之法而況奪之善人乎今縱無法以遺後嗣而又收其良以死難以在上矣君子是以知秦之不復東征也愚按穆公於此其罪不可逃矣但或以爲穆公遺命如此而三子自殺以從則三子亦不得爲無罪今觀臨穴惴慄之言則是康公從父之亂命迫而納之於壙其罪有所歸矣又按史記秦武公卒初以人從死死者六十六人至穆公遂用百七十七人而三良與焉蓋其初特出於戎狄之俗而無明王賢伯以討其罪於是習以爲常則雖以穆公之賢而不免論其事者亦徒閔三良之不幸而歎秦之衰至

於王政不綱諸侯擅命殺人不忌至於如此則莫知其爲非也嗚呼俗之弊也久矣
其後始皇之葬後宮皆令從死工匠生閉墓中尙何怪哉

鴥(音聿)彼晨風(叶孚愔反)이여 鬱彼北林이로다 未見君子ㅣ라 憂心欽欽호라 如何如何로 忘我實多오

●鴥ᄒᆞᆫ뎌晨風이여鬱ᄒᆞᆫ뎌北林이로다君子를見치못ᄒᆞᆫ지라心애憂홈을欽欽히호라 엇지엇지모로나를忘홈을진실로만이ᄒᆞᄂᆞ뇨

○興也鴥疾飛貌晨風鸇也鬱茂盛貌君子指其夫也欽欽憂而不忘之貌○婦人以夫不在而言鴥彼晨風則歸於鬱然之北林矣故我未見君子而憂心欽欽也彼君子者如之何而忘我之多乎此與扊扅之歌同意蓋秦俗也

○山有苞櫟(音歷叶歷各反)이며 隰有六駮(音剝)이로다 未見君子ㅣ라 憂心靡樂(音洛)호라 如何如何로 忘我實多오

●山에苞ᄒᆞᆫ櫟이이시며隰에六駮이잇도다君子를見치못ᄒᆞᆫ지라心에憂ᄒᆞ야樂지못호라 엇지엇지모로나를忘홈을진실로만이ᄒᆞᄂᆞ뇨

○興也駮梓楡也其皮青白如駮○山則有苞櫟矣隰則有六駮矣未見君子則憂心靡樂矣靡樂則憂之甚也

○山有苞棣며 隰有樹檖ㅣ로다 未見君子ㅣ라 憂心如醉호라 如何如

何로忘我實多오

●山에苞훈棣이시며隰에樹훈檖ㅣ잇도다君子를見치못훈지라心애憂홈을醉훈듯호라 엇지엇지모로나를忘홈을진실로만이ᄒᆞᄂᆞ뇨

○興也棣唐棣也檖赤羅也實似梨而小酢可食如醉則憂又甚矣

晨風三章章六句

豈曰無衣라與子同袍叶步ㅣ리謀反오 王于興師ㅣ어시든脩我戈矛ᄒᆞ야與子同仇호리라

●엇지衣업순지라子로ᄃᆞ려袍를同차ᄒᆞ리오王으로 師를興커시든우리戈와矛를脩ᄒᆞ야子로ᄃᆞ려仇를同호리라

○賦也袍襺也戈長六尺六寸矛長二丈王于興師以天子之命而興師也○秦俗强悍樂於戰鬪故其人平居而相謂曰豈以子之無衣而與子同袍乎蓋以王于興師則將修我戈矛而與子同仇也其懽愛之心足以相死如此蘇氏曰秦本周地故其民猶思周之盛時而稱先王焉或曰興也取與子同三字爲義後章放此

○豈曰無衣라與子同澤叶徒洛反이리오 王于興師ㅣ어시든脩我矛戟叶訖約反ᄒᆞ야與子偕作호리라

●엇지衣업슨지라子로ᄃᆞ려澤을同차ᄒᆞ리오王으로師를興ᄏᆞ시든우리矛와戟을脩ᄒᆞ야 子로ᄃᆞ려ᄒᆞᆷᄭᅴ作ᄒᆞ리라

○賦也澤裏衣也以其親膚近於垢澤故謂之澤戟車戟也長丈六尺

○豈曰無衣라與子同裳이리오王于興師ㅣ어시든脩我甲兵叶蒲芒反ᄒᆞ야與子偕行叶戶郞反ᄒᆞ리라

●엇지衣업슨디라子로ᄃᆞ려裳을同차ᄒᆞ리오王으로師를興ᄏᆞ시든우리甲兵을修ᄒᆞ야 子로ᄃᆞ려ᄒᆞᆷᄭᅴ行ᄒᆞ리라

○賦也行往也

無衣三章章五句

秦人之俗大抵尙氣槪先勇力忘生輕死故其見於詩如此然本其初而論之岐豐之地文王用之以興二南之化如彼其忠且厚也秦人用之未幾而一變其俗至於如此則已悍然有招八州而朝同列之氣矣何哉雍州土厚水深其民厚重質直無鄭衛驕惰浮靡之習以善導之則易興起而篤於仁義以猛驅之則其强毅果敢之資亦足以强兵力農而成富强之業非山東諸國所及也嗚呼後世欲爲定都立國之計者誠不可不監乎此而凡爲國者其於導民之路尤不可不審其所之也

我送舅氏ᄒᆞ야曰至渭陽호라何以贈之오路車乘去聲黃이로다

●내舅氏를送ᄒᆞ야渭陽에至ᄒᆞ라무어스로써贈ᄒᆞ료路車와乘黃이로다

○賦也舅氏秦康公之舅晉公子重耳也出亡在外穆公召而納之時康公爲太子送之渭陽而作此詩渭水名秦時都雍至渭陽者蓋東行送之於咸陽之地也路車諸侯之車也乘黃四馬皆黃也

○我送舅氏ᄒᆞ니悠悠我思叶新齋反ㅣ로다何以贈之오瓊瑰音佐玉佩叶蒲眉反로다

●내舅氏를送ᄒᆞ니내思ㅣ悠悠ᄒᆞ도다무어스로써贈ᄒᆞ료瓊瑰와玉佩로다

○賦也悠悠長也序以爲時康公之母穆姬已卒故康公送其舅而念母之不見也或曰穆姬之卒不可考此但別其舅而懷思耳瓊瑰石而次玉

渭陽二章章四句

按春秋傳晉獻公烝於齊姜生秦穆夫人太子申生娶犬戎胡姬生重耳小戎子生夷吾驪姬生奚齊其娣生卓子驪姬譖申生申生自殺又譖二公子二公子皆出奔獻公卒奚齊卓子繼立皆爲大夫里克所弑秦穆公納夷吾是爲惠公卒子圉立是爲懷公立之明年秦穆公又召重耳而納之是爲文公王氏曰至渭陽者送之遠也悠悠我思者思之長也路車乘黃瓊瑰玉佩者贈之厚也廣漢張氏曰康公爲太子送舅氏而念母之不見是固良心也而卒不能自克於令狐之役怨欲害乎良心也使康公知循是心養其端而充之則怨欲可消矣

於我乎애 夏屋渠渠ㅣ러니 今也앤 每食無餘ㅣ로다 于(音吁)嗟乎ㅣ라 不承權輿ㅣ여

●너계夏屋이渠渠ᄒᆞ더니이젠미양食홈에餘ㅣ업도다嗟홉다權輿을承치못홈이여

○賦也夏大也渠渠深廣貌承繼也權輿始也○此言其君始有渠渠之夏屋以待賢者而其後禮意寖衰供億薄至於賢者每食而無餘於是歎之言不能繼其始也

○於我乎애 每食四簋(叶己有反)ㅣ러니 今也앤 每食不飽(叶捕苟反)ㅣ로다 于嗟乎ㅣ라 不承權輿ㅣ여

●너계미양食홀제四簋러니이젠미양食홈애飽치아잇놋다嗟홉다權輿를承치못홈이여

○賦也簋瓦器容斗二升方曰簠圓曰簋簠盛稻粱簋盛黍稷四簋禮食之盛也

權輿二章章五句

漢楚元王敬禮申公白生穆生穆生不嗜酒元王每置酒嘗爲穆生設醴及王戊卽位常設後忘設焉穆生退曰可以逝矣醴酒不設王之意怠不去楚人將鉗我於市遂稱疾申公白生強起之曰獨不念先王之德歟今王一旦失小禮何足至此穆生曰先王之所以禮吾三人者爲道之存故也今而忽之是忘道也忘道之人胡可與久處豈爲區區之禮哉遂謝病去亦此詩之意也

秦國十篇二十七章一百八十一句

陳一之十二

陳國名大皡伏羲氏之墟在禹貢豫州之東其地廣平無名山大川西望外方東不及孟諸周武王時帝舜之冑有虞閼父爲周陶正武王賴其利器用與其神明之後以元女大姬妻其子滿而封之于陳都于宛丘之側與黃帝帝堯之後共爲三恪是爲胡公大姬婦人尊貴好樂巫覡歌舞之事其民化之今之陳州卽其地也

子之湯(音蕩)兮ㅣ여宛丘之上兮ㅣ로다洵(音荀)有情兮ㅣ나而無望兮ㅣ로다

●子의湯홈이여宛丘ㅅ上애ᄒᆞ놋다진실로情이이시나望홀거시업도다

○賦也子指遊蕩之人也湯蕩也四方高中央下曰宛丘洵信也望人所瞻望也○國人見此人常遊蕩於宛丘之上故叙其事以刺之言雖信有情思而可樂矣然無威儀可瞻望也

○坎其擊鼓ㅣ여宛丘之下(叶後五反)ㅣ로다無冬無夏(叶與下同)히値(音治)其鷺羽ㅣ로다

●坎히그鼓를擊홈이여宛丘ㅅ下애ᄒᆞ놋다冬이업ᄉᆞ며夏ㅣ업새鷺羽를値ᄒᆞ놋다

○賦也坎擊鼓聲値植也鷺春鉏今鷺鷥好而潔白頭上有長毛十數枚羽以其羽爲翳舞者持以指麾也言無時不出遊而鼓舞於是也

○坎其擊缶(音否)ㅣ여宛丘之道(叶徒厚反)ㅣ로다無冬無夏히値其鷺翿(音導叶殖有反)ㅣ로

다
●坎히그缶를擊홈이여宛丘ㅅ道애ᄒᆞ놋다冬이업ᄉᆞ며夏ㅣ업시그鷺翿를値ᄒᆞ놋다
○賦也缶瓦器可以節樂翿翳也

宛丘三章章四句

東門之枌(符云反)과 宛丘之栩(音許叶에況浦反) 子仲之子ㅣ 婆娑(音梭) 其下(叶後五反ㅣ로다)

●東門에ㅅ枌과宛丘에ㅅ栩에子仲의子ㅣ그下에婆娑ᄒᆞ놋다
○賦也枌白楡也先生葉卻著莢皮色白子仲之子子仲氏之女也婆娑舞貌○此男女聚會歌舞而賦其事以相樂也

○穀旦于差(音釵叶七何反ᄒᆞ니) 南方之原(無韻이로未詳다) 不績其麻(叶謨婆反ㅣ오) 市也婆娑ㅣ로다

●穀ᄒᆞᆫ旦를差ᄒᆞ니南方ㅅ原에ᄒᆞ놋다그麻를績디아니코市에婆娑ᄒᆞ놋다
○賦也穀善差擇也○既差擇善旦以會于南方之原於是棄其業以舞於市而往會也

○穀旦于逝ᄒᆞ니 越以鬷(音宗)邁(叶力制反로다) 視爾如荍(祈饒反호) 니貽我握椒ㅣ로다

●穀ᄒᆞᆫ旦에逝ᄒᆞ니이에鬷으로써邁ᄒᆞ놋다너븜을荍ᄀᆞ티호니너게握椒를貽ᄒᆞ놋다
○賦也逝往越於鬷衆也邁行也荍芘芣也又名荊葵紫色椒芬芳之物也○言又以善旦而往於是以其衆行而男女相與道其慕悅之詞曰我視爾顏色之美如芘芣之華於

是遺我以一握之椒而交情好也

東門之枌三章章四句

衡門之下ㅣ여可以棲(音西)遲로다泌(音秘)之洋洋이여可以樂(音洛)飢로다

●衡門ㅅ下ㅣ여可히써棲遲ᄒᆞ리로다泌의洋洋홈이여可히써飢를樂ᄒᆞ리로다

○賦也衡門橫木爲門也門之深者有阿塾堂宇此惟橫木爲之棲遲遊息也泌泉水也洋洋水流貌○此隱居自樂而無求者之詞言衡門雖淺陋然亦可以遊息泌水雖不可飽然亦可以玩樂而忘飢也

○豈其食魚를必河之魴(音房)이리오豈其取(音娶)妻를必齊之姜이리오

●엇지그魚를食홈을반다시河엣魴을ᄒᆞ리오엇지그妻를取홈을반다시齊ㅅ姜을ᄒᆞ리오

○賦也姜齊姓

○豈其食魚를必河之鯉리오豈其取妻를必宋之子ㅣ리오(叶獎里反)

●엇다그魚를食홈을반다시河엣鯉를ᄒᆞ리오엇다그妻를取홈을반다시宋ㅅ子를ᄒᆞ리오

○賦也子宋姓

衡門三章章四句

東門之池ㅣ여可以漚(烏豆反)麻(叶謨婆反)ㅣ로다彼美淑姬ㅣ여可與晤(音悞)歌ㅣ로다

●東門엣池ㅣ여可히써麻를漚ᄒᆞ리로다뎌美ᄒᆞᆫ淑姬ㅣ여可히더부러歌를晤ᄒᆞ리로다

○興也池城池也漚漬也治麻者必先以水漬之晤猶解也○此亦男女會遇之詞葢因其會遇之地所見之物以起興也

東門之池ㅣ여可以漚紵(音苧)ㅣ로다 彼美淑姬ㅣ여可與晤語ㅣ로다

●東門엣池ㅣ여可히써紵를漚ᄒᆞ리로다져美ᄒᆞᆫ淑姬ㅣ여可히더부러語를晤ᄒᆞ리로다

○興也紵麻屬

東門之池ㅣ여可以漚菅(音間 居賢反)이로다 彼美淑姬ㅣ여可與晤言이로다

●東門엣池ㅣ여可히써菅을漚ᄒᆞ리로다美ᄒᆞᆫ淑姬ㅣ여可히더부러言을晤ᄒᆞ리로다

○興也菅葉似茅而滑澤莖有白粉柔韌宜爲索也

東門之池三章章四句

東門之楊이여其葉牂牂(音臧)이로다 昏以爲期호니明星煌煌이로다

●東門엣楊이여그葉이牂牂ᄒᆞ도다昏으로써期호니明星이煌煌ᄒᆞ도다

○興也東門相期之地也楊柳之揚起者也牂牂盛貌明星啓明也煌煌大明貌○此亦男女期會而有負約不至者故因其所見以起興也

東門之楊이여其葉肺肺(音霈)ㅣ로다 昏以爲期호니明星晢晢(音制)ㅣ로다

●東門엣楊이여그葉이肺肺ᄒᆞ도다昏으로써期호니明星이晢晢ᄒᆞ도다

○興也肺肺猶牂牂也晢晢猶煌煌也

東門之楊二章章四句

墓門有棘이어ᄂᆞᆯ斧以斯之로다夫也不良이어ᄂᆞᆯ國人知之로다知而不已ᄒᆞᄂᆞ니誰昔然矣로다

●墓門에棘이잇거ᄂᆞᆯ斧로써斯ᄒᆞ놋다夫ㅣ良치아니커ᄂᆞᆯ國人이아놋다아로ᄃᆡ마디아니ᄒᆞᄂᆞ니녜로그려ᄒᆞ도다

○興也墓門凶僻之地多生荊棘斯析也夫指所刺之人也誰昔昔也猶言疇昔也○言墓門有棘則斧以斯之矣此人不良則國人知之矣國人知之猶不自改則自疇昔而已然非一日之積矣所謂不良之人亦不知其何所指也

○墓門有梅어ᄂᆞᆯ有鴞萃止로다夫也不良이어ᄂᆞᆯ歌以訊叶息悴反之로다訊予不顧叶果五反ᄒᆞᄂᆞ니顚倒思予叶演女反ㅣ리라

●墓門에梅ㅣ잇거ᄂᆞᆯ鴞ㅣ萃ᄒᆞ놋다夫ㅣ良치아니커ᄂᆞᆯ歌ᄒᆞ야써訊ᄒᆞ놋다訊호ᄃᆡ나ᄅᆞᆯ顧치아니ᄒᆞᄂᆞ니顚倒케ᄒᆞ야나ᄅᆞᆯ思ᄒᆞ리라

○興也鴟鴞惡聲之鳥也萃集訊告也顚倒狼狽之狀○墓門有梅則有鴞萃之矣夫也不良則有歌其惡以訊之者矣訊之而不予顧至於顚倒然後思予則豈有所及哉或曰訊予之予疑當依前章作而字

墓門二章章六句

防有鵲巢ㅣ며 **邛**(音窮)**有旨苕**(音條叶ㅣ로 徒刀反다) **誰侜**(音周)**予美**ᄒᆞ야 **心焉忉忉**(音刀)오

●防에鵲의巢ㅣ이시며邛에旨ᄒᆞᆫ苕ㅣ잇도다뉘너美ᄒᆞᄂᆞᆫ이를侜ᄒᆞ야心에忉忉케ᄒᆞᄂᆞ뇨

○興也防人所築以捍水者邛丘旨美也苕苕饒也莖如勞豆而細葉似蒺藜而靑其莖葉綠色可生食如小豆藿也侜侜張也猶鄭風之所謂迋也予美指所與私者也忉忉憂貌○此男女之有私而憂或間之之辭故曰防則有鵲巢矣邛則有旨苕矣今此何人而侜張予之所美使我憂之而至於忉忉乎

◯**中唐有甓**(音闢)며 **邛有旨鷊**(音逆)이로다 **誰侜予美**ᄒᆞ야 **心焉惕惕**(音剔)고

●中唐에甓이이시며邛에旨ᄒᆞᆫ鷊이잇도다뉘너美ᄒᆞᄂᆞᆫ이를侜ᄒᆞ야心에惕惕케ᄒᆞᄂᆞ뇨

○興也廟中路謂之唐甓瓴甋也鷊小草雜色如綬惕惕猶忉忉也

防有鵲巢二章章四句

月出皎兮어ᄂᆞᆯ **佼**(音絞)**人僚**(音了)**兮**로다 **舒窈糾**(烏了反)(音矯)**兮**어뇨 **勞心悄兮**호라

●月이出홈에皎ᄒᆞ거ᄂᆞᆯ佼人은僚ᄒᆞ도다窈糾를舒ᄒᆞ려뇨마음勞홈을悄히호라

○興也皎月光也佼人美人也僚好貌窈糾幽遠也糾愁結也悄憂也○此亦男女相悅而相念之詞言月出則皎然矣佼人則僚然矣安得見之而舒窈糾之情乎是以爲之勞心而悄然也

○月出皓(音昊)兮(어놀)佼人懰(音柳 叶朗老反)兮(로다)舒懮(音黝)受(叶時倒反)兮(어뇨)勞心慅(音草)兮(호라)
●月이出ᄒᆞᆷ에皓ᄒᆞ거ᄂᆞᆯ佼人은懰ᄒᆞ도다懮受를舒ᄒᆞ려뇨마ᄋᆞᆷ勞ᄒᆞᆷ을慅히호라
○興也懰好貌懮受憂思也慅猶悄也
○月出照兮(어놀)佼人燎(音料)兮(로다)舒夭(上聲)紹(音部)兮(어뇨)勞心慘(當作懆 七弔反)兮(호라)
●月이出ᄒᆞᆷ에照ᄒᆞ거ᄂᆞᆯ佼人은燎ᄒᆞ도다夭紹를舒ᄒᆞ려뇨마ᄋᆞᆷ勞ᄒᆞᆷ을慘히호라
○興也燎明也夭紹糾緊之意慘憂也

月出三章章四句

胡爲乎株林(고)從夏(上聲)南(叶尼心反下同)(이니라) 匪適株林(이라)從夏南(이니라)
●억지株林에ᄒᆞᄂᆞ뇨夏南를從ᄒᆞᆷ이니라株林에適ᄒᆞᆷ이아니라夏南을從ᄒᆞᆷ이니라
○賦也株林夏氏邑也夏南徵舒字也○靈公淫於夏徵舒之母朝夕而往夏氏之邑故其民相與語曰君胡爲乎株林乎曰從夏南耳然則非適株林也特以從夏南故耳蓋淫乎夏姬不可言也故以從其子言之詩人之忠厚如此
○駕我乘(去聲)馬(叶滿補反)ᄒᆞ야說(音稅)于株野(叶上與反)로다 乘(平聲)我乘駒ᄒᆞ야朝食于株(ㅣ로다)

●우리乘馬를駕ᄒᆞ야株野에說ᄒᆞ놋다우리乘駒를乘ᄒᆞ야아ᄎᆞᆷ의株에食ᄒᆞ놋다

○賦也說舍也馬六尺以下曰駒

株林二章章四句

春秋傳夏姬鄭穆公之女也嫁於陳大夫夏御叔靈公與其大夫孔寧儀行父通焉洩冶諫不聽而殺之後卒爲其子徵舒所弒而徵舒復爲楚莊王所誅

彼澤之陂(音波)애 **有蒲與荷**(音何)ㅣ로다 **有美一人**이여 **傷如之何**오 **寤寐無爲**ᄒᆞ야 **涕泗**(音四)**滂沱**호라

●저澤ㅅ陂에蒲와다못荷ㅣ잇도다美ᄒᆞᆫ一人이여傷ᄒᆞᆫ들엇지리오寤ᄒᆞ며寐홈에ᄒᆞ욤이업셔涕며泗를滂沱히호라

○興也陂澤障也蒲水草可爲席者荷芙蕖也自目曰涕自鼻曰泗○此詩之旨與月出相類言彼澤之陂則有蒲與荷矣有美一人而不可見則雖憂傷而如之何哉寤寐無爲涕泗滂沱而已矣

○**彼澤之陂**애 **有蒲與蕑**(音開 居賢反)이로다 **有美一人**이여 **碩大且卷**(其員反)이로다 **寤寐無爲**ᄒᆞ야 **中心悁悁**(音娟)호라

●저澤ㅅ陂에蒲와다못蕑이잇도다美ᄒᆞᆫ一人이여碩大ᄒᆞ고ᄯᅩ卷ᄒᆞ도다寤ᄒᆞ며寐홈에ᄒᆞ욤이업셔中心에悁悁호라

○興也蕑蘭也卷鬈髮之美也悁悁猶悒悒也

○彼澤之陂애 有蒲菡萏이로다叶待檢反 有美一人이여 碩大且儼이로다 寤寐無爲ᄒᆞ야 輾轉伏枕이로다叶知檢反

●뎌澤ㅅ陂에蒲와菡萏이잇도다美ᄒᆞᆫ一人이여碩大ᄒᆞ고ᄯᅩ儼ᄒᆞ도다寤ᄒᆞ며寐홈에ᄒᆞ욤이업서輾轉ᄒᆞ야枕에伏ᄒᆞ라

○興也菡萏荷華也儼矜莊貌輾轉伏枕臥而不寐思之深且久也

澤陂三章章六句

陳國十篇二十六章一百二十四句

東萊呂氏曰變風終於陳靈其間男女夫婦之詩一何多邪曰有天地然後有萬物有萬物然後有男女有男女然後有夫婦有夫婦然後有父子有父子然後有君臣有君臣然後有上下有上下然後禮義有所錯男女者三綱之本萬事之先也正風之所以爲正者舉其正者以勸之也變風之所以爲變者舉其不正者以戒之也道之升降時之治亂俗之汚隆民之死生於是乎在錄之煩悉篇之重複亦何疑哉

檜一之十三

檜國名高辛氏火正祝融之墟在禹貢豫州外方之北滎波之南居溱洧之間其君

妘姓祝融之後周衰爲鄭桓公所滅而遷國焉今之鄭州卽其地也蘇氏以爲檜詩皆爲鄭作如邶鄘之於衛也未知是否

羔裘逍遙ᄒᆞ며 狐裘以朝(音潮叶直勞反)ㅣ로다 豈不爾思ㅣ리오 勞心忉忉(音刀)호라

●羔裘로逍遙ᄒᆞ며狐裘로ᄡᅥ朝ᄒᆞ놋다엇지너를思치아니리오ᄆᆞ암勞홈을忉忉호라

○賦也緇衣羔裘諸侯之朝服錦衣狐裘其朝天子之服也○舊說檜君好潔其衣服逍遙遊宴而不能自强於政治故詩人憂之

羔裘翶翔ᄒᆞ며 狐裘在堂이로다 豈不爾思ㅣ리오 我心憂傷호라

●羔裘로翶翔ᄒᆞ며狐裘로堂의잇도다엇지너를思치아니ㅣ리오너ᄆᆞ암에憂傷호라

○賦也翶翔猶逍遙也堂公堂也

○羔裘如膏(去聲)ᄒᆞ니 日出有曜(叶羊號反)ㅣ로다 豈不爾思ㅣ리오 中心是悼호라

●羔裘ㅣ膏ᄒᆞᆫ듯ᄒᆞ니日이出홈에曜ㅣ잇도다엇지너를思치아니ㅣ리오中心에이悼호라

○賦也膏脂所漬也日出有曜日照之則有光也

羔裘三章章四句

庶見素冠兮ㅣ 棘人欒欒(音鸞)兮아 勞心慱慱(音團)兮호라

●힝혀素冠ᄒᆞᆫ棘人이欒欒ᄒᆞᆫ이를보랴ᄆᆞ암勞홈을慱慱히호라

○賦也庶幸也縞冠素紕旣祥之冠也黑經白緯曰縞緣邊曰紕棘急也喪事欲其總總

爾哀遽之狀也欒欒瘠貌慱慱憂勞之貌○祥冠祥則冠之禫則除之今人皆不能行三年之喪矣安得見此服乎當時賢者庶幾見之至於憂勞也

○庶見素衣兮아我心傷悲兮로니聊與子同歸兮호리라

●힝혀素衣를보라니마암에傷悲호노니애야로시子로더부러혼가지로歸호리라

○賦也素冠則素衣矣與子同歸愛慕之詞也

○庶見素韠音畢兮아我心蘊上聲結叶訖力反兮로니聊與子如一兮호리라

●힝혀素韠을보라니마암에蘊結호노니애야로시子로더부러一곳치호리라

○賦也韠蔽膝也以韋爲之冕服謂之韍其餘曰韠韠從裳色素衣素裳則素韠也蘊結思之不解也與子如一甚於同歸矣

素冠三章章三句

按喪禮爲父爲君斬衰三年昔宰予欲短喪夫子曰子生三年然後免於父母之懷予也有三年之愛於其父母乎三年之喪天下之通喪也傳曰子夏三年之喪畢見於夫子援琴而弦衎衎而樂作而曰先王制禮不敢不及夫子曰君子也閔子騫三年之喪畢見於夫子援琴而弦切切而哀作而曰先王制禮不敢過也夫子曰君子也子路曰敢問何謂也夫子曰子夏哀已盡能引而致之於禮故曰君子也閔子騫哀未盡能自割以禮故曰君子也夫三年之喪賢者之所輕不肖者之所勉

隰有萇(音長)楚ᄒᆞ니猗(音阿)儺(音娜)其枝로다夭(平聲)之沃沃ᄒᆞ니樂(音洛)子之無知ᄒᆞ노라

●隰에萇楚ㅣ이시니猗儺ᄒᆞᆫ그枝로다夭홈이沃沃ᄒᆞ니子의知ㅣ업ᄉᆞᆷ을樂ᄒᆞ노라

○賦也萇楚銚弋今羊桃也子如小麥亦似桃猗儺柔順也夭少好貌沃沃光澤貌子指萇楚也○政煩賦重人不堪其苦歎其不如草木之無知而無憂也

○隰有萇楚ᄒᆞ니猗儺其華ㅣ로다夭之沃沃ᄒᆞ니樂子之無家ᄒᆞ노라

●隰에萇楚ㅣ이시니猗儺ᄒᆞᆫ그華ㅣ로다夭홈이沃沃ᄒᆞ니子의家업ᄉᆞᆷ을樂ᄒᆞ노라

○賦也無家言無累也

○隰有萇楚ᄒᆞ니猗儺其實이로다夭之沃沃ᄒᆞ니樂子之無室ᄒᆞ노라

●隰에萇楚ㅣ이시니猗儺ᄒᆞᆫ그實이로다夭홈이沃沃ᄒᆞ니子의室업ᄉᆞᆷ을樂ᄒᆞ노라

○賦也無室猶無家也

隰有萇楚三章章四句

匪風發(叶方月反)兮며匪車偈(音揭)兮라顧瞻周道ㅣ오中心怛(叶旦月反)兮호라

●風이發ᄒᆞᄂᆞᆫ줄이아니며車ㅣ偈ᄒᆞᄂᆞᆫ줄이아니라周道를도라보고中心에怛호라

○賦也發飄揚貌偈疾驅貌周道適周之路也怛傷也○周室衰微賢人憂歎而作此詩言常時風發而車偈而中心怛然今非風發也非車偈也特顧瞻周道而思王室之陵遲故中心爲之怛然耳

○匪風飄(叶匹妙反)兮며 匪車嘌(音漂叶匹妙反)兮라 顧瞻周道ㅣ오 中心弔兮호라

●風이飄ᄒᆞᆫ줄이아니며車ㅣ嘌ᄒᆞᆫ줄이아니라周道ᄅᆞᆯ도라보고中心에弔호라

○賦也回風謂之飄嘌漂搖不安之貌弔亦傷也

○誰能亨魚오 漑(音蓋)之釜鬵(音尋)호리라 誰將西歸오 懷之好音호리라

●뉘能히魚ᄅᆞᆯ亨ᄒᆞᆯ고釜와鬵을漑호리라뉘장ᄎᆞᆺ西로歸ᄒᆞ나뇨好音으로懷호리라

○興也漑滌也鬵釜屬西歸歸於周也○誰能亨魚乎有則我願爲之漑其釜鬵誰將西歸乎有則我願慰以好音以見思之之甚但有西歸之人卽思有以厚之也

匪風三章章四句

檜國四篇十二章四十五句

曹一之十四

曹國名其地在禹貢兗州陶丘之北雷夏荷澤之野周武王以封其弟振鐸今之曹州卽其地也

蜉蝣之羽ㅣ여 衣裳楚楚(叶創擧反)ㅣ로다 心之憂矣로니 於我歸處ㅣ어다

●蜉蝣의羽ㅣ여衣裳이楚楚ᄒᆞ도다心의憂ᄒᆞ노니내게歸ᄒᆞ야處ᄒᆞᆯ지어다

○比也蜉蝣渠略也似蛣蜣身狹而長角黃黑色朝生暮死楚楚鮮明貌○此詩蓋以時

人有玩細娛而忘遠慮者故以蜉蝣爲比而刺之言蜉蝣之羽翼猶衣裳之楚楚可愛也然其朝生暮死不能久存故我心憂之而欲其於我歸處耳序以爲刺其君或然而未有考也

○蜉蝣之翼이여采采衣服(叶蒲北反)이로다 心之憂矣로니於我歸息이어다

●蜉蝣의翼이여采采ᄒᆞᆫ衣服이로다心의憂ᄒᆞ노니내게歸ᄒᆞ야息ᄒᆞᆯ써어다

○比也采采華飾也息止也

○蜉蝣掘(求勿反)閱ᄒᆞ니麻衣如雪이로다 心之憂矣로니於我歸說(音稅叶輸藝反)이어다

●蜉蝣ㅣ掘閱ᄒᆞ니麻衣雪ᄀᆞᆺ도다心의憂ᄒᆞ노니너게歸ᄒᆞ야說ᄒᆞᆯ써어다

○比也掘閱未詳說舍息也

蜉蝣三章章四句

彼候人兮는何(上聲)戈與祋(都律都外二反)이어니와 彼其(音記)之子는三百赤芾(音弗)이로다

●뎌候人ᄒᆞᆫ戈와다ᄆᆞᆺ祋을何ᄒᆞᆯ써시어니와뎌之子는三百인赤芾이로다

○興也候人道路迎送賓客之官何揭祋殳也之子指小人芾冕服之韠也一命縕芾黝珩再命赤芾黝珩三命赤芾葱珩大夫以上赤芾乘軒○此刺其君遠君子而近小人之詞言彼候人而何戈與祋者宜也彼其之子而三百赤芾何哉晉文公入曹數其不用僖負羈而乘軒者三百人其謂是歟

○維鵜(音啼)在梁ᄒᆞ니不濡其翼이로다彼其之子ㅣ여不稱(去聲)其服(叶蒲北反)이로다

●鵜ㅣ梁에이시니그翼이濡티아니ᄒᆞ놋다뎌之子ㅣ여그服이稱티아니ᄒᆞ도다

○興也鵜洿澤水鳥也俗所謂淘河也

○維鵜在梁ᄒᆞ니不濡其咮(音晝)ㅣ로다彼其之子ㅣ여不遂其媾(音垢)ㅣ로다

●鵜ㅣ梁에이시니그咮ㅣ濡티아니ᄒᆞ놋다뎌之子ㅣ여그媾에遂티아니ᄒᆞ도다

○興也咮喙遂稱媾寵也遂之曰稱猶今人謂遂意曰稱意

○薈(音會)兮蔚(音尉)兮南山朝隮(音躋)로다婉兮孌兮季女斯飢로다

●薈ᄒᆞ며蔚ᄒᆞᆫ南山애朝의隮ᄒᆞ놋다婉ᄒᆞ며孌ᄒᆞᆫ季女ㅣ이飢ᄒᆞ놋다

○比也薈蔚草木盛多之貌朝隮雲氣升騰也婉少貌孌好貌○薈蔚朝隮言小人衆多而氣燄盛也季女婉孌自保不妄從人而反飢困言賢者守道而反貧賤也

候人四章章四句

鳲鳩在桑ᄒᆞ니其子七兮로다淑人君子ㅣ여其儀一兮로다其儀一兮ᄒᆞ니心如結(叶訖力反)兮로다

●鳲鳩ㅣ桑에이시니그子ㅣ七이로다淑人君子ㅣ여그儀ㅣ一ᄒᆞ도다그儀ㅣᄒᆞ니ᄆᆞᄋᆞᆷ이結홈ᄀᆞᆺ도다

○興也鳲鳩秸鞠也亦名戴勝今之布穀也飼子朝從上下暮從下上平均如一也如結

如物之固結而不散也○詩人美君子之用心均平專一故言鳲鳩在桑則其子七矣淑人君子則其儀一矣其儀一則心如結矣然不知其何所指也陳氏曰君子動容貌斯遠暴慢正顏色斯近信出辭氣斯遠鄙倍其見於威儀動作之間者有常度矣豈固爲是拘拘者哉蓋和順積中而英華發外是以由其威儀一於外而心如結於內者從可知也

○鳲鳩在桑ᄒᆞ니其子在梅叶莫悲反이로다淑人君子ㅣ여其帶伊絲叶新齎反ㅣ로다其帶伊絲ㅣ니其弁伊騏音其로다

●鳲鳩ㅣ桑에이시니그子ㅣ梅에잇도다淑人君子ㅣ여그帶ㅣ絲ㅣ로다그帶ㅣ絲ㅣ니그弁이騏로다

○興也鳲鳩常言在桑其子每章異木子自飛去母常不移也帶大帶也大帶用素絲有雜色飾焉弁皮弁也騏馬之青黑色者弁之色亦如此也書云四人騏弁今作綦○言鳲鳩在桑則其子在梅矣淑人君子則其帶伊絲矣其帶伊絲則其弁伊騏矣言有常度不差忒也

○鳲鳩在桑ᄒᆞ니其子在棘이로다淑人君子ㅣ여其儀不忒이로다其儀不忒ᄒᆞ니正是四國叶于逼反이로다

●鳲鳩ㅣ桑애잇시니그子ㅣ棘애잇도다淑人君子ㅣ여그儀ㅣ忒디아니ᄒᆞ도다 그儀ㅣ忒디아니ᄒᆞ니이四國을正ᄒᆞ리로다

○興也有常度而其心一故儀不忒儀不忒則足以正四國矣大學傳曰其爲父子兄弟足法而後民法之也

○鳲鳩在桑ᄒᆞ니 其子在榛이로다 淑人君子ㅣ여 正是國人이로다 正是國人ᄒᆞ니 胡不萬年이리오 叶尼因反

●鳲鳩ㅣ桑애잇시니그子ㅣ榛애잇도다淑人君子ㅣ여이國人을正ᄒᆞ리로다이國人을正ᄒᆞ니엇지萬年을아니ᄒᆞ리오

○興也儀不忒故能正國人胡不萬年願其壽考之詞也

鳲鳩四章章六句

○冽音列彼下泉이여 浸彼苞稂音郞이로다 愾若愛反我寤嘆ᄒᆞ야 念彼周京叶居良反호라

●冽ᄒᆞᆫ뎌下泉이여뎌苞稂을浸ᄒᆞᄂᆞ다愾히내寤ᄒᆞ야嘆ᄒᆞ야뎌周京을念호라

○比而興也冽寒也下泉泉下流者也苞草叢生也稂童梁莠屬也愾歎息之聲也周京天子所居也○王室陵夷而小國困弊故以寒泉下流而苞根見傷爲比遂興其愾然以念周京也

○冽彼下泉이여 浸彼苞蕭叶疎鳩反ㅣ로다 愾我寤嘆ᄒᆞ야 念彼京周호라

●冽ᄒᆞᆫ뎌下泉이여뎌苞蕭를浸ᄒᆞᄂᆞ다愾히내寤ᄒᆞ야嘆ᄒᆞ야뎌京周를念호라

○比而興也蕭蒿也京周猶周京也

○冽彼下泉이여 浸彼苞蓍音尸로다 愾我寤嘆ᄒᆞ야 念彼京師叶霜夷反호라

●冽ᄒᆞᆫ뎌下泉이여뎌苞蓍를浸ᄒᆞᄂᆞ다愾히내寤ᄒᆞ야嘆ᄒᆞ야뎌京師를念호라

○比而興也蓍筮草也京師猶京周也詳見大雅公劉篇

○**芃芃**(音蓬)**黍苗**를**陰雨膏**(去聲)**之**니라**四國有王**이어시늘**郇**(音荀)**伯勞**(去聲)**之**러니라

●芃芃ᄒᆞᆫ黍苗를陰雨ㅣ膏ᄒᆞᄂᆞ니라四國에王이잇거시ᄂᆞᆯ郇伯이勞ᄒᆞ더니라

○比而興也芃芃美貌郇伯郇侯文王之後嘗爲州伯治諸侯有功○言黍苗既芃芃然矣又有陰雨以膏之四國既有王矣而又有郇伯以勞之傷今之不然也

下泉四章章四句

程子曰易剝之爲卦也諸陽消剝已盡獨有上九一爻尚存如碩大之果不見食將有復生之理上九亦變則純陰矣然陽無可盡之理變於上則生於下無間可容息也陰道極盛之時其亂可知亂極則自當思治故衆心願戴於君子君子得輿也詩匪風下泉所以居變風之終也○陳氏曰亂極而不治變極而不正則天理滅矣人道絶矣聖人於變風之極則係之以思治之詩以示循環之理以言亂之可治變之可正也

曹國四篇十五章六十八句

豳一之十五

豳國名在禹貢雍州岐山之北原隰之野虞夏之際棄爲后稷而封於邰及夏之衰棄稷不務棄子不窋失其官守而自竄於戎狄之間不窋生鞠陶鞠陶生公劉能復

脩后稷之業民以富實乃相土地之宜而立國於豳之谷焉十世而大王徙居岐山之陽十二世而文王始受天命十三世而武王遂爲天子武王崩成王立年幼不能涖阼周公旦以冢宰攝政乃述后稷公劉之化作詩一篇以戒成王謂之豳風而後人又取周公所作及凡爲周公而作之詩以附焉豳在今邠州三水縣邰在今京兆府武功縣

七月流火叶虎委反ㅣ어든 **九月授衣**叶上聲ᄒᆞᄂᆞ니라 **一之日觱**音必**發**叶芳吠反ㅣ고 **二之日栗烈**叶力制反ᄒᆞ니 **無衣無褐**音曷叶許例反이면 **何以卒歲**ㅣ리오 **三之日于耜**叶羊里反ㅣ오 **四之日擧趾**어든 **同我婦子**叶獎里反ᄒᆞ야 **饁**音曄**彼南畝**叶滿彼反커든 **田畯**音俊**至喜**ᄒᆞᄂᆞ니라

●七月에火ㅣ流ᄒᆞ거든九月에衣를授ᄒᆞᄂᆞ니라一之日에觱發ᄒᆞ고二之日에栗烈ᄒᆞᄂᆞ니衣업고褐이업스면엇디써歲를卒ᄒᆞ리오三之日에가耜ᄒᆞ고四之日에趾를擧ᄒᆞ거든우리婦子를同ᄒᆞ야뎌南畝에饁ᄒᆞ거든田畯이至ᄒᆞ야喜ᄒᆞᄂᆞ니라

○賦也七月斗建申之月夏之七月也後凡言月者放此流下也火大火心星也以六月之昏加於地之南方至七月之昏則下而西流矣九月霜降始寒而蠶績之功亦成故授人以衣使禦寒也一之日謂斗建子一陽之月二之日謂斗建丑二陽之月也變月言日言是月之日也後凡言日者放此蓋周之先公已用此以紀候故周有天下遂以爲一代之正朔也觱發風寒也栗烈氣寒也褐毛布也歲夏正之歲也于往也耜田器也于耜往

修田器也舉趾舉足而耕也我家長自我也饁餉田也田畯田大夫勸農之官也○周公以成王未知稼穡之艱難故陳后稷公劉風化之所由使瞽矇朝夕諷誦以敎之此章首言七月暑退將寒故九月而授衣以禦之蓋十一月以後風氣日寒不如是則無以卒歲也正月則往修田器二月則舉趾而耕少者旣皆出而在田故老者率婦子而餉之治田早而用力齊是以田畯至而喜之也此章前段言衣之始後段言食之始二章至五章終前段之意六章至八章終後段之意

○七月流火ㅣ어든 九月授衣ᄒᆞᄂᆞ니라 春日載陽ᄒᆞ야 有鳴倉庚(叶古郎反)이어든 女執懿筐ᄒᆞ야 遵彼微行(叶戶郎反)ᄒᆞ야 爰求柔桑ᄒᆞ며 春日遲遲어든 采蘩祁祁ᄒᆞᄂᆞ니 女心傷悲ㅣ여 殆及公子同歸로다

●七月에火ㅣ流ᄒᆞ거든九月에衣를授ᄒᆞᄂᆞ니라春日이비로소陽ᄒᆞ야倉庚이鳴ᄒᆞ거든 女ㅣ懿ᄒᆞᆫ筐을執ᄒᆞ야뎌微行을遵ᄒᆞ야이에柔桑을求ᄒᆞ며 春日이遲遲ᄒᆞ거든蘩을采홈을祁祁히ᄒᆞᄂᆞ니 女의마음이傷悲홈이여장찻公子로ᄒᆞᆫ가지로歸ᄒᆞ리로다

○賦也載始也陽溫和也倉庚黃鸝也懿深美也遵循也微行小徑也柔桑稚桑也遲遲日長而暄也蘩白蒿也所以生蠶今人猶用之蓋蠶生未齊未可食桑故以此啖之也祁祁衆多也或曰徐也公子豳公之子也○再言流火授衣者將言女功之始故又本於此遂言春日始和有鳴倉庚之時而蠶始生則執深筐以求稺桑然又有生而未齊者則采

蘩者衆而此治蠶之女感時而傷悲蓋是時公子猶娶於國中而貴家大族連姻公室者亦無不力於蠶桑之務故其許嫁之女預以將及公子同歸而遠其父母爲悲也其風俗之厚而上下之情交相忠愛如此後章凡言公子者放此

○七月流火ㅣ어든 八月萑(戶官反)葦(音偉)니라 蠶月條(它彫反)桑이라 取彼斧斨(七羊反)하야 以伐遠揚이오 猗(於宜反)彼女桑이라 七月鳴鵙(圭覓反)이어든 八月載績하ᄂᆞ니 載玄載黃하야 我朱孔陽이어든 爲公子裳하ᄂᆞ니라

●七月에火ㅣ流하거든八月에萑葦를하ᄂᆞ니라蠶月에條桑하ᄂᆞᆫ지라뎌斧斨을取하야써 遠揚을代하고뎌女桑을猗하ᄂᆞ니라七月에鵙이鳴하거든八月에곳績하ᄂᆞ니곳玄하며곳黃하야우리朱ㅣ심히 陽하거든公子의裳을하ᄂᆞ니라

○賦也萑葦卽蒹葭也蠶月治蠶之月條桑枝落之采其葉也斧隋銎斨方銎遠揚遠枝揚起者也取葉存條曰猗女桑小桑也小桑不可條取故取其葉而存其條猗猗然耳鵙伯勞也績緝也玄黑而有赤之色朱赤色陽明也○言七月暑退將寒而是歲禦冬之備亦庶幾其成矣又當預擬來歲治蠶之用故於八月萑葦既成之際而收蓄之將以爲曲薄至來歲治蠶之月則采桑以供蠶食而大小畢取見蠶盛而人力至也蠶事既備又於鳴鵙之後麻熟而可績之時則績其麻以爲布而凡此蠶績之所成者皆染之或玄或黃而其朱者尤爲鮮明皆以供上而爲公子之裳言勞於其事而不自愛以奉其上蓋至誠慘怛之意上以是施之下以是報之也以上二章專言蠶績之事以終首章前段無衣之

意

○四月秀葽(音腰ㅣ어든) 五月鳴蜩(音條ㅣ며) 八月其穫(音鑊이어든) 十月隕蘀(音託이니라)
一之日于貉(叶戶各反ᄒᆞ야) 取彼狐狸ᄒᆞ야 爲公子裘(叶渠之反ᄒᆞ고) 二之日其同ᄒᆞ야
載纘武功ᄒᆞ야 言私其豵(音宗이오) 獻豜(古年反)于公ᄒᆞᄂᆞ니라

●四月에葽ㅣ秀ᄒᆞ거든五月에蜩ㅣ鳴ᄒᆞ며八月에그穫ᄒᆞ거든十月에隕ᄒᆞ며蘀ᄒᆞᄂᆞ니라 一之日에가貉ᄒᆞ야뎌狐와狸를取ᄒᆞ야公子의裘를ᄒᆞ고二之日에그同ᄒᆞ야곳武功을纘ᄒᆞ야그豵을私ᄒᆞ고豜을公에獻ᄒᆞᄂᆞ니라

○賦也不榮而實曰秀葽草名蜩蟬也穫禾之早者可穫也隕墜蘀落也謂草木隕落也貉狐狸也于貉猶言于耜謂往取狐狸也同竭作以狩也纘習而繼之也豵一歲豕豜三歲豕○言自四月純陽而歷一陰四陰以至純陰之月則大寒之候將至雖蠶桑之功無所不備猶恐其不足以禦寒故于貉而取狐狸之皮以爲公子之裘也獸之小者私之以爲已有而大者則獻之於上亦愛其上之無已也此章專言狩獵以終首章前段無褐之意

○五月斯螽(音終)動股ㅣ오 六月莎(素和反)雞振羽ㅣ오 七月在野(叶上與反)ㅣ오 八月在宇ㅣ오 九月在戶ㅣ오 十月蟋蟀이 入我牀下(叶後五反)ᄒᆞᄂᆞ니라 穹(起弓反)窒(除悉反)熏(許云反)鼠ᄒᆞ며 塞(入聲)向墐(音覲)戶ᄒᆞ고 嗟我婦子(叶玆五反)아 曰爲改歲어니 入此室

處ㅣ어다

●五月에斯螽이股를動ᄒᆞ고六月에莎雞羽을振ᄒᆞ고七月에野에잇고八月에宇에잇고九月에戶에잇고十月에蟋蟀이우리牀아래드ᄂᆞ니라穹을窒ᄒᆞ며鼠를熏ᄒᆞ며向을塞ᄒᆞ며戶를墐ᄒᆞ고嗟홉다우리婦子아ᄀᆞᆯ오ᄃᆡ歲ㅣ改ᄒᆞ거니이室에드러處홀지어다

○賦也斯螽莎雞蟋蟀一物隨時變化而異其名動股始躍而以股鳴也振羽能飛而以翅鳴也宇簷下也暑則在野寒則依人穹空隙也窒塞也向北出牖也墐塗也庶人篳戶冬則塗之東萊呂氏曰十月而曰改歲三正之通於民俗尙矣周特擧而迭用之耳○言觀蟋蟀之依人則知寒之將至矣於是室中空隙者塞之熏鼠使不得穴於其中塞向以當北風墐戶以禦寒氣而語其婦子曰歲將改矣天旣寒而事亦已可以入此室處矣此見老者之愛也此章亦以終首章前段禦寒之意

○六月食鬱及薁(音郁ᄒᆞ며) 七月亨(音烹)葵及菽(音叔ᄒᆞ며) 八月剝棗(叶音走ᄒᆞ며) 十月穫稻(叶徒苟反ᄒᆞ야) 爲此春酒ᄒᆞ야 以介眉壽(叶殖酉反ᄒᆞᄂᆞ니라) 七月食瓜(叶音孤ᄒᆞ며) 八月斷壺ᄒᆞ며 九月叔苴(音疽ᄒᆞ며) 采茶(音徒)薪樗(勑書反ᄒᆞ야) 食(音嗣)我農夫ᄒᆞᄂᆞ니라

●六月에鬱과밋薁을먹으며九月에葵와밋菽을亨ᄒᆞ며八月에棗을剝ᄒᆞ며十月에稻을穫ᄒᆞ야 이春酒를ᄒᆞ야써眉壽를介ᄒᆞᄂᆞ니라七月에瓜를食ᄒᆞ며八月에壺를斷ᄒᆞ며九月에苴를叔ᄒᆞ며 茶를采ᄒᆞ며樗를薪ᄒᆞ야우리農夫를食ᄒᆞᄂᆞ니라

○賦也鬱棣屬薁蘡薁也葵菜名菽豆也剝擊也穫稻以釀酒也介助也介眉壽者頌禱之詞也壺瓠也食瓜斷壺亦去圃爲場之漸也叔拾也苴麻子也茶苦菜也樗惡木也○

自此至卒章皆言農圃飮食祭祀燕樂以終首章後段之意而此章果酒嘉蔬以供老疾奉賓祭瓜瓠苴茶以爲常食少長之義豐儉之節然也

○九月築場圃音布ㅣ오 十月納禾稼叶古護反ᄒᆞ나니 黍稷重平聲穋音六叶六直反과 禾麻菽麥叶訖力反이니라 嗟我農夫아 我稼旣同이어니 上入執宮功이니 晝爾于茅ㅣ오 宵爾索綯音陶ᄒᆞ야 亟音棘其乘屋이오아 其始播百穀이니라

●九月에場을圃에築ᄒᆞ고十月에禾稼를納ᄒᆞᄂᆞ니黍와稷이重ᄒᆞ며穋ᄒᆞ니와禾와麻와菽과麥이니라 嗟홉다우리農夫아우리稼ㅣ이믜同ᄒᆞ거니上入ᄒᆞ야宮功을執홀지니나ᄌᆡ네가茅ᄒᆞ고밤에네綯를索ᄒᆞ야 섈리그屋에乘ᄒᆞ고야그비로소百穀을播홀셔니라

○賦也場圃同地物生之時則耕治以爲圃而種菜茹物成之際則築堅之以爲場而納禾稼蓋自田而納之於場也禾者穀連藁秸之總名禾之秀實而在野曰稼先種後熟曰重後種先熟曰穋再言禾者稻秫苽粱之屬皆禾也同聚也宮邑居之宅也古者民受五畝之宅二畝半爲廬在田春夏居之二畝半爲宅在邑秋冬居之功葺治之事也或曰公室官府之役也古者用民之力歲不過三日是也索絞也綯索也乘升也○言納於場者無所不備則我稼同矣可以上入都邑而執治宮室之事矣故晝往取茅夜而絞索亟升其屋而治之蓋以來歲將復始播百穀而不暇於此故也不待督責而自相警戒不敢休息如此呂氏曰此章終始農事以極憂勤艱難之意

○二之日鑿冰冲冲ᄒᆞ야三之日納于凌(力證反)陰(叶於容反)ᄒᆞᄂᆞ니四之日其蚤(音早)애獻羔祭韭(音九叶己小反)ᄒᆞᄂᆞ니라九月肅霜이어든十月滌(徒力反)場ᄒᆞ고朋酒斯饗(叶虛良反)ᄒᆞ야曰殺羔羊ᄒᆞ야躋(子奚反)彼公堂ᄒᆞ야稱彼兕觥(音肱叶古黃反)ᄒᆞ니萬壽無疆이로다

●二之日애氷을鑿홈을冲冲히ᄒᆞ야三之日애凌陰애納ᄒᆞᄂᆞ니四之日그蚤애羔를獻ᄒᆞ고韭로祭ᄒᆞᄂᆞ니라九月애肅ᄒᆞ야霜ᄒᆞ거든十月에場을滌ᄒᆞ고朋酒로이애饗ᄒᆞ야羔와羊을殺ᄒᆞ야 져公堂의躋ᄒᆞ야져兕觥을稱ᄒᆞ니萬壽ᄒᆞ야疆이업ᄉᆞ리로다

○賦也鑿冰謂取冰於山也冲冲鑿冰之意周禮正歲十二月令斬冰是也納藏也藏冰所以備暑也凌陰冰室也豳土寒多正月風未解凍故冰猶可藏也蚤蚤朝也韭菜名獻羔祭韭而後啓之月令仲春獻羔開冰先薦寢廟是也蘇氏曰古者藏冰發冰以節陽氣之盛夫陽氣之在天地譬如火之著於物也故常有以解之十二月陽氣蘊伏錮而未發其盛在下則納冰於地中至於二月四陽作蟄蟲起陽始用事則亦始啓冰而廟薦之至於四月陽氣畢達陰氣將絕則冰於是大發食肉之祿老病喪浴冰無不及是以冬無愆陽夏無伏陰春無凄風秋無苦雨雷出不震無災霜雹癘疾不降民不夭札也胡氏曰藏冰開冰亦聖人輔相變調之一事耳不專恃此以爲治也肅霜氣肅而霜降也滌場者農事畢而掃場地也兩尊曰朋鄉飲酒之禮兩尊壺于房戶間是也躋升也公堂君之堂也

稱擧也疆竟也○張子曰此章見民忠愛其君之甚旣勸趨其藏氷之役又相戒速畢場功殺羊以獻于公擧酒而祝其壽也

七月八章章十一句

周禮籥章中春晝擊土鼓龡豳詩以逆暑中秋夜迎寒亦如之卽謂此詩也王氏曰仰觀星日霜露之變俯察昆蟲草木之化以知天時以授民事女服事乎內男服事乎外上以誠愛下下以忠利上父父子子夫夫婦婦養老而慈幼食力而助弱其祭祀也時其燕饗也節此七月之義也

鴟鴞鴟鴞아 旣取我子又叶ㅣ어入聲니 無毁我室又叶이어上聲다 恩斯勤斯ㅎ야 鬻子之閔叶眉貧反斯ㅣ라니라音育

●鴟鴞아鴟鴞아이믜내子를取ㅎ야니내室을毁치마를지어다恩ㅎ며勤ㅎ야子를鬻홈이閔ㅎ다니라

○比也爲鳥言以自比也鴟鴞鵂鶹惡鳥攫鳥子而食者也室鳥自名其巢也恩情愛也勤篤厚也鬻養閔憂也○武王克商使弟管叔鮮蔡叔度監于紂子武庚之國武王崩成王立周公相之而二叔以武庚叛且流言于國曰周公將不利於孺子故周公東征二年乃得管叔武庚而誅之而成王猶未知公之意也公乃作此詩以貽王託爲鳥之愛巢者呼鴟鴞而謂之曰鴟鴞鴟鴞爾旣取我之子矣無更毁我之室也以我情愛之心篤厚之意鬻養此子誠可憐憫今旣取之其毒甚矣況又毁我室乎以比武庚旣敗管蔡不可更

毁我王室也

○迨天之未陰雨ᄒᆞ야徹彼桑土(音杜)ᄒᆞ야綢(音儔)繆(平聲)牖戶ᅵ면今女(音汝)下民

或敢侮予(叶演女反)아이

●天의陰雨치아닌저를밋처뎌桑土를徹ᄒᆞ야牖와戶를綢繆ᄒᆞ면이제너下民이或敢히나를侮ᄒᆞ랴

○比也迨及徹取也桑土桑根也綢繆纏綿也牖巢之通氣處戶其出入處也○亦爲鳥言我及天未陰雨之時而往取桑根以纏綿巢之隙穴使之堅固以備陰雨之患則此下土之民誰敢有侮予者亦以比己深愛王室而預防其患難之意故孔子贊之曰爲此詩者其知道乎能治其國家誰敢侮之

○予手拮(音吉)据(音居)ᄒᆞ야予所捋(力活反)荼ᅵ며予所蓄租(子胡反)ᅵ라予口卒瘏(音徒)ᄂᆞᆫ

曰予未有室家(叶古胡反)ᅵ니라

●내手ᅵ拮据ᄒᆞ야내荼를捋ᄒᆞᄂᆞᆫ배며내蓄ᄒᆞ며租ᄒᆞᄂᆞᆫ배라내口ᅵ다瘏홈은내室家를두지못ᄒᆞ여실시니라

○比也拮据手口共作之貌捋取也荼萑苕可藉巢者也蓄積租聚卒盡瘏病也室家巢也○亦爲鳥言作巢之始所以拮据以捋荼蓄租勞苦而至於盡病者以巢之未成也以比己之前日所以勤勞如此者以王室之新造而未集故也

○予羽譙譙(音樵)ᄒᆞ며予尾翛翛(音消)ᄒᆞ야予室翹翹ᅵ어ᄂᆞᆯ風雨所漂搖ᅵ라予

維音嘵嘵音호 囂라

●내羽ㅣ譙譙ᄒᆞ며니尾ㅣ翛翛ᄒᆞ야니室이翹翹ᄒᆞ거ᄂᆞᆯ風雨ㅣ漂搖ᄒᆞᄂᆞᆫ배라니音을嘵嘵히호라

○比也譙譙殺也翛翛敝也翹翹危也嘵嘵急也○亦爲鳥言羽殺尾敝以成其室而未定也風雨又從而漂搖之則我之哀鳴安得而不急哉以比己旣勞悴王室又未安而多難乘之則其作詩以喩王亦不得而不汲汲也

鴟鴞四章章五句

事見書金縢篇

我徂東山ᄒᆞ야 慆慆音 滔 不歸호리 我來自東일서 零雨其濛이러라 我東曰歸에 我心西悲호라 制彼裳衣ᄒᆞ야 勿士行音 杭 枚叶謨 悲反다 蜎蜎音 娟 者蠋音 蜀이여 烝在桑野叶上ㅣ로 與反다 敦音 堆 彼獨宿이여 亦在車下叶後ㅣ로 五反다

●내東山에가慆慆히歸치몯호라니옴을東으로브터홀시零ᄒᆞᆫ雨ㅣ그濛ᄒᆞ더라내東에셔歸홀계내ᄆᆞᄋᆞᆷ이西로悲호라ᄃᆡ裳衣를制ᄒᆞ야行枚를士치마롤지로다蜎蜎ᄒᆞᆫ蠋이여桑野의잇도다敦히ᄃᆡ獨宿ᄒᆞᄂᆞᆫ이여또ᄒᆞᆫ車下의잇도다

○賦也東山所征之地也慆慆言久也零落也濛雨貌裳衣平居之服也勿士行枚未詳其義鄭氏曰士事也行陣也枚如箸銜之有繣結項中以止語也蜎蜎動貌蠋桑蟲如蠶者也烝發語辭敦獨處不移之貌此則興也○成王旣得鴟鴞之詩又感雷風之變始悟

而迎周公於是周公東征已三年矣既歸因作此詩以勞歸士蓋爲之述其意而言曰我
之東征既久而歸塗又有遇雨之勞因追言其在東而言歸之時心已西嚮而悲於是制
其平居之服而以爲自今可以勿爲行陳銜枚之事矣及其在塗則又覩物起興而自歎
曰彼蜎蜎者蠋則在彼桑野矣此敦然而獨宿者則亦在此車下矣

○我徂東山ᄒᆞ야慆慆不歸호라我來自東일ᄉᆡ零雨其濛이러라 果蠃力果反之實이亦施音異于宇ㅣ며伊威在室이며蠨音蕭蛸音宵在戶ㅣ며町音挺畽他短反鹿場이며熠音習燿以照反宵行戶郎反이로소니不可畏叶於非反也ㅣ라伊可懷叶胡威反也ㅣ로다

●내東山에가慆慆히歸치못호라내옴을東으로브터홀ᄉᆡ零ᄒᆞᄂᆞᆫ雨ㅣ그濛ᄒᆞ더라果蠃의實이ᄯᅩᄒᆞᆫ宇에施ᄒᆞ며伊威ㅣ室애이시며蠨蛸ㅣ戶에이시며町畽이鹿의場이며熠燿ᄒᆞᆫ宵行이로소니可히저프디아니ᄒᆞᆫ디라可히懷홈도다

○賦也果蠃栝樓也施延也蔓生延施于宇下也伊威鼠婦也室不掃則有之蠨蛸小蜘蛛也戶無人出入則結網當之町畽舍旁隙地也無人焉故鹿以爲場也熠燿明不定貌宵行蟲名如蠶夜行喉下有光如螢○章首四句言其往來之勞在外之久故每章重言見其感念之深遂言已東征而室廬荒廢至於如此亦可畏矣然豈可畏而不歸哉亦可懷思而已此則述其歸未至而思家之情也

○我徂東山ᄒᆞ야慆慆不歸호라我來自東일ᄉᆡ零雨其濛이러라 鸛鳴于

垤(叶地一反)이어늘 婦嘆于室ᄒᆞ야 洒掃穹窒ᄒᆞ니 我征聿至(叶入聲)로다 有敦(音堆)瓜苦ㅣ여 烝在栗薪이로다 自我不見이 于今三年(叶尼因反)이엇다

●내東山에가慆慆히歸치못호라너옴을東오로브터홀ᄉᆡ零ᄒᆞᄂᆞᆫ雨ㅣ그濛ᄒᆞ더라鸛이垤에셔 鳴ᄒᆞ거늘婦ㅣ室에셔嘆ᄒᆞ야洒掃ᄒᆞ며穹을窒ᄒᆞ니우리征이드듸여至ᄒᆞ도다敦ᄒᆞᆫ瓜苦ㅣ여栗薪애잇도다 내보지못홈으로브터이제三年이엇다

○賦也鸛水鳥似鶴者也垤蟻塚也穹窒見七月○將陰雨則穴處者先知故蟻出垤而鸛就食之遂鳴于其上也行者之妻亦思其夫之勞苦而嘆息於家於是洒掃穹窒以待其歸而其夫之行忽已至矣因見苦瓜繫於栗薪之上而曰自我之不見此亦已三年矣栗周土所宜木與苦瓜皆微物也見之而喜則其行久而感深可知矣

○我徂東山ᄒᆞ야 慆慆不歸호라 我來自東일서 零雨其濛이러라 倉庚于飛ㅣ여 熠燿其羽ㅣ로다 之子于歸ㅣ여 皇駁(音剝)其馬(叶滿補反)ㅣ로라 親結其縭(叶離羅二音)ᄒᆞ니 九十其儀(叶宜俄二音)로다 其新孔嘉(叶居宜居何二反)ᄒᆞ니 其舊如之何(叶奚何二音)오

●내東山에가慆慆히歸치못호라내옴을東으로브터홀ᄉᆡ零ᄒᆞᄂᆞᆫ雨ㅣ그濛ᄒᆞ더라倉庚의飛홈이여 熠燿ᄒᆞᆫ그羽ㅣ로다之子의歸홈이여皇이며駁인그馬ㅣ로다親이그縭을結ᄒᆞ니九ㅣ며十인그儀로다 그新이심히嘉ᄒᆞ니그舊ㅣ엇더ᄒᆞ뇨

○賦而興也倉庚飛昏姻時也熠燿鮮明也黃白曰皇騮白曰駁縭婦人之褘也母戒女

而爲之施衿結帨也九其儀十其儀言其儀之多也○賦時物以起興而言東征之歸士未有室家者及時而昏姻旣甚美矣其舊有室家者相見而喜當如何耶

東山四章章十二句

序曰一章言其完也二章言其思也三章言其室家之望女也四章樂男女之得及時也君子之於人序其情而閔其勞所以說也說以使民民忘其死其惟東山乎愚謂完謂全師而歸無死傷之苦思謂未至而思有愴恨之懷至於室家望女男女及時亦皆其心之所願而不敢言者上之人乃先其未發而歌詠以勞苦之則其歡欣感激之情爲如何哉蓋古之勞詩皆如此其上下之際情志交孚雖家人父子之相語無以過之此其所以維持鞏固數十百年而無一旦土崩之患也

旣破我斧ㅣ오 **又缺我斨**音이나 **周公東征**은 **四國是皇**이시니 **哀我人斯**ㅣ **亦孔之將**이샷다

●이믜우리斧를破ᄒᆞ고또우리斨을缺ᄒᆞ나周公의東으로征ᄒᆞ샤ᄂᆞᆫ四國을이에皇케ᄒᆞ심이시니 우리사ᄅᆞᆷ을哀ᄒᆞ샤미또ᄒᆞᆫ심히將ᄒᆞ샷다

○賦也隋銎曰斧方銎曰斨征伐之用也四國四方之國也皇匡也將大也○從軍之士以前篇周公勞己之勤故言此以答其意曰東征之役旣破我斧而缺我斨其勞甚矣然周公之爲此擧蓋將使四方莫敢不一於正而後已其哀我人也豈不大哉然則雖有破

斧缺斨之勞而義有所不得辭矣夫管蔡流言以謗周公而公以六軍之衆往而征之使其心一有出於自私而不在於天下則撫之雖勤勞之雖至而從役之士豈能不怨也哉今觀此時固足以見周公之心大公至正天下信其無有一毫自愛之私抑又以見當是之時雖被堅執銳之人亦皆能以周公之心爲心而不自爲一身一家之計蓋亦莫非聖人之徒也學者於此熟玩而有得焉則其心正大而天地之情眞可見矣

○旣破我斧ㅣ오又缺我錡(音寄叶巨何反)ㅣ나周公東征은四國是吪(音訛)ㅣ시니哀我人斯ㅣ亦孔之嘉(叶居何反)ㅣ샷다

●임의우리斧를破ᄒᆞ고ᄯᅩ우리錡를缺ᄒᆞ나周公의東으로征ᄒᆞ샤믄四國을이에吪홈이시니 우리사ᄅᆞᆷ을哀ᄒᆞ샤미ᄯᅩᄒᆞᆫ심히嘉ᄒᆞ샷다

○賦也錡鑿屬吪化嘉善也

○旣破我斧ㅣ오又缺我銶(音求)ㅣ나周公東征은四國是遒(在羞反)ㅣ시니哀我人斯ㅣ亦孔之休ㅣ샷다

●임의우리斧를破ᄒᆞ고ᄯᅩ우리銶를缺ᄒᆞ나周公의東으로征ᄒᆞ샤믄四國을이에遒홈이시니 우리사ᄅᆞᆷ을哀ᄒᆞ샤미ᄯᅩᄒᆞᆫ심히休ᄒᆞ샷다

○賦也銶木屬遒斂而固之也休美也

破斧三章章六句

范氏曰象日以殺舜爲事舜爲天子也則封之管蔡啓商以叛周公之爲相也則誅之迹雖不同其道則一也蓋象之禍及於舜而已故舜封之管蔡流言將危周公以間王室得罪於天下故周公誅之非周公誅之天下之所當誅也周公豈得而私之哉

伐柯如何오匪斧不克이니라 取(去聲)**妻如何오匪媒不得이니라**

● 柯를伐홈을엇디ᄒᆞ료斧ㅣ아니면克디못ᄒᆞᄂᆞ니라妻를取홈을엇디ᄒᆞ료媒아니면得디못ᄒᆞᄂᆞ니라

○比也柯斧柄也克能也媒通二姓之言者也○周公居東之時東人言此以比平日欲見周公之難

○伐柯伐柯ㅣ여其則不遠이로다 我遘(音姤)**之子호니籩豆有踐**(上聲)**이로다**

● 柯를伐ᄒᆞ며柯를伐홈이여그則이머디아니ᄒᆞ도다우리之子를遘호니籩과豆ㅣ踐ᄒᆞ얏도다

○比也則法也我東人自我也之子指其妻而言也籩竹豆也豆木豆也踐行列之貌○言伐柯而有斧則不過卽此舊斧之柯而得其新柯之法娶妻而有媒則亦不過卽此見之而成其同牢之禮矣東人言此以比今日得見周公之易深喜之之詞也

伐柯二章章四句

九罭(音域)**之魚ㅣ여鱒**(音尊)**魴이로다 我覯之子호니袞衣繡裳이로다**

● 九罭읫魚ㅣ여鱒과魴이로다우리之子를보니袞衣와繡裳이로다

○興也九罭九囊之網也鱒似鯶而鱗細眼赤魴已見上皆魚之美者也我東人自我也之子指周公也袞衣裳九章一曰龍二曰山三曰華蟲雉也四曰火五曰宗彝虎蜼也皆繢於衣六曰藻七曰粉米八曰黼九曰黻皆繡於裳天子之龍一升一降上公但有降龍以龍首卷然故謂之袞也○此亦周公居東之時東人喜得見之而言九罭之網則有鱒魴之魚矣我覯之子則見其袞衣繡裳之服矣

○鴻飛遵渚ᄒᆞ니公歸無所아於女(音汝)信處ㅣ시니라

●鴻이飛ᄒᆞᆷ애渚를遵ᄒᆞ나니公이歸ᄒᆞ시미所ㅣ업소랴네게信處만ᄒᆞ시니라

○興也遵循也渚小洲也女東人自相女也再宿曰信○東人聞成王將迎周公又自相謂而言鴻飛則遵渚矣公歸豈無所乎今特於女信處而已

○鴻飛遵陸ᄒᆞ니公歸不復이시리니於女信宿이시니라

●鴻이飛ᄒᆞᆷ애陸을遵ᄒᆞ나니公이歸ᄒᆞ야復디아니ᄒᆞ시리니네게信宿만ᄒᆞ시니라

○興也高平曰陸不復言將留相王室而不復來東也

○是以有袞衣兮러니無以我公歸兮ᄒᆞ야無使我心悲兮어다

●이러모로써袞衣ㅣ잇더니우리公으로써歸치마라우리ᄆᆞ음으로ᄒᆞ야곰悲케마롤지어다

○賦也承上二章言周公信處信宿於此是以東方有此服袞衣之人又願其且留於此無遽迎公以歸歸則將不復來而使我心悲也

九罭四章一章四句三章章三句

狼跋其胡ㅣ오載疐(音致)其尾로다公孫(音遜)碩膚ᄒᆞ시니赤舃(音昔)几几샷다

●狼이그胡를跋ᄒᆞ고곳그尾를疐ᄒᆞ놋다公이碩膚를孫ᄒᆞ시니赤舃이几几ᄒᆞ샷다

○興也跋躐也胡頷下懸肉也載則疐跲也老狼有胡進而躐其胡則退而跲其尾公周公也孫讓碩大膚美也赤舃冕服之舃也几几安重貌○周公雖遭疑謗然所以處之不失其常故詩人美之言狼跋其胡則疐其尾矣公遭流言之變而其安肆自得乃如此蓋其道隆德盛而安土樂天有不足言者所以遭大變而不失其常也夫公之被毁以管蔡之流言也而詩人以爲此非四國之所爲乃公自讓其大美而不居耳蓋不使讒邪之口得以加乎公之忠聖此可見其愛公之深敬公之至而其立言亦有法矣

○狼疐其尾오載跋其胡ㅣ로다公孫碩膚ᄒᆞ시니德音不瑕(叶洪孤反)ㅣ샷다

●狠이그尾를疐ᄒᆞ고곳그胡를跋ᄒᆞ놋다公이碩膚를孫ᄒᆞ시니德音이瑕치아니ᄒᆞ샷다

○興也德音猶令聞也瑕疵病也○程子曰周公之處己也夔夔然存恭畏之心其存誠也蕩蕩然無顧慮之意所以不失其聖而德音不瑕也

狼跋二章章四句

范氏曰神龍或飛或飛能大能小其變化不測然得而畜之若犬羊然有欲故也惟其可以畜之是以亦得醢而食之凡有欲之類莫不可制焉唯聖人無欲故天地萬

物不能易也富貴貧賤死生如寒暑晝夜相代乎前吾豈有二其心乎哉亦順受之而已矣舜受堯之天下不以爲泰孔子阨於陳蔡而不以爲戚周公遠則四國流言近則王不知而赤舃几几德音不瑕其致一也

豳國七篇二十七章二百三句

程元問於文中子曰敢問豳風何風也曰變風也元曰周公之際亦有變風乎曰君臣相誚其能正乎成王終疑周公則風遂變矣非周公至誠其孰卒正之哉元曰居變風之末何也曰夷王以下變風不復正矣夫子蓋傷之也故終之以豳風言變之可正也惟周公能之故係之以正變而克正危而克扶始終不失其本其惟周公乎係之豳遠矣哉○篇章籥豳詩以逆暑迎寒已見於七月之篇矣又曰祈年于田祖則籥豳雅以樂田畯祭蜡則籥豳頌以息老物則考之於詩未見其篇章之所在故鄭氏三分七月之詩以當之其道情思者爲風正禮節者爲雅樂成功者爲頌然一篇之詩首尾相應乃裂取其一節而偏用之恐無此理故王氏不取而但謂本有是詩而亡之其說近是或者又疑但以七月全篇隨事而變其音節或以爲風或以爲雅或以爲頌則於理爲通而事亦可行如又不然則雅頌之中凡爲農事而作者皆可冠以豳號其說具於大田良耜諸篇讀者擇焉可也

詩經卷之四　　朱熹集傳

小雅二

雅者正也正樂之歌也其篇本有大小之殊而先儒說又各有正變之別以今考之正小雅燕饗之樂也正大雅會朝之樂受釐陳戒之辭也故或歡欣和說以盡羣下之情或恭敬齊莊以發先王之德辭氣不同音節亦異多周公制作時所定也及其變也則事未必同而各以其聲附之其次序時世則有不可考者矣

鹿鳴之什二之一

雅頌無諸國別故以十篇爲一卷而謂之什猶軍法以十人爲什也

呦呦(音幽)**鹿鳴**(叶音芒이여) **食野之苹**(叶音旁이로다) **我有嘉賓**(ᄒᆞ야) **鼓瑟吹笙**(叶師莊反ᄒᆞ라)
吹笙鼓簧(音黃ᄒᆞ야) **承筐是將**(ᄒᆞ니) **人之好**(去聲) **我ㅣ示我周行**(叶音杭이엇다)

●呦呦ᄒᆞᆫ鹿의鳴이여野의苹을食ᄒᆞ놋다내嘉ᄒᆞᆫ賓을두어瑟을皷ᄒᆞ며笙을吹ᄒᆞ라笙을吹ᄒᆞ야 簧을皷ᄒᆞ야筐을承ᄒᆞ야이將ᄒᆞ니사ᄅᆞᆷ의날好ᄒᆞᄂᆞᆫ이내게周行을示ᄒᆞᆯ지어다

○興也呦呦聲之和也苹藾蕭也青色白莖如筋我主人也賓所燕之客或本國之臣或諸侯之使也瑟笙燕禮所用之樂也簧笙中之簧也承奉也筐所以盛幣帛者也將行也奉筐而行幣帛飮則以酬賓送酒食則以侑賓勸飽也周行大道也古者於旅也語故欲

於此聞其言也○此燕饗賓客之詩也蓋君臣之分以嚴爲主朝廷之禮以敬爲主然一於嚴敬則情或不通而無以盡其忠告之益故先王因其飮食聚會而制爲燕饗之禮以通上下之情而其樂歌又以鹿鳴起興而言其禮意之厚如此庶乎人之好我而示我以大道也記曰私惠不歸德君子不自留焉蓋其所望於羣臣嘉賓者唯在於示我以大道則必不以私惠爲德而自留矣嗚呼此其所以和樂而不淫也與

○呦呦鹿鳴이여食野之蒿ㅣ로다 我有嘉賓호니 德音孔昭叶側豪反ᄒᆞ야 視民不恌他雕反 叶音洮ㅣ니 君子是則是傚叶胡高反ㅣ로다 我有旨酒호니 嘉賓式燕以敖音翺ㅣ로다

●呦呦ᄒᆞᆫ鹿의鳴이여野의蒿를食ᄒᆞ놋다내嘉ᄒᆞᆫ賓을두니德音이심히昭ᄒᆞ야民을視ᄒᆞ야 恌치아니케ᄒᆞ니君子ㅣ이則ᄒᆞ며이傚ᄒᆞᆯ지로다내旨酒를두니嘉ᄒᆞᆫ賓이써燕ᄒᆞ야써敖ᄒᆞ놋다

○興也蒿菣也卽靑蒿也孔甚昭明也視與示同恌偸薄也敖游也○言嘉賓之德音甚明足以示民使不偸薄而君子所當則傚則亦不待言語之間而其所以示我者深矣

○呦呦鹿鳴이여食野之芩音琴이로다 我有嘉賓호니 鼓瑟鼓琴호니 鼓瑟鼓琴이여 和樂音洛이여 且湛音耽 叶持林反이로다 我有旨酒호야 以燕樂嘉賓之心이로다

●呦呦ᄒᆞᆫ鹿의鳴이여野의芩을食ᄒᆞ놋다내嘉ᄒᆞᆫ賓을두어瑟을鼓ᄒᆞ며琴을鼓ᄒᆞ니瑟을鼓ᄒᆞ며 琴을鼓홈이여和樂ᄒᆞ고또湛ᄒᆞ도다내旨酒를두어써嘉ᄒᆞᆫ賓의ᄆᆞᄋᆞᆷ을燕樂게ᄒᆞ놋다

○興也芩草名莖如釵股葉如竹蔓生湛樂之久也燕安也○言安樂其心則非止養其體娛其外而已蓋所以致其殷勤之厚而欲其教示之無已也

鹿鳴三章章八句

按序以此爲燕羣臣嘉賓之詩而燕禮亦云工歌鹿鳴四牡皇皇者華卽謂此也鄉飮酒用樂亦然而學記言大學始教宵雅肄三亦謂此三詩然則又爲上下通用之樂矣豈本爲燕羣臣嘉賓而作其後乃推而用之鄕人也與然於朝曰君臣焉於燕曰賓主焉先王以禮使臣之厚於此見矣○范氏曰食之以禮樂之以樂將之以實求之以誠此所以得其心也賢者豈以飮食幣帛爲悅哉夫婚姻不備則貞女不行也禮樂不備則賢者不處也賢者不處則豈得樂而盡其心乎

四牡騑騑(非)호니**周道倭**(威)**遲**(首)로다**豈不懷歸**리오마는**王事靡盬**(音古)ㅣ라**我心傷悲**호라

●四牡ㅣ騑騑호니周道ㅣ倭遲호도다엇디歸를懷치아니호리오마는王事를盬치못호거시라내모음애傷悲호라

○賦也騑騑行不止之貌周道大路也倭遲回遠之貌盬不堅固也○此勞使臣之詩也夫君之使臣臣之事君禮也故爲臣者奔走於王事特以盡其職分之所當爲而已何敢自以爲勞哉然君之心則不敢以是而自安也故燕饗之際叙其情而閔其勞言駕此四

牡而出使於外其道路之回遠如此當是時豈不思歸乎特以王事不可以不堅固不敢徇私以廢公是以內顧而傷悲也臣勞於事而不自言君探其情而代之言上下之間可謂各盡其道矣傳曰思歸者私恩也靡盬者公義也傷悲者情思也無私恩非孝子也無公義非忠臣也君子不以私害公不以家事辭王事范氏曰臣之事上也必先公而後私君之勞臣也必先恩而後義

○四牡騑騑ᄒᆞ니嘽嘽(音灘)駱(音洛)馬ㅣ로(叶滿補反)다 豈不懷歸리오마ᄂᆞᆫ 王事靡盬ㅣ라 不遑啓處호라

●四牡ㅣ騑騑ᄒᆞ니嘽嘽ᄒᆞᆫ駱馬ㅣ로다엇지歸를懷치아니ᄒᆞ리오마ᄂᆞᆫ王事를盬치못ᄒᆞᆯ거시라겨를ᄒᆞ야啓ᄒᆞ며處치못호라

○賦也嘽嘽衆盛之貌白馬黑鬣曰駱遑暇啓跪處居也

○翩翩(音篇)者鵻(音隹)ㅣ여 載飛載下(叶後五反)ᄒᆞ야 集于苞栩(音許)ㅣ로다 王事靡盬ㅣ라 不遑將父호라

●翩翩ᄒᆞᆫ鵻ㅣ여곳飛ᄒᆞ며곳下ᄒᆞ야苞栩애集ᄒᆞ놋다王事를盬치못ᄒᆞᆯ거시라겨를ᄒᆞ야父를將치못호라

○興也翩翩飛貌鵻夫不也今鵓鳩也凡鳥之短尾者皆隹屬將養也○翩翩者鵻猶或飛或下而集於所安之處今使人乃勞苦於外而不遑養其父此君人者所以不能自安而深以爲憂也范氏曰忠臣孝子之行役未嘗不念其親君之使臣豈待其勞苦而自傷

哉亦憂其憂如己而已矣此聖人所以感人心也

○翩翩者鵻ㅣ여 載飛載止ᄒᆞ야 集于苞杞音起로다 王事靡盬ㅣ라 不遑將母叶滿彼反호라

●翩翩ᄒᆞᄂᆞᆫ鵻ㅣ여 곳飛ᄒᆞ며 곳止ᄒᆞ야 苞杞에 集ᄒᆞ놋다 王事를 盬치 못ᄒᆞᆯ거시라 겨를ᄒᆞ야 母를 將치 못호라

○興也杞枸檵也

○駕彼四駱ᄒᆞ야 載驟駸駸音侵호니 豈不懷歸리오 是用作歌ᄒᆞ야 將母來諗深審二音라ᄒᆞ노라

●뎌四駱을 駕ᄒᆞ야 곳驟ᄒᆞᆷ을 駸駸히 ᄒᆞ니 엇디 歸를 懷치 아니ᄒᆞ리오 이에써 歌를 作ᄒᆞ야 母將ᄒᆞᆷ으로 來ᄒᆞ야 諗ᄒᆞ노라

○賦也駸駸驟貌諗告也以其不獲養父母之情而來告於君也非使人作是歌也設言其情而勞之耳獨言將母者因上章之文也

四牡五章章五句

按序言此詩所以勞使臣之來甚協詩意故春秋傳亦云而外傳以爲章使臣之勤所謂使臣雖叔孫之自稱亦正合其本事也但儀禮又以爲上下通用之樂疑亦本爲勞使臣而作其後乃移以他用耳

皇皇者華叶芳無反ㅣ여 于彼原隰이로다 駪駪所巾反 征夫ㅣ여 每懷靡及이로다

●皇皇ᄒᆞᆫ華ㅣ여뎌原이며隰에로다駪駪ᄒᆞᆫ征夫ㅣ여미양懷홈을及디못ᄒᆞᆯ듯시ᄒᆞᄂᆞ다

○興也皇皇猶煌煌也華草木之華也高平曰原下濕曰隰駪駪衆多疾行之貌征夫使臣與其屬也懷思也○此遣使臣之詩也君之使臣固欲其宣上德而達下情而臣之受命亦惟恐其無以副君之意也故先王之遣使臣也美其行道之勤而述其心之所懷曰彼煌煌之華則于彼原隰矣此駪駪然之征夫則其所懷思常若有所不及矣蓋亦因以爲戒然其辭之婉而不迫如此詩之忠厚亦可見矣

○我馬維駒ㅣ니六轡如濡ㅣ로다載馳載驅ᄒᆞ야周爰咨諏ᄒᆞᄂᆞ다

●내馬ㅣ駒ㅣ니六轡濡ᄒᆞᆫ듯ᄒᆞ도다곳馳ᄒᆞ며곳驅ᄒᆞ야두로이에咨諏ᄒᆞᄂᆞ다

○賦也如濡鮮澤也周徧爰於也咨諏訪問也○使臣自以每懷靡及故廣詢博訪以補其不及而盡其職也程子曰咨訪使臣之大務

○我馬維騏音其ㅣ니六轡如絲叶新齋反ㅣ로다載馳載驅ᄒᆞ야周爰咨謀叶莫悲反ᄒᆞᄂᆞ다

●내馬ㅣ騏ㅣ니六轡絲ᄀᆞᆺ도다곳馳ᄒᆞ며驅ᄒᆞ야두로이에咨謀ᄒᆞᄂᆞ다

○賦也如絲調忍也謀猶諏也變文以協韻耳下章放此

○我馬維駱이니六轡沃烏毒反若이로다載馳載驅ᄒᆞ야周爰咨度入聲ᄒᆞᄂᆞ다

●내馬ㅣ駱이니六轡沃ᄒᆞᆫ듯ᄒᆞ도다곳馳ᄒᆞ며곳驅ᄒᆞ야두로이에咨度ᄒᆞᄂᆞ다

○賦也沃若猶如濡也度猶謀也

○我馬維駰(音因)이니六轡旣均이로다載馳載驅(叶祛尤反)ᄒᆞ야周爰咨詢ᄒᆞᄂᆞ다

●너馬ㅣ駰이니六轡ㅣ임의均ᄒᆞ도다곳馳ᄒᆞ며곳驅ᄒᆞ야두로이에咨詢ᄒᆞᄂᆞ다

○賦也陰白雜毛曰駰均調也詢猶度也

皇皇者華五章章四句

按序以此詩爲君遣使臣春秋內外傳皆云君教使臣其說已見前篇儀禮亦見鹿鳴疑亦本爲遣使臣而作其後乃移以他用也然叔孫穆子所謂君教使臣曰每懷靡及諏謀度詢必咨於周敢不拜教可謂得詩之意矣范氏曰王者遣使於四方教之以咨諏善道將以廣聰明也夫臣欲助其君之德必求賢以自助故臣能從善則可以善君矣臣能聽諫則可以諫君矣未有不自治而能正君者也

常棣之華ㅣ여鄂(五各反)不韡韡(音偉)아凡今之人은莫如兄弟(待禮反)니라

●常棣의華ㅣ여鄂히韡韡치아니냐므릇이제ᄉᆞᄅᆞᆷ은兄弟만ᄀᆞᆺᄐᆞᆫ이업ᄉᆞᆫ이라

○興也常棣棣也子如櫻桃可食鄂鄂然外見之貌不猶豈不也韡韡光明貌○此燕兄弟之樂歌故言常棣之華則其鄂然而外見者豈不韡韡乎凡今之人則豈有如兄弟者乎

○死喪之威애兄弟孔懷(叶胡威反)ᄒᆞ며原隰裒(薄侯反)矣애兄弟求矣ᄒᆞᄂᆞ니라

●死喪의威ᄒᆞᆫ디兄弟ㅣ심히懷ᄒᆞ며原隰에裒ᄒᆞᆫ디兄弟ㅣ求ᄒᆞᄂᆞ니라

○賦也威畏懷思裒聚也○言死喪之禍他人所畏惡惟兄弟爲相恤耳至於積尸裒聚於原野之間亦惟兄弟爲相求也此詩蓋周公旣誅管蔡而作故此章以下專以死喪急難鬪鬩之事爲言其志切其情哀乃處兄弟之變如孟子所謂其兄關弓而射之則己垂涕泣而道之者序以爲閔管蔡之失道者得之而又以爲文武之詩則誤矣大抵舊說詩之時世皆不足信擧此自相矛看者以見其一端後不能悉辨也

○**脊**(音積)**令**(音零)**在原**ᄒᆞ니**兄弟急難**(叶泥沿反)이로다**每有良朋**이나**況也永歎**(音灘叶他涓反)이니라

●脊令이原애이시니兄弟ㅣ急難에ᄒᆞᆷ이로다미양良朋이이시나기리歎ᄒᆞᆯ만ᄒᆞᄂᆞ니라

○興也脊令雝渠水鳥也況發語辭或曰當作怳○脊令飛則鳴行則搖有急難之意故以起興而言當此之時雖有良朋不過爲之長歎息而已力或不能相及也東萊呂氏曰疎其所親而親其所疎此失其本心者也故此詩反覆言朋友之不如兄弟蓋示之以親疎之分使之反循其本也本心旣得則由親及疎秩然有序兄弟之親旣篤朋友之義亦敦矣初非薄於朋友也苟雜施而不孫雖曰厚於朋友如無源之水朝滿夕除胡可保哉或曰人之在難朋友亦可以坐視與曰民有良朋況也永歎則非不憂憫但視兄弟急難爲有差等耳詩人之詞容有抑揚然常棣周公作也聖人之言小大高下皆宜而前後左右不相悖

○兄弟鬩(許歷反)于牆이나外禦其務(音侮)ㅣ니每有良朋이나烝(之承反)也無戎(叶而主反)이니라

●兄弟ㅣ牆에셔鬩ᄒᆞ나밧그로務를禦ᄒᆞᄂᆞ니라미양良朋이이시나戎홈이업ᄂᆞ니라

○賦也鬩鬪狠也禦禁也烝發語聲戎助也○言兄弟設有不幸鬪狠于內然有外侮則同心禦之矣雖有良朋豈能有所助乎富辰曰兄弟雖有少忿不廢懿親

○喪亂既平ᄒᆞ야既安且寧ᄒᆞ면雖有兄弟ㅣ나不如友生(叶桑經反)이로다

●喪亂이이의平ᄒᆞ야이의安ᄒᆞ고ᄯᅩ寧ᄒᆞ면비록兄弟이시나友生만ᄀᆞᆺ지녀기디아니ᄒᆞᄂᆞ다

○賦也上章言患難之時兄弟相救非朋友可比此章遂言安寧之後乃有視兄弟不如友生者悖理之甚也

라

○儐(賓胤反)爾籩豆ᄒᆞ야飮酒之飫(於慮反)ㅣ라두兄弟既具ㅣ라아和樂(音洛)且孺ㅣ니

●네籩豆를儐ᄒᆞ야酒飮홈을염어이ᄒᆞ야두兄弟이의具ᄒᆞ야아和樂ᄒᆞ고ᄯᅩ孺ᄒᆞᄂᆞ니라

○賦也儐陳飫饜具俱也孺小兒之慕父母也○言陳籩豆以醉飽而兄弟有不具焉則無與共享其樂矣

라

○妻子好(去聲)合이如鼓瑟琴이라두兄弟既翕(音吸)이라아和樂且湛(音耽叶持林反)이니

●妻子의好合홈이琴瑟을鼓ᄒᆞᆫ듯ᄒᆞ야두兄弟ㅣ이믜翕ᄒᆞ야아和樂ᄒᆞ고또湛ᄒᆞᄂᆞ니라

○賦也翕合也○言妻子好合如琴瑟之和而兄弟有不合焉則無以久其樂矣

○**宜爾室家**叶古胡反ᄒᆞ며**樂爾妻帑**音노奴**是究是圖**ㅣ면**亶其然乎**ᄂᆞᆫ뎌

●네室家를宜케ᄒᆞ며네妻帑를樂케홈을일로究ᄒᆞ며일로圖ᄒᆞ면그그러홈을미드린뎌

○賦也帑子究窮圖謀亶信也○宜爾室家者兄弟具而後樂且孺也樂爾妻帑者兄弟翕而後樂且湛也兄弟於人其重如此試以是究而圖之豈不信其然乎東萊呂氏曰告人以兄弟之當親未有不以爲然者也苟非是究是圖實從事於此則亦未有誠知其然者也不誠知其然則所知者特其名而已矣凡學蓋莫不然

常棣八章章四句

此詩首章畧言至親莫如兄弟之意次章乃以意外不測之事言之以明兄弟之情其切如此三章但言急難則淺於死喪矣至於四章則又以其情義之甚薄而猶有所不能已者言之其序若曰不待死喪然後相收但有急難便當相助言又不幸而至於或有小忿猶必共禦外侮其所以言之者雖若益輕以約而所以著夫兄弟之義者益深且切矣至於五章遂言安寧之後乃謂兄弟不如友生則是至親反爲路人而人道或幾乎息矣故下兩章乃復極言兄弟之恩異形同氣死生苦樂無適而不相須之意卒章又申告之使反復窮極而驗其信然可謂委曲漸次說盡人情矣

讀者宜深味之

伐木丁丁(音爭)이어놀 鳥鳴嚶嚶(音鶯)ᄒᆞᄂᆞ니 出自幽谷ᄒᆞ야 遷于喬木(去聲)ᄒᆞ놋다 嚶其鳴矣여 求其友聲이로다 相(去聲)彼鳥矣혼딘 猶求友聲이온 矧伊人矣단 不求友生가(叶桑經反) 神之聽之ᄒᆞ야 終和且平이니라

● 木을伐홈을丁丁히ᄒᆞ거놀鳥ㅣ鳴홈을嚶嚶히ᄒᆞᄂᆞ니出홈을幽谷으로브터ᄒᆞ야喬木의遷ᄒᆞ놋다嚶하고鳴홈이여그벗을求ᄒᆞᄂᆞᆫ소리로다뎌鳥를본디오히려벗을求ᄒᆞᄂᆞᆫ소리를ᄒᆞ곤ᄒᆞ믈며사ᄅᆞᆷ이단友生을求치아닐것가神이聽ᄒᆞ야ᄆᆞᄎᆞᆷ내和ᄒᆞ고또平ᄒᆞᄂᆞ니라

○興也丁丁伐木聲嚶嚶鳥聲之和也幽深遷升喬高相視矧況也○此燕朋友故舊之樂歌故以伐木之丁丁興鳥鳴之嚶嚶而言鳥之求友遂以鳥之求友喩人之不可無友也人能篤朋友之好則神之聽之終和且平矣

○伐木許許(音虎)ㅣ어놀 釃酒有藇(音序)ㅣ로다 既有肥羜(音佇)ᄒᆞ야 以速諸父호니 寧適不來언뎡 微我弗顧(叶居五反)ㅣ니라 於(音烏)粲洒(去聲)埽(去聲 叶蘇吼反)ᄒᆞ고 陳饋八簋(叶己有反)호라 既有肥牡ᄒᆞ야 以速諸舅호니 寧適不來언뎡 微我有咎ㅣ니라

● 木을伐홈을許許히ᄒᆞ거놀釃ᄒᆞᆫ酒ㅣ藇ᄒᆞ도다이믜肥ᄒᆞᆫ羜를두어써 諸父를블로니찰하리마초와오디아닐ᄲᅮᆫ이언뎡나ᄂᆞᆫ顧티아니미업ᄉᆞᆯ지니라於ㅣ라粲히灑掃ᄒᆞ고饋를陳홈을八簋ᄂᆞᆯ호라이믜肥ᄒᆞᆫ牡를두워써諸舅를브로니찰하리마초와오디아닐ᄲᅮᆫ이언뎡나ᄂᆞᆫ咎ㅣ이시믈업게홀디니라

○興也許許衆人共力之聲淮南子曰擧大木者呼邪許蓋擧重勸力之歌也釃酒者或以筐或以草泲之而去其糟也禮所謂縮酌用茅是也藇美貌羜未成羊也速召也諸父朋友之同姓而尊者也微無顧念也於歎辭粲鮮明貌八簋器之盛也諸舅朋友之異姓而尊者也先諸父而後諸舅者親疎之殺也咎過也○言具酒食以樂朋友如此寧使彼適有故而不來而無使我恩意之不至也孔子曰所求乎朋友先施之未能也此可謂能先施矣

○伐木于阪(叶孚飜反)이어놀 釃酒有衍이로다 籩豆有踐(上聲)ᄒᆞ니 兄弟無遠이로다 民之失德은 乾餱(音侯)以愆(叶起淺反)이니 有酒湑(上聲)我ㅣ며 無酒酤(音古)我ㅣ며 坎坎鼓我ㅣ며 蹲蹲(音存)舞我ᄒᆞ야 迨(音待)我暇(叶後五反)矣ᄒᆞ야 飮此湑矣로리라

●木을阪에셔伐ᄒᆞ거놀釃ᄒᆞᆫ酒ㅣ衍ᄒᆞ도다籩과豆ㅣ踐ᄒᆞ엿시니兄弟ㅣ면이업도다 民의德을失홈은乾餱로써愆ᄒᆞᄂᆞ니酒ㅣ잇거든너湑ᄒᆞ며酒ㅣ업거든너酤ᄒᆞ며坎坎히너鼓ᄒᆞ며蹲蹲히너舞ᄒᆞ야 너의暇를미처이湑를飮호리라

○興也衍多也踐陳列貌兄弟朋友之同儕者無遠皆在也先諸舅而後兄弟者尊卑之等也乾餱食之薄者也愆過也湑亦釃也酤買也坎坎擊鼓聲蹲蹲舞貌迨及也○言人之所以至於失朋友之義者非必有大故或但以乾餱之薄不以分人而至於有愆耳故我於朋友不計有無但及閒暇則飮酒以相樂也

伐木三章章十二句

劉氏曰此詩每章首輒云伐木凡三云伐木故知當爲三章舊作六章誤矣今從其說正之

天保定爾ㅣ亦孔之固ㅣ샷다 俾爾單(音丹)厚ㅣ어시니 何福不除(去聲)ㅣ리오 俾爾多益이라 以莫不庶ㅣ로다

●天이너를保定홈이ᄯᅩ혼심히固ᄒᆞ샷다너로하여곰다厚케ᄒᆞ거시니어ᄂᆡ福이除티아니ᄒᆞ리오널로ᄒᆞ여곰히益케ᄒᆞ논디라ᄡᅥ庶리아님이업도다

○賦也保安也爾指君也固堅單盡也除除舊而生新也庶衆也○人君以鹿鳴以下五詩燕其臣臣受賜者歌此詩以答其君言天之安定我君使之獲福如此也

○天保定爾ᄒᆞ샤 俾爾戩(音翦)穀이샷다 罄無不宜ᄒᆞ야 受天百祿이어시ᄂᆞᆯ 降爾遐福ᄒᆞ샤ᄃᆡ 維日不足이샷다

●天이너를保定ᄒᆞ샤널로ᄒᆞ여곰다穀케ᄒᆞ샷다다맛당티아니미업셔 天의百祿을受ᄒᆞ거시ᄂᆞᆯ네게먼福을누리오샤ᄃᆡ날로足디몯ᄒᆞ야ᄒᆞ샷다

○賦也聞人氏曰戩與翦同盡也穀善也盡善云者猶其曰單厚多益也罄盡遐遠也爾有以受天之祿矣而又降爾以福言天人之際交相與也書所謂昭受上帝天其申命用休語意正如此

○天保定爾ᄒᆞ사以莫不興이라如山如阜ᄒᆞ며如岡如陵ᄒᆞ며如川之方至ᄒᆞ야以莫不增이로다

●天이너를保定ᄒᆞ샤써興티아니미업슨디라山ᄀᆞᄐᆞ며阜ᄀᆞᄐᆞ며岡ᄀᆞᄐᆞ며陵ᄀᆞᄐᆞ며川이바야ᄒᆞ로至홈ᄀᆞᄐᆞ야써增치아니미업도다

○賦也興盛也高平曰陸大陸曰阜大阜曰陵皆高大之意川之方至言其盛長之未可量也

○吉蠲音娟爲饎音熾ᄒᆞ야是用孝享叶虛良反ᄒᆞ야禴音藥祠烝嘗을于公先王ᄒᆞ시니君曰卜爾ᄒᆞ샤ᄃᆡ萬壽無疆이샷다

●吉ᄒᆞ며蠲ᄒᆞ야饎를ᄒᆞ야이에써孝로享ᄒᆞ야禴이며祠ㅣ며烝이며嘗을公과先王ᄭᅴᄒᆞ시니君이ᄀᆞᆯᄋᆞ샤ᄃᆡ너를卜ᄒᆞ노라ᄒᆞ샤ᄃᆡ萬壽ㅣ疆업스모로ᄒᆞ샷다

○賦也吉言諏日擇士之善蠲言齊戒滌濯之潔饎酒食也享獻也宗廟之祭春曰祠夏曰禴秋曰嘗冬曰烝公先公也謂后稷以下至公叔祖類也先王大王以下也君通謂先公先王也卜猶期也此尸傳神意以嘏主人之詞文王時周未有曰先王者此必武王以後所作也

○神之弔音的矣라詒音怡爾多福叶筆力反이며民之質矣라日用飮食이로소니羣黎百姓이徧爲爾德이로다

●神이吊ᄒᆞᆫ디라네게多福을詒ᄒᆞ며民이質ᄒᆞᆫ디라日로用ᄒᆞ고飮食만ᄒᆞ노소니모ᄃᆞᆫ黎ᄒᆞᆫ百姓이다네德을ᄒᆞ놋다

○賦也弔至也神之至矣猶言祖考來格也詒遺質實也言其質實無僞日用飮食而已羣衆也黎黑也猶秦言黔首也百姓庶民也爲爾德者則而衆之猶助爾而爲德也

○如月之恒ᄒᆞ며如日之升ᄒᆞ며如南山之壽ᄒᆞ야不騫音牽不崩ᄒᆞ며如松栢之茂ᄒᆞ야無不爾或承이로다

●月의恒홈ᄀᆞᆺᄐᆞ며日의升홈ᄀᆞᆺᄐᆞ며南山의壽홈ᄀᆞᆺᄐᆞ야騫티아니ᄒᆞ며崩티아니ᄒᆞ며松과栢의茂홈ᄀᆞᆺᄐᆞ야너를或도닛디아니미업도다

○賦也恒弦升出也月上弦而就盈日始出而就明騫虧也承繼也言舊葉將落而新葉已生相繼而長茂也

天保六章章六句

采薇采薇여薇亦作叶則故反止엇다曰歸曰歸여歲亦莫音暮止리로다靡室靡家叶古呼反ㅣ玁音險狁音允之故ㅣ며不遑啓居ㅣ玁狁之故ㅣ니라

●薇를采ᄒᆞ며薇를采홈이여薇ᄯᅩᄒᆞᆫ作ᄒᆞ것다歸ᄒᆞ며歸홈이여歲ᄯᅩᄒᆞᆫ莫ᄒᆞ리로다室티못ᄒᆞ며家티못홈이玁狁의故ㅣ며계를ᄒᆞ야啓ᄒᆞ며居티못홈이玁狁의故ㅣ니라

○興也薇采名作生出地也莫晩靡無也玁狁北狄也遑暇啓跪也○此遣戍役之詩以

其出戍之時采薇以食而念歸期之遠也故爲其自言而以采薇起興曰采薇采薇則薇亦作止矣曰歸曰歸則歲亦莫止矣然凡此所以使我舍其室家而不暇啓居者非上之人故爲是以苦我也直以玁狁侵陵之故有所不得已而然耳蓋叙其勤苦悲傷之情而又風以義也程子曰毒民不由其上則人懷敵愾之心矣又曰古者戍役兩朞而還今年春莫行明年夏代者至復留備秋至過十一月而歸又明年中春至春莫遣次戍者每秋與冬初兩番戍者皆在疆圉如今之防秋也

○采薇采薇여 薇亦柔止엇다 曰歸曰歸여 心亦憂止로다 憂心烈烈ᄒᆞ야 載飢載渴叶巨烈反ᄒᆞ야 我戍未定이니 靡使歸聘이로다

● 薇를采ᄒᆞ며薇를采홈이여薇ᄯᅩᄒᆞᆫ柔ᄒᆞ것다歸ᄒᆞ며歸홈이여ᄆᆞᄋᆞᆷ이ᄯᅩᄒᆞᆫ憂홈도다心에憂홈을烈烈히ᄒᆞ야곳飢ᄒᆞ며곳渴ᄒᆞ노라우리戍ㅣ定티못ᄒᆞ니ᄒᆞ여곰歸ᄒᆞ야聘ᄒᆞ리업도다

○興也柔始生而弱也烈烈憂貌載則也定止聘問也○言戍人念歸期之遠而憂勞之甚然戍事未已則無人可使歸而問其室家之安否也

○采薇采薇여 薇亦剛止엇다 曰歸曰歸여 歲亦陽止리로다 王事靡盬ㅣ라 不遑啓處ᄒᆞ니 憂心孔疚叶訖力反ㅣ나 我行不來叶六直反ㅣ니라

● 薇를采ᄒᆞ며薇를采홈이여薇ᄯᅩᄒᆞᆫ剛ᄒᆞ것다歸ᄒᆞ며歸홈이여歲ᄯᅩᄒᆞᆫ陽이리로라王事를盬티못ᄒᆞᆯ거시라겨를ᄒᆞ야啓ᄒᆞ며處티못ᄒᆞ니心에憂홈을심히疚히ᄒᆞ나우리行은來티못ᄒᆞᆯ써시니라

○興也剛旣成而剛也陽十月也時純陰用事嫌於無陽故名之曰陽月也孔甚疚病也來歸也此見士之竭力致死無還心也

○彼爾維何오 維常之華ㅣ로(叶芳無反다) 彼路斯何오 君子之車ㅣ로(叶尺奢反다) 戎車旣駕ᄒᆞ니 四牡業業이로다 豈敢定居ㅣ리오 一月三捷이로다

●뎌爾ᄒᆞᆫ것슨므섯고常의華ㅣ로다뎌路ᄂᆞᆫ므섯고君子의車ㅣ로다戎車ㅣ임의 駕ᄒᆞ니四牡ㅣ業業ᄒᆞ도다엇지敢히定ᄒᆞ야居ᄒᆞ리오一月에三捷ᄒᆞ놋다

○興也爾華盛貌常常棣也路戎車也君子謂將帥也業業壯也捷勝也○彼爾然而盛者常棣之華也彼路車者君子之事也戎車旣駕而四牡盛矣則何敢以定居乎庶乎一月之間三戰而三捷矣

○駕彼四牡ᄒᆞ니 四牡騤騤(求龜反)ㅣ로다 君子所依오 小人所腓(音肥)로다 四牡翼翼ᄒᆞ니 象弭(音米)魚服(叶蒲北反)이로다 豈不日戒(叶訖力反)리오 玁狁孔棘이로다

●뎌四牡를駕ᄒᆞ니四牡ㅣ騤騤ᄒᆞ도다君子의依ᄒᆞᄂᆞᆫ배오小人의腓ᄒᆞᄂᆞᆫ배로다四牡ㅣ翼翼ᄒᆞ니象으로ᄒᆞᆫ弭오魚로ᄒᆞᆫ服이로다엇디날로경계치아니ᄒᆞ리오玁狁이심히棘ᄒᆞ도다

○賦也騤騤强也依猶乘也腓猶芘也程子曰腓隨動也如足之腓足動則隨而動也翼翼行列整治之狀象弭以象骨飾弓弰也魚獸名似豬東海有之其皮背上斑文腹下純靑可爲弓鞬矢服也戒警棘急也○言戎車者將帥之所依乘戍役之所芘倚且其行列整治而器械精好如此豈不日相警戒乎玁狁之難甚急誠不可以忘備也

○昔我往矣에楊柳依依러니今我來思엔雨去聲雪霏霏芳菲反로다行道遲遲ᄒᆞ야載渴載飢호라我心傷悲어ᄂᆞᆯ莫知我哀叶於希反ᄒᆞᄂᆞ다

●네우리갈제楊柳ㅣ依依ᄒᆞ더니이제우리올제ᄂᆞᆫ雨ᄒᆞᄂᆞᆫ雪이霏霏ᄒᆞ놋다 行ᄒᆞᄂᆞᆫ道ㅣ遲遲ᄒᆞ야곳渴ᄒᆞ며곳飢호라우리ᄆᆞ음이傷悲ᄒᆞ거ᄂᆞᆯ우리哀를아디못ᄒᆞ놋다

○賦也楊柳蒲柳也霏霏雪甚貌遲遲長遠也○此章又設爲役人預自道其歸時之事以見其勤勞之甚也程子曰此皆極道其勞苦憂傷之情也上能察其情則雖勞而不怨雖憂而能勵矣范氏曰予於采薇見先王以人道使人後世則牛羊而已矣

采薇六章章八句

我出我車를于彼牧叶莫狄反호라自天子所ᄒᆞ야謂我來叶六直反로다召彼僕夫ᄒᆞ야謂之載叶節力反矣오王事多難去聲이라維其棘矣라호

●내내車를出홈을뎌牧에호라天子ㅅ所로브터내來호라니로라뎌僕夫를블러載ᄒᆞ라니ᄅᆞ고王事ㅣ難이한디라그棘히홀써시라호라

○賦也牧郊外也自從也天子周王也僕夫御夫也○此勞還率之詩追言其始受命出征之時出車於郊外而語其人曰我受命於天子之所而來於是乎召僕夫使之載其車以行而戒之曰王事多難是行也不可以緩矣

○我出我車를于彼郊音高矣오設此旐音兆矣며建彼旄音毛矣니彼旟

音餘旐斯ㅣ胡不旆旆(叶蒲寐反)리오 憂心悄悄ᄒᆞ니 僕夫況瘁(音悴)로다

●너ㅣ車를出홈을뎌郊에ᄒᆞ고이旐를設ᄒᆞ며뎌旄를建ᄒᆞ니뎌旟ㅣ며旐ㅣ엇지旆旆티아니ᄒᆞ리오心에憂홈을悄悄히ᄒᆞ니僕夫ㅣ이에瘁ᄒᆞ놋다

○賦也郊在牧內蓋前軍已至牧而後軍猶在郊也設陳也龜蛇曰旐建立也旄注旄於旗干之首也鳥隼曰旟鳥隼龜蛇曲禮所謂前朱雀而後玄武也楊氏曰師行之法四方之星各隨其方以爲左右前後進退有度各司其局則士無失伍離次矣旆旆飛揚之貌悄悄憂貌況玆也或云當作怳○言出車在郊建設旗幟彼旗幟者豈不旆旆而飛揚乎但將帥方以任大責重爲憂而僕夫亦爲之恐懼而憔悴耳東萊呂氏曰古者出師以喪禮處之命下之日士皆泣涕夫子之言行三軍亦曰臨事而懼皆此意也

○王命南仲ᄒᆞ샤 往城于方ᄒᆞ시니 出車彭彭(叶鋪郞反)ᄒᆞ며 旂旐央央이로다 天子命我ᄒᆞ샤 城彼朔方ᄒᆞ시니 赫赫南仲이여 玁狁于襄이로다

●王이南仲을命ᄒᆞ샤 가方의城ᄒᆞ라ᄒᆞ시니車를出홈에彭彭ᄒᆞ며旂와旐ㅣ央央ᄒᆞ도다 天子ㅣ나를命ᄒᆞ샤뎌朔方에城ᄒᆞ시니赫赫ᄒᆞᆫ南仲이여玁狁을襄ᄒᆞ도다

○賦也王周王也南仲此時大將也方朔方今靈夏等州之地彭彭衆盛貌交龍爲旂此所謂左靑龍也央央鮮明也赫赫威名光顯也襄除也或曰上也與懷山襄陵之襄同言勝之也○東萊呂氏曰大將傳天子之命以令軍衆於是車馬衆盛旂旐鮮明威靈氣燄赫然動人矣兵事以哀敬爲本而所尙則威二章之戒懼三章之奮揚並行而不相悖也

程子曰城朔方而玁狁之難除禦戎狄之道守備爲本不以攻戰爲先也

○昔我往矣에 黍稷方華 叶芳無反 ㅣ러니 今我來思엔 雨雪載塗ㅣ로다 王事多難이라 不遑啓居호니 豈不懷歸리오마는 畏此簡書ㅣ니라

●네너갈제黍와稷이보야흐로華ㅎ엿더니이제너오믜는雪이雨ㅎ야곳塗ㅎ도다王事ㅣ 難이한디라겨를ㅎ야啓ㅎ며居티못호니엇지歸를懷티아니ㅎ리오마는이簡書를저헤니라

○賦也華盛也塗凍釋而泥塗也簡書戒命也鄰國有急則以簡書相戒命也或曰簡書策命臨遣之詞也○此言其旣歸在塗而本其往時所見與今還時所遭以見其出之久也東萊呂氏曰采薇之所謂往遣戍時也此詩之所謂往在道時也采薇之所謂來戍畢時也此詩之所謂來歸而在道時也

○喓喓 音腰 草蟲이며 趯趯 音剔 阜螽이로다 未見君子ㅣ라 憂心忡忡 音充 호니 旣見君子라야 我心則降 音杭 叶胡攻反 이로다 赫赫南仲이여 薄伐西戎이로다

●喓喓ㅎ는草蟲이며趯趯ㅎ는阜螽이로다 君子를보디못혼디라心에憂홈을忡忡히호니이믜君子를보와야너마옴이곳降ㅎ리로다赫赫혼南仲이여잠깐西戎을伐ㅎ놋다

○賦也此言將帥之出征也其室家感時物之變而念之以爲未見而憂之如此必旣見然後心可降耳然此南仲今何在乎方往伐西戎而未歸也豈旣卻玁狁而還師以伐昆夷也與薄之爲言聊也蓋不勞餘力矣

○春日遲遲라卉(音諱)木萋萋(音妻)ㅣ며倉庚喈喈(音皆 居奚反)ㅣ며采蘩祁祁ㅣ놀이執訊(音信)獲醜ᄒᆞ야薄言還(音旋)歸ᄒᆞ니赫赫南仲이여玁狁于夷로다

●春日이遲遲ᄒᆞ더라卉木이萋萋ᄒᆞ며倉庚이喈喈ᄒᆞ며蘩을采홈을祁祁히ᄒᆞ거놀訊을執ᄒᆞ며醜를獲ᄒᆞ야잠ᄭᆞᆫ還ᄒᆞ야歸ᄒᆞ니赫赫ᄒᆞᆫ南仲이여玁狁을夷ᄒᆞ도다

○賦也卉草也萋萋盛貌倉庚黃鸝也喈喈聲之和也訊其魁首當訊問者也醜徒衆也夷平也○歐陽氏曰述其歸時春日暄妍草木榮茂而禽鳥和鳴於此之時執訊獲醜而歸豈不樂哉鄭氏曰此時亦伐西戎獨言平玁狁者玁狁大故以爲始以爲終

出車六章章八句

有杕(音第)之杜ㅣ며有睆(音莞)其實이로다王事靡盬ㅣ라繼嗣我日이로다日月陽止라女心傷止니征夫遑止로다

●杕ᄒᆞᆫ杜ㅣ여睆ᄒᆞᆫ그實이로다王事를盬티몯ᄒᆞᆯ서시라우리日을繼嗣ᄒᆞ놋다日月이陽인더라女의心이傷ᄒᆞ니征夫ㅣ遑ᄒᆞᆯ셔로다

○賦也睆實貌嗣續也陽十月也遑暇也○此勞還役之詩故追述其未還之時室家感於時物之變而思之曰特生之杜有睆其實則秋冬之交矣而征夫以王事出乃以日繼日而無休息之期至于十月可以歸而猶不至故女心悲傷而曰征夫亦可以暇矣曷爲而不歸哉或曰與也下章倣此

○有杕之杜ㅣ여 其葉萋萋ㅣ로다 王事靡盬ㅣ라 我心傷悲호라 卉木萋止ㅣ라 女心悲止ㅣ니 征夫歸止ㅣ로다

●杕ᄒᆞᆫ杜ㅣ여그葉이萋萋ᄒᆞ도다王事를盬티못ᄒᆞᆯ셔시라우리ᄆᆞᄋᆞᆷ이傷悲호라卉木이萋ᄒᆞᆫ디라女의心이悲ᄒᆞ니征夫ㅣ歸ᄒᆞᆯ셔로다

○賦也萋萋盛貌春將暮之時也歸止可以歸也

○陟彼北山ᄒᆞ야 言采其杞호라 王事靡盬ㅣ라 憂我父母(叶滿洧反)ㅣ로다 檀車幝幝(音闡)ᄒᆞ며 四牡痯痯(音管叶古轉反)ᄒᆞ니 征夫不遠이로다

●뎌北山에陟ᄒᆞ야그杞를采호라王事를盬티못ᄒᆞᆯ셔시라우리父母를憂케ᄒᆞ놋다 檀車ㅣ幝幝ᄒᆞ며四牡ㅣ痯痯ᄒᆞ니征夫ㅣ머디아니ᄒᆞ도다

○賦也檀木堅宜爲車幝幝敝貌痯痯罷貌○登山采杞則春已暮而杞可食矣蓋託以望其君子而念其以王事詒父母之憂也然檀車之堅而敝矣四牡之壯而罷矣則征夫之歸亦不遠矣

○匪載匪來(叶六直反)라 憂心孔疚(叶訖力反)ㅣ어늘 期逝不至(叶朱力反)라 而多爲恤이로다 卜筮偕止(叶舉里反)ᄒᆞ야 會言近止(叶渠紀反)ᄒᆞ니 征夫邇止ㅣ로다

●載티아니며來티아니ᄒᆞ논디라心에憂홈을심히疚ᄒᆞ거늘期ㅣ逝호ᄃᆡ至티아니ᄒᆞ논디라근심되오미多ᄒᆞ도다卜과筮ㅣ偕ᄒᆞ야會ᄒᆞ야닐오ᄃᆡ近타ᄒᆞ니征夫ㅣ邇ᄒᆞ얏도다

○賦也載裝疚病逝往恤憂偕俱會合也○言征夫不裝載而來歸固已使我念之而甚病矣況歸期已過而猶不至則使我多爲憂恤宜如何哉故且卜且筮相襲俱作合言於繇而皆曰近矣則征夫其亦邇而將至矣范氏曰以卜筮終之言思之切而無所不爲也

杕杜四章章七句

鄭氏曰遣將帥及戍役同歌同時欲其同心也反而勞之異歌異日殊尊卑也記曰賜君子小人不同日此其義也王氏曰出而用兵則均服同食一衆心也入而振旅則殊尊卑辨貴賤定衆志也范氏曰出車勞率故美其功杕杜勞衆故極其情先王以己之心爲人之心故能曲盡其情使民忘其死以忠於上也

南陔

此笙詩也有聲無詞舊在魚麗之後以儀禮考之其篇次當在此今正之說見華黍

鹿鳴之什十篇一篇無詞凡四十六章二百九十七句

白華之什二之二

毛公以南陔以下三篇無辭故升魚麗以足鹿鳴什數而附笙詩三篇於其後因以南有嘉魚爲次什之首今悉依儀禮正之

白華

笙詩也說見上下篇

華黍

亦笙詩也鄕飮酒禮鼓瑟而歌鹿鳴四牡皇皇者華然後笙入堂下磬南北面立樂南陔白華華黍燕禮亦鼓瑟而歌鹿鳴四牡皇華然後笙入立于縣中奏南陔白華華黍南陔以下今無以考其名篇之義然曰笙曰樂曰奏而不言歌則有聲而無詞明矣所以知其篇第在此者意古經篇題之下必有譜焉如投壺魯鼓薛鼓之節而亡之耳

魚麗(音離)**于罶**(音柳酒叶主)與ᄒᆞ**鱨**(音常)**鯊**(音沙叶蘇何反)로다**君子有酒**ᄒᆞ니**旨且多**ㅣ로다

● 魚ㅣ罶에麗ᄒᆞ니鱨과鯊ㅣ로다君子ㅣ酒를두니旨ᄒᆞ고또多ᄒᆞ도다

○興也麗歷也以罶曲薄爲笱而承梁之空者也鱨揚也今黃頰魚是也似燕頭魚身形厚而長大頰骨正黃魚之大而有力解飛者鯊鮀也魚狹而小常張口吹沙故又名吹沙君子指主人旨且多旨而又多也○此燕饗通用之樂歌卽燕饗所薦之羞而極道其美且多見主人禮意之勤以優賓也或曰賦也下二章放此

○**魚麗于罶**ᄒᆞ니**魴鱧**(音禮)로다**君子有酒**ᄒᆞ니**多且旨**로다

● 魚ㅣ罶에麗ᄒᆞ니魴과鱧로다君子ㅣ酒를두니多ᄒᆞ고또旨ᄒᆞ도다

○興也鱧鮦也又曰鯇也

○魚麗于罶ᄒᆞ니鰋音偃鯉로다君子有酒ᄒᆞ니旨且有叶羽己反ㅣ로다

●魚ㅣ罶애麗ᄒᆞ니鰋과鯉로다君子ㅣ酒를두니旨ᄒᆞ고ᄯᅩ有ᄒᆞ도다

○興也鰋鮎也有猶多也

○物其多矣니維其嘉叶居何反矣로다

●物이그多ᄒᆞ니그嘉ᄒᆞ도다

○賦也

○物其旨矣니維其偕叶擧里反矣로다

●物이그旨ᄒᆞ니그偕ᄒᆞ도다

○賦也

○物其有叶羽己反矣니維其時叶上紙反矣로다

●物이有ᄒᆞ니그時ᄒᆞ도다

○賦也蘇氏曰多則患其不嘉旨則患其不齊有則患其不時今多而能嘉旨而能齊有而能時言曲全也

魚麗六章三章章四句三章章二句

按儀禮鄕飮酒及燕禮前樂既畢皆間歌魚麗笙由庚歌南有嘉魚笙崇丘歌南山

有臺笙由儀間代也言一歌一吹也然則此六者葢一時之詩而皆爲燕饗賓客上下通用之樂毛公分魚麗以足前什而說者不察遂分魚麗以上爲文武詩嘉魚以下爲成王詩其失甚矣

由庚

此亦笙詩說見魚麗

南有嘉魚ᄒᆞ니烝然罩罩(音笊)ㅣ로다 君子有酒ᄒᆞ니嘉賓式燕以樂(音洛叶五教反)이로다

●南애嘉魚ㅣ이시니烝然히罩ᄒᆞ며罩ᄒᆞᄂᆞ다君子ㅣ酒를두니嘉ᄒᆞᆫ賓으로써燕ᄒᆞ야써樂ᄒᆞᄂᆞ다

○興也南謂江漢之間嘉魚鯉質鱒鯽肌出於沔南之丙穴烝然發語聲也罩篧也編細竹以罩魚者也重言罩罩非一之詞也○此亦燕饗通用之樂故其辭曰南有嘉魚則必烝然而罩罩之矣君子有酒則必與嘉賓共之而式燕以樂矣此亦因所薦之物而道達主人樂賓之意也

○南有嘉魚ᄒᆞ니烝然汕汕(音訕)이로다 君子有酒ᄒᆞ니嘉賓式燕以衎(音看)이로다

●南애嘉魚ㅣ이시니烝然히汕ᄒᆞ며汕ᄒᆞᄂᆞ다君子ㅣ酒를두니嘉ᄒᆞᆫ賓으로써燕ᄒᆞ야써衎ᄒᆞᄂᆞ다

○興也汕樔也以薄汕魚也衎樂也

○南有樛(音鳩)木ᄒᆞ니甘瓠(音護)纍(音雷)之로다 君子有酒ᄒᆞ니嘉賓式燕綏之로다

●南애樛木이이시니甘ᄒᆞᆫ瓠ㅣ纍ᄒᆞ엿도다君子ㅣ酒를두니嘉ᄒᆞᆫ賓으로써燕ᄒᆞ야綏ᄒᆞᄂᆞ다

○興也○東萊呂氏曰瓠有甘有苦甘瓠則可食者也樛木下垂而美實纍之固結而不可解也愚謂此興之取義者似比而實興也

○翩翩者鵻(之誰反)여烝然來(叶六直反)思ㅣ로다君子有酒ᄒᆞ니嘉賓式燕又(叶夷昔反)思ㅣ로다

●翩翩ᄒᆞᆫ鵻ㅣ여烝然히來ᄒᆞᄂᆞ다君子ㅣ酒를두니嘉ᄒᆞᆫ賓으로ᄡᅥ燕ᄒᆞ야ᄯᅩ思ᄒᆞᄂᆞ다

○興也此興之全不取義者也思語辭也又既燕而又燕以見其至誠有加而無已也或曰又思言其又思念而不忘也

南有嘉魚四章章四句

說見魚麗

崇丘

說見魚麗

南山有臺(音田오飴反)北山有萊(叶陵之反로다)樂(音洛)只(音紙)君子ㅣ여邦家之基로다樂只君子ㅣ여萬壽無期로다

●南山애臺잇고北山에萊잇도다라온君子ㅣ여邦家의基로다라온君子ㅣ여萬壽ㅣ期ㅣ업스리로다

○興也臺夫須卽莎草也萊草名葉香可食者也君子指賓客也○此亦燕饗通用之樂

故其辭曰南山則有臺矣北山則有萊矣樂只君子則邦家之基矣樂只君子則萬壽無期矣所以道達主人尊賓之意美其德而祝其壽也

○南山有桑이오 北山有楊이로다 樂只君子여ㅣ 邦家之光이로다 樂只君子여ㅣ 萬壽無疆이로다

●南山애桑이잇고北山애楊이잇도다라온君子ㅣ여邦家의光이로다라온君子ㅣ여萬壽ㅣ疆이업스리로다

○興也

○南山有杞오 北山有李로다 樂只君子여ㅣ 民之父母ㅣ로다 叶滿彼反 樂只君子여ㅣ 德音不已로다

●南山애杞잇고北山애李잇도다라온君子ㅣ여民의父母ㅣ로다라온君子ㅣ여德音이마지아니ᄒᆞ놋다

○興也杞樹如樗一名狗骨

○南山有栲 音考 叶音口오 北山有杻 音紐ㅣ로다 樂只君子여ㅣ 遐不眉壽 叶直酉反ㅣ리오 樂只君子여ㅣ 德音是茂 叶莫口反ㅣ로다

●南山애栲ㅣ잇고北山애杻ㅣ잇도다라온 君子ㅣ여엇지眉壽티아니리오라온君子ㅣ여德音이이茂ᄒᆞ도다

○興也栲山樗杻檍也遐何通眉壽秀眉也

○南山有枸(音矩ㅣ오)北山有楰(音瘐ㅣ로다)樂只君子ㅣ여遐不黃耇(音苟叶果五反ㅣ오리)

樂只君子ㅣ여保艾(五蓋反)爾後(叶下五反)ㅣ로다

●南山애枸ㅣ잇고北山애楰ㅣ잇도다라온君子ㅣ여엇디黃耇ㅣ아니리오라온君子ㅣ여네後를保ᄒᆞ야艾ᄒᆞ리로다

○興也枸枳枸樹高大似白楊有子著枝端大如指長數寸噉之甘美如飴八月熟亦名木蜜楰鼠梓樹葉木理如楸亦名苦楸黃老人髮復黃也耇老人面凍梨色如浮垢也保安艾養也

南山有臺五章章六句

說見魚麗

由儀

說見魚麗

蓼(音六)彼蕭斯애零露湑(上聲)兮로다旣見君子호니我心寫(叶想羽反)兮로다燕笑語兮호니是以有譽處兮로다

●蓼ᄒᆞᆫ뎌蕭애零ᄒᆞᆫ露ㅣ湑ᄒᆞ엿도다이믜君子ㅣ를보니내ᄆᆞ음이寫ᄒᆞ놋다燕ᄒᆞ며笑ᄒᆞ며語ᄒᆞ니이러모로셔譽ㅣ며處홈이잇도다

○興也蓼長大貌蕭蒿也湑湑然蕭上露貌君子指諸侯也寫輸寫也燕謂燕飮譽善聲

也處安樂也蘇氏曰譽豫通凡詩之譽皆言樂也亦通○諸侯朝于天子天子與之燕以示慈惠故歌此詩言蓼彼蕭斯則零露湑然矣旣見君子則我心輸寫而無留恨矣是以燕笑語而有譽處也其曰旣見蓋於其初燕而歌之也

○蓼彼蕭斯애零露瀼瀼音穰이로다旣見君子호니爲龍爲光이로다其德不爽叶師莊反이니壽考不忘이로다

●蓼혼뎌蕭애零혼露ㅣ瀼瀼ᄒᆞ도다이믜君子ᄅᆞᆯ보니龍ᄒᆞ며光ᄒᆞ도다그德이爽티아니ᄒᆞ니壽考콰뎌ᄒᆞ야닛디몯ᄒᆞ리로다

○興也瀼瀼露蕃貌龍寵也爲龍爲光喜其德之詞也爽差也其德不爽則壽考不忘矣褒美而祝頌之又因以勸戒之也

○蓼彼蕭斯애零露泥泥乃禮反로다旣見君子호니孔燕豈弟로다宜兄宜弟라令德壽豈音愷叶去禮反로다

●蓼혼뎌蕭애零혼露ㅣ泥泥ᄒᆞ도다이믜君子ᄅᆞᆯ보니심히燕ᄒᆞ야豈弟ᄒᆞ도다兄애宜ᄒᆞ며弟애宜혼디라令혼德으로壽ᄒᆞ고豈ᄒᆞ리로다

○興也泥泥露濡貌孔甚豈樂弟易也宜兄宜弟猶曰宜其家人蓋諸侯繼世而立多疑忌其兄弟如晉詛無畜羣公子秦鍼懼選之類故以宜兄宜弟美之亦所以警戒之也壽豈壽而且樂也

○蓼彼蕭斯애 零露濃濃(音農)이로다 既見君子호니 鞗(音條)革沖沖(音蟲)호며 和鸞雝雝호니 萬福攸同이로다

●蓼혼뎌蕭애零혼露ㅣ濃濃호도다이믜君子를보니鞗革이沖沖호며和와鸞이雝雝호니萬福이同호논비로다

○興也濃濃厚貌鞗轡也革轡首也馬轡所把之外有餘而垂者也沖沖垂貌和鸞皆鈴也在軾曰和在鑣曰鸞皆諸侯車馬之飾也庭燎亦以君子目諸侯而稱其鸞旂之美正此類也攸所同聚也

蓼蕭四章章六句

湛湛(上聲)露斯여 匪陽不晞(音希)로다 厭厭(平聲)夜飲이여 不醉無歸로다

●湛湛혼露ㅣ여陽이아니면晞티아니호놋다厭厭히夜의飲홈이여醉티아니면歸티아니호놋다

○興也湛湛露盛貌陽日晞乾也厭厭安也亦久也足也夜飲私燕也燕禮宵則兩階及庭門皆設大燭焉○此亦天子燕諸侯之詩言湛湛露斯非日則不晞以興厭厭夜飲不醉則不歸蓋於其夜飲之終而歌之也

○湛湛露斯여 在彼豐草ㅣ로다 厭厭夜飲이여 在宗載考ㅣ로다

●湛湛혼露ㅣ여뎌豐혼草애잇도다厭厭히夜의飲홈이여宗애이셔곳考호놋다

○興也豐茂也夜飲必於宗室蓋路寢之屬也考成也

○湛湛露斯여在彼杞棘이로다顯允君子여莫不令德이로다

●湛湛ᄒᆞᆫ露ㅣ여더杞와棘애잇도다顯ᄒᆞ며允ᄒᆞᆫ君子ㅣ여德이令티아니ᄒᆞ니업도다

○興也顯明允信也君子指諸侯爲賓者也令善也令德謂其飮多而不亂德足以將之也

○其桐其椅여(音醫)其實離離로다豈弟君子ㅣ여莫不令儀로다

●그桐이며그椅여그實이離離ᄒᆞ도다豈弟ᄒᆞᆫ君子ㅣ여儀令티아니ᄒᆞ니업도다

○興也離離垂也令儀言醉而不喪其威儀也

湛露四章章四句

春秋傳甯武子曰諸侯朝正於王王宴樂之於是賦湛露曾氏曰前兩章言厭厭夜飮後兩章言令德令儀雖過三爵亦可謂不繼以淫矣

白華之什十篇五篇無辭凡二十三章一百四句

詩經卷之五　　　　朱熹集傳

彤弓之什二之三

彤弓弨(音超)兮를 受言藏之니라 我有嘉賓이어 中心貺(叶虛王反)之라 鐘鼓旣設이오 一朝饗(叶虛良反)之호라

●彤호弓이弨호이를受호야藏호얏다니내嘉호賓이잇거놀中心에 貺호려호더라鍾과鼓를이믜設호고一朝애饗호라

○賦也彤弓朱弓也弨弛貌貺與也大飮賓曰饗○此天子燕有功諸侯而錫以弓矢之樂歌也東萊呂氏曰受言藏之言其重也弓人所獻藏之王府以待有功不敢輕與人也中心貺之言其誠也中心實欲貺之非由外也一朝饗之言其速也以王府寶藏之弓一朝擧以畀人未嘗有遲留顧惜之意也後之視府藏爲己私分至有以武庫兵賜弄臣者則與受言藏之者異矣賞賜非出於利誘則迫於事勢至有朝賜鐵券而暮屠戮者則與中心貺之者異矣屯膏吝賞功臣解體至有印刓而不忍予者則與一朝饗之者異矣

○彤弓弨兮를 受言載(叶子利反)之니라 我有嘉賓이어 中心喜(去聲)之라 鐘鼓旣設이오 一朝右(音又叶于記反)之호라

●彤호弓이弨호이를受호야載호엿다니내嘉호賓이잇거놀中心에喜호논더라 鍾과鼓를이믜設호고一朝

애右호라

○賦也載抗之也喜樂也右勸也尊也

○彤弓弨兮를受言櫜(音高叶古號反)之니라我有嘉賓이어늘中心好(去聲)之라鐘鼓旣設이오一朝醻(音酬叶大到反)之호라

●彤혼弓이弨혼이를受호야櫜호엿다니내嘉혼賓이잇거늘中心에好호논디라鐘과鼓를이믜設호고一朝애醻호라

○賦也櫜韜好說醻報也飮酒之禮主人獻賓賓酢主人主人又酌自飮而遂酌以飮賓謂之醻醻猶厚也勸也

彤弓三章章六句

春秋傳甯武子曰諸侯敵王所愾而獻其功於是乎賜之彤弓一彤矢百玈弓矢千以覺報宴注曰愾恨怒也覺明也謂諸侯有四夷之功王賜之弓矢又爲歌彤弓以明報功宴樂鄭氏曰凡諸侯賜弓矢然後專征伐東萊呂氏曰所謂專征者如四夷入邊臣子簒弑不容待報者其他則九伐之法乃大司馬所職非諸侯所專也與後世强臣拜表輒行者異矣

菁菁(音精)者莪ㅣ여在彼中阿ㅣ로다旣見君子호니樂(音洛)且有儀(叶五何反)로다

●菁菁혼莪ㅣ여뎌中阿의잇도다이믜君子를보니樂호고또儀잇도다

○興也菁菁盛貌莪蘿蒿也中阿阿中也大陵曰阿君子指賓客也○此亦燕飮賓客之
詩言菁菁者莪則在彼中阿矣既見君子則我心喜樂而有禮儀矣或曰以菁菁者莪比
君子容貌威儀之盛也下章放此

○菁菁者莪ㅣ여在彼中沚(音止)ㅣ로다 既見君子호니我心則喜ㅣ로다

●菁菁ᄒᆞᆫ莪ㅣ여뎌中沚에잇도다이믜君子를보니내ᄆᆞᄋᆞᆷ이곳喜ᄒᆞ도다

○興也中沚沚中也喜樂也

○菁菁者莪ㅣ여在彼中陵이로다 既見君子호니錫我百朋이로다

●菁菁ᄒᆞᆫ莪ㅣ여뎌中陵에잇도다이믜君子를보니내게百ㅅ朋을錫ᄒᆞᆫ덧ᄒᆞ도다

○興也中陵陵中也古者貨貝五貝爲朋錫我百朋者見之而喜如得重貨之多也

○汎汎(芳劒反)楊舟ㅣ여載沈載浮ㅣ로다 既見君子호니我心則休ㅣ로다

●汎汎ᄒᆞᆫ楊으로ᄒᆞᆫ舟ㅣ여곳沈ᄒᆞ며곳浮ᄒᆞᄂᆞ다이믜君子를보니내ᄆᆞᄋᆞᆷ이곳休ᄒᆞ도다

○比也楊舟楊木爲舟也載則也載沈載浮猶言載淸載濁載馳載驅之類以比未見君
子而心不定也休者休休然言安定也

菁菁者莪四章章四句

六月棲棲(音西)ᄒᆞ야 戎車既飭(音敕)ᄒᆞ며 四牡騤騤(音逵)ㅣ어늘 載是常服(叶蒲北反)ᄒᆞ니 玁

狁孔熾라 **我是用急**(叶音棘)이니 **王于出征**ᄒᆞ야 **以匡王國**(叶于逼反)이시니라

●六月애棲棲ᄒᆞ야戎車ᄅᆞᆯ이믜飭ᄒᆞ며四牡ㅣ騤騤ᄒᆞ거ᄂᆞᆯ이常服을載ᄒᆞ니玁狁이심히熾ᄒᆞᆫ디라우리이써急홈이니王이이에出ᄒᆞ야征ᄒᆞ야써王國을匡ᄒᆞ라ᄒᆞ시니라

○賦也六月建未之月也棲棲猶遑遑不安之貌戎車兵車也飭整也騤騤强貌常服戎事之常服以韎韋爲弁又以爲衣而素裳白舃也玁狁卽獫狁北狄也孔甚熾盛匡正也

○成康旣沒周室浸衰八世而厲王胡暴虐周人逐之出居于彘玁狁內侵逼近京邑王崩子宣王靖卽位命尹吉甫帥師伐之有功而歸詩人作歌以序其事如此司馬法冬夏不興師今乃六月而出師者以玁狁甚熾其事危急故不得已而王命於是出征以正王國也

○**比**(去聲)**物四驪**ㅣ여 **閑之維則**이로다 **維此六月**애 **旣成我服**(叶蒲北反)ᄒᆞ야 **我服旣成**이어늘 **于三十里**ᄒᆞ니 **王于出征**ᄒᆞ야 **以佐天子**(叶奬里反)ㅣ시니라

●物이比ᄒᆞᆫ四驪여閑ᄒᆞ야則ᄒᆞ도다이六月의이믜우리服을成ᄒᆞ야우리服이이믜成ᄒᆞ거ᄂᆞᆯ三十里ᄅᆞᆯᄒᆞ니王이이에出ᄒᆞ야征ᄒᆞ야써天子ᄅᆞᆯ佐ᄒᆞ시니라

○賦也比物齊其力也凡大事祭祀朝覲會同毛馬而頒之凡軍事物馬而頒之毛馬齊其色物馬齊其力吉事尙文武事尙强也則法也服戎服也三十里一舍也古者吉行日五十里師行日三十里○旣比其物而曰四驪則其色又齊可以見馬之有餘矣閑習之而皆中法則又可以見敎之有素矣於是此月之中卽成我服旣成我服卽日引道不徐

不疾盡舍而止又見其應變之速從事之敏而不失其常度也王命於此而出征欲其有以敵王所愾而佐天子耳

○四牡脩廣ᄒᆞ니其大有顒(王容反)이로다薄伐玁狁ᄒᆞ야以奏膚公이로다有嚴有翼ᄒᆞ야共(音恭)武之服(叶蒲北反)ᄒᆞ니共武之服ᄒᆞ야以定王國(叶于逼反)이로다

●四牡ㅣ脩ᄒᆞ고廣ᄒᆞ니그큼이顒ᄒᆞ도다잠깐玁狁을伐ᄒᆞ야써큰공을奏ᄒᆞ놋다嚴ᄒᆞ고翼ᄒᆞ야武ㅅ服을共ᄒᆞ니武ㅅ服을共ᄒᆞ야써王國을定ᄒᆞ놋다

○賦也脩長廣大也顒大貌奏薦膚大公功嚴威翼敬也共與供同服事也言將帥皆嚴敬以共武事也

○玁狁匪茹(音如)ᄒᆞ야整居焦穫(音護)ᄒᆞ야侵鎬(音浩)及方ᄒᆞ야至于涇陽이어늘織(音志)文鳥章이며白旆央央(於良反)ᄒᆞ니元戎十乘(去聲)으로以先啓行(叶戶郎反)이로다

●玁狁이茹티아니ᄒᆞ야焦ㅣ며穫에整히居ᄒᆞ야鎬와밋方을侵ᄒᆞ야涇陽에至ᄒᆞ거늘織의文이鳥章이며白旆央央ᄒᆞ니元戎十乘으로써몬저길흘여놋다

○賦也茹度整齊也焦穫鎬方皆地名焦未詳所在穫郭璞以爲瓠中則今在耀州三原縣也鎬劉向以爲千里之鎬則非鎬京之鎬矣亦未詳其所在也方疑卽朔方也涇陽涇水之北在豐鎬之西北言其深入爲寇也織幟字同鳥章鳥隼之章也白旆繼旐者也央央鮮明貌元大也戎戎車也軍之前鋒也啓開行道也猶言發程也○言玁狁不自度量

深入爲寇如此是以建此旌旗選鋒銳進聲其罪而致討焉直而壯律而臧有所不戰戰必勝矣

○戎車既安하니(叶於迎反) 如輊(音致)如軒이며 四牡既佶하니(音吉) 既佶且閑이로다(叶胡田反)

薄伐玁狁하야 至于大(音泰)原하니 文武吉甫ㅣ여 萬邦爲憲이로다(叶許言反)

●戎車ㅣ이믜편안하니 輊하는듯하고 軒하는듯하며 四牡ㅣ이믜佶하니이믜佶하고또閑하도다 잠간玁狁을伐하야 太原에至하니 文하고武하는吉甫ㅣ여 萬邦이법을삼놋다

○賦也輕車之覆而前也軒車之却而後也凡車從後視之如輊從前視之如軒然後適調也佶壯健貌大原地名亦曰大鹵今在大原府陽曲縣至于大原言逐出之而已不窮追也先王治戎狄之法如此吉甫尹吉甫此時大將也憲法也非文無以附衆非武無以威敵能文能武則萬邦以之爲法矣

○吉甫燕喜하니 既多受祉로다 來歸自鎬하니 我行永久로다(叶擧里反) 飮(去聲)御諸友하니(叶羽己反) 炰(音庖)鱉膾鯉로다 侯誰在矣오 張仲孝友로다(叶同上)

●吉甫ㅣ燕하야喜하니이믜祉를多受하놋다도라옴을鎬로브터하니내行이永久하도다 모든벗의게飮하며御하니鱉을炰하며鯉를膾하놋다뉘인노뇨張仲이孝하며友하니로다

○賦也祉福御進侯維也張仲吉甫之友也善父母曰孝善兄弟曰友○此言吉甫燕飮喜樂多受福祉蓋以其歸自鎬而行永久也是以飮酒進饌於朋友而孝友之張仲在焉

言其所與宴者之賢所以賢吉甫而善是燕也

六月六章章八句

薄言采芑(音起)를于彼新田(이며)于此菑(音緇)畝(叶每彼反)ㅣ로다方叔涖(音利)止(ㅎ니)其車三千(이로소니)師干之試(叶詩止反다)로다方叔率止(ㅎ니)乘其四騏(로다)四騏翼翼(ㅎ니)路車有奭(音肸許力反)(이로소니)簟茀(音弗)魚服(叶蒲北反)(이며)鉤膺鞗(音條)革(叶訖力反)(이로다)

● 잠깐芑를采홈을뎌新田에ㅎ며이菑畝애ㅎ놋다方叔이涖ㅎ니그車ㅣ三千이로소니師ㅣ干을試ㅎ얏도다方叔이率ㅎ니그四騏를탓도다四騏翼翼ㅎ니路車ㅣ奭ㅎ도소니簟으로ㅎ茀과魚로ㅎ服이며鉤ㅣ며膺이며鞗革이로다

○興也芑苦菜也青白色摘其葉有白汁出肥可生食亦可蒸爲茹郎今苦蕒菜宜馬食軍行采之人馬皆可食也田一歲曰菑二歲曰新田三歲曰畬方叔宣王卿士受命爲將者也涖臨也其車三千法當用三十萬衆蓋兵車一乘甲士三人步卒七十二人又二十五人將重車在後凡百人也然此亦極其盛而言未必實有此數也師衆干扞也試肄習也言衆且練也率總率之也翼翼順序貌路車戎路也奭赤貌簟茀方文竹簟爲車蔽也鉤膺馬婁頷有鉤而在膺有樊有纓也樊馬大帶纓鞅也鞗革見蓼蕭篇○宣王之時蠻荊背叛王命方叔南征軍行采芑而食故賦其事以起興曰薄言采芑則于彼新田于此菑畝矣方叔涖止則其車三千師干之試矣又遂言其車馬之美以見軍容之盛也

○薄言采芑를 于彼新田이며 于此中鄕이로다 方叔涖止ᄒᆞ니 其車三千이로소니 旂旐央央이로다 方叔率止ᄒᆞ니 約軧音祇 錯衡叶戶郎反이며 八鸞瑲瑲音倉이로다 服其命服ᄒᆞ니 朱芾音弗斯皇이며 有瑲葱珩音衡叶戶郎反이로다

● 잠깐芑를采홈을뎌新田애ᄒᆞ며이中鄕애ᄒᆞ놋다方叔이涖ᄒᆞ니그車ㅣ三千이로소니 旂와旐ㅣ央央ᄒᆞ도다方叔이率ᄒᆞ니約ᄒᆞᆫ軧와錯ᄒᆞᆫ衡이며八鸞이瑲瑲ᄒᆞ도다그命ᄒᆞ신服을입어시니 朱ᄒᆞᆫ芾이이皇ᄒᆞ며瑲ᄒᆞ는葱ᄀᆞᄐᆞᆫ珩이로다

○興也中鄕民居其田尤治約束軝轂也以皮纏束兵車之轂而朱之也錯文也鈴在鑣曰鸞馬口兩旁各一四馬故八也瑲瑲聲也命服天子所命之服也朱芾黃朱之芾也皇猶煌煌也瑲玉聲葱蒼色如葱者也珩佩首橫玉也禮三命赤芾葱珩

○鴥音聿彼飛隼息允反이여 其飛戾天이며 亦集爰止로다 方叔涖止ᄒᆞ니 其車三千이로소니 師干之試로다 方叔率止ᄒᆞ니 鉦音征人伐鼓ㅣ어늘 陳師鞠音菊旅ㅣ로다 顯允方叔이여 伐鼓淵淵叶於巾反이며 振旅闐闐音田叶徒鄰反이로다

● 鴥ᄒᆞᆫ뎌飛ᄒᆞᄂᆞᆫ隼이여그飛홈이天애戾ᄒᆞ며ᄯᅩᄒᆞᆫ이예止홀ᄃᆡ集ᄒᆞ놋다方叔이涖ᄒᆞ니 그車ㅣ三千이로소니師ㅣ干을試ᄒᆞ얏도다方叔이率ᄒᆞ니鉦人이鼓를伐ᄒᆞ거ᄂᆞᆯ師를陳ᄒᆞ며旅를鞠ᄒᆞ놋다 顯ᄒᆞ고允ᄒᆞᆫ方叔이여북을티미淵淵히ᄒᆞ며旅를振홈애闐闐ᄒᆞ놋다

○興也隼鷂屬急疾之鳥也戾至爰於也鉦鐃也鐲也伐擊也鉦以靜之鼓以動之鉦鼓

各有人而言鉦人伐鼓互文也鞠告也二千五百人爲師五百人爲旅此言將戰陳其師旅而誓告之也陳師鞠旅亦互文耳淵淵鼓聲平和不暴怒也謂戰時進士衆也振止旅衆也言戰罷而止其衆以入也春秋傳曰出曰治兵入曰振旅是也闐闐亦鼓聲也或曰盛貌程子曰振旅亦以鼓行金止○言隼飛戾天而亦集於所止以興師衆之盛而進退有節如下文所云也

○蠢爾蠻荊이 大邦爲讐ㅣ로다 方叔元老ㅣ니 克壯其猶ㅣ로다 方叔率止ᄒᆞ니 執訊音信 獲醜叶尺由反ㅣ로다 戎車嘽嘽音灘ᄒᆞ니 嘽嘽焞焞音推ᄒᆞ야 如霆如雷ㅣ로다 顯允方叔이여 征伐玁狁ᄒᆞ니 蠻荊來威叶音隈ㅣ로다

●蠢ᄒᆞᆫ蠻荊이大邦을讎를삼ᄂᆞ다方叔이키老ᄒᆞ나능히그猶를壯히ᄒᆞᄂᆞ다方叔이率ᄒᆞ니 訊을執ᄒᆞ며醜를獲ᄒᆞᄂᆞ다戎車ㅣ嘽嘽ᄒᆞ니嘽嘽ᄒᆞ며焞焞ᄒᆞ야霆ᄀᆞᆺ타며雷ᄀᆞᆺ도다顯ᄒᆞ고允ᄒᆞᆫ方叔이여 玁狁을征伐ᄒᆞ니蠻荊이來ᄒᆞ야威ᄒᆞᄂᆞ다

○賦也蠢者動而無知之貌蠻荊荊州之蠻也大邦猶言中國也元大猶謀也言方叔雖老而謀則壯也嘽嘽衆也焞焞盛也霆疾雷也方叔蓋嘗與於北伐之功者是以蠻荊聞其名而皆來畏服也

采芑四章章十二句

我車既攻ᄒᆞ며 我馬既同ᄒᆞ야 四牡龐龐音龍ᄒᆞ니 駕言徂東이로다

●우리車ㅣ이믜攻ᄒᆞ며우리馬ㅣ이믜同ᄒᆞ야四牡ㅣ龐龐ᄒᆞ니駕ᄒᆞ여東으로가놋다

○賦也攻堅同齊也傳曰宗廟齊毫尙純也戎事齊力尙强也田獵齊足尙疾也龐龐充實也東東都洛邑也○周公相成王營洛邑爲東都以朝諸侯周室旣衰久廢其禮至于宣王內修政事外攘夷狄復文武之境土修車馬備器械復會諸侯於東都因田獵而選車徒焉故詩人作此以美之首章汎言將往東都也

○田車旣好叶許厚反ᄒᆞ니四牡孔阜ㅣ로다東有甫草叶此苟反ㅣ어늘駕言行狩叶始荷反ㅣ로다

●田車ㅣ이믜好ᄒᆞ니四牡ㅣ심히阜ᄒᆞ도다東의甫草ㅣ잇거늘駕ᄒᆞ야行ᄒᆞ야狩ᄒᆞ놋다

○賦也田車田獵之車好善也阜盛大也甫草甫田也後爲鄭地今開封府中牟縣西圃田澤是也宣王之時未有鄭國圃田屬東都畿內故往田也○此章指言將往狩于圃田也

○之子于苗叶音毛ᄒᆞ니選徒囂囂音翺ㅣ로다建旐設旄ᄒᆞ야搏音博獸于敖ㅣ로다

●之子ㅣ苗ᄒᆞ니徒를選홈이囂囂ᄒᆞ도다旐를建ᄒᆞ며旄를設ᄒᆞ야敖에가獸를搏ᄒᆞ놋다

○賦也之子有司也苗狩獵之通名也選數也囂囂聲衆盛也數車徒者其聲囂囂則車徒之衆可知且車徒不譁而惟數者有聲又見其靜治也敖近滎陽地名也○此章言至東都而選徒以獵也

○駕彼四牡ᄒᆞ니四牡奕奕이로다 赤芾金舃으로會同有繹이로다

●뎌四牡를駕ᄒᆞ니四牡ㅣ奕奕ᄒᆞ도다赤ᄒᆞᆫ芾과金으로ᄒᆞᆫ舃으로會ᄒᆞ며同홈을繹ᄒᆞ놋다

○賦也奕奕連絡布散之貌赤芾諸侯之服金舃赤舃而加金飾亦諸侯之服也時見曰會殷見曰同繹陳列聯屬之貌也○此章言諸侯來會朝於東都也

○決拾既佽(音次與柴叶)ᄒᆞ며 弓矢既調(讀如同與同叶)ᄒᆞ니 射夫既同ᄒᆞ야 助我擧柴(音恣)로다

●決과拾이이믜佽ᄒᆞ며弓과矢이이믜調ᄒᆞ니射ᄒᆞᄂᆞᆫ夫ㅣ이믜同ᄒᆞ야우리를도아柴를擧ᄒᆞ놋다

○賦也決以象骨爲之著於右手大指所以鉤弦開體拾以皮爲之著於左臂以遂弦故亦名遂佽比也調謂弓强弱與矢輕重相得也射夫蓋諸侯來會者同協也柴說文作擘謂積禽也使諸侯之人助而擧之言獲多也○此章言既會同而田獵也

○四黃既駕ᄒᆞ니 兩驂不猗(音意叶於箇反)로다 不失其馳(叶徒臥反)어ᄂᆞᆯ 舍(音捨)矢如破(叶普過反)ㅣ로다

●四黃을이믜駕ᄒᆞ니兩驂이猗티아니ᄒᆞ도다그馳를失티아니ᄒᆞ거ᄂᆞᆯ矢를舍홈애破ᄐᆞᆺᄒᆞ놋다

○賦也猗偏倚不正也馳馳驅之法也舍矢如破巧而力也蘇氏曰不善射御者詭遇則獲不然不能也今御者不失其馳驅之法而射者舍矢如破則可謂善射御矣○此章言田獵而見其射御之善也

○蕭蕭馬鳴이며 悠悠旆旌이로다 徒御不驚이며 大庖不盈이로다

●蕭蕭ᄒᆞᆫ馬의鳴이며悠悠ᄒᆞᆫ旆와旌이로다徒와御ㅣ驚티아니며大庖ㅣ盈티아닏놋다

○賦也蕭蕭悠悠皆閑暇之貌徒步卒也御車御也驚如漢書夜軍中驚之驚不驚言比卒事不喧譁也大庖君庖也不盈言取之有度不極欲也蓋古者田獵獲禽面傷不獻踐毛不獻不成禽不獻擇取三等自左膘而射之達於右腢爲上殺以爲乾豆奉宗廟達右耳本者次之以爲賓客射左髀達於右䯚爲下殺以充君庖每禽取三十焉每等得十其餘以與士大夫習射於澤宮中者取之是以獲雖多而君庖不盈也張子曰饌雖多而無餘者均及於衆而有法耳凡事有法則何患乎不均也舊說不驚驚也不盈盈也亦通○此章言其終事嚴而頒禽均也

○之子于征ᄒᆞ니有聞(音問)無聲이로다 允矣君子ㅣ여展也大成이로다

●之子ㅣ征ᄒᆞ니聞홈이잇고聲이업도다진실로君子ㅣ여진실로키成ᄒᆞ도다

○賦也允信展誠也聞師之行而不聞其聲言至肅也信矣其君子也誠哉其大成也○此章總敘其事之始終而深美之也

車攻八章章四句

以五章以下考之恐當作四章章八句

吉日維戊(叶莫吼反)애 既伯既禱(叶丁口反)ᄒᆞ니 田車既好(叶許口反)ᄒᆞ며 四牡孔阜ㅣ어늘 升彼大阜ᄒᆞ야 從其羣醜로다

●吉ᄒᆞᆫ日戊애이의伯애이의禱ᄒᆞ니田車ㅣ이믜好ᄒᆞ며四牡ㅣ심히阜ᄒᆞ니大阜애升ᄒᆞ야 그羣醜를從ᄒᆞ놋다

○賦也戊剛日也伯馬祖也謂天駟房星之神也醜衆也謂禽獸之羣衆也○此亦宣王之詩言田獵將用馬力故以吉日祭馬祖而禱之既祭而車牢馬健於是可以歷險而從禽也以下章推之是日也其戊辰與

○吉日庚午애 既差我馬(叶滿浦反)ᄒᆞ야 獸之所同애 麀(音憂)鹿麌麌(音語)ᄒᆞᆫ 漆沮(平聲)之從이여 天子之所ㅣ로다

●吉ᄒᆞᆫ日庚午애이의우리馬를差ᄒᆞ야獸의同ᄒᆞᆫ바애麀鹿이麌麌ᄒᆞᆫ漆沮애從홈이여天子의所ㅣ로다

○賦也庚午亦剛日也差擇齊其足也同聚也鹿牝曰麀麌麌衆多也漆沮水名在西部畿內涇渭之北所謂洛水今自延韋流入鄜坊至同州入河也○戊辰之日既禱矣越三日庚午遂擇其馬而乘之視獸之所聚麀鹿最多之處而從之惟漆沮之旁爲盛宜爲天子田獵之所也

○瞻彼中原ᄒᆞ니 其祁孔有(叶羽已反)ㅣ로다 儦儦(音標)俟俟(叶于紀反)ᄒᆞ야 或羣或友(叶羽已反)ㅣ어늘 悉率左右(叶羽已反)ᄒᆞ야 以燕天子(叶奬里反)ㅣ로다

●뎌中原을보니그祁ᄒᆞᆫ거시심히잇도다儦儦ᄒᆞ며俟俟ᄒᆞ야或羣ᄒᆞ며或友ᄒᆞ거늘左右를다率ᄒᆞ야써天子를燕케ᄒᆞ놋다

○賦也中原原中也祈大也趣則儦儦行則俟俟獸三曰羣二曰友燕樂也○言從王者視彼禽獸之多於是率其同事之人各共其事以樂天子也

○旣張我弓호고旣挾我矢호야發彼小豝[音巴]호며殪[音意]此大兕호야以御賓客호고且以酌醴ㅣ로다

●이믜우리弓을張호고이믜우리矢를挾호며며小豝를發호며大兕를殪호야써賓客의게御호고또써醴를酌호놋다

○賦也發發矢也豕牝曰豝一矢而死曰殪兕野牛也言能中微而制大也御進也醴酒名周官五齊二曰醴齊注曰醴成而汁滓相將如今恬酒也○言射而獲禽以爲俎實進於賓客而酌醴也

吉日四章章六句

東萊呂氏曰車攻吉日所以爲復古者何也蓋蒐狩之禮可以見王賦之復焉可以見軍實之盛焉可以見師律之嚴焉可以見上下之情焉可以見綜理之周焉欲明文武之功業者此亦足以觀矣

鴻鴈于飛호니肅肅其羽ㅣ로다之子于征호니劬勞于野[叶上與反]ㅣ로다爰及矜人이哀此鰥寡[叶果五反]ㅣ로다

●鴻鴈이飛호니고羽ㅣ肅肅호놋다之子ㅣ征호니野의劬勞호놋다　이애미츠니矜호사름이이鰥寡ㅣ哀홈

도다

○興也大曰鴻小曰鴈肅肅羽聲也之子流民自相謂也征行也劬勞病苦也矜憐也老而無妻曰鰥老而無夫曰寡○舊說周室中衰萬民離散而宣王能勞來還定安集之故流民喜之而作此詩追敍其始而言曰鴻鴈于飛則肅肅其羽矣之子于征制劬勞于野矣且其劬勞者皆鰥寡可哀憐之人也然今亦未有以見其爲宣王之詩後三篇放此

○鴻鴈于飛ᄒᆞ니集于中澤叶徒洛反이로다之子于垣音袁ᄒᆞ니百堵皆作이로다雖則劬勞ㅣ나其究安宅叶達各反이로다

●鴻鴈이飛ᄒᆞ니中澤애集ᄒᆞ놋다之子ㅣ垣ᄒᆞ니百堵를다作ᄒᆞ놋다비록劬勞ᄒᆞ나 그내죵의安宅ᄒᆞ리로다

○興也中澤澤中也一丈爲板五板爲堵究終也○流民自言鴻鴈集于中澤以興己之得其所止而築室以居今雖勞苦而終獲安定也

○鴻鴈于飛ᄒᆞ니哀鳴嗷嗷音翺ㅣ로다維此哲人은謂我劬勞ㅣ어늘維彼愚人은謂我宣驕叶音高ㅣ라ᄒᆞᄂᆞ다

●鴻鴈이飛ᄒᆞ니哀히鳴홈을嗷嗷히ᄒᆞ놋다이哲ᄒᆞᆫ사ᄅᆞᆷ은날을닐오ᄃᆡ劬勞ᄒᆞ다ᄒᆞ거ᄂᆞᆯ 뎌愚ᄒᆞᆫ사ᄅᆞᆷ은날을닐오ᄃᆡ驕를宣ᄒᆞᆫ다ᄒᆞᄂᆞ다

○比也流民以鴻鴈哀鳴自比而作此歌也哲知宣示也知者聞我歌知其出於劬勞不知者謂我間暇而宣驕也韓詩云勞者歌其事魏風亦云我歌且謠不知我者謂我士也

驕大抵歌多出於勞苦而不知者常以爲驕也

鴻鴈三章章六句

夜如何其(音基)오 夜未央이나 庭燎之光이로다 君子至止ᄒᆞ니 鸞聲將將(音槍)이로다

●夜ㅣ엇더 뇨 夜ㅣ央이 못ᄒᆞ여시나 庭燎ㅣ光ᄒᆞ도다 君子ㅣ至ᄒᆞ니 鸞ㅅ聲이 將將ᄒᆞ놋다

○賦也其語辭央中也庭燎大燭也諸侯將朝則司烜以物百枚幷而束之設於門內也君子諸侯也將將鸞鑣聲○王將起視朝不安於寢而聞夜之早晚曰夜如何哉夜雖未央而庭燎光矣朝者至而聞其鸞聲矣

○夜如何其오 夜未艾(叶音乂)나 庭燎晣晣(音制與艾叶)로다 君子至止ᄒᆞ니 鸞聲噦噦(音諱)로다

●夜ㅣ엇더 뇨 夜ㅣ艾티 못ᄒᆞ엿시나 庭燎ㅣ晣晣ᄒᆞ도다 君子ㅣ至ᄒᆞ니 鸞ㅅ聲이 噦噦ᄒᆞ도다

○賦也艾盡也晣晣小明也噦噦近而聞其徐行聲有節也

○夜如何其오 夜鄕(音向)晨이라 庭燎有煇(音熏)이로다 君子至止ᄒᆞ니 言觀其旂(叶渠斤反)로다

●夜ㅣ엇더 뇨 夜ㅣ晨을 鄕ᄒᆞᆫ지라 庭燎ㅣ煇ᄒᆞ도다 君子ㅣ至ᄒᆞ니 그 旂를 볼이로다

○賦也鄕晨近曉也煇火氣也天欲明而見其煙光相雜也旣至而觀其旂則辨色矣

庭燎三章章五句

沔(音免)彼流水ㅣ여 朝(音潮)宗于海(叶虎洧反)로다 鴥(惟必反)彼飛隼이여 載飛載止로다 嗟我兄弟邦人諸友(叶羽軌反)ㅣ 莫肯念亂ᄒᆞᄂᆞ니 誰無父母(叶滿洧反)오

●沔ᄒᆞᆫ뎌流水ㅣ여海애朝宗ᄒᆞ놋다鴥ᄒᆞᆫ뎌飛ᄒᆞᄂᆞᆫ隼이여곳飛ᄒᆞ며곳止ᄒᆞ놋다嗟홉다 우리兄弟와邦人人모ᄃᆞᆫ버지즐거亂을念티아니ᄒᆞᄂᆞ니뉘父母ㅣ업ᄉᆞ료

○興也沔水流滿也諸侯春見天子曰朝夏見曰宗○此憂亂之詩言流水猶朝宗于海飛隼猶或有所止而我之兄弟諸友乃無肯念亂者誰獨無父母乎亂則憂或及之是豈可以不念哉

○沔彼流水ㅣ여 其流湯湯(音傷)이로다 鴥彼飛隼이여 載飛載揚이로다 念彼不蹟(音迹)ᄒᆞ야 載起載行(叶戶郎反)호라 心之憂矣여 不可弭忘이로다

●沔ᄒᆞᆫ뎌流水ㅣ여그流ㅣ湯湯ᄒᆞ도다鴥ᄒᆞᆫ뎌飛ᄒᆞᄂᆞᆫ隼이여곳飛ᄒᆞ며곳揚ᄒᆞ놋다 뎌蹟디아니믈念ᄒᆞ야곳起ᄒᆞ며곳行호라心의憂홈이여可히弭ᄒᆞ야忘티못ᄒᆞ리로다

○興也湯湯波流盛貌不蹟不循道也載起載行言憂念之深不遑寧處也弭止也水盛隼揚以興憂亂之不能忘也

○鴥彼飛隼이여 率彼中陵이로다 民之訛言을 寧莫之懲고 我友敬

矣면讒言其興가

㉠歛ᄒᆞ며飛ᄒᆞᄂᆞᆫ隼이여뎌中陵을率ᄒᆞᄂᆞ다民의訛言을엇디懲ᄒᆞ리업ᄉᆞᆫ고우리友ㅣ敬ᄒᆞ면讒言이그興ᄒᆞ라

○興也率循訛僞懲止也○隼之高飛猶循彼中陵而民之訛言乃無懲止之者然我之友誠能敬以自持矣則讒言何自而興乎始憂於人而卒反諸己也

沔水三章二章章八句一章六句

疑當作三章章八句卒章脫前兩句耳

鶴鳴于九皐ㅣ어든聲聞音問于野叶上與反ㅣ니라 魚潛在淵ᄒᆞ나或在于渚ㅣ니라 樂音洛彼之園애爰有樹檀叶徒沿反ᄒᆞ니其下維蘀音託이니라 他山之石이可以爲錯이니라

㉠鶴이九皐애셔鳴ᄒᆞ거든聲이野애聞ᄒᆞᄂᆞ니라魚ㅣ潛ᄒᆞ며淵의이시나或渚에잇ᄂᆞ니라 즐온뎌園에이에樹ᄒᆞᆫ檀이이시니그아래蘀ᄒᆞ란ᄂᆞ니라他山앳石이可히ᄡᅥ錯을삼을셔니라

○比也鶴鳥名長頸竦身高脚頂赤身白頸尾黑其鳴高亮聞八九里皐澤中水溢出所爲坎從外數至九喩深遠也蘀落也錯礪石也○此詩之作不可知其所由然必陳善納誨之辭也蓋鶴鳴于九皐而聲聞于野言誠之不可揜也魚潛在淵而或在于渚言理之無定在也園有樹檀而其下維蘀言愛當知其惡也他山之石而可以爲錯言憎當知其善也由是四者引而伸之觸類而長之天下之理其庶幾乎

○鶴鳴于九皐ㅣ어든 聲聞于天(叶鐵因反)이니라 魚在于渚ᄒᆞ나 或潛在淵(叶一均反)이니
樂彼之園애 爰有樹檀ᄒᆞ니 其下維穀이니라 他山之石이 可以攻玉이니라

●鶴이九皐에서鳴ᄒᆞ거든聲이天에聞ᄒᆞᄂᆞ니라魚ㅣ渚에이시나或潛ᄒᆞ야淵에잇ᄂᆞ니라라온뎌 園애이예樹ᄒᆞᆫ檀이이시니그아래穀이니라他山엣石이可히ᄡᅥ玉을攻ᄒᆞᆯ디니라

○比事穀一名楮惡木也攻錯也○程子曰玉之溫潤天下之至美也石之麤厲天下之至惡也然兩玉相磨不可以成器以石磨之然後玉之爲器得以成焉猶君子之與小人處也橫逆侵加然後脩省畏避動心忍性增益預防而義理生焉道德成焉吾聞諸邵子云

鶴鳴二章章九句

彤弓之什十篇四十章二百五十九句

疑脫兩句當爲二百六十一句

祈父之什二之四

祈父(音甫)아 予王之爪牙(叶五故反)ㅣ어놀 胡轉予于恤ᄒᆞ야 靡所止居오

●祈父아내王의爪牙ㅣ어놀엇디나를恤에轉ᄒᆞ야止居ᄒᆞᆯ새업계ᄒᆞᄂᆞ뇨

○賦也祈父司馬也職掌封圻之兵甲故以爲號酒誥曰圻父薄違是也予六軍之士也或曰司右虎賁之屬也爪牙鳥獸所用以爲威者也恤憂也○軍士怨於久役故呼祈父而告之曰予乃王之爪牙汝何轉我於憂恤之地使我無所止居乎

○祈父아予王之爪士ㅣ어늘胡轉予于恤ᄒᆞ야靡所底^音抵止오

●祈父아내王의爪士ㅣ어놀엇디나를恤에轉ᄒᆞ야底ᄒᆞ야止홀ᄲᅵ업게ᄒᆞᄂᆞ뇨

○賦也爪士爪牙之士也底至也

○祈父ㅣ여亶不聰이로다胡轉予于恤ᄒᆞ야有母之尸饔고

●祈父ㅣ여진실로聰티못ᄒᆞ도다엇디나를恤애轉ᄒᆞ야母로饔을尸케ᄒᆞᄂᆞ뇨

○賦也亶誠尸主也饔熟食也言不得奉養而使母反主勞苦之事也○東萊呂氏曰越句踐伐吳有父母者老而無昆弟者皆遣歸魏公子無忌救趙亦令獨子無兄弟者歸養則古者有親老而無兄弟其當免征役必有成法故責司馬之不聰其意謂此法人皆聞之汝獨不聞乎乃驅吾從戎使吾親不免薪水之勞也責司馬者不敢斥王也

祈父三章章四句

序以爲刺宣王之詩說者又以爲宣王三十九年戰于千畝王師敗績于姜氏之戎故軍士怨而作此詩東萊呂氏曰太子晉諫靈王之詞曰自我先王厲宣幽平而貪天禍至于今未弭宣王中興之主也至與幽厲並數之其辭雖過觀是詩所刺則子

晉之言豈無所自歟但今考之詩文未有以見其必爲宣王耳下篇放此

皎皎白駒ㅣ食我場苗ㅣ라ᄒᆞ야 縶音執ᄒᆞ야 之維之ᄒᆞ야 以永今朝ᄒᆞ야 所謂伊人이於焉逍遙케ᄒᆞ리라

●皎皎ᄒᆞᆫ白駒ㅣ우리場엣苗를食ᄒᆞ다ᄒᆞ야 縶ᄒᆞ며維ᄒᆞ야써이아ᄎᆞᆷ을기리ᄒᆞ야닐온밧伊人이이에逍遙케ᄒᆞ리라

○賦也皎皎潔白也駒馬之未壯者謂賢者所乘也場圃也縶絆其足維繫其靷也永久也伊人指賢者也逍遙遊息也○爲此詩者以賢者之去而不可留也故託以其所乘之駒食我場苗而縶維之庶幾以永今朝使其人得以於此逍遙而不去若後人留客而投其轄於井中也

○皎皎白駒ㅣ食我場藿音霍이라ᄒᆞ야 縶之維之ᄒᆞ야 以永今夕叶祥龠反ᄒᆞ야 所謂伊人이於焉嘉客叶克各反케ᄒᆞ리라

●皎皎ᄒᆞᆫ白駒ㅣ우리場엣藿을食ᄒᆞ다ᄒᆞ야 縶ᄒᆞ며 維ᄒᆞ야이나조ᄒᆞᆯ기리ᄒᆞ야닐온밧伊人이이에嘉客케ᄒᆞ리라

○賦也藿猶苗也夕猶朝也嘉客猶逍遙也

○皎皎白駒ㅣ賁音閟音奔然來叶云俱反思ㅣ면 爾公爾侯叶洪孤反ㅣ야 逸豫無期케ᄒᆞ리라

愼爾優游叶汪胡反ᄒᆞ며 勉爾遁思叶新齋反ㅣ어다

●皎皎ᄒᆞᆫ白駒ㅣ賁然히來ᄒᆞ면널로公을ᄒᆞ며널로侯를ᄒᆞ야逸豫ᄒᆞᆷ을期업게호리라네優游ᄒᆞᆷ을愼ᄒᆞ며네遁思를勉ᄒᆞᆯ셰어다

○賦也賁然光采之貌也或以爲來之疾也思語辭也爾指乘駒之賢人也愼勿過也勉毋決也遁思猶言去意也○言此乘白駒者若其肯來則以爾爲公以爾爲侯而逸樂無期矣猶言橫來大者王小者侯也豈可以過於優游決於遁思而終不我顧哉蓋愛之切而不知好爵之不足縻留之苦而不恤其志之不得遂也

○皎皎白駒ㅣ在彼空谷ᄒᆞ니生芻(楚俱反)一束이로소니其人如玉이로다毋金玉爾音ᄒᆞ야而有遐心이어다

●皎皎ᄒᆞᆫ白駒ㅣ뎌空谷의이시니生芻一束이로소니그사ᄅᆞᆷ이玉ᄀᆞᆺ도다네音을金玉ᄀᆞ티ᄒᆞ야遐心을두디마ᄅᆞᆯ셰어다

○賦也賢者必去而不可留矣於是歎其乘白駒入空谷束生芻以秣之而其人之德美如玉也蓋已邈乎其不可親矣然猶冀其相聞而無絕也故語之曰毋貴重爾之音聲而有遠我之心也

白駒四章章六句

黃鳥黃鳥아無集于穀ᄒᆞ야無啄(音卓)我粟이어다此邦之人이不我肯穀인ᄃᆡ言旋言歸ᄒᆞ야復我邦族ᄒᆞ리라

●黃鳥黃鳥아穀의集디마라내의粟을啄디마ᄅᆞᆯ셰어다이邦ㅅ사ᄅᆞᆷ이나ᄅᆞᆯ즐겨穀으로아닐딘ᄃᆡ旋ᄒᆞ야歸

ᄒᆞ야우리邦族에復호리라

○比也穀木名穀善旋回復反也○民適異國不得其所故作此詩託爲呼其黃鳥而告之曰爾無集于穀而啄我之粟苟此邦之人不以善道相與則我亦不久於此而將歸矣

○黃鳥黃鳥아 無集于桑ᄒᆞ야 無啄我粱이어다 此邦之人이 不可與明(叶謨郎反)이란ᄃᆡ 言旋言歸ᄒᆞ야 復我諸兄(叶虛王反)호리라

●黃鳥黃鳥아桑의集디마라내외粱을啄디마를셔어다이邦ㅅ사ᄅᆞᆷ이可히더브러明티못ᄒᆞ리란ᄃᆡ旋ᄒᆞ야歸ᄒᆞ야우리諸兄에復호리라

○比也

○黃鳥黃鳥아 無集于栩(許音)ᄒᆞ야 無啄我黍ㅣ어다 此邦之人이 不可與處ㅣ란ᄃᆡ 言旋言歸ᄒᆞ야 復我諸父호리라

●黃鳥黃鳥아栩에集디마라내의黍를啄디마롤셔어다이邦ㅅ사ᄅᆞᆷ이可히더브러處티못ᄒᆞ리란ᄃᆡ旋ᄒᆞ야歸ᄒᆞ야우리諸父애復호리라

○比也

黃鳥三章章七句

東萊呂氏曰宣王之末民有失所者意他國之可居也及其至彼則又不若故鄉焉故思而欲歸使民如此亦異於還定安集之時矣今按詩文未見其爲宣王之世下

篇亦然

我行其野호니 蔽芾方味反 其樗敕雩ㅣ反 러라 昏姻之故로 言就爾居호니 爾不我畜이란디 復我邦家叶古胡反호리라

●내그野애行ᄒᆞ니 蔽芾ᄒᆞᆫ그樗ㅣ러라昏姻의故로네의居의 就ᄒᆞ니네나를畜디아니ᄒᆞ란ᄃᆡ우리邦家애復호리라

○賦也樗惡木也壻之父婦之父相謂曰昏姻畜養也○民適異國依其昏姻而不見收恤故作此詩言我行於野中依惡木以自蔽於是思昏姻之故而就爾居而爾不我畜也則將復我之邦家矣

○我行其野ᄒᆞ야 言采其蓫音逐호라 昏姻之故로 言就爾宿호니 爾不我畜이란디 言歸思復호리라

●내그野에行ᄒᆞ야그蓫을采호라昏姻의故로네게就ᄒᆞ야宿ᄒᆞ니네나를畜디아니ᄒᆞ란ᄃᆡ歸ᄒᆞ야復 ᄒᆞ리라

○我行其野ᄒᆞ야 言采其葍音福叶筆力反호라 不思舊姻이오 求我新特은 成論語作誠不以富ㅣ나 亦祇音支以異叶逸織反ㅣ니라

●내그野애行ᄒᆞ야그葍을采호라녯姻을 思티아니코내新特을求ᄒᆞ옴은진실로富로 써아니나ᄯᅩᄒᆞᆫ마촘다롬으로써니라

○賦也蓄藟惡菜也特匹也○言爾之不思舊姻而求新匹也雖實不以彼之富而厭我之貧亦祇以其新而異於故耳詩人責人忠厚之意

我行其野三章章六句

王氏曰先王躬行仁義以道民厚矣猶以爲未也又建官置師以孝友睦姻任恤六行敎民爲其有父母也故敎以孝爲其有兄弟也故敎以友爲其有同姓也故敎以睦爲其有異姓也故敎以婣爲隣里鄕黨相保相愛也故敎以任相賙相救也故敎以恤以爲徒敎之或不率也故使官師以時書其德行而勸之以爲徒勸之或不率也於是乎有不孝不睦不婣不弟不任不恤之刑焉方是時也安有如此詩所刺之乎民

秩秩斯干叶居焉反이오 **幽幽南山**叶所旃反이로소니 **如竹苞**叶補苟反**矣**오 **如松茂**叶莫口反**矣**로다
兄及弟矣ㅣ **式相好**去聲叶許厚反**矣**오 **無相猶**叶余久反**矣**로다

●秩秩ᄒᆞᆫ이干이오幽幽ᄒᆞᆫ南山이로소니竹이苞ᄒᆞᆷᄀᆞᆺ고松이茂ᄒᆞᆷᄀᆞᆺ도다兄과 밋弟써서로好ᄒᆞ고서로猶ᄒᆞᆷ이업스리로다

○賦也秩秩有序也斯此也干水涯也南山終南之山也苞叢生而固也猶謀也○此築室既成而燕飮以落之因歌其事言此室臨水而面山其下之固如竹之苞其上之密如松之茂又言居是室者兄弟相好而無相謀則頌禱之辭猶所謂聚國族於斯者也張子曰猶似也人情大抵施之不報則輟故恩不能終兄弟之間各盡己之所宜施者無學其

不相報而廢恩也君臣父子朋友之間亦莫不用此道盡己而已愚按此於文義或未必然然意則善矣或曰猶當作尤

○似續妣音比祖ᄒᆞ야築室百堵ᄒᆞ니西南其戶ㅣ로소니爰居爰處ㅣ며爰笑爰語ㅣ로다

●妣와祖ᄅᆞᆯ似續ᄒᆞ야室百堵ᄅᆞᆯ築ᄒᆞ니그戶ᄅᆞᆯ西로ᄒᆞ며南으로ᄒᆞ얏도소니이에居ᄒᆞ며이에處ᄒᆞ며이에笑ᄒᆞ며이에語ᄒᆞ리로다

○賦也似嗣也妣先於祖者協下韻爾或曰謂姜嫄后稷也西南其戶天子之宮其室非一在東者西其戶在北者南其戶猶言南東其畝也爰於也

○約之閣閣ᄒᆞ며椓音卓之橐橐音託ᄒᆞ니風雨攸除去聲ㅣ며鳥鼠攸去ㅣ로소니君子攸芋音吁王遇反ㅣ로다

●約홈을閣閣히ᄒᆞ며椓홈을橐橐히ᄒᆞ니風雨의除홀새며鳥鼠의去홀새로소니君子의芋홀새로다

○賦也約束板也閣閣上下相乘也椓築也橐橐杵聲也除亦去也無風雨鳥鼠之害言其上下四旁皆牢密也芋尊大也君子之所居以爲尊且大也

○如跂音企斯翼ᄒᆞ며如矢斯棘ᄒᆞ며如鳥斯革叶訖力反ᄒᆞ며如翬音輝斯飛ㅣ로소니君子攸躋子西反ㅣ로다

●跂ᄒᆞ야翼ᄒᆞᆷᄀᆞᆮᄐᆞ며矢이棘ᄒᆞᆷᄀᆞᆮ다며鳥ㅣ이革ᄒᆞᆷᄀᆞᆮ다며翬이飛ᄒᆞᆷᄀᆞᆮ도소니君子의躋ᄒᆞᆯ샤로다

○賦也跂竦立也翼敬也棘急也矢行緩則枉急則直也革變翬雉躋升也○言其大勢嚴正如人之竦立而其恭翼翼也其廉隅整飭如矢之急而直也其棟宇峻起如鳥之驚而革也其簷阿華采而軒翔如翬之飛而矯其翼也蓋其堂之美如此而君子之所升以聽事也

○殖殖(音湜)其庭ㅣ며有覺其楹이며噲噲(音快)其正(叶音征)이며噦噦(呼會反)其冥아로소니君子攸寧이로다

●殖殖ᄒᆞᆫ그庭이며覺ᄒᆞᆫ그楹이며噲噲ᄒᆞᆫ그正이며噦噦ᄒᆞᆫ그명이로소니君子의寧ᄒᆞᆯ샤로다

○賦也殖殖平正也庭宮寢之前庭也覺高大而直也楹柱也噲噲猶快快也正向明之處也噦噦深廣之貌冥奧窔之間也言其室之美如此而君子之所休息以安身也

○下莞(音官)上簟(叶徒檢徒錦二反)이로소니乃安斯寢(叶于檢于錦二反)이로다乃寢乃興ᄒᆞ야乃占我夢(叶彌登反)ᄒᆞ니吉夢維何오維熊維羆(音碑叶彼何反)와維虺(音毁)維蛇(叶于其土何二反)ㅣ로다

●下ᄂᆞᆫ莞이오上은簟이로소니이에寢ᄒᆞᆷ이편안ᄒᆞ리로다寢ᄒᆞ야興ᄒᆞ야내ᄭᅮᆷ을占ᄒᆞ니 吉ᄒᆞᆫᄭᅮᆷ이무ᄉᆞ것고熊과羆와虺와蛇ㅣ로다

○賦也莞蒲蓆也竹葦曰簟羆似熊而長頭高脚猛憨多力能拔樹虺蛇屬細頸大頭色如文綬大者長七八尺○祝其君安其室居夢兆而有祥亦頌禱之詞也下章放此

○大(音泰)人占之ᄒᆞ니 維熊維羆ᄂᆞᆫ 男子之祥이오 維虺維蛇ᄂᆞᆫ 女子之祥이로다

●大人이占ᄒᆞ니熊과羆ᄂᆞᆫ男子의祥이오虺와蛇ᄂᆞᆫ女子의祥이로다

○賦也大人大卜之屬占夢之官也熊羆陽物在山强力壯毅男子之祥也虺蛇陰物穴處柔弱隱伏女子之祥也○或曰夢之有占何也曰人之精神與天地陰陽流通故晝之所爲夜之所夢其善惡吉凶各以類至是以先王建官設屬使之觀天地之會辨陰陽之氣以日月星辰占六夢之吉凶獻吉夢贈惡夢其於天人相與之際察之祥而敬之至矣故曰王前巫而後史宗祝瞽侑皆在左右王中心無爲也以守至正

○乃生男子ᄒᆞ야 載寢之牀ᄒᆞ며 載衣(去聲)之裳ᄒᆞ며 載弄之璋ᄒᆞ니 其泣喤喤(音黃叶胡光反)이로소니 朱芾(音弗)斯皇ᄒᆞ야 室家君王이로다

●男子를生ᄒᆞ야곳牀의寢ᄒᆞ이며곳裳을衣ᄒᆞ이며곳璋을弄ᄒᆞ이니그泣이喤喤ᄒᆞ노소니 朱芾이이皇ᄒᆞ야室ᄒᆞ며家ᄒᆞ며君ᄒᆞ며王ᄒᆞ리로다

○賦也半圭曰璋喤大聲也芾天子純朱諸侯黃朱皇猶煌煌也聤君諸侯也○寢之於牀尊之也衣之以裳服之盛也弄之以璋尙其德也言男子之生於是室者皆將服朱芾煌煌然有室有家爲君爲王矣

○乃生女子ᄒᆞ야 載寢之地ᄒᆞ며 載衣之裼(音替)ᄒᆞ며 載弄之瓦(叶魚位反)ᄒᆞ니 無非

無儀(音叶라 義)唯酒食是議(ᄒᆞ야)無父母詒(音遺)罹(叶音ㅣ로 麗다)

●女子를生ᄒᆞ야곳地에寢ᄒᆞ이며곳裼을衣ᄒᆞ이며곳瓦를弄ᄒᆞ이니非도업스며儀도업ᄉᆞᆫ디라酒食만이議ᄒᆞ야父母의게罹를詒홈이업ᄉᆞ리로다

○賦也裼褓也瓦紡塼也儀善罹憂也○寢之於地卑之也衣之以褓卽其用而無加也弄之以瓦習其所有事也有非非婦人也有善非婦人也蓋女子以順爲正無非足矣有善則亦非其吉祥可願之事也唯酒食是議而無遺父母之憂則可矣易曰無攸遂在中饋貞吉而孟子之母亦曰婦人之禮精五飯羃酒漿養舅姑縫衣裳而已矣故有閨門之修而無境外之志此之謂也

斯干九章四章章七句五章章五句

舊說厲王旣流于彘宮室圮壞故宣王卽位更作宮室旣成而落之今亦未有以見其必爲是時之詩也或曰儀禮下管新宮春秋傳宋元公賦新宮恐卽此詩然亦未有明證

誰謂爾無羊(이리오)三百維羣(이로다)誰謂爾無牛(ㅣ리오)九十其犉(音淳이로다)

爾羊來思(ᄒᆞ니)其角濈濈(音戢이로다)爾牛來思(ᄒᆞ니)其耳濕濕(이로다)

●뉘닐오ᄃᆡ네羊이업다ᄒᆞ리오三百으로羣을ᄒᆞ엿도다뉘닐오ᄃᆡ네牛ㅣ업다ᄒᆞ리오九十인그犉이로다내羊이來ᄒᆞ니그角이濈濈ᄒᆞ도다네牛ㅣ來ᄒᆞ니그耳濕濕ᄒᆞ도다

○賦也黃牛黑唇曰犉羊以三百爲羣其羣不可數也牛之犉者九十非犉者尙多也聚其角而息濈濈然呞而動其耳濕濕然王氏曰濈濈和也羊以善觸爲患故言其和謂聚而不相觸也濕濕潤澤也牛病則耳燥安則潤澤也○此詩言牧事有成而牛羊衆多也

○或降于阿ᄒᆞ며 或飮于池叶唐何反ᄒᆞ며 或寢或訛ㅣ로다 爾牧來思ᄒᆞ니 何上聲蓑音梭何笠音立이며 或負其餱音侯ㅣ로소니 三十維物叶微律反이라 爾牲則具叶居律反ㅣ로다

㊀或阿의降ᄒᆞ며或池에飮ᄒᆞ며或寢ᄒᆞ며或訛ᄒᆞ놋다네牧이來ᄒᆞ니蓑를何ᄒᆞ며 笠을何ᄒᆞ며或그餱를負ᄒᆞ얏도소니三十인物이라네牲이곳具ᄒᆞ도다

○賦也訛動何揭也蓑笠所以備雨三十維物齊其色而別之凡爲色三十也○言牛羊無驚畏而牧人持雨具齎飮食從其所適以順其性是以生養蕃息至於其色無所不備而於用無所不有也

○爾牧來思ᄒᆞ니 以薪以蒸이며 以雌以雄叶于陵反이로다 爾羊來思ᄒᆞ니 矜矜兢兢ᄒᆞ며 不騫不崩이로소니 麾之以肱ᄒᆞ니 畢來旣升이로다

㊀네牧이來ᄒᆞ니써薪ᄒᆞ며써蒸ᄒᆞ며써雌ᄒᆞ며써雄을ᄒᆞ놋다네羊이 來ᄒᆞ니矜矜ᄒᆞ며兢兢ᄒᆞ며騫티아니ᄒᆞ며崩티ᄒᆞ니ᄒᆞ도소니麾홈을肱으로써ᄒᆞ니다來ᄒᆞ며다升ᄒᆞ놋다

○賦也麤曰薪細曰蒸雌雄禽獸也矜矜兢兢堅强也騫虧也崩羣疾也肱臂也旣盡也升入牢也○言牧人有餘力則出取薪蒸搏禽獸其羊亦馴擾從人不假箠楚但以手麾

之使來則畢來使升則旣升也

○牧人乃夢호니衆維魚矣며旐音兆維旟音餘矣로다大人占之호니衆維魚矣는實維豐年叶尼因反이오旐維旟矣는室家溱溱이로다

●牧人이夢호니衆이魚ㅣ며旐ㅣ旟ㅣ로다大人이占호니衆이魚는實로豐年홈이오旐ㅣ旟는室家ㅣ溱溱호리로다

○賦也占夢之說未詳溱溱衆也或曰衆謂人也旐郊野所建統人少旟州里所建統人多蓋人不如魚之多旐所統不如旟所統之衆故夢人乃是魚則爲豐年旐乃是旟則爲人衆

無羊四章章八句

節音截彼南山이여維石巖巖이로다赫赫師尹이여民具爾瞻叶側衘反이로다憂心如惔音談호며不敢戲談이호國旣卒子律反斬叶側衘反이어늘何用不監平聲고

●節혼뎌南山이여石이巖巖호도다赫赫혼師ㅣ언尹이여民이다너를瞻호놋다心에憂홈을惔탓호며敢히戲談티못호니國이이믜무춤내斬호거늘엇디써監티아니호는고

○興也節高峻貌巖巖積石貌赫赫顯盛貌師尹大師尹氏也大師三公尹氏蓋吉甫之後春秋書尹氏卒公羊子以爲譏世卿者卽此也具俱瞻視惔燔卒終斬絕監視也○此詩家父所作刺王用尹氏以致亂言節彼南山則維石巖巖矣赫赫師尹則民具爾瞻矣而其所爲不善使人憂心如火燔灼又畏其威而不敢言矣然則國旣終斬絕矣汝何用

而不察哉

○節彼南山이여有實其猗(音醫叶於何反)로다赫赫師尹이여不平謂何오天方

薦(音荐)瘥(音嵯)ㅣ라喪(去聲)亂弘多ㅣ며民言無嘉(叶居何反)ㅣ어놀憯(音慘)莫懲嗟(叶遭哥反)ᄒᆞᄂᆞ다

○節ᄒᆞᆫ뎌南山이여實ᄒᆞ야그猗ᄒᆞ엿도다赫赫ᄒᆞᆫ師ㅣ언尹이여平티아니ᄒᆞ니니ᄅᆞᆫ놀엇더료天이보야ᄒᆞ로

瘥로薦ᄒᆞ논디라喪亂이弘多ᄒᆞᆫ며民의言이嘉ᄒᆞᆷ이업거ᄂᆞᆯ일즉懲ᄒᆞ야嗟티아니ᄒᆞᄂᆞ다

○興也有實其猗未詳其義傳曰實滿猗長也箋云猗倚也言草木滿其旁倚之畎谷也或以爲草本之實猗猗然皆不甚通薦荐通重也瘥病弘大憯曾懲創也○節彼南山則有實其猗矣赫赫師尹而不平其心則謂之何哉蘇氏曰爲政者不平其心則下之榮瘁勞佚有大相絶者矣是以神怒而重之以喪亂人怨而謗讟其上然尹氏曾不懲創咨嗟求所以自改也

○尹氏大(音泰)師ㅣ維周之氐(音底叶都黎反)ㅣ라秉國之均이란디四方是維ᄒᆞ며天子是毗(音琵)ᄒᆞ야俾民不迷어놀不弔昊天ᄒᆞ니不宜空我師(叶霜夷反)ㅣ니라

●尹氏大師ㅣ周의氐ㅣ라國의均을秉ᄒᆞ란디四方을이維ᄒᆞ며天子을이毗ᄒᆞ야民으로ᄒᆞ여곰迷티아니케ᄒᆞᆯ서어놀昊天에吊ᄒᆞ이디못ᄒᆞ니우리師를空케ᄒᆞᆷ이宜티아니ᄒᆞ니라

○賦也氐本均平維持毗輔弔愍空窮師衆也○言尹氏大師維周之氐而秉國之均則是宜有以維特四方毗輔天子而使民不迷乃其職也今乃不平其心而旣不見愍弔於

昊天矣則不宜久在其位使天降禍亂而我衆幷及空窮也

○弗躬弗親을 庶民弗信(叶斯人反)이니 弗問弗仕로 勿罔君子(叶奬里反)ㅣ어다 式夷式已ᄒᆞ야 無小人殆(叶養里反)어다 瑣瑣姻亞는 則無膴(音武)仕ㅣ니라

●躬으로아니ᄒᆞ며親히아니ᄒᆞᆷ을庶民이信티아니ᄒᆞᄂᆞ니問티아니ᄒᆞ며仕티아니ᄒᆞᄂᆞᆫ이로君子를罔티마를지어다써夷ᄒᆞ야써已ᄒᆞ야小人으로殆케마를지어다瑣瑣ᄒᆞᆫ姻亞ᄂᆞᆫ곳膴ᄒᆞᆫ仕를못ᄒᆞᆯ써시니라

○賦也仕事罔欺也君子指王也夷平已止殆危也瑣瑣小貌壻之父曰姻兩壻相謂曰亞膴厚也○言王委政於尹氏尹氏又委政於姻亞之小人而以其未嘗問未嘗事者欺其君也故戒之曰汝之弗躬弗親庶民已不信矣其所弗問弗事則豈可以罔君子哉當平其心視所任之人有不當者則已之無以小人之故而至於危殆其國也瑣瑣姻亞而必皆膴仕則小人進矣

○昊天不傭(敕龍反)ᄒᆞ야 降此鞠(音菊)訩(音凶)이며 昊天不惠ᄒᆞ야 降此大戾ㅣ샷다 君子如屆(音戒 叶居例反)ㅣ면 俾民心闋(音缺 叶苦桂反)ㅣ며 君子如夷면 惡(去聲)怒是違ᄒᆞ리라

●昊天이傭티아니ᄒᆞ야이鞠ᄒᆞᆫ訩을降ᄒᆞ며昊天이惠티아니ᄒᆞ야이큰戾를降ᄒᆞ샷다君子ㅣ만일屆ᄒᆞ면民의心으로ᄒᆞ여곰闋ᄒᆞ며君子ㅣ만일夷ᄒᆞ면惡怒ㅣ이違ᄒᆞ리라

○賦也傭均鞠窮訩亂戾乖屆至闋息違遠也○言昊天不均而降此窮極之亂昊天不順而降此乖戾之變然所以靖之者亦在夫人而已君子無所苟而用其至則必躬必親

而民之亂心息矣君子無所偏而平其心則式夷式已而民之惡怒遠矣傷王與尹氏之不能也夫爲政不平以召禍亂者人也而詩人以爲天實爲之者蓋無所歸咎而歸之天也抑有以見君臣隱諱義焉有以見天人合一之理焉後皆放此

○不弔昊天(叶鐵因反)이라 亂靡有定(叶唐丁反)ᄒᆞ야 式月斯生(叶桑經反)ᄒᆞ야 俾民不寧ᄒᆞᄂᆞ다
憂心如酲(音呈)ᄒᆞ니 誰秉國成이완ᄃᆡ 不自爲政(叶諸盈反)ᄒᆞ야 卒勞百姓(叶桑經反)고

●昊天애弔ᄒᆞ이디못ᄒᆞ다라亂이定ᄒᆞᆷ이잇디아니ᄒᆞ야ᄡᅥ月로이生ᄒᆞ야民으로ᄒᆞ여곰寧티못게ᄒᆞᄂᆞ다心에憂ᄒᆞᆷ을酲ᄀᆞᆺ티ᄒᆞ니뉘國ㅅ成을秉ᄒᆞ엿관ᄃᆡ스스로政을ᄒᆞ디아니ᄒᆞ야ᄆᆞᄎᆞᆷ내百姓을勞케ᄒᆞᄂᆞᆫ고

○賦也酲病曰酲成平卒終也○蘇氏曰天不之恤故亂未有所止而禍患與歲月增長君子憂之曰誰秉國成者乃不自爲政而以付之姻亞之小人其卒使民爲之受其勞弊以至此也

○駕彼四牡ᄒᆞ니 四牡項領이로다마ᄂᆞᆫ 我瞻四方ᄒᆞ니 蹙蹙(音蹴)靡所騁(音逞)이로다

●뎌四牡을駕ᄒᆞ니四牡ㅣ領이項ᄒᆞ도다만ᄂᆞᆫ내四方을瞻ᄒᆞ니蹙蹙히騁ᄒᆞᆯ섀업도다

○賦也項大也蹙蹙縮小之貌○言駕四牡而四牡項領可以騁矣而視四方則皆昏亂蹙蹙然無可往之所亦將何所騁哉東萊呂氏曰本根病則枝葉皆瘁是以無可往之地也

○方茂爾惡일신 相(去聲)爾矛矣러니 旣夷旣懌란 如相醻(音酬)矣로다

●보야흐로네惡을茂히신네矛를相ᄒᆞ더니이믜夷ᄒᆞ며이믜懌ᄒᆞ얀서로醻ᄐᆞᆺᄒᆞ놋다
○賦也茂盛相視懌悅也○言方盛其惡以相加則視其矛戟如欲戰鬪及旣夷平悅懌則相與歡然如賓主而相醻酢不以爲怪也蓋小人之性無常而習於鬪亂其喜怒之不可期如此是以君子無所適而可也

○昊天不平이라我王不寧이어시늘不懲其心이오覆(音福)怨其正(叶諸盈反)ᄒᆞᄂᆞ다
●昊天이平티아니ᄒᆞ더라우리王이寧티못ᄒᆞ거시늘그心을懲티아니ᄒᆞ고도로혀그正ᄒᆞᆫ이를怨ᄒᆞᄂᆞ다
○賦也尹氏之不平若天休之故曰昊天不平若是則我王亦不得寧矣然尹氏猶不自懲創其心乃反怨人之正己者則其爲惡何時而已哉

○家父(音甫)作誦(叶疾容反)ᄒᆞ야以究王訩ᄒᆞ노니式訛爾心ᄒᆞ야以畜萬邦(叶卜工反)이어다
●家父ㅣ誦을作ᄒᆞ야써王의訩을究ᄒᆞ노니써네心을訛ᄒᆞ야써萬邦을畜ᄒᆞᆯ디어다
○賦也家氏父字周大夫也究窮訛化畜養也○家父自言作爲此誦以窮究王政昏亂之所由冀其改心易慮以畜養萬邦也陳氏曰尹氏厲威使人不得戲談而家父作詩乃復自表其出於己以身當尹氏之怒而不辭者蓋家父周之世臣義與國俱存亡故也東萊呂氏曰篇終矣故窮其亂本而歸之王心焉致亂者雖尹氏而用尹氏者則王心之蔽也李氏曰孟子曰人不足與適也政不足與間也惟大人爲能格君心之非蓋用人之失政事之過雖皆君之非然不必先論也惟格君心之非則政事無不善矣用人皆得其當矣

節南山十章六章章八句四章章四句

序以此爲幽王之詩而春秋桓十五年有家父來求車於周爲桓王之世上距幽王之終已七十五年不知其人之同異大抵序之時世皆不足信今姑闕焉可也

正(音政)月繁霜이라 我心憂傷이어늘 民之訛言이 亦孔之將이로다 念我獨兮ㅣ 憂心京京(叶居良反)호니 哀我小心이여 癙(音鼠)憂以痒(音羊)호라

●正月의霜이繁혼지라내ᄆᆞ옴애憂傷ᄒᆞ거늘民의訛見이ᄯᅩ혼심히將ᄒᆞ도다念컨딘내홀로 心에憂홈을京京히호니 哀홈다내小心홈이여癙憂ᄒᆞ야ᄡᅥ痒호라

○賦也正月夏之四月謂之正月者以純陽用事爲正陽之月也繁多訛僞將大也京京亦大也癙憂幽憂也痒病也○此詩亦大夫所作言霜降失節不以其時既使我心憂傷矣而造爲姦僞之言以惑羣聽者又方甚大然衆人莫以爲憂故我獨憂之以至於病也

○父母生我ㅣ여 胡俾我瘉(音庾)오 不自我先이며 不自我後(叶下五反)ㅣ로다 好言自口(叶孔五反)ㅣ며 莠(音酉)言自口ㅣ라 憂心愈愈ᄒᆞ야 是以有侮(叶)호라

●父母ㅣ날生홈이여엇디날로ᄒᆞ여곰瘉케ᄒᆞᄂᆞ뇨내先으로브터아니ᄒᆞ며내後로브터아니ᄒᆞ도다 好ᄒᆞᆫ言도口로브터ᄒᆞ며莠ᄒᆞᆫ言도口로브터ᄒᆞᄂᆞ디라心에憂홈을愈愈ᄒᆞ야이로ᄡᅥ侮ᄒᆞ옴이이쇼라

○賦也瘉病自從莠醜也愈愈益甚之意○疾痛故呼父母而傷已適丁是時也訛言之人虛僞反覆言之好醜皆不出於心而但出於口是以我之憂心益甚而反見侵侮也

○憂心惸惸音煢ᄒᆞ야 念我無祿ᄒᆞ노라 民之無辜ㅣ 幷去聲其臣僕이로다 哀我人斯ᄂᆞᆫ 于何從祿고 瞻烏爰止혼ᄃᆡᆫ 于誰之屋고

●心애憂홈을惸惸히ᄒᆞ야 내祿업숨을念ᄒᆞ노라 民의辜업ᄉᆞ니다 그臣僕ᄒᆞ리로다 哀홉다 우리사ᄅᆞᆷ은어다從ᄒᆞ야祿ᄒᆞᆯ고 烏의止ᄒᆞᆯᄃᆡ를瞻혼ᄃᆡᆫ 뉘屋에ᄒᆞᆯ고

○賦也惸惸憂意也無祿猶言不幸爾辜罪幷俱也古者以罪人爲臣僕亡國所虜亦以爲臣僕箕子所謂商其淪喪我罔爲臣僕是也○言不幸而遭國之將亡與此無罪之民將俱被囚虜而同爲臣僕未知將復從何人而受祿如視烏之飛不知其將止於誰之屋也

○瞻彼中林혼ᄃᆡ 侯薪侯蒸이로다 民今方殆어ᄂᆞᆯ 視天夢夢音蒙莫登反이로다 旣克有定이면 靡人弗勝音升이니 有皇上帝ㅣ 伊誰云憎이시리오

●뎌中林을瞻혼ᄃᆡ 薪이며蒸이로다 民이이제보야흐로殆ᄒᆞ거ᄂᆞᆯ 天을視혼ᄃᆡᆫ夢夢ᄒᆞ도다 이믜능히定홈이이시면人을勝티못홈미업ᄂᆞ니 皇혼上帝ㅣ 누를憎ᄒᆞ시리오

○興也中林林中也侯維殆危殆也夢夢不明也皇大也上帝天之神也程子曰以其形體謂之天以其主宰謂之帝○言瞻彼中林則維薪維蒸分明可見也民今方危殆疾痛號訴於天而視天反夢夢然若無意於分別善惡者然此特値其未定之時爾及其旣定則未有不爲天所勝者也夫天豈有所憎而禍之乎福善禍淫亦自然之理而已申包胥曰人衆則勝天天定亦能勝人疑出於此

○謂山蓋卑나 爲岡爲陵이니라 民之訛言을 寧莫之懲이로다 召彼故老ᄒᆞ며 訊(音信)之占夢(叶莫登反)ᄒᆞ니 具曰予聖이라ᄒᆞᄂᆞ니 誰知烏之雌雄(叶胡陵反)고

●山을닐오ᄃᆡ卑라ᄒᆞ나岡이며陵이니라民의訛言을寧ᄒᆞ야懲티아니ᄒᆞ놋다 뎌故老를召ᄒᆞ며占夢에訊ᄒᆞ니다골오ᄃᆡ내聖호라ᄒᆞᄂᆞ니뉘烏의雌ㅣ며雄인줄을알리오

○賦也山脊曰岡廣平曰陵懲止也故老舊臣也訊問也占夢官各掌占夢者也具俱也烏之雌雄相似而難辨者也○謂山蓋卑而其實則岡陵之崇也今民之訛言如此矣而王猶安然莫之止也及其詢之故老訊之占夢則又皆自以爲聖人亦誰能別其言之是非乎子思言於衛侯曰君之國事將日非矣公曰何故對曰有由然焉君出言自以爲是而卿大夫莫敢矯其非卿大夫出言亦自以爲是而士庶人莫敢矯其非君臣旣自賢矣而羣下同聲賢之賢之則順而有福矯之則逆而有禍如此則善安從生詩曰具曰予聖誰知烏之雌雄抑亦似君之君臣乎

○謂天蓋高나ㅣ 不敢不局(叶居亦反)ᄒᆞ며 謂地蓋厚나ㅣ 不敢不蹐(井亦反)호라 維號(音毫)斯言이 有倫有脊이어늘 哀今之人은 胡爲虺(音毁)蜴(星歷反)고

●天을닐오ᄃᆡ高라ᄒᆞ나敢히局디아닛아니ᄒᆞ며地를닐오ᄃᆡ厚타ᄒᆞ나敢히蹐디아닛아니호라 號ᄒᆞᄂᆞᆫ이言이倫이이시며脊이잇거늘哀홉다이제人은엇디虺蜴을ᄒᆞᄂᆞᆫ고

○賦也局曲也蹐累足也號長言之也脊理蜴螈也虺蜴皆毒螫之蟲也○言遭世之亂

天雖高而不敢不局地雖厚而不敢不蹐其所號呼而爲此言者又皆有倫理而可考也
哀今之人胡爲肆毒以害人而使之至此乎

○瞻彼阪(音反)田(혼듸)有菀(音鬱)其特(이어늘)天之抗(音兀)我(여ㅣ)如不我克(이샷다)彼求我則(일신)如不我得(이러니)執我仇仇(ㅣ나)亦不我力(ᄒᆞᄂᆞ다)

● 뎌阪田을瞻ᄒᆞᆫ듸菀ᄒᆞᆫ그特이잇거늘天이나를抗ᄒᆞ샴이여나를克디못ᄒᆞᆯ닷ᄒᆞ샷다 뎨나를求ᄒᆞ야則호려ᄒᆞ신나를得디못ᄒᆞᆯ닷ᄒᆞ더니나를執ᄒᆞᆷ을仇仇히ᄒᆞ나ᄯᅩᄒᆞᆫ나를力디아니ᄒᆞᄂᆞ다

○興也阪田崎嶇墝埆之處菀茂盛之貌特特生之苗也抗動也力謂用力○瞻彼阪田猶有菀然之特而天之抗我如恐其不我克何哉亦無所歸咎之詞也夫始而求之以爲法則惟恐不我得也及其得之則又執我堅固如仇讎然然終亦莫能用也求之甚艱而棄之甚易其無常如此

○心之憂矣(ㅣ)如或結之(로다)今茲之正(은)胡爲厲(叶力桀反)矣(오)燎之方揚(을)寧或滅之(리오)赫赫宗周(를)褒姒(音似)烕(呼悅反)之(로다)

● 心의憂홈이或結ᄒᆞᆫ닷ᄒᆞ놋다이제이正은엇디厲ᄒᆞ뇨燎의보야ᄒᆞ로揚홈을엇디或滅ᄒᆞ리오 赫赫ᄒᆞᆫ宗周를褒姒ㅣ烕ᄒᆞ리로다

○賦也正政也厲暴惡也火田爲燎揚盛也宗周鎬京也褒姒幽王之嬖妾褒國女姒姓也烕亦滅也○言我心之憂如結者爲國政之暴惡故也燎之方盛之時則寧有能撲而

滅之者乎然赫赫然之宗周而一褒姒足以滅之蓋傷之也時宗周未滅以褒姒淫妬讒諂而王惑之知其必滅周也或曰此東遷後詩也時宗周已滅矣其言褒姒灰之有監戒之意而無憂懼之情似亦道已然之事而非慮其將然之詞今亦未能必其然否也

○終其永懷(ᄒᆞ니)又窘陰雨(ㅣ로다) 其車旣載(音在ᄒᆞ고) 乃棄爾輔(叶扶雨反ᄒᆞ니)載(如字)輸爾載(音在ᄒᆞ야)將(音搶)伯助予(叶演汝反ㅣ로다)

● 終을기리懷ᄒᆞ니또陰雨에窘ᄒᆞ리로다그車애이믜載ᄒᆞ고네輔ᄅᆞᆯ棄ᄒᆞ니 곳네載ᄅᆞᆯ輸ᄒᆞ고야伯을將ᄒᆞ야나ᄅᆞᆯ助ᄒᆞ라ᄒᆞ리로다

○比也陰雨則泥濘而車易以陷也載車所載也輔如今人縛杖於輻以防輔車也輸墮也將請也伯或者之字也○蘇氏曰王爲淫虐譬如行險而不知止君子永思其終知其必有大難故曰終其永懷又窘陰雨王又不虞難之將至而棄賢臣焉故曰乃棄爾輔君子求助於未危故難不至苟其載之旣墮而後號伯以助予則無及矣

○無棄爾輔(ᄒᆞ야)員(音云)于爾輻(叶筆力反이오) 屢顧爾僕(ᄒᆞ면) 不輸爾載(叶節力反ᄒᆞ야) 終踰絶險이 曾是不意(叶乙力反이리라)

● 네輔ᄅᆞᆯ棄티말아네輻애員ᄒᆞ고ᄌᆞ죠네僕을顧ᄒᆞ면네載ᄅᆞᆯ輸티아니ᄒᆞ야 ᄆᆞᄎᆞᆷ내絶險을踰홈이일즉이不意예ᄒᆞ리라

○比也員益也輔所以益輻也屢數顧視也僕將車者也○此承上章言若能無棄爾輔

以愆其輻而又數數顧視其僕則不墮爾所載而踰於絶險若初不以爲意者蓋能謹其初則厥終無難也 一說王曾不以是爲意乎

○魚在于沼(叶音灼)ᄒᆞ니 亦匪克樂(音洛)이로다 潛雖伏矣나 亦孔之炤(音灼)이로다 憂心慘慘ᄒᆞ야 念國之爲虐ᄒᆞ노라

●魚ㅣ沼애이시니 ᄯᅩᄒᆞᆫ능히樂홈이아니로다 潛ᄒᆞ야비록伏ᄒᆞ나 ᄯᅩᄒᆞᆫ심히炤ᄒᆞ도다 心애憂홈을 慘慘히ᄒᆞ야國의虐ᄒᆞᆷ을念ᄒᆞ노라

○比也 沼池也 炤明易見也 ○魚在于沼其爲生已蹙矣 其潛雖深然亦炤然而易見 言禍亂之及無所逃也

○彼有旨酒ᄒᆞ며 又有嘉殽(音爻)ᄒᆞ야 洽比(音鼻)其隣ᄒᆞ며 昏姻孔云이어늘 念我獨兮ㅣ 憂心慇慇ᄒᆞ노라

●뎌旨酒를두며 ᄯᅩ嘉殽를두어 그隣을洽比ᄒᆞ며 昏姻과로심히云ᄒᆞ거늘 念컨딘 내호올로心애憂홈을慇慇히ᄒᆞ노라

○賦也 洽比皆合也 云旋也 慇慇然痛也 ○言小人得志有旨酒嘉殽以洽此其隣里怡懌其昏姻而我獨憂心至於疾痛也 昔人有言燕雀處堂母子相安自以爲樂也 突決棟焚而怡然不知禍之將及其此之謂乎

○佌佌(音此)彼有屋ᄒᆞ며 蔌蔌(音速)方有穀이어늘 民今之無祿은 天夭(音腰)是

椓(音卓 叶都木反)이로다 哿(音可)矣富人이어니와 哀此惸獨이로다

●仳仳ᄒᆞ니ᄂᆞᆫ뎌屋을두며蔌蔌ᄒᆞ니ᄂᆞᆫ보야흐로穀을두거ᄂᆞᆯ民이이제祿업ᄉᆞ니ᄂᆞᆫ天이夭ᄒᆞ야 이椓ᄒᆞ놋다 哿ᄒᆞ니ᄂᆞᆫ富人이어니와이惸獨이哀홉도다

○賦也仳仳小貌蔌蔌窶陋貌指王所用之小人也穀祿夭禍椓害哿可獨單也○仳仳然之小人旣已有屋矣蔌蔌窶陋者又將有穀矣而民今獨無祿者是天禍椓喪之耳亦無所歸咎之詞也亂至於此富人猶或可勝惸獨甚矣此孟子所以言文王發政施仁必先鰥寡孤獨也

正月十三章八章章八句五章章六句

十月之交朔日辛卯(叶莫後反)애 日有食之ᄒᆞ니 亦孔之醜로다 彼月而微어니와 此日而微여 今此下民이 亦孔之哀(叶於希反)로다

●十月ㅅ交朔日인辛卯에日이食ᄒᆞ니ᄯᅩᄒᆞᆫ심히醜ᄒᆞ도다뎌月은微ᄒᆞᆫ셔어니와 이日의微홈이여이제이下民이ᄯᅩᄒᆞᆫ심히哀홉도다

○賦也十月以夏正言之建亥之月也交日月交會謂晦朔之間也曆法周天三百六十五度四分度之一左旋於地一晝一夜則其行一周而又過一度日月皆右行於天一晝一夜則日行一度月行十三度十九分度之七故日一歲而一周天月二十九日有奇而一周天又逐及於日而與之會一歲凡十二會方會則月光都盡而爲晦已會則月光

復蘇而爲朔朔後晦前各十五日日月相對則月光正滿而爲望晦朔而日月之合東西同度南北同道則月揜日而日爲之食望而日月之對同度同道則月亢日而月爲之食是皆有常度矣然王者脩德行政用賢去奸能使陽盛足以勝陰陰衰不能侵陽則日月之行雖或當食而月常避日故其遲速高下必有參差而不正相合不正相對者所以當食而不食也若國無政不用善使臣子背君父妾婦乘其夫小人陵君子夷狄侵中國則陰盛陽微當食必食雖曰行有常度而實爲非常之變矣蘇氏曰日食天變之大者也然正陽之月古尤忌之夏之四月爲純陽故謂之正月十月純陰疑其無陽故謂之陽月純陽而食陽弱之甚也純陰而食陰壯之甚也微虧也彼月則宜有時而虧矣此日不宜虧而今亦虧是亂亡之兆也

○日月告凶하야 不用其行(叶戶郎反)하니 四國無政하야 不用其良이로다 彼月而食은 則其維常이어니와 此日而食이여 于何不臧고

●日月이凶을告하야그行을用티아니하니四國이政이업서그良을用티아님이로다뎌月의食홈은곳그常이어니와이日의食홈이여엇디臧티아니하뇨

○賦也行道也○凡日月之食皆有常度矣而以爲不用其行者月不避日失其道然也其所以然者則以四國無政不用善人故也如此則日月之食皆非常矣而以月食爲其常日食爲不臧者陰亢陽而不勝猶可言也陰勝陽而揜之不可言也故春秋日食必書而月食則無紀焉亦以此爾

○爗爗(音曄)震電이不寧不令(叶盧經反)이로다百川沸騰ᄒᆞ며山冢崒崩ᄒᆞ야高岸爲谷이오深谷爲陵이어놀哀今之人은胡憯(音慘)莫懲고

●爗爗ᄒᆞᆫ震電이寧티아니ᄒᆞ며令티아니ᄒᆞ도다百川이沸ᄒᆞ야騰ᄒᆞ며山冢이崒ᄒᆞᆫ거시 崩ᄒᆞ야高ᄒᆞᆫ岸이谷이되고深ᄒᆞᆫ谷이陵이되거ᄂᆞᆯ哀홉다이제사ᄅᆞᆷ은엇디일즉懲티아니ᄒᆞᄂᆞ고

○賦也爗爗電光貌震雷也寧安徐也令善沸出騰乘也山頂曰冢崒崔嵬也高岸崩陷故爲谷深谷塡塞故爲陵憯曾也○言非但日食而已十月而雷電山崩水溢亦災異之甚者是宜恐懼脩省改紀其政而幽王曾莫之懲也董子曰國家將有失道之敗而天乃先出災異以譴告之不知自省又出怪異以警懼之尙不知變而傷敗乃至此見天心仁愛人君而欲止其亂也

○皇父(音甫)卿士ㅣ오番維司徒ㅣ오家伯爲宰오仲允膳夫ㅣ오聚(音鄒)子ㅣ內史ㅣ오蹶(音愧)維趣(七走反)馬(叶滿補反)ㅣ오楀(音矩)維師氏어놀豔(音艶)妻煽(音扇)方處ㅣ로다

●皇父ㅣ卿士ㅣ오番이司徒ㅣ오家伯이宰되엿고仲允이膳夫ㅣ오 聚子ㅣ內史ㅣ오蹶ㅣ趣馬ㅣ오楀ㅣ師氏어놀豔ᄒᆞᆫ妻ㅣ煽ᄒᆞ야보야호로處ᄒᆞ얏도다

○賦也皇父家伯仲允皆字也番聚蹶楀皆氏也卿士六卿之外更爲都官以總六官之事也或曰卿士蓋卿之士周禮太宰之屬有上中下士公羊所謂宰士左氏所謂周公以蔡仲爲己卿士是也蓋以宰屬而兼總六官位卑而權重也司徒掌邦敎冢宰掌邦治皆

卿也膳夫上士掌王之飮食膳羞者也內史中大夫掌爵祿廢置殺生予奪之法者也趣馬中士掌王馬之政者也師氏亦中大夫掌司朝得失之事者也美色曰豔豔妻卽褒姒也煽熾也方處方居其所未變徙也○言所以致變異者由小人用事於外而嬖妾蠱惑王心於內以爲之主故也

○抑此皇父ㅣ豈曰不時리오마는胡爲我作호ᄃᆡ 不卽我謀叶謨悲反오 徹我牆屋ᄒᆞ야田卒汙音烏萊叶陵之反어늘 曰予不戕音牆이라 禮則然矣叶於姬反라ᄒᆞᄂᆞ다

●어皇父ㅣ엇디時아니라닐으리오마ᄂᆞᆫ엇디우리를作호ᄃᆡ우리게卽ᄒᆞ야謀티아니ᄒᆞ고 우리牆屋을徹ᄒᆞ야田이다汙ᄒᆞ며萊ᄒᆞ거놀제오ᄃᆡ내戕ᄒᆞᄂᆞᆫ줄이아니라禮ㅣ그러타ᄒᆞᄂᆞ다

○賦也抑發語辭時農隙之時也作動卽就卒盡也汙停水也萊草穢也戕害也○言皇父不自以爲不時欲動我以徒而不與我謀乃遽徹我牆屋使我田不獲治卑者汙而高者萊又曰非我戕汝乃下供上役之常禮耳

○皇父音甫孔聖ᄒᆞ야 作都于向去聲ᄒᆞ고 擇三有事호ᄃᆡ 亶侯多藏去聲ᄒᆞ며 不憖魚覲反遺一老ᄒᆞ야 俾守我王叶于放反ᄒᆞ고 擇有車馬ᄒᆞ야 以居徂向이로다

●皇父ㅣ심히聖호라ᄒᆞ야都을向애作ᄒᆞ고三有事를擇호ᄃᆡ진실로藏하니로ᄒᆞ며 一老도憖ᄒᆞ야遺ᄒᆞ여곰우리王을守티아니ᄒᆞ고車와馬두ᄂᆞᆫ이를擇ᄒᆞ야써向애가居ᄒᆞ놋다

○賦也孔甚也聖通明也都大邑也周禮畿內大都方百里小都方五十里皆天子公卿

所封也向地名在東都畿內今孟州河陽縣是也三有事三卿也亶信侯維藏蓄也憖者心不欲而自強之辭有車馬者亦富民也徂往也○言皇父自以爲聖而作都則不求賢而但取富人以爲卿又不自強留一人以衛天子但有車馬者則悉與俱往不忠於上而但知貪利以自私也

○黽(音敏)勉從事ᄒᆞ야不敢告勞ᄒᆞ라無罪無辜ㅣ어ᄂᆞᆯ讒口囂囂(音翶)ㅣ로다下民之孽(音臬)이匪降自天(叶銕因反)이라噂(音撙)沓(徒合反)라背(音佩)憎이職競由人이니라

●黽勉ᄒᆞ야事를從ᄒᆞ야敢히勞를告티못ᄒᆞ라罪업스며辜ㅣ업거ᄂᆞᆯ讒口ㅣ囂囂ᄒᆞ도다 下民이孽이降홈이天으로브터ᄒᆞᆫ줄이아니라噂ᄒᆞ며沓ᄒᆞ다가背ᄒᆞᆫ안憎홈이젼혀競홈은人을由ᄒᆞ야니라

○賦也囂囂衆多貌孽災害也噂聚也沓重複也職主競力也○言黽勉從皇父之役未嘗敢告勞也猶且無罪而遭讒然下民之孽非天之所爲也噂噂沓沓多言以相說而背則相憎專力爲此者皆由讒口之人耳

○悠悠我里여亦孔之痗(音妹叶呼洧反)로다四方有羨(徐面反)이어ᄂᆞᆯ我獨居憂ᄒᆞ며民莫不逸이어ᄂᆞᆯ我獨不敢休ᄒᆞ니天命不徹(叶直質反)이니我不敢傚我友自逸ᄒᆞ니라

●悠悠ᄒᆞᆫ내의里여ᄯᅩᄒᆞᆫ심히痗ᄒᆞ도다四方이羨이잇거ᄂᆞᆯ내ᄒᆞ올로憂에居ᄒᆞ며 民이逸티아니리업거ᄂᆞᆯ내ᄒᆞ올로敢히休티못ᄒᆞ니天ㅅ命이徹티아니ᄒᆞ옴이니내敢히 우리벗의스스로逸홈을傚티아니ᄒᆞ니라

○賦也悠悠憂也里居痗病羨餘逸樂徹均也○當是之時天下病矣而獨憂我里之甚病且以爲四方皆有餘而我獨憂衆人皆得逸豫而我獨勞者以皇父病之而被禍尤甚故也然此乃天命之不均吾豈敢不安於所遇而必傚我友之自逸哉

十月之交八章章八句

浩浩昊天이 不駿其德ᄒᆞ샤 降喪(去聲)饑饉(音覲)ᄒᆞ야 斬伐四國(叶于逼反)ᄒᆞ시ᄂᆞ니 旻天疾威라 弗慮弗圖ㅣ샷다 舍(音赦)彼有罪ᄂᆞᆫ 旣伏其辜ㅣ어니와 若此無罪ᄂᆞᆫ 淪胥以鋪(平聲)아

●浩浩ᄒᆞ신昊天이그德을크게아니ᄒᆞ샤饑饉을降ᄒᆞ야喪ᄒᆞ야四國을斬伐ᄒᆞ사ᄂᆞ니 旻天이疾威ᄒᆞᆫᄃᆡ라慮티아니며圖티아니ᄒᆞ샷다ᄃᆡ罪인ᄂᆞᆫ니ᄂᆞᆫ이믜그辜에伏ᄒᆞᆫᄃᆡ라舍ᄒᆞᆯ써시어니와 이러ᄃᆞ시罪업슨니ᄂᆞᆫ淪ᄒᆞ야서라써鋪ᄒᆞ랴

○賦也浩浩廣大貌昊亦廣大之意駿大德惠也穀不熟曰饑蔬不熟曰饉疾威猶暴虐也惠圖皆謀也舍置淪陷胥相鋪徧也○此時饑饉之後羣臣離散其不去者作詩以責去者故推本而言昊天不大其惠降此饑饉而殺伐四國之人如何旻天曾不思慮圖謀而遽爲此乎彼有罪而饑死則是旣伏其辜矣舍之可也此無罪者亦相與而陷於死亡則如之何哉

○周宗旣滅ᄒᆞ야 靡我止戾ᄒᆞ며 正大夫離居ᄒᆞ야 莫知我勩(音異)ᄒᆞ며 三事

大夫ㅣ莫肯夙夜(叶弋灼反)ᄒᆞ며邦君諸侯ㅣ莫肯朝夕(叶祥龠反)일서庶曰式臧이어ᄂᆞᆯ覆(音福)出爲惡이로다

●周ㅅ宗이이믜滅ᄒᆞ야止ᄒᆞ야戾ᄒᆞᆯ배업ᄉᆞ며正대우ㅣ居에離ᄒᆞ야우리勩홈을 아디못ᄒᆞ며三事와대우ㅣ즐겨夙夜티아니ᄒᆞ며邦君과諸侯ㅣ즐겨朝夕디아니ᄒᆞᆯ서 거의디ᄀᆞᆯ오디써臧ᄒᆞᆯ가ᄒᆞ거ᄂᆞᆯ도로혀出ᄒᆞ야惡을ᄒᆞᄂᆞ다

○賦也宗族姓也戾定也正長也周官八職一曰正謂六官之長皆上大夫也離居蓋以饑饉散去而因以避讒譖之禍也我不去者自我也勩勞也三事三公也大太六卿及中下大夫也臧善覆反也○言將有易姓之禍其兆已見而天變人離又如此庶幾曰王改而爲善乃覆出爲惡而不悛也或曰疑此亦東遷後詩也

○如何昊天(叶鐵因反)하辟言不信(叶斯人反)ᄒᆞ니如彼行邁ㅣ則靡所臻이로다凡百君子ᄂᆞᆫ各敬爾身이어다胡不相畏이오不畏于天가

●엇디오昊天하법엣말을밋지아니ᄒᆞ니뎌行邁홈이곳臻ᄒᆞᆯ배업슴ᄀᆞᆺ도다 믈읫온갓君子ᄂᆞᆫ각각네身을敬ᄒᆞᆯ지어다엇지서로저티아니ᄒᆞ리오하ᄂᆞᆯ을저치아닐것가

○賦也如何昊天呼天而訴之也辟法臻至也凡百君子指羣臣也○言如何乎昊天也法度之言而不聽信則如彼行往而無所底至也然凡百君子豈可以王之爲惡而不敬其身哉不敬爾身不相畏也不相畏不畏天也

○戎成不退(叶吐類反)ᄒᆞ며 飢成不遂ᄒᆞ야 曾(音層)我暬(音薛)御ㅣ 憯憯(音慘)日瘁(音崔)어늘 凡百君子ㅣ 莫肯用訊(叶息悴反)이오 聽言則答ᄒᆞ며 譖言則退ᄒᆞᄂᆞ다

●戎이成ᄒᆞ되退티아니ᄒᆞ며飢ㅣ成ᄒᆞ되遂티아니ᄒᆞ야일즉우리暬御ㅣ憯憯히날로瘁ᄒᆞ거놀 믈읫온갓君子ㅣ즐겨써訊티아니ᄒᆞ고言을聽ᄒᆞ려ᄒᆞ면答ᄒᆞ며譖言이면退ᄒᆞᄂᆞ다

○賦也戎兵遂進也易曰不能退不能遂是也暬御近侍也國語曰居寢有暬御之箴蓋如漢侍中之官也憯憯憂貌瘁病訊告也○言兵寇已成而王之爲惡不退飢饉已成而王之遷善不遂使我暬御之臣憂之而憯憯日瘁也凡百君子莫肯以是告王者雖王有問而欲聽其言則亦荅之而已不敢盡言也一有譖言及己則皆退而離居莫肯夙夜朝夕於王矣其意若曰王雖不善而君臣之義豈可以若是恝乎

○哀哉不能言이여 匪舌是出(音跪)이라 維躬是瘁로다 哿(音可)矣能言이여 巧言如流ᄒᆞ야 俾躬處休ㅣ로다

●哀홉다能히言티못ᄒᆞ다ᄒᆞᄂᆞᆫ이여舌이이出홀ᄲᅮᆫ이아니라몸이이에瘁ᄒᆞᄂᆞ다哿ᄒᆞ다 能히言ᄒᆞ다ᄒᆞᄂᆞᆫ이여言을巧히ᄒᆞ야호로ᄂᆞᆫ듯ᄒᆞ야몸으로ᄒᆞ여곰休에處케ᄒᆞᄂᆞ다

○賦也出出之也瘁病哿可也○言之忠者當世之所謂不能言者也故非但出諸口而適以瘁其躬佞人之言當世所謂能言者也故巧好其言如水之流無所凝滯而使其身處於安樂之地蓋亂世昏主惡忠直而好諛佞類如此詩人所以深歎之也

○維曰于仕ㅣ나 孔棘且殆叶養里反ㅣ로다 云不可使ᄂᆞᆫ 得罪于天子叶獎里反ㅣ오

亦云可使ᄂᆞᆫ 怨及朋友叶羽已反ㅣ로다

●ᄀᆞᆯ오ᄃᆡ가仕ᄒᆞᆯ세시라ᄒᆞ나심히棘ᄒᆞ고ᄯᅩ殆ᄒᆞ도다可히使ᄒᆞ염쥭지몯ᄒᆞ다니 르ᄂᆞᆫ이ᄂᆞᆫ罪를天子ᄭᅴ得ᄒᆞ고ᄯᅩᄒᆞᆫ可히使ᄒᆞ염쥭ᄒᆞ다이르ᄂᆞᆫ이ᄂᆞᆫ怨이朋友에及ᄒᆞᄂᆞᆺ다

○賦也于往棘急殆危也○蘇氏曰人皆曰往仕耳曾不知仕之急且危也當是之時直道者王之所謂不可使而枉道者王之所謂可使也直道者得罪于君而枉道者見怨于友此仕之所謂以難也

○謂爾遷于王都ㅣ라ᄒᆞᆫ을 曰予未有室家叶古胡反ㅣ라ᄒᆞ야 鼠思去聲泣血叶虛屈反ᄒᆞ야

無言不疾ᄒᆞᄂᆞ니 昔爾出居에 誰從作爾室오

●너를닐오ᄃᆡ王都에遷ᄒᆞ리라ᄒᆞᆫ을ᄀᆞᆯ오ᄃᆡ내室家를두디몯호라ᄒᆞ야鼠思ᄒᆞ야泣血ᄒᆞ야 言을疾티아님이업ᄂᆞ니녜네나가居ᄒᆞᆯ제ᄂᆞᆫ뉘조차네室을作ᄒᆞ뇨

○賦也爾謂離居者鼠思猶言癙憂也○當是時言之難能而仕之多患如此故羣臣有去者有居者居者不忍王之無臣己之無徒則告去者使復還於王都去者不聽而託於無家以拒之至於憂思泣血有無言而不痛疾者蓋其懼禍之深至於如此然所謂無家者則非其情也故詰之曰昔爾之去也誰爲爾作室者而今以是辭我哉

雨無正七章二章章十句二章章八句三章章六句

歐陽公曰古之人於詩多不命題而篇名往往無義例其或有命名者則必述詩之意如巷伯常武之類是也今雨無止之名據序所言與詩絕異當闕其所疑元城劉氏曰甞讀韓詩有雨無極篇序云雨無極正大夫刺幽王也至其詩之文則比毛詩篇首多雨無其極傷我稼穡八字愚按劉說似有理然第一二章本皆十句今遽增之則長短不齊非詩之例又此詩實正大夫離居之後暬御之臣所作其曰正大夫勅幽王者亦非是且其爲幽王詩亦未有所考也

祈父之什十篇六十四章四百二十六句

小旻之什二之五

旻天疾威ㅣ敷于下土ᄒᆞ야 謀猶回遹音聿ᄒᆞ니 何日斯沮上聲오 謀臧으란不從ᄒᆞ고 不臧을 覆用叶孚封反ᄒᆞᄂᆞ니 我視謀猶혼ᄃᆡ 亦孔之邛音窮이로다

●旻天의疾威ㅣ下土에敷ᄒᆞ야謀猶ㅣ回ᄒᆞ고遹케ᄒᆞ니어ᄂᆡ날의이沮ᄒᆞᆯ고謀의臧ᄒᆞ니란 從티아니ᄒᆞ고臧티아니ᄒᆞ니를아도로혀用ᄒᆞᄂᆞ니내謀猶를示혼ᄃᆡ ᄯᅩᄒᆞᆫ심히邛ᄒᆞ도다

○賦也旻幽遠之意敷布猶謀回邪遹辟沮止臧善覆反邛病也○大夫以王惑於邪謀不能斷以從善而作此詩言旻天之疾威布于上土使王之謀猶邪辟無日而止謀之善者則不從而其不善者反用之故我視其謀猶亦甚病也

○潝潝(音吸)訿訿(音紫)ᄒᆞ나 亦孔之哀(叶於希反)로다 謀之其臧으란 則具是違ᄒᆞ고 謀之不臧을란 則具是依ᄒᆞᄂᆞ니 我視謀猶혼ᄃᆡ 伊于胡底(音抵叶都黎反)오

●潝潝ᄒᆞ야 訿訿ᄒᆞᄂᆞ니 ᄯᅩᄒᆞᆫ 심히 哀홉도다 謀의 그 臧ᄒᆞ니란 ᄭᅩᆺ다 이에 違ᄒᆞ고 謀의 臧티 아니ᄒᆞ니를 ᄭᅩᆺ다 이예 依ᄒᆞᄂᆞ니 내 謀猶를 視혼ᄃᆡ 엇디 底ᄒᆞ료

○賦也潝潝相和也訿訿相詆也具俱底至也○言小人同而不和其慮深矣然於謀之善者則違之其不善者則從之亦何能有所定乎

○我龜旣厭이라 不我告猶(叶于救反)ᄒᆞ며 謀夫孔多ㅣ라 是用不集(叶疾救反)이로다 發言盈庭ᄒᆞ니 誰敢執其咎(叶巨又反)오 如匪行邁謀ㅣ라 是用不得于道(叶徒候反)ㅣ로다

●내 龜ㅣ 의 厭혼디라 내게 猶를 告티 아니ᄒᆞ며 謀夫ㅣ 심히 多혼디라 이ᄡᅥ 集디 못ᄒᆞ놋다 言을 發홈이 庭에 盈ᄒᆞ니 뉘 敢히 그 咎를 執ᄒᆞ료 行邁티 아니코 謀홈ᄀᆞᆺ탄디라 이ᄡᅥ 道에 得디 못ᄒᆞ놋다

○賦也集成也○卜筮數則瀆而龜厭之故不復告其所圖之吉凶謀夫衆則是非相奪而莫適所從故所謀終亦不成蓋發言盈庭各是其是無肯任其責而決之者猶不行不邁而坐謀所適謀之雖審而亦何得於道路哉

○哀哉爲猶여 匪先民是程이며 匪大猶是經이오 維邇言是聽(叶平聲)

이며 維邇言是爭(叶側莖反)ᄒᆞ나니 如彼築室于道謀ㅣ라 是用不潰于成이로다

●哀ᄒᆞᆷ다猶ᄅᆞᆯᄒᆞᆷ이여先民을이程티아니며大猶ᄅᆞᆯ이經티아니코 오직邇言을이聽ᄒᆞ며오직邇言을이爭ᄒᆞᄂᆞ니뎌室을築ᄒᆞᆷ애道로謀ᄒᆞᆷᄀᆞᆺ탄지라일로써成에潰티못ᄒᆞ리로다

○賦也先民古之聖賢也程法猶道經常潰遂也○言哀哉今之爲謀不以先民爲法不以大道爲常其所聽而爭者皆淺末之言以是相持如將築室而與行道之人謀之人人得爲異論其能有成也哉古語曰作舍道邊三年不成蓋出於此

○國雖靡止나 或聖或否(叶補ㅣ美反)며 民雖靡膴(音ㅣ呼)나 或哲或謀(叶莫ㅣ徙反)며 或肅或艾(音乂)니 如彼流泉ᄒᆞ야 無淪胥以敗(叶蒲寐反)아

●國이비록止티못ᄒᆞ나或聖ᄒᆞ며或否며民이비록膴티아니나或哲이며或謀ㅣ며或肅이며或艾니 뎌流ᄒᆞᄂᆞᆫ泉이ᄀᆞᆺᄐᆞ야아니淪ᄒᆞ야서르써敗ᄒᆞᆯ가

○賦也止定也聖通明也膴大也多也艾與乂同治也淪陷胥相也○言國論雖不定然有聖者焉有否者焉民雖不多然有哲者焉有謀者焉有肅者焉有艾者焉但王不用善則雖有善者不能自存將如泉流之不反而淪胥以至於敗矣聖哲謀肅乂卽洪範五事之德豈作此詩者亦傳箕子之學也與

○不敢暴虎와 不敢馮(叶皮冰反)河를 人知其一이오 莫知其他(音拖)ㅣ로다 戰戰兢兢ᄒᆞ야 如臨深淵(叶一均反)ᄒᆞ며 如履薄冰이라호

●敢히虎를暴티몯홈과敢히河를馮티몯홈을人이그一을알고그他을아디몯ᄒᆞ놋다戰戰ᄒᆞ며兢兢ᄒᆞ야深ᄒᆞᆫ淵을臨ᄃᆞᆺᄒᆞ며薄ᄒᆞᆫ氷을履ᄃᆞᆺᄒᆞ라

○賦也徒搏曰暴徒涉曰馮如馮几然也戰戰恐也兢兢戒也如臨深淵恐墜也如履薄氷恐陷也○衆人之慮不能及遠暴虎馮河之患近而易見則知避之喪國亡家之禍隱於無形則不知以爲憂也故曰戰戰兢兢如臨深淵如履薄氷懼及其禍之詞也

小旻六章三章章八句三章章七句

蘇氏曰小旻小宛小弁小明四詩皆以小名篇所以別其爲小雅也其在小雅者謂之小故其在大雅者謂之召旻大明獨宛弁闕焉意者孔子刪之矣雖去其大而其小者猶謂之小蓋卽用其舊也

宛音阮**彼鳴鳩**ㅣ여**翰飛戾天**叶鐵因反이로다**我心憂傷**이라**念昔先人**ᄒᆞ라**明發不寐**ᄒᆞ야**不懷二人**ᄒᆞ라

●宛ᄒᆞᆫ뎌鳴鳩ㅣ여翰으로飛ᄒᆞ야天에戾ᄒᆞ놋다너ᄆᆞᄋᆞᆷ이憂傷ᄒᆞᆫ지라녯先人을念ᄒᆞ라明이發ᄒᆞ도록寐티몯ᄒᆞ야二人을懷ᄒᆞ라

○興也宛小貌鳴鳩斑鳩也翰羽戾至也明發謂將旦而光明開發也二人父母也○此大夫遭時之亂而兄弟相戒以免禍之詩故言彼宛然之小鳥亦翰飛而至于天矣則我心之憂傷豈能不念昔之先人哉是以明發不寐而有懷乎父母也言此以爲相戒之端

○人之齊聖은 飮酒溫克이어늘 彼昏不知는 壹醉日富叶筆ㅣ力反로다 各敬爾儀어다 天命不又叶夷ㅣ益反니라

●人의齊聖ᄒᆞᆫ이ᄂᆞᆫ酒를飮ᄒᆞ되溫으로克ᄒᆞ거ᄂᆞᆯ뎌昏ᄒᆞ야아지못ᄒᆞᄂᆞᆫ이ᄂᆞᆫ醉에壹ᄒᆞ야日로富ᄒᆞ놋다 각각네儀를敬ᄒᆞᆯ디어다天命이又티아니ᄒᆞᄂᆞ니라

○賦也齊肅也聖通明也克勝也富猶甚也又復也○言齊聖之人雖醉猶溫恭自持以勝所謂不爲酒困也彼昏然而不知者則一於醉而日甚矣於是言各敬謹爾之威儀天命已去將不復來不可以不恐懼也時王以酒敗德臣下化之故此兄弟相戒首以爲說

○中原有菽音叔이어늘 庶民采叶此禮反之로다 螟音冥蛉音零有子ㅣ어늘 蜾音果蠃音裸負叶蒲美反之로다 教誨爾子야 式穀似叶養里反之ᄒᆞ라

●中原의菽이잇거ᄂᆞᆯ庶民이采ᄒᆞ놋다螟蛉이子를두거ᄂᆞᆯ蜾蠃ㅣ負ᄒᆞ놋다네子를教誨ᄒᆞ야穀을써似케ᄒᆞ라

○興也中原原中也菽大豆也螟蛉桑上小靑蟲也似步屈蜾蠃土蜂也似蜂而小腰取桑蟲負之於木空中七日而化爲其子式用穀善也○中原有菽則庶民采之矣以興善道人皆可行也螟蛉有子則蜾蠃負之以興不似者可教而似也教誨爾子則用善而似之可也善也似也終上文兩句所興而言也戒之以不惟獨善其身又當教其子使爲善也

○題(音弟)彼脊令(音零)혼디 載飛載鳴이로다 我日斯邁어든 而月斯征이라 夙興夜寐하야 無忝爾所生이어다(叶桑經反)

●뎌脊令을본디곳飛하며곳鳴하놋다내日로이에邁하거든네月로이에征홀서라일興하고 밤들거든寐하야生네生혼바를忝티말롤서어다

○興也題視也脊令飛則鳴行則搖載則而汝忝辱也○視彼脊令則且飛而且鳴矣我旣日斯邁則汝亦月斯征矣言當各務努力不可暇逸取禍恐不及相救恤也夙興夜寐各求無辱於父母而已

○交交桑扈(音戶)ㅣ어 率場啄粟이로다 哀我塡(音顚)寡ㅣ여 宜岸宜獄이로다 握粟出卜하야 自何能穀이고

●交交하는桑扈ㅣ여場을率하야粟을啄하놋다哀홉다우리塡寡ㅣ여岸에宜하며獄에宜하도다 粟을握하야나가卜하야어드로브터야能히穀홀고

○興也交交往來之貌桑扈竊脂也俗呼靑觜肉食不食粟塡與瘨同病也岸亦獄也韓詩作犴鄕亭之繫曰犴朝廷曰獄○扈不食粟而今則率場啄粟矣病寡不宜岸獄今則宜岸宜獄矣言王不恤鰥寡喜陷之於刑辟也然不可不求所以自善之道故握持其粟出而卜之曰何自而能善乎言握粟以見其貧窶之甚

○溫溫恭人이 如集于木하며 惴惴(音贅)小心이 如臨于谷이라 戰戰兢

兢호야如履薄冰호라

●溫溫호恭人이木애集호닷호며惴惴호小心이谷애臨호닷호디라戰戰호며兢兢호야 薄호冰을履닷호라

○賦也溫溫和柔貌如集于木恐墜也如臨于谷恐隕也

小宛六章章六句

此詩之詞最爲明白而意極懇至說者必欲爲刺王之言故其說穿鑿破碎無理尤甚今悉改定讀者詳之

弁(音盤)彼鸒(音豫)斯(叶先齎反)ㅣ여 歸飛提提(音匙)로다 民莫不穀이어늘 我獨于罹호라 何辜于天고 我罪伊何오 心之憂矣여 云如之何오

●弁호 뎌 鸒ㅣ여 歸飛홈을提提히 호놋다 民이穀디아니니업거늘 내호올로 罹호라 天애므슴罪오내罪므스거신고心의憂홈이여엇디호리오

○興也弁飛拊翼貌鸒雅烏也小而多羣腹下白江東呼爲鵯烏斯語辭也提提羣飛安閒之貌穀善罹憂也○舊說幽王太子宜臼被廢而作此詩言弁彼鸒斯則歸飛提提矣民莫不善而我獨于憂則鸒斯之不如也何辜于天我罪伊何者怨而慕也舜號泣于旻天曰父母之不我愛於我何哉蓋如此矣心之憂矣云如之何則知其無可奈何而安之之詞也

○踧踧(音笛)周道(叶徒苟反)ㅣ여 鞫(音菊)爲茂草(叶此苟反)ㅣ로다 我心憂傷이여 惄(音溺)焉如擣

音搗叶ㅣ로丁口反다 假寐永歎ᄒᆞ야 維憂用老叶魯口反ᄒᆞ니 心之憂矣라 疢音趁如疾首ᄒᆞ라

●踧踧ᄒᆞᆫ周道ㅣ여鞠ᄒᆞ야茂草ㅣ되리로다내ᄆᆞ음이憂傷ᄒᆞᆷ이여惄ᄒᆞ야擣ᄐᆞᆺᄒᆞ놋다 假寐ᄒᆞ여도기리嘆ᄒᆞ야憂로써老ᄒᆞ니心의憂ᄒᆞᆫ디라疢ᄒᆞ야疾首ᄀᆞᆺᄒᆞ라

○興也踧踧平易也周道大道也鞠窮惄思擣舂也不脫衣冠而寐曰假寐疢猶疾也○踧踧周道則將鞠爲茂草矣我心憂傷則惄焉如擣矣精神憒眊至於假寐之中而不忘永歎憂之之深是以未老而老也疢如疾首則又憂之甚矣

○維桑與梓叶奬里反도 心恭敬止온 靡瞻匪父ㅣ며 靡依匪母叶滿彼反ㅣ가 不屬音燭于毛ㅣ며 不離于裏아 天之生我ㅣ여 我辰安在叶此里反오

●桑과다뭇梓도반다시恭敬ᄒᆞᆫ瞻ᄒᆞᆯ거시父ㅣ아닛아니며依ᄒᆞᆯ거시母ㅣ아닛아니가 毛애屬디아니며裏예離티아니ᄒᆞ나天의나ᄅᆞᆯ生ᄒᆞᆷ이여내辰은어듸인ᄂᆞ고

○興也桑梓二木古者五畝之宅樹之牆下以遺子孫給蠶食具器用者也瞻者尊而仰之依者親而倚之屬連也毛膚體之餘氣末屬也離麗也裏心腹也辰猶時也○言桑梓父母所植尙且必加恭敬況父母至尊至親宜莫不瞻依也然父母之不我愛豈我不屬于父母之毛乎豈我不離于父母之裏乎無所歸咎則推之於天曰豈我生時不善哉何不祥至是也

○菀音鬱彼柳斯애 鳴蜩音條嘒嘒ᄒᆞ며 有漼千罪反者淵에 萑音丸葦淠淠音譬로다

譬彼舟流ㅣ不知所屆(音戒)로소니 心之憂矣라 不遑假寐호라

●菀혼뎌柳애鳴ᄒᆞᄂᆞᆫ蜩ㅣ嘒嘒ᄒᆞ며灌혼淵애萑葦ㅣ淠淠ᄒᆞ도다譬컨댄뎌舟의流홈이屆홀바를아디못홈이로소니心의憂혼디라假寐홈도遑티못호라

○興也菀茂盛貌蜩蟬也嘒嘒聲也灌深貌淠淠衆也屆至遑暇也○菀彼柳斯則鳴蜩嘒嘒矣有灌者淵則萑葦淠淠矣今我獨見棄逐如舟之流于水中不知其何所至乎是以憂之之深昔猶假寐而今不假也

○鹿斯之奔애 維足伎伎(音祈)며 雉之朝雊(音姤)애 尙求其雌(叶千西反)ㅣ어놀 譬彼壞(音塊)木이 疾用無枝니 心之憂矣를 寧莫之知오

●鹿이奔홈애足이伎伎ᄒᆞ며雉ㅣ朝애雊홈애오히려그雌를求커놀譬컨댄뎌壞혼木이疾ᄒᆞ야써枝업슴이니心의憂홈을엇디아디못ᄒᆞᄂᆞ뇨

○與也伎伎舒貌宜疾而舒留其羣也雊雉鳴也壞傷病也寧猶何也○鹿斯之奔則足伎伎然雉之朝雊亦知求其妃匹今我獨見棄逐如傷病之木憔悴而無枝是以憂之而人莫之知也

○相(去聲)彼投兎ㅣ오 尙或先(去聲 叶蘇晉反)之며 行有死人이어든 尙或墐(音覲)之ᄒᆞᄂᆞ니 君子秉心은 維其忍之로다 心之憂矣라 涕既隕(音蘊)之호라

●뎌投ᄒᆞᄂᆞᆫ兎를보고오히려或先ᄒᆞ며行애死혼人이잇거든오히려或墐ᄒᆞᄂᆞ니君子의心秉홈은그忍ᄒᆞᄂᆞᆫ

다心이憂혼디라涕를임의隕호라

○興也相視投奔行道墐埋秉執隕墜也○相彼彼逐而投人之兎尙或有哀其窮而先脫之者道有死人尙或有哀其暴露而埋藏之者蓋皆有不忍之心焉今王信讒棄逐其子曾視投兎死人之不如則其秉心亦忍矣是以心憂而涕隕也

○君子信讒이如或醻叶市救反之며君子不惠라不舒究之로다伐木掎音己叶居何反矣며析薪杝音侈叶易何反矣어놀舍音捨彼有罪오予之佗音唾叶湯何反矣로다

●君子의讒을信홈이或醻홈又티ᄒᆞ며君子ㅣ惠티아니ᄒᆞ논디라舒ᄒᆞ야究티아니ᄒᆞ놋다木을伐ᄒᆞ리掎ᄒᆞ며薪을析ᄒᆞ리杝ᄒᆞ거놀뎌罪인ᄂᆞ니놀舍ᄒᆞ고내게佗ᄒᆞ놋다

○賦而興也醻報惠愛舒緩究察也掎倚也以物倚其巓也杝隨其理也佗加也○言王惟讒是聽如受醻爵得卽飮之曾不加惠愛舒緩而究察之夫苟舒緩而究察之則讒者之情得矣伐木者尙倚其巓析薪者尙隨其理皆不妄挫折之今乃舍彼有罪之譖人而加我以非其罪曾伐木析薪之不若也此則興也

○莫高匪山叶所旃反이며莫浚音濬匪泉가君子無易去聲由言이어다耳屬音燭于垣이니라無逝我梁ᄒᆞ야無發我笱ㅣ언마는我躬不閱이온遑恤我後아

●이만高ᄒᆞ니업소니山이아니면이만浚ᄒᆞ니업소니泉이아니가君子ㅣ由ᄒᆞ논言을易디마를디어다耳ㅣ垣애屬ᄒᆞ얀ᄂᆞ니라내梁애逝티마로내笱를發티말와뎌ᄒᆞ건마는내躬을閱티몯ᄒᆞ곤遑ᄒᆞ야내後를恤ᄒᆞ랴

○賦而比也山極高矣而或陟其巓泉極深矣而或入其底故君子不可易於其言恐耳

屬于垣者有所觀望左右而生讒譖也王於是卒以褒似爲后伯服爲太子故告之曰無逝我粱無發我笱我躬不閱遑恤我後蓋比詞也東萊呂氏曰唐德宗將廢太子而立舒王李泌諫之且曰願陛下還宮勿露此意左右聞之將樹功於舒王太子危矣比正君子無易由言耳屬于垣之謂也小弁之作太子既廢矣而猶云爾者蓋推本亂之所由生言語以爲階也

小弁八章章八句

幽王娶於申生太子宜臼後得褒似而惑之生子伯服信其讒黜申后逐宜臼而宜臼作此以自怨也序以爲太子之傅述太子之情以爲是詩不知其何所據也傳曰高子曰小弁小人之詩也孟子曰何以言之曰怨曰固哉高叟之爲詩也有人於此越人關弓而射之則己談笑而道之無他疎之也其兄關弓而射之則己垂涕泣而道之無他戚之也小弁之怨親親也親親仁也固矣夫高叟之爲詩也曰凱風何以不怨曰凱風親之過小者也小弁親之過大者也親之過大而不怨是愈疏也親之過小而怨是不可磯也愈疏不孝也不可磯亦不孝也孔子曰舜其至孝矣五十而慕

悠悠昊天이 **曰父母且**(音疽)시니 **無罪無辜**ㅣ어늘 **亂如此憮**(音呼)아 **昊天已威**(叶紆胃反)나 **予愼無罪**(叶音悴)며 **昊天泰憮**ㅣ나 **予愼無辜**ㅣ로다

●悠悠ᄒᆞᆫ신昊天이ᄀᆞᆯ온父母ㅣ시니罪업ᄉᆞ며辜ㅣ업거ᄂᆞᆯ亂이이러ᄐᆞ시幠ᄒᆞ냐昊天이심히威ᄒᆞ나내愼컨된罪업ᄉᆞ며昊天이심히幠ᄒᆞ나내愼컨된辜ㅣ업소라

○賦也悠悠遠大之貌且語辭幠大也已泰皆甚也愼審也○大夫傷於讒無所控告而訴之於天曰悠悠昊天爲人之父母胡爲使無罪之人遭亂如此其大也昊天之威已甚矣我審無罪也昊天之威甚大矣我審無辜也此自訴而求免之辭也

○**亂之初生**은**僭**(音譖)**始旣涵**(音含)이며**亂之又生**은**君子信讒**이니**君子如怒**(叶奴五反)ㅣ면**亂庶遄**(音椽)**沮**(上聲)ㅣ며**君子如祉**(音耻)면**亂庶遄已**리라

●亂의처음生홈은僭의始를이믜涵홀시며亂의ᄯᅩ生홈은君子ㅣ讒을信홀시니라君子ㅣ만일에怒ᄒᆞ면亂이거의섈니沮ᄒᆞ며君子ㅣ만일에祉ᄒᆞ면亂이거의섈리已ᄒᆞ리라

○賦也僭始不信之端也涵容受也君子指王也遄疾沮止也祉猶喜也○言亂之所以生者由讒人以不信之言始入而王涵容不察其眞僞也亂之又生者則旣信其讒言而用之矣君子見讒人之言若怒而責之則亂庶幾遄沮矣見賢者之言若喜而納之則亂庶幾遄已矣今涵容不斷讒信不分是以讒者益勝而君子益病也蘇氏曰小人爲讒於其君必以漸入之其始也進而嘗之君容之而不拒知言之無忌於是復進旣而君信之然後亂成

○**君子屢盟**(叶謨郎反)이라**亂是用長**(上聲叶直良反)이며**君子信盜**ㅣ라**亂是用暴**ㅣ며**盜言孔甘**이라**亂是用餤**(音談)이로다**匪其止共**(音恭)이라**維王之邛**(音筇)이로다

●君子ㅣ ᄌᆞ조盟ᄒᆞ논디라 亂이 이에써 長ᄒᆞ며 君子ㅣ 盜를 信ᄒᆞ논디라 亂이 이에써 暴ᄒᆞ며 盜言이 심히 甘ᄒᆞᆫ디라 亂이 이에써 餤ᄒᆞ놋다 그 共ᄒᆞ논디 아니라 王의 邛을ᄒᆞ놋다

○賦也屢數也盟邦國有疑則殺牲歃血告神以相要束也盜指讒人也餤進邛病也○言君子不能已亂而屢盟以相要則亂是用長矣君子不能堲讒而信盜以爲虐則亂是用暴矣讒言之美如食之甘使人嗜之而不厭則亂是用進矣然此讒人不能供其職事徒以爲王之病而已夫良藥苦口而利於病忠言逆耳而利於行維其言之甘而悅焉則其國豈不殆哉

○奕奕寢廟를 君子作之며 秩秩大猷를 聖人莫之니라 他人有心을 予忖度之로니 躍躍(音笛)毚(音殘)兔ㅣ 遇犬獲(叶黃郭反)之니라

●奕奕ᄒᆞᆫ 寢廟를 君子ㅣ 作ᄒᆞ며 秩秩ᄒᆞᆫ 大猷를 聖人이 莫ᄒᆞ니라 他人의 ᄆᆞ음을 내 忖度ᄒᆞ노니 躍躍ᄒᆞᆫ 毚ᄒᆞᆫ 兔ㅣ 犬을 遇ᄒᆞ면 獲ᄒᆞ이ᄂᆞ니라

○興而比也奕奕大也秩秩序也猷道莫定也躍躍跳疾貌毚狡也○奕奕寢廟則君子作之秩秩大猷則聖人莫之以興他人有心則予得而忖度之而又以躍躍毚兔遇犬獲之比焉反覆興比以見讒人之心我皆得之不能隱其情也

○荏(叶任)染柔木을 君子樹(叶上主反)之며 往來行言을 心焉數之니라 蛇蛇(叶移)碩言은 出自口(叶孤五反)矣어니와 巧言如簧은 顏之厚(叶胡五反)矣로다

●荏染ᄒᆞᆫ柔木을君子ㅣ樹ᄒᆞ며往來ᄒᆞᄂᆞᆫ行엣言을心이數ᄒᆞᄂᆞ니라蛇蛇ᄒᆞᆫ碩言은口로브터出커니와巧ᄒᆞᆫ言이簧ᄀᆞᆺᄐᆞ니ᄂᆞᆫ顔이厚ᄒᆞ도다

○興也荏染柔貌柔木桐梓之屬可用者也行言行道之言也數辨也蛇蛇安舒也碩大也謂善言也顔厚者頑不知恥也○荏染柔木則君子樹之矣往來行言則心能辨之矣若善言出於口者宣也巧言如簧則豈可出於口哉言之徒可羞愧而彼顔之厚不知以爲恥也孟子曰爲機變之巧者無所用恥焉其斯之謂與

○彼何人斯오居河之麋[音眉]로다無拳[音權]無勇이나職爲亂階[音居奚反]로다既微且尰[市勇反]ᄒᆞ니爾勇伊何오爲猶將多ㅣ나爾居徒幾[音紀]何오

●뎌엇던사ᄅᆞᆷ고河ㅅ麋애居ᄒᆞ얏도다拳이업스며勇이업스나젼혀亂의階를ᄒᆞ놋다이믜微ᄒᆞ고ᄯᅩ尰ᄒᆞ니네勇이므섯고猶를ᄒᆞᆷ이將ᄒᆞ고多ᄒᆞ나내居ᄒᆞ연ᄂᆞᆫ徒ㅣ얼매나ᄒᆞ뇨

○賦也何人斥讒人也此必有所指矣賤而惡之故爲不知其姓名而曰何人也斯語辭也水草交謂之麋拳力階梯也骭瘍爲微腫足爲尰猶謀將大也○言此讒人居下濕之地雖無拳勇可以爲亂而讒口交鬪專爲亂之階梯又有微尰之疾亦何能勇哉而爲讒謀則大且多如此是必有助之者矣然其所與居之徒衆幾何人哉言亦不能甚多也

巧言六章章八句

彼何人斯오其心孔艱[叶居銀反]이로다胡逝我梁[호ᄃᆡ]不入我門[叶眉貧反]고伊誰

云從고維暴之云이로다

●데엇던사ᄅᆞᆷ고그心이심히艱ᄒᆞ도다엇디내梁에逝호ᄃᆡ내門에入디아니ᄒᆞᄂᆞ고누를從ᄒᆞᄂᆞ고暴ㅣ로다

○賦也何人亦若不知其姓名也孔甚艱險也我舊說以爲蘇公也暴暴公也皆畿內諸侯也○舊說暴公爲卿士而譖蘇公故蘇公作詩以絶之然不欲直斥暴公故但指其從行者而言彼何人者其心甚險胡爲往我之梁而不入我之門乎既而問其所從則暴公也夫以從暴公而不入我門則暴公之譖己也明矣但舊說於詩無明文可考未敢信其必然耳

○二人從行ᄒᆞᄂᆞ니誰爲此禍오胡逝我梁호ᄃᆡ不入唁我오始者不如今에云不我可ㅣ러니라

●두사ᄅᆞᆷ이從ᄒᆞ야行ᄒᆞᄂᆞ니뉘이禍를ᄒᆞ뇨엇디내梁의逝호ᄃᆡ入ᄒᆞ야나를唁티아니ᄒᆞᄂᆞ고쳐엄의ᄂᆞᆫ이제나를可티아니타닐옴ᄀᆞᆮ디아니터니라

○賦也二人暴公與其徒也唁吊失位也○言二人相從而行不知誰譖己而禍之乎既使我得罪矣而其逝我梁也又不入而唁我汝始者與我親厚之時豈嘗如今不以我爲可乎

○彼何人斯오胡逝我陳고我聞其聲오이不見其身호라不愧于人이어니와不畏于天가 叶鐵因反

㉠ 네엇던사ᄅᆞᆷ고엇지내陳에逝ᄒᆞᄂᆞ고내그聲을聞ᄒᆞ고그身을見티못ᄒᆞ라人의게ᄂᆞᆫ愧티아니커니와天에畏티아니ᄒᆞᄂᆞ냐

○賦也陳堂塗也堂下至門之徑也○在我之陳則又近矣聞其聲而不見其身言其蹤跡之詭秘也不愧于人則以人爲可欺也天不可欺女獨不畏于天乎奈何其譖我也

○彼何人斯오 其爲飄風(叶孚愔反)이로다 胡不自北이며 胡不自南(叶尼心反)이오 胡逝我梁고 祇(音支)攪(音絞)我心이로다

● 뎌엇던사ᄅᆞᆷ고그飄風이로다엇디北으로브러아니며엇지南으로브러아니코 엇디내梁에逝ᄒᆞᄂᆞᆫ고다만내ᄆᆞᄋᆞᆷ을攪ᄒᆞᄂᆞ다

○賦也飄風暴風也攪擾亂也○言其往來之疾若飄風然自北自南則與我不相値也今則逝我之梁則適所攪亂我心而已

○爾之安行애도 亦不遑舍(叶商居反)ㅣ어니 爾之亟(音棘)行애 遑脂爾車아 壹者之來면 云何其盱(音吁)ㅣ리오

㉠ 네의날호여行ᄒᆞᆯ제도ᄯᅩᄒᆞᆫ遑ᄒᆞ야舍치아니ᄒᆞ거니네의샐니行ᄒᆞᆯ제遑ᄒᆞ야 네車ᄅᆞᆯ脂ᄒᆞ랴ᄒᆞᆫ번來ᄒᆞ면엇디그盱ᄒᆞ리오

○賦也安徐遑暇舍息亟疾盱望也字林云盱張目也易曰盱豫悔三都賦云盱衡而誥是也○言爾平時徐行猶不暇息而況亟行則何暇脂其車哉今脂其車則非亟也乃託以亟行而不入見我則非其情矣何不一來見我如何使我望汝之切乎

○還爾而入이면我心易去聲叶以支反也ㅣ어늘還而不入ㅎ니否難知也ㅣ로다壹者之來면俾我祇也ㅣ니라

●네還홈애入ㅎ면내ᄆᆞᄋᆞᆷ이易홀거시어늘還호되入디아니ㅎ니아니홈을알기어렵도다 ㅎ번來ㅎ면날로ㅎ여곰祇케ㅎ리니라

○賦也還反易說祇安也○言爾之往也旣不入我門矣儻還而入則我心猶庶乎其說也還而不入則爾之心我不可得而知矣何不一來見我而使我心安乎董氏曰是詩至此其詞益緩若不知其爲譖矣

○伯氏吹壎音暄이어든仲氏吹篪音池라及爾如貫이로니諒不我知ㄴ댄出此三物ㅎ야以詛側助反爾斯叶先齎反호리라

●伯氏ㅣ壎을吹ㅎ거든仲氏ㅣ篪를吹홈이라널로밋貫홈ᄀᆞᆺ투니진실로나를아디못ㅎ노라 ㅎ딘댄이三物을出ㅎ야써너를詛호리라

○賦也伯仲兄弟也俱爲王臣則有兄弟之義矣樂器土曰壎大如鵝子銳上平底似稱錘六孔竹曰篪長尺四寸圍三寸七孔一孔上出徑三分凡八孔橫吹之如貫如繩之貫物也言相連屬也諒誠也三物犬豕雞也刺其血以詛盟也○伯氏吹壎而仲氏吹篪言其心相親愛而聲相應和也與汝如物之在貫豈誠不我知而譖我哉苟曰誠不我知則出此三物以詛之可也

○爲鬼爲蜮(音域)이면則不可得이어니와有靦(音腆)面目야視人罔極이니作此好歌야以極反側노라

●鬼되며蜮이되면곳可히得디못려니와靦히面目을두어사름봄이極이업스니라 이好歌를作야써反側을極노라

○賦也蜮短狐也江淮水皆有之能含沙以射水中人影其人輒病而不見其形也靦面見人之貌也好善也反側反覆不正直也○言汝爲鬼爲蜮則不可得而見矣女乃人也靦然有面目與人相視無窮極之時豈其情終不可測哉是以作此好歌以究極爾反側之心也

何人斯八章章六句

此詩與上篇文意相似疑出一手但上篇先刺聽者此篇專責讒人耳王氏曰暴公不忠於君不義於友所謂大故也故蘇公絕之然其絕之也不斥暴公言其從行而已不著其譖也示以所疑而已既絕之矣而猶告以壹者之來俾我祇也蓋君子之處己也忠其遇人也恕使其由此悔悟更以善意從我固所願也雖其不能如此我固不爲己甚豈若小丈夫然哉一與人絕則醜詆固拒唯恐其復合也

○萋(音妻)兮斐兮로成是貝錦이로다彼譖人者ㅣ여亦已大(音泰)甚이로다

●萋며斐홈으로이貝錦을일우놋다뎌人을譖논者ㅣ여또한너오太甚도다

○比也萋斐小文之貌貝水中介蟲也有文彩似錦○時有遭讒而被宮刑爲巷伯者作此詩言因萋斐之形而文致之以成貝錦以比讒人者因人之小過而飾成大罪也彼爲是者亦已太甚矣

○哆(昌者反)兮侈兮로成是南箕로다彼譖人者ㅣ여誰適(音的)與謀오(叶謨悲反)

●哆ᄒᆞ며侈ᄒᆞᆷ으로이南箕를일우놋다뎌人을譖ᄒᆞᄂᆞᆫ者ㅣ여누를適ᄒᆞ야더부러謀ᄒᆞᄂᆞᆫ고

○比也哆侈微張之貌南箕四星二爲踵二爲舌其踵狹而舌廣則大張矣適主也誰適與謀言其謀之閟也

○緝緝翩翩(音篇叶批賓反)ᄒᆞ야謀欲譖人ᄒᆞᄂᆞ다愼爾言也ㅣ어다謂爾不信(叶斯人反)이리라

●緝緝ᄒᆞ며翩翩ᄒᆞ야謀ᄒᆞ야人을譖코자ᄒᆞᄂᆞ다네말을삼갈디어다너를밋버아니녀기리라

○賦也緝緝口舌聲或曰緝緝人之罪也或曰有條理貌皆通翩翩往來貌譖人者自以爲得意矣然不愼爾言聽者有時而悟且將以爾爲不信矣

○捷捷幡幡(音翻叶芬邅反)ᄒᆞ야謀欲譖言ᄒᆞᄂᆞ다豈不爾受ㅣ리오마ᄂᆞᆫ旣其女(音汝)遷ᄒᆞ리라

●捷捷ᄒᆞ며幡幡ᄒᆞ야謀ᄒᆞ야譖言코져ᄒᆞᄂᆞ다엇디너를밧지아니리오마ᄂᆞᆫ이믜그네게遷ᄒᆞ리라

○賦也捷捷儇利貌幡幡反覆貌王氏曰上好譖則固將受女然好譖不已則遇譖之禍

亦旣遷而及女矣曾氏曰上章及此皆忠告之詞

○驕人好好ㅣ어ᄂᆞᆯ 勞人草草ㅣ로다 蒼天蒼天 叶鍊因反하 視彼驕人ᄒᆞ샤 矜此勞人ᄒᆞ소서

●驕ᄒᆞᆫ人은好好ᄒᆞ거ᄂᆞᆯ勞ᄒᆞᆫ人은草草ᄒᆞᄂᆞ다蒼天하蒼天하뎌驕ᄒᆞᆫ人을視ᄒᆞ사이勞ᄒᆞᆫ人을矜ᄒᆞ쇼서

○賦也好好樂也草草憂也驕人譖行而得意勞人遇譖而失度其狀如此

○彼譖人者 叶掌與反ㅣ여 誰適與謀 叶滿補反오 取彼譖人ᄒᆞ야 投畀豺虎ᄒᆞ리라 豺虎不食이어든 投畀有北ᄒᆞ리라 有北不受 叶承呪反ㅣ어든 投畀有昊 叶許候反ᄒᆞ리라

●뎌人을譖ᄒᆞᄂᆞᆫ者ㅣ여누ᄅᆞᆯ適ᄒᆞ야더부러謀ᄒᆞᄂᆞᆫ고뎌人을譖ᄒᆞᄂᆞᆫ이ᄅᆞᆯ取ᄒᆞ야豺虎에投畀ᄒᆞ리라 豺虎ㅣ食디아니ᄒᆞ거든有北에投畀ᄒᆞ리라有北이밧디아니ᄒᆞ거든有昊에投畀ᄒᆞ리라

○賦也再言彼譖人者誰適與謀者甚嫉之故重言之也或曰衍文也投棄也北北方寒涼不毛之地也不食不受言讒譖之人物所共惡也昊昊天也投畀昊天使制其罪○此皆設言以見欲其死亡之甚也故曰好賢如緇衣惡惡如巷伯

○楊園之道ㅣ여 猗 音倚 于畝丘 叶法寄反ㅣ로다 寺人孟子ㅣ 作爲此詩ᄒᆞ노니 凡百君子ᄂᆞᆫ 敬而聽之어다

●楊園ㅅ道ㅣ여畝丘에猗ᄒᆞ얏도다寺人이언孟子ㅣ이詩ᄅᆞᆯ作ᄒᆞ노니므릇온갓君子ᄂᆞᆫ敬ᄒᆞ야 聽ᄒᆞᆯ띠어다

○興也楊園下地也猗加也畝丘高地也寺人內小臣蓋以讒被宮而爲此官也孟子其字也○楊園之道而猗于畝丘以興賤者之言或有補於君子也蓋譖始於微者而其漸將及於大臣故作詩使聽而謹之也劉氏曰其後王后太子及大夫果多以譖廢者

巷伯七章四章章四句一章五句一章八句一章六句

巷是宮內道名秦漢所謂永巷是也伯長也主宮內道官之長卽寺人也故以名篇班固司馬遷贊云迹其所以自傷悼小雅巷伯之倫其意亦謂巷伯本以被譖而遭刑也而楊氏曰寺人內侍之微者出入於王之左右親近於王而日見之宜無間之可伺矣今也亦傷於讒則疏遠者可知故其詩曰凡百君子敬而聽之使在位知戒也其說不同然亦有理姑存此云

習習谷風이여 維風及雨ㅣ로다 將恐將懼신는 維予與女音汝ㅣ러니 將安將樂音洛이란 女轉棄予叶演女反아

●習習ᄒᆞᆫ谷風이여風과밋雨ㅣ로다ᄯᅩ恐ᄒᆞ며ᄯᅩ懼ᄒᆞᆯ신나와다뭇네러니ᄯᅩ安ᄒᆞ며 ᄯᅩ樂ᄒᆞ야란네도로혀나를棄ᄒᆞᄂᆞ냐

○興也習習和調貌谷風東風也將且也恐懼謂危難憂患之時也○此朋友相怨之詩

故言習習谷風則維風及雨矣將恐將懼之時則維予與女矣奈何將安將樂而女轉棄予哉

○習習谷風이여 維風及頹로다 將恐將懼엔 寘予于懷러니叶胡隈反 將安將樂이란 棄予如遺로다叶夷回反

●習習ᄒᆞᆫ谷風이여風과밋頹로다또恐ᄒᆞ며또懼ᄒᆞᆯ션나ᄅᆞᆯ懷에寘ᄒᆞ더니또安ᄒᆞ며 또樂ᄒᆞ야란나ᄅᆞᆯ棄홈을遺ᄃᆞᆺᄒᆞ놋다

○興也頹風之焚輪者也寘與置同置于懷親之也如遺忘去而不復存省也

○習習谷風이 維山崔徂回反嵬五回反나 無草不死ㅣ며 無木不萎叶於回反나 忘我大德이오 思我小怨叶韻가未詳

●習習ᄒᆞᆫ谷風이山ㅅ崔嵬에ᄒᆞ나草ㅣ死티아니리업ᄉᆞ며木이萎티아니리업스니내의큰德을忘ᄒᆞ고 내의저근원을思ᄒᆞᄂᆞ냐

○比也崔嵬山巔也○習習谷風維山崔嵬則風之所被者廣矣然猶無不死之草無不萎之木況於朋友豈可以忘大德而思小怨乎或曰興也

谷風三章章六句

蓼蓼音六者莪五河反ㅣ러니 匪莪伊蒿呼毛反ㅣ로다 哀哀父母ㅣ여 生我劬勞ㅣ샷다

●蓼蓼흔莪ㅣ라ᄒᆞ더니莪ㅣ아녀蒿ㅣ로다哀哀흠다父母ㅣ여나를生ᄒᆞ심을劬勞히ᄒᆞ샷다
○比也蓼長大貌莪美菜也蒿賤草也○人民勞苦孝子不得終養而作此詩言昔謂之莪而今非莪也特蒿而已以比父母生我以爲美材可賴以終其身而今乃不得其養以死於是乃言父母生我之劬勞而重自哀傷也

○蓼蓼者莪ㅣ러니匪莪伊蔚(音尉)로다哀哀父母ㅣ여生我勞瘁샷다
●蓼蓼흔莪ㅣ라ᄒᆞ더니莪ㅣ아녀蔚ㅣ로다哀哀흠다父母ㅣ여나를生ᄒᆞ샴을勞瘁히ᄒᆞ샷다
○比也蔚牡菣也三月始生七月始華如胡麻華而紫赤八月爲角似小豆角銳而長瘁病也

○缾之罄矣여維罍之恥로다鮮(上聲)民之生이여不如死之久(叶舉里反)矣로다無父何怙ㅣ며無母何恃오出則銜恤이오入則靡至호라
●缾의罄홈이여罍의恥로다鮮ᄒᆞᆫ民의生홈이여死홈만ᄀᆞᆺ디못ᄒᆞᆫ디오라도다 父ㅣ업스면어듸를怙ᄒᆞ며母ㅣ업스면어듸를恃ᄒᆞ료出ᄒᆞ면恤을銜ᄒᆞ고入ᄒᆞ면至ᄒᆞᆯᄃᆡ업소라
○比也缾小罍大皆酒器也罄盡鮮寡恤憂靡無也○言缾資於罍而罍資缾猶父母與子相依爲命也故缾罄矣乃罍之恥猶父母不得其所乃子之責所以窮獨之民生不如死也蓋無父則無所怙無母則無所恃是以出則中心銜恤入則如無所歸也

○父兮生我ᄒᆞ시고母兮鞠我ᄒᆞ시니拊(音撫)我畜(音旭)我ᄒᆞ시미長(上聲)我育我ᄒᆞ시며

顧我復我(ᄒᆞ시며) 出入腹我(ᄒᆞ시니) 欲報之德(인ᄃᆡ) 昊天罔極(이샷다)

●父ㅣ나를生ᄒᆞ시고母ㅣ나를鞠ᄒᆞ시니나를拊ᄒᆞ시고나를畜ᄒᆞ시며나를長ᄒᆞ시고나를育ᄒᆞ시며나를顧ᄒᆞ시고나를復ᄒᆞ시며出入에나를腹ᄒᆞ시니德으로報코져ᄒᆞᆯ진ᄃᆡ昊天이極이업스샷다

○賦也生者本其氣也鞠畜皆養也拊拊循也育覆育也顧旋視也復反覆也腹懷抱也罔無極窮也○言父母之恩如此欲報之以德而其恩之大如天無窮不知所以爲報也

○南山烈烈(이어ᄂᆞᆯ) 飄風發發(이로다) 民莫不穀(이어ᄂᆞᆯ) 我獨何害(叶音曷)(오)

●南山이烈烈ᄒᆞ거ᄂᆞᆯ飄風이發發ᄒᆞ놋다民이穀디아니ᄒᆞ니이업거ᄂᆞᆯ내호올로엇디害ᄒᆞ고

○興也烈烈高大貌發發疾貌穀善也○南山烈烈則飄風發發矣民莫不善而我獨何爲遭此害也哉

○南山律律(이어ᄂᆞᆯ) 飄風弗弗(叶分聿反)(이로다) 民莫不穀(이어ᄂᆞᆯ) 我獨不卒(호라)

●南山이律律ᄒᆞ거ᄂᆞᆯ飄風이弗弗ᄒᆞ놋다民이穀디아니ᄒᆞ니이업거ᄂᆞᆯ내호올로卒티몯호라

○興也律律猶烈烈也弗弗猶發發也卒終也言終養也

蓼莪六章章四句二章章八句

晉王裒以父死非罪讀詩至哀哀父母生我劬勞未嘗不三復流涕受業者爲廢此篇詩之感人如此

有饛(音蒙)簋(音軌)飧(音孫)(이오) 有捄(音求)棘匕(音比)(로다) 周道如砥(音紙)(ᄒᆞ니) 其直如矢(로다) 君

子所履오小人所視叶善止反니睠音眷言顧之오潸音山焉出涕音體ᄒᆞ라

●饛ᄒᆞᆫ簋엣飧이오捄ᄒᆞᆫ棘匕로다周ㅅ道ㅣ砥ᄀᆞᄐᆞ니그直홈이矢ᄀᆞᄐᆞ도다 君子의履ᄒᆞᄂᆞᆫ배오小人의視ᄒᆞᄂᆞᆫ배니睠ᄒᆞ야顧ᄒᆞ고潸히涕를出호라

○興也饛滿簋貌飧熟食也捄曲貌棘匕以棘爲匕所以載鼎肉而升之於俎也砥礪石言平也矢言直也君子在位履行小人下民也睠反顧也潸涕下貌○序以爲東國困於役而傷於財譚大夫作此以告病言有饛簋飧則有捄棘匕周道如砥則其直如矢是以君子履之而小人視焉今乃顧之而出涕者則以東方之賦役莫不由是而西輸於周也

○小東大東叶都郎反애杼音佇柚音逐이其空叶枯郎反이로다糾糾葛屨ㅣ여可以履霜이로다佻佻音挑公子ㅣ行彼周行叶戶郎反ᄒᆞ야既往既來叶六直反ᄒᆞ니使我心疚叶訖力反ㅣ로다

●小東이며大東애杼柚이그空ᄒᆞ엿도다糾糾ᄒᆞᆫ葛屨ㅣ여可히써霜을履ᄒᆞ리로다 佻佻ᄒᆞᆫ公子ㅣ여周行애行ᄒᆞ야이의往ᄒᆞ며이의來ᄒᆞ니날로ᄒᆞ여곰ᄆᆞᄋᆞᆷ이疚케ᄒᆞ놋다

○賦也小東大東東方小大之國也自周視之則諸侯之國皆在東方杼持緯者也柚受經者也空盡也佻輕薄不奈勞苦之貌公子諸侯之貴臣也周行大路也疚病也○言東方小大之國杼柚皆已空矣至於以葛屨履霜而其貴戚之臣奔走往來不勝其勞使我心憂而病也

○有洌音列氿音軌泉叶才匀反에無浸穫薪이어다契契音器寤歎ᄒᆞ니哀我憚叶丁佐反人

이로다 薪是穫薪이란대 尙可載叶節力反也ㅣ며 哀我憚人이란대 亦可息也ㅣ니라
●洌ᄒᆞᆫ 氿泉에 穫ᄒᆞᆫ 薪을 浸티 마를디어다 契契히 寤ᄒᆞ야 歎ᄒᆞ노니 哀ᄒᆞᆫ 우리 憚ᄒᆞᆫ 人이로다 薪이이 穫ᄒᆞᆫ 薪이란
디거의 可히 載ᄒᆞᆯ써시며 哀ᄒᆞᆫ 우리 憚ᄒᆞᆫ 人이란 ᄯᅩᄒᆞᆫ 可히 息ᄒᆞᆯ거시니라
○興也洌寒意也側出曰氿泉穫艾也契契憂苦也憚勞也尙庶幾也載載以歸也○蘇
氏曰薪已穫矣而復漬之則腐民已勞矣而復事之則病故已艾則庶其載而畜之已勞
則庶其息而安之
○東人之子ᄂᆞᆫ 職勞不來音賚叶六直反오 西人之子ᄂᆞᆫ 粲粲衣服叶蒲北反이로다
舟人之子ᄂᆞᆫ 熊羆是裘叶渠之反ㅣ오 私人之子ᄂᆞᆫ 百僚是試叶申之反로다
●東人의 子ᄂᆞᆫ 젼혀 勞ᄒᆞ되 來티 아니ᄒᆞ고 西人의 子ᄂᆞᆫ 粲粲ᄒᆞᆫ 衣服이로다 舟人의 子ᄂᆞᆫ 熊羆로 이에 裘ᄒᆞ엿고
私人의 子ᄂᆞᆫ 百僚에 이 試ᄒᆞ놋다
○賦也東人諸侯之人也職專主也來慰撫也西人京師人也粲粲鮮盛貌舟人舟楫之
人也熊羆是裘言富也私人私家皀隷之屬也僚官試用也舟人私人皆西人也○此言
賦役不均羣小得志也
○或以其酒ㅣ라도 不以其漿이며 鞙鞙音琄佩璲音遂를 不以其長이로다 維
天有漢ᄒᆞ니 監音鑒亦有光이며 跂彼織女ㅣ 終日七襄이로다
●或그 酒로써 ᄒᆞ야도 그 漿이라 아니ᄒᆞ며 鞙鞙ᄒᆞᆫ 佩璲를써 그 長치 아니ᄒᆞ놋다 天에 漢이 이시니 監홈이 ᄯᅩᄒᆞᆫ

光이이시며跂ᄒᆞᆫ뎌織女ㅣ日이終토록닐곱번襄ᄒᆞ놋다

○賦也鞙鞙長貌璲瑞也漢天河也跂隅貌織女星名在漢旁三星跂然如隅也七襄未詳傳曰反也箋云駕也駕謂更其肆也蓋天有十二次日月所止舍所謂肆也經星一晝一夜左旋一周而有餘則終日之間自卯至酉當更七次也○言東人或餽之以酒而西人曾不以爲漿東人或與之以鞙然之佩而西人曾不以爲長維天之有漢則庶乎其有以監我而織女之七襄則庶乎其能成文章以報我矣無所赴愬而言維天庶乎其恤我耳

○雖則七襄이나不成報章이며睆音莞彼牽牛ㅣ不以服箱이로다東有啓明叶謨郎反이오西有長庚叶古郎反이며有捄天畢이載施之行音杭이로다

●비록닐곱번襄ᄒᆞ나報ᄒᆞᆯ章을닐우디몯ᄒᆞ며睆ᄒᆞᆫ뎌牽牛ㅣ써箱을服디몯ᄒᆞ리로다東에啓明이잇고西애長庚이이시며捄ᄒᆞᆫ天畢이곳行애施ᄒᆞ얏도다

○賦也睆明星貌牽牛星名服駕也箱車箱也啓明長庚皆金星也以其先日而出故謂之啓明以其後日而入故謂之長庚蓋金水二星常附日行而或先或後但金大水小故獨以金星爲言也天畢畢星也狀如掩兎之畢行行列也○言彼織女不能成報我之章牽牛不可以服我之箱而啓明長庚天畢者亦無實用但施之行列而已至是則知天亦無若我何矣

○維南有箕ᄒᆞ니不可以簸波我反揚이며維北有斗ᄒᆞ니不可以挹音揖酒

漿이로다 維南有箕ᄒᆞ니 載翕(音吸)其舌이며 維北有斗ᄒᆞ니 西柄之揭(音訐)이로다

●南애箕이시니可히써簸揚치못ᄒᆞ며北애斗ㅣ이시니可히써酒漿을挹치못ᄒᆞ리로다 南애箕이시니곳그舌을翕ᄒᆞ여시며北애斗ㅣ이시니西로柄을揭ᄒᆞ얏도다

○賦也箕斗二星以夏秋之間見於南方云北斗者以其在箕之北也或曰北斗常見不隱者也翕引也舌下二星也南斗柄固指西若北斗而西柄則亦秋時也○言南箕旣不可以簸揚穅粃北斗既不可以挹酌酒漿而箕引其舌反若有所吞噬斗西揭其柄反若有所挹取於東是天非徒無若我何乃亦若助西人而是困甚怨之詞也

大東七章章八句

四月維夏(叶後五反)ㅣ어든 六月徂暑ㅣ니라 先祖匪人가 胡寧忍予(叶演女反)오

●四月이夏ㅣ어든六月이暑ㅣ徂ᄒᆞᄂᆞ니라先祖ㅣ人이아니가엇디나를忍ᄒᆞᄂᆞ뇨

○興也徂往也四月六月亦以夏正數之建巳建未之月也○此亦遭亂自傷之詩言四月維夏則六月徂暑矣我先祖豈非人乎何忍使我遭此禍也無所歸咎之詞也

○秋日淒淒ㅣ라 百卉具腓로다 亂離瘼(音莫)矣니 奚其適歸오

●ᄀᆞ을날이淒淒ᄒᆞᆫ디라온ᄀᆞᆺ卉다라ᄒᆞᄂᆞ다亂離ᄒᆞ야瘼ᄒᆞ니어ᄃᆡ려適ᄒᆞ야歸ᄒᆞᆯ고

○興也淒淒涼風也卉草腓病離憂瘼病奚何適之也○秋日淒淒則百卉俱腓矣亂離瘼矣則我將何所適歸乎哉

○冬日烈烈이어늘 飄風發發이로다 民莫不穀이어늘 我獨何害오(音曷)

●겨울날이烈烈ᄒᆞ거날飄風이發發ᄒᆞ놋다民이穀디아닌이업거날내호을로엇디害ᄒᆞ는고

○興也烈烈猶栗烈也發發疾貌穀善也○夏則暑秋則病冬則烈言禍亂日進無時而息也

○山有嘉卉ᄒᆞ니 侯栗侯梅로다(叶莫悲反) 廢爲殘賊ᄒᆞ니 莫知其尤ㅣ로다(叶于其反)

●山에嘉ᄒᆞᆫ卉이시니栗이며梅로다廢ᄒᆞ야殘賊이되니그허믈을아디못ᄒᆞ리로다

○興也嘉善侯維廢變尤過也○山有嘉卉則維栗與梅矣在位者變爲殘賊則誰之過哉

○相(去聲)彼泉水ᄒᆞᆫᄃᆡ 載淸載濁이로다(叶殊玉反) 我日構禍ᄒᆞ니 曷云能穀고

●뎌泉水을보ᄃᆡ곳淸ᄒᆞ며곳濁ᄒᆞ도다내日로禍를構호니엇디能히穀ᄒᆞ고

○興也相視載則構合也○相彼泉水猶有時而淸有時而濁而我乃日日遭害則曷云能善乎

○滔滔江漢이 南國之紀니라 盡瘁以仕ㅣ어늘 寧莫我有오(叶羽己反)

●滔滔ᄒᆞᆫ江이南國의紀니라瘁를다ᄒᆞ야ᄡᅥ仕ᄒᆞ거날어다나나를有티아니ᄒᆞ는고

○興也滔滔大水貌江漢二水名紀綱紀也謂經帶包絡之也瘁病也有識有也○滔滔江漢猶爲南國之紀今也盡瘁以仕而王何其不我有哉

○匪鶉音團匪鳶音沿叶以旬反이어니 翰飛戾天叶鐵因反가 匪鱣音氈匪鮪ㅣ어니 潛逃于淵叶一均反가

●鶉이아니며鳶이아니어니翰으로飛ᄒᆞ야天에戾ᄒᆞ랴鱣이아니며鮪ㅣ아니어니潛ᄒᆞ야淵에逃ᄒᆞ랴

○賦也鶉鵰也鳶亦鷙鳥也其飛上薄雲漢鱣鮪大魚也○鶉鳶則能翰飛戾天鱣鮪則能潛逃于淵我非是四者則亦無所逃矣

○山有蕨薇어늘 隰有杞桋音夷로다 君子作歌ᄒᆞ야 維以告哀叶於希反로다

●山에蕨과薇잇거늘隰에杞와桋잇도다君子ㅣ歌를作ᄒᆞ야써哀를告ᄒᆞ놋다

○興也杞枸檵也桋赤棟也樹葉細而岐銳皮理錯戾好叢生山中中可爲車輞○山則有蕨薇隰則有杞桋君子作歌則維以告哀而已

四月八章章四句

小旻之什十篇六十五篇四百十四句

北山之什二之六

陟彼北山ᄒᆞ야 言采其杞호라 偕偕士子ㅣ叶獎里反 朝夕從事叶上止反ㅣ로니 王事靡盬ㅣ라 憂我父母호라

●뎌北ㅅ山에올나그杞를采호라偕偕ᄒᆞᆫ士子ㅣ朝夕에事를從ᄒᆞ노니 王事를盬케못ᄒᆞᆯ써시라내父母를憂

케호라

○賦也偕偕强壯貌士子詩人自謂也○大夫行役而作此詩自言陟北山而采杞以食者皆强壯之人而朝夕從事者也蓋以王事不可以不勤是以貽我父母之憂耳

○溥(音普)天之下(叶後五反)ㅣ莫非王土ㅣ며率土之濱이莫非王臣이어늘大夫不均이라我從事獨賢(叶下珍反)호라

●溥天之下ㅣ王의土ㅣ아닌이업스며土를率ᄒᆞᆫ濱이王의臣이아닌이업거늘대위均티아니ᄒᆞᆫ지라내事를從ᄒᆞ야호올로賢호라

○賦也溥大率循濱涯也○言土之廣臣之衆而王不均平使我從事獨勞也不斥王而曰大夫不言獨勞而曰獨賢詩人之忠厚如此

○四牡彭彭(叶鋪郎反)ᄒᆞ니王事傍傍(音崩 叶布光反)이로다嘉我未老ㅣ며鮮我方將ᄒᆞ야旅力方剛이라經營四方이로다

●四牡ㅣ彭彭ᄒᆞ니王事ㅣ傍傍ᄒᆞ도다내의老티아닌주를嘉ᄒᆞ며내의보야호로將홈을鮮ᄒᆞ다ᄒᆞ야旅力으보야흐로剛ᄒᆞᆫ지라四方에經營ᄒᆞ리라ᄒᆞ놋다

○賦也彭彭然不得息也傍傍然不得已也嘉善鮮少也以爲少而難得也將壯也旅與膂同○言王之所以使我者善我之未老而方壯旅力可以經營四方耳猶上章之言獨賢也

○或燕燕居息이어ᄂᆞᆯ 或盡瘁事國叶越逼反ᄒᆞ며 或息偃在牀이어ᄂᆞᆯ 或不已于行叶戶郎反이로다

●或燕燕히居息ᄒᆞ거ᄂᆞᆯ或瘁로다ᄒᆞ야國을事ᄒᆞ며或息偃ᄒᆞ야牀에잇거ᄂᆞᆯ或行애마디못ᄒᆞᄂᆞ다

○賦也燕燕安息貌瘁病已止也○言役使之不均也下章放此

○或不知叫號音毫ㅣ어ᄂᆞᆯ 或慘慘劬勞ᄒᆞ며 或棲音西遲偃仰이어ᄂᆞᆯ 或王事鞅音快掌이로다

●或叫號를아디못ᄒᆞ거ᄂᆞᆯ或慘慘히劬勞ᄒᆞ며或棲遲ᄒᆞ며偃仰ᄒᆞ거ᄂᆞᆯ或王事애鞅ᄒᆞ며掌ᄒᆞᄂᆞ다

○賦也不知叫號深居安逸不聞人聲也鞅掌失容也言事煩勞不暇爲儀容也

○或湛音耽樂飮酒ㅣ어ᄂᆞᆯ 或慘慘畏咎ᄒᆞ며 或出入風議音諷叶魚羈反이어ᄂᆞᆯ 或靡事不爲로다

●或湛樂ᄒᆞ야酒를飮ᄒᆞ거ᄂᆞᆯ或慘慘히咎를畏ᄒᆞ며或出入ᄒᆞ야風議ᄒᆞ거ᄂᆞᆯ或일을ᄒᆞ디아닐거시업도다

○賦也咎猶罪過也出入風議言親信而從容也

北山六章三章章六句三章章四句

無將大車ㅣ어다 祇音支自塵兮리라 無思百憂ㅣ어다 祇自疷兮리라

●大車를將티마롤디어다다만스스로塵ᄒᆞ리라百憂를思티마롤디어다다만스ᄉᆞ로疷ᄒᆞ리라

○興也將扶進也大車平地任載之車駕牛者也祇適疷病也○此亦行役勞苦而憂思者之作言將大車則塵汚之思百憂則病及之也

○無將大車ㅣ어다 維塵冥冥이리(叶莫迥反)라 無思百憂ㅣ어다 不出于熲(音耿)이리라

●大車를將티마를디어다塵이雝冥冥ᄒᆞ리라百憂를思티마를디어다熲에出디못ᄒᆞ리라

○興也冥冥昏晦也熲與耿同小明也在憂中耿耿然不能出也

○無將大車ㅣ어다 維塵雝(上平二聲)兮ㅣ리라 無思百憂ㅣ어다 祇自重(上平二聲)兮ㅣ리라

●大車를將티마를디어다塵이雝ᄒᆞ리라百憂를思티마를디어다다만스스로重ᄒᆞ리라

○興也雝猶蔽也重猶累也

無將大車三章章四句

明明上天이 照臨下土ㅣ시니라 我征徂西ᄒᆞ야 至于艽(音求)野(叶上與反)호니 二月初吉이러니 載離寒暑ㅣ엇다 心之憂矣여 其毒大(音泰)苦ㅣ로다 念彼共(音恭)人ᄒᆞ야 涕零如雨호라 豈不懷歸리오마는 畏此罪罟(音古)ㅣ니라

●明明ᄒᆞ신上天이下土에照臨ᄒᆞ엿거시니라내征ᄒᆞ야西로徂ᄒᆞ야艽野에至호니二月ㅅ初吉이러니곳寒暑를離ᄒᆞ것다心의憂홈이여그毒이마장苦ᄒᆞ도다뎌共ᄒᆞᆫ人을念ᄒᆞ야涕ㅣ零홈을雨ᄀᆞᆺ티호라 엇디歸홈을懷티아니ᄒᆞ리오마ᄂᆞᆫ이罪罟를畏ᄒᆞ애니라

○賦也征行徂往也艽野地名蓋遠荒之地也二月亦以夏正數之建卯月也初吉朔日

也毒言心中如有藥毒也共人僚友之處者也懷思罟綱也○大夫以二月西征至於歲暮而未得歸故呼天而訴之復念其僚友之處者且自言其畏罪而不敢歸也

○昔我往矣엔日月方除去聲ㅣ러니曷云其還고歲聿云莫ㅣ엇다念我獨兮어ᄂᆞᆯ我事孔庶ㅣ로다心之憂矣여憚丁佐反我不暇叶胡故反로다念彼共人睠睠音眷ᄒᆞ야懷顧호라豈不懷歸리오마ᄂᆞᆫ畏此譴怒ㅣ니라

●녜내갈제ᄂᆞᆫ日月이보야흐로除ᄒᆞ더니언제그還ᄒᆞᆯ고歲ᄃᆞ되여莫ᄒᆞᆯ것다 念컨댄내ᄒᆞᆫ재어ᄂᆞᆯ내일이심히庶ᄒᆞ도다心의憂홈이여憚ᄒᆞ야내暇티몯호라뎌共ᄒᆞᄂᆞᆫ人을念ᄒᆞ야睠睠히懷ᄒᆞ야顧호라 엇디歸홈을懷티아니ᄒᆞ리오마ᄂᆞᆫ이譴怒를畏ᄒᆞ애니라

○賦也除除舊生新也謂二月初吉也庶衆憚勞也睠睠勤厚之意譴怒罪責也○言昔以是時往今未知何時可還而歲已暮矣蓋身獨而事衆是以勤勞而不暇也

○昔我往矣엔日月方奧音郁이러니曷云其還고政事愈蹙音蹴이로다歲聿云莫ㅣ라采蕭穫菽호라心之憂矣여自詒伊戚叶子六反이로다念彼共人ᄒᆞ야興言出宿호라豈不懷歸리오마ᄂᆞᆫ畏此反覆音福이니라

●녜내갈제ᄂᆞᆫ日月이보야흐로奧ᄒᆞ더니언제그還ᄒᆞᆯ고政事ㅣ더욱蹙ᄒᆞ도다 歲ᄃᆞ되여莫ᄒᆞᆫ디라蕭를采ᄒᆞ며菽을穫호라心의憂홈이여스스로戚을貽ᄒᆞ도다뎌共ᄒᆞᄂᆞᆫ人을念ᄒᆞ야니러出ᄒᆞ야宿호라 엇디歸홈을懷티아니ᄒᆞ리오마ᄂᆞᆫ이反覆홈을畏ᄒᆞ애니라

○賦也奧暖蹙急詒遺戚憂興起也反覆傾側無常之意也○言以政事愈急是以至此歲暮而猶不得歸又自咎其不能見幾遠去而自遺此憂至於不能安寢而出宿於外也

○嗟爾君子는 無恒安處ㅣ어다 靖共爾位ᄒᆞ야 正直是與ㅣ면 神之聽之ᄒᆞ야 式穀以女音汝ㅣ리라

●嗟홉다너君子ᄂᆞᆫ安處로恒티마를디어다네位에靖ᄒᆞ며共ᄒᆞ야正直을이애與ᄒᆞ면 神이聽ᄒᆞ야穀으로써네게以ᄒᆞ리라

○賦也君子亦指其僚友也恒常也靖與靜同與猶助也穀祿也以猶與也○上章旣自傷悼此章又戒其僚友曰嗟爾君子無以安處爲常言當有勞時勿懷安也當靖共爾位惟正直之人是助則神之聽之而以穀祿與女矣

○嗟爾君子는 無恒安息이어다 靖共爾位ᄒᆞ야 好去聲是正直이면 神之聽之ᄒᆞ야 介爾景福音筆力反이리라

●嗟홉다너君子ᄂᆞᆫ安息으로恒티마를디어다네位에靖ᄒᆞ며共ᄒᆞ야이正直을好ᄒᆞ면 神이聽ᄒᆞ야네큰福을介케ᄒᆞ리라

○賦也息猶處也好是正直愛此正直之人也介景皆大也

小明五章三章章十二句二章章六句

鼓鐘將將音鎗이어늘 淮水湯湯ᄒᆞ니 憂心且傷ᄒᆞ호라 淑人君子ㅣ여 懷允不

忘이로다

●鍾을鼓홈에將將ᄒᆞ거ᄂᆞᆯ淮水ㅣ湯湯ᄒᆞ니心에憂ᄒᆞ고ᄯᅩ傷호라淑人인君子ㅣ여懷ᄒᆞ야 진실로忘티못ᄒᆞ리로다

○賦也將將聲也淮水出信陽軍桐柏山至楚州漣水軍入海湯湯沸騰之貌淑善懷思允信也○此詩之義未詳王氏曰幽王鼓鍾淮水之上爲流連之樂久而忘反聞者憂傷而思古之君子不能忘也

○鼓鍾喈喈音皆叶居奚反어ᄂᆞᆯ淮水湝湝音諧叶賢鷄反ᄒᆞ니憂心且悲호라淑人君子ㅣ여其德不回叶乎爲反로다

●鍾을鼓홈애喈喈ᄒᆞ거ᄂᆞᆯ淮水ㅣ湝湝ᄒᆞ니心의憂ᄒᆞ고ᄯᅩ悲호라淑人인君子ㅣ여 그德이回티아니ᄒᆞ도다

○賦也喈喈猶將將湝湝猶湯湯悲猶傷也回邪也

○鼓鍾伐鼛音高叶居尤反ㅣ어ᄂᆞᆯ淮有三洲ᄒᆞ니憂心且妯音抽호라淑人君子ㅣ여其德不猶ㅣ로다

●鍾을鼓ᄒᆞ며鼛를伐ᄒᆞ거ᄂᆞᆯ淮애세洲ㅣ이시니心의憂ᄒᆞ고ᄯᅩ妯호라淑人인君子ㅣ여 그德이猶티아니ᄒᆞ도다

○賦也鼛大鼓也周禮作皐云皐鼓尋有四尺三洲淮上地蘇氏曰始言湯湯水盛也中言湝湝水流也終言三洲水落而洲見也言幽王之久於淮上也妯動猶若也言不若今

王之荒亂也

○鼓鍾欽欽이어늘 鼓瑟鼓琴ᄒᆞ며 笙磬同音ᄒᆞ니 以雅以南叶尼心反파 以籥音藥이不僭叶七心反이로다

●鍾을鼓홈애欽欽ᄒᆞ거늘瑟을鼓ᄒᆞ며琴을鼓ᄒᆞ며笙과磬이音이同ᄒᆞ니써雅와써南과써 籥이僭치아니ᄒᆞ도다

○賦也欽欽亦聲也磬樂器以石爲之琴瑟在堂笙磬在下同音言其和也雅二雅也南二南也籥籥舞也僭亂也言三者皆不僭也○蘇氏曰言幽王之不德豈其樂非古歟樂則是而人則非也

鼓鍾四章章五句

此詩之義有不可知者今姑釋其訓詁名物而略以王氏蘇氏之說解之未敢信其必然也

楚楚者茨애 言抽其棘은 自昔何爲오 我蓺音藝黍稷이니 我黍與與音餘ㅣ며 我稷翼翼ᄒᆞ야 我倉旣盈ᄒᆞ며 我庾維億이어늘 以爲酒食ᄒᆞ야 以饗以祀叶逸織反ᄒᆞ며 以妥湯果反 以侑音又叶夷益反ᄒᆞ야 以介景福音璧叶筆力反이로다

●楚楚ᄒᆞᆫ茨에그棘을抽홈은녜로브터엇디ᄒᆞ뇨우리로黍稷을蓺케ᄒᆞ니라우리黍ㅣ與與ᄒᆞ며 우리稷이翼翼ᄒᆞ야우리倉이이믜盈ᄒᆞ며우리庾ㅣ億이어늘써酒食을ᄒᆞ야써饗ᄒᆞ며써祀ᄒᆞ며써妥ᄒᆞ며써 侑ᄒᆞ야큰

福을介케ᄒᆞᄂᆞ다
○賦也楚楚盛密貌茨蒺藜也抽除也我爲有田祿而奉祭祀者之自稱也與與翼翼皆蕃盛貌露積曰庾十萬曰億饗獻也妥安坐也禮曰詔妥尸蓋祭祀筮族人之子爲尸旣奠迎之使處神坐而拜以安之也侑勸也恐尸或未飽祝侑之曰皇尸未實也介大也景亦大也○此詩述公卿有田祿者力於農事以奉其宗廟之祭故言蒺藜之地有抽除其棘者古人何乃爲此事乎蓋將使我於此藝黍稷也故我之黍稷旣盛倉庾旣實則爲酒食以饗祀妥侑而介大福也

○濟濟上聲蹌蹌音이槍라 絜爾牛羊ᄒᆞ야以往烝嘗ᄒᆞ니 或剝或亨音烹叶ᄒᆞ鋪郎反며 或肆或將이로다 祝祭于祊音崩叶ᄒᆞ補光反니 祀事孔明音謨ᄒᆞ郎反야 先祖是皇이시며 神保是饗叶虛良反이시니 孝孫有慶叶祛羊反야 報以介福ᄒᆞ니 萬壽無疆이로다

●濟濟ᄒᆞ며蹌蹌ᄒᆞᆫ디라네牛와羊을絜이ᄒᆞ야써往ᄒᆞ야烝ᄒᆞ며嘗ᄒᆞ니或剝ᄒᆞ며或亨ᄒᆞ며 或肆ᄒᆞ며或將ᄒᆞᄂᆞ다祝이祊에祭ᄒᆞ니祀事ㅣ심히明ᄒᆞ야先祖ㅣ이애皇이시며神保ㅣ이에饗ᄒᆞ시니 孝孫이慶이이서報ᄒᆞ되큰福으로써ᄒᆞ니萬壽ㅣ疆이업스리로다

○賦也濟濟蹌蹌言有容也冬祭曰烝秋祭曰嘗剝解剝其皮也亨煑熟之也肆陳之也將奉持而進之也祊廟門內也孝子不知神之所在故使祝博求之於門內待賓客之處也孔甚也明猶備也著也皇大也君也保安也神保蓋尸之嘉號楚辭所謂靈保亦以巫降神之備也孝孫主祭之人也慶猶福也

○執爨踖踖(音尺叶七略反)야爲俎孔碩(叶常約反)니或燔(音煩)或炙(音隻叶陟略反)이君婦莫莫(音麥叶木各反)니爲豆孔庶(叶陟略反)늘爲賓爲客(叶克各反)이獻酬交錯ᄒᆞ니禮儀卒度(叶徒各反)며笑語卒獲(叶黃郭反)일ᄉᆡ神保是格(叶剛鶴反)이라報以介福ᄒᆞ니萬壽攸酢이로다

●爨을執홈을踖踖히ᄒᆞ야俎ᄅᆞᆯ홈이심히碩ᄒᆞ니或燔이며或炙이며君婦ㅣ莫莫ᄒᆞ니豆ᄅᆞᆯ홈이심히庶ᄒᆞ거늘賓되며客되며獻ᄒᆞ며酬홈이交錯ᄒᆞ니禮儀다度ᄒᆞ며笑語ㅣ다獲ᄒᆞᆯᄉᆡ神保ㅣ이에格ᄒᆞᄂᆞᆫ디라報호ᄃᆡ큰福으로ᄡᅥᄒᆞ니萬壽로酢ᄒᆞᄂᆞᆫ비로다

○賦也爨竈也踖踖敬也俎所以載牲體也碩大也燔燒肉也炙炙肝也皆所以從獻也特牲主人獻尸賓長以肝從主婦獻尸兄弟以燔從是也君婦主婦也莫莫清靜而敬至也豆所以盛內羞庶羞主婦薦之也庶多也賓客筵而戒之使助祭者既獻尸而遂與之相獻酬也主人酌賓曰獻賓飲主人曰酢主人又自飲而復飲賓曰酬賓受之奠於席前而不擧至旅而後少長相勸而交錯以偏也卒盡也度法度也獲得其宜也格來酢報也

○我孔熯(而善反)矣나式禮莫愆(叶起巾反)일ᄉᆡ工祝致告호ᄃᆡ徂賚孝孫(叶須倫反)ᄒᆞ샤ᄃᆡ苾(音邲)芬孝祀(叶逸織反)에神嗜飲食ᄒᆞ야卜爾百福(叶筆力反)호ᄃᆡ如幾(音機)如式이며既齊既稷이며既匡既敕일ᄉᆡ永錫爾極호ᄃᆡ時萬時億이시니라

●내심히熯ᄒᆞ나ᄡᅥ禮ㅣ愆ᄐᆡ아닐ᄉᆡ工祝이致ᄒᆞ야告호ᄃᆡ徂ᄒᆞ야孝孫을賚ᄒᆞ샤ᄃᆡ苾芬ᄒᆞᆫ孝祀에神이飲食을嗜ᄒᆞ야네게百福을卜호ᄃᆡ幾ᄀᆞᆺᄐᆞ며式ᄀᆞᆺᄐᆞ며이믜齊ᄒᆞ며이믜稷ᄒᆞ며이믜匡ᄒᆞ며이믜敕ᄒᆞᆯ시기리네게

極을錫호되이에萬이며이에億으로호시니라

○賦也熯竭也善其事曰工莜芬香也卜予也幾期也春秋傳曰易幾而哭是也式法齊整稷疾匡正敕戒極至也○禮行既久筋力竭矣而式禮莫愆敬之至也於是祝致神意以嘏主人曰爾飲食芳潔故報爾以福祿使其來如幾其多如法爾禮容莊敬故報爾以衆善之極使爾無一事而不得乎此各隨其事而報之以其類也少牢嘏詞曰皇尸命工祝承致多福無疆于女孝孫來女孝孫使女受祿于天宜稼于田眉壽萬年勿替引之此大夫之禮也

○禮儀既備(叶蒲北反)ᄒᆞ며 鍾鼓既戒(叶訖力反)ᄒᆞ야 孝孫徂位(叶力入反)어늘 工祝致告(叶古得反)ㅣ로다 神具醉止라 皇尸載起어늘 鼓鍾送尸ᄒᆞ니 神保聿歸로다 諸宰君婦ㅣ 廢徹不遲ᄒᆞ니 諸父兄弟ㅣ 備言燕私(叶息夷反)ㅣ로다

●禮儀이믜備ᄒᆞ며鍾鼓ㅣ이믜戒ᄒᆞ야孝孫이位에徂ᄒᆞ여늘工祝이致ᄒᆞ야告ᄒᆞᄂᆞᆫ다神이다 醉ᄒᆞᆫ디라皇尸ㅣ곧起ᄒᆞ거ᄂᆞᆯ鍾애鼓ᄒᆞ야尸를送ᄒᆞ니神保ㅣ드듸여歸ᄒᆞᄂᆞᆫ다諸宰와君婦ㅣ廢撤홈을遲티아니ᄒᆞ니 諸父와兄弟備ᄒᆞ야燕ᄒᆞ야私ᄒᆞᄂᆞᆫ다

○賦也戒告也徂位祭事既畢主人往阼階下西面之位也致告祝傳尸意告利成於主人言孝子之利養成畢也於是神醉而尸起送尸而神歸矣曰皇尸者尊稱之也鼓鐘者尸出入奏肆夏也鬼神無形言其醉而歸者誠敬之至如見之也諸宰家宰非一人之稱也廢去也不遲以疾爲敬亦不留神惠之意也祭畢既婦賓客之俎同姓則留與之燕以

盡私恩所以尊賓客親骨肉也

○樂具入奏(音族)ᄒᆞ니以綏後祿이로다爾殽既將ᄒᆞ니莫怨具慶(叶祛羊反)이라既醉既飽(叶補苟反)ᄒᆞ야小大稽首ᄒᆞᄃᆡ神嗜飮食ᄒᆞ야使君壽考(叶去九反)ㅣ로다孔惠孔時ᄒᆞ야維其盡(叶子忍反)之ᄒᆞ니子子孫孫이勿替引之로다

●樂을다入ᄒᆞ야奏ᄒᆞ니ᄡᅥ後祿을綏ᄒᆞ놋다네殽ㅣ이믜將ᄒᆞ니怨ᄒᆞ리업서다慶ᄒᆞ논다라이믜醉ᄒᆞ며이믜飽ᄒᆞ야小大ㅣ首를稽호ᄃᆡ神이飮食을嗜ᄒᆞ야君으로ᄒᆞ여곰壽考케ᄒᆞ놋다심히惠ᄒᆞ며심히時ᄒᆞ야 그盡ᄒᆞ니子子孫孫이替티아니ᄒᆞ야引ᄒᆞ리로다

○賦也凡廟之制前廟以奉神後寢以藏衣冠祭於廟而燕於寢故於此將燕而祭時之樂皆入奏於寢也且於祭既受祿矣故以燕爲將受後祿而綏之也爾殽既進與燕之人無有怨者而皆歡慶醉飽稽首而言曰向者之祭神既嗜君之飮食矣是以使君壽考也又言君之祭祀甚順甚時無所不盡子子孫孫當不廢而引長之也

楚茨六章章十二句

呂氏曰楚茨極言祭祀所以事神受福之節致詳致備所以推明先王致力於民者盡則致力於神者詳觀其威儀之盛物品之豐所以交神明逮羣下至於受福無疆者非德盛政修何以致之

信彼南山을維禹甸(音殿 叶徒鄰反)之로다昀昀(音勻)原隰을曾孫田(叶地因反)之라我

疆我理ᄒᆞ니南東其畝叶滿彼反ㅣ로다

● 진실로뎌南山을禹ㅣ甸ᄒᆞ시도다畇畇ᄒᆞᆫ原隰을曾孫이田ᄒᆞ논디라우리疆ᄒᆞ며우리理ᄒᆞ니 그畝ㅣ南이며東이로다

○賦也南山終南山也甸治也畇畇墾闢貌曾孫主祭者之稱曾重也自曾祖以至無窮皆得稱之也疆者爲之大界也理者定其溝塗也畝壟也長樂劉氏曰其遂東入于溝則其畝南矣其遂南入于溝則其畝東矣○此詩大指與楚茨略同此卽其篇首四句之意也言信乎此南山者本禹之所治故其原隰墾闢而我得田之於是爲之疆理而順氣地勢水勢之所宜或南其畝或東其畝也

○上天同雲이라雨去聲雪雰雰이어늘益之以霢音麥霂音木ᄒᆞ니既優既渥叶烏谷反ᄒᆞ며既霑既足ᄒᆞ야生我百穀이로다

●上天이雲이同ᄒᆞᆫ디라雪雨홈을雰雰히ᄒᆞ여늘益호ᄃᆡ霢霂으로써ᄒᆞ니이믜優ᄒᆞ며이믜 渥ᄒᆞ며이믜霑ᄒᆞ며이믜足ᄒᆞ야우리百穀을生ᄒᆞ놋다

○賦也同雲雲一色也將雪之候如此雰雰雪貌霢霂小雨貌優渥霑足皆饒洽之意也冬有積雪春而益之以小雨潤澤則饒洽矣

○疆埸音亦翼翼이어늘黍稷彧彧音郁叶于逼反ᄒᆞ니曾孫之穡이로다 以爲酒食ᄒᆞ야畀音秘我尸賓ᄒᆞ니壽考萬年叶尼因反이로다

●疆場이翼翼ᄒᆞ거ᄂᆞᆯ黍稷이彧彧ᄒᆞ니曾孫의穡이로다써酒食을ᄒᆞ야우리尸와賓을畀ᄒᆞ니 壽考ㅣ萬年을ᄒᆞ리로다

○賦也場畔也翼翼整飭貌彧彧茂盛貌畀與也○言其田整飭而穀茂盛者皆曾孫之穡也於是以爲酒食而獻之於尸及賓客也陰陽和萬物遂而人心歡悅以奉宗廟則神降之福故壽考萬年也

○中田有廬ㅣ오疆場音亦有瓜叶公ㅣ어平反ᄂᆞᆯ是剝是菹側居反ᄒᆞ야獻之皇祖ᄒᆞ니曾孫壽考叶孔ᄒᆞ五反야受天之祜候古ㅣ로反다

●中田에廬ㅣ잇고疆場에瓜ㅣ잇거ᄂᆞᆯ이剝ᄒᆞ야이菹ᄒᆞ야皇祖의獻ᄒᆞ니曾孫이壽考ᄒᆞ야天의祜ᄂᆞᆯ受ᄒᆞ놋다

○賦也中田田中也菹酢菜也祜福也○一井之田其中百畝爲公田內以二十畝分八家爲廬舍以便田事於畔上種瓜以盡地利瓜成剝削淹漬以爲菹而獻皇祖貴四時之異物順孝子之心也

○祭以淸酒ᄒᆞ고從以騂息營反牡ᄒᆞ야享于祖考叶去ᄒᆞ久反니執其鸞刀ᄒᆞ야以啓其毛ᄒᆞ고取其血膋音聊叶ㅣ로音勞다

●祭ᄒᆞ되淸酒로써ᄒᆞ고從ᄒᆞ되騂牡로써ᄒᆞ야祖考의享ᄒᆞ니그鸞刀를執ᄒᆞ야써 그毛를啓ᄒᆞ고그血과膋를取ᄒᆞ놋다

○賦也淸酒淸潔之酒鬱鬯之屬也騂赤色周所尙也祭禮先以鬱鬯灌地求神於陰然後迎牲執者主人親執也鸞刀刀有鈴也膋脂膏也啓其毛以告純也取其血以告殺也取其膋以升臭也合之黍稷實之於蕭而燔之以求神於陽也記曰周人尙臭灌用鬯臭鬱合鬯臭陰達於淵泉灌以圭璋用玉氣也既灌然後迎牲致陰氣也蕭合黍稷臭陽達於牆屋故既奠然後焫蕭合羶薌凡祭愼諸此魂氣歸于天形魄歸于地故祭求諸陰陽之義也

○烝是是享(叶虛良反)ᄒᆞ니 苾苾芬芬ᄒᆞ야 祀事孔明(叶謨郎反)이어ᄂᆞᆯ 先祖是皇ᄒᆞ샤 報以介福ᄒᆞ니 萬壽無疆이로다

●이烝ᄒᆞ며이享ᄒᆞ니苾苾ᄒᆞ며芬芬ᄒᆞ야祀事ㅣ심히明ᄒᆞ거ᄂᆞᆯ先祖ㅣ이皇ᄒᆞ사報호ᄃᆡ큰福으로써ᄒᆞ니萬數ㅣ疆이업스리로다

○賦也烝進也或曰冬祭名

信南山六章章六句

倬(音卓)彼甫田(叶地因反)애 歲取十千(叶倉新反)이로다 我取其陳ᄒᆞ야 食(音嗣)我農人ᄒᆞ니 自古有年(叶泥因反)이로다 今適南畝(叶滿彼反)ᄒᆞ니 或耘或耔(音子叶獎里反)에 黍稷薿薿(音蟻)어ᄂᆞᆯ 攸介攸止애 烝我髦(音毛)士ㅣ로다

●倬ᄒᆞᆫ뎌甫田애歲로十千을取ᄒᆞᄂᆞ다내그陳을取ᄒᆞ야우리農人을食ᄒᆞ니녜로브터 年이잇도다이제南畝에適ᄒᆞ니或耘ᄒᆞ며或耔홈에黍稷이薿薿ᄒᆞ거ᄂᆞᆯ介ᄒᆞᆫ바와止ᄒᆞᆫ바에우리髦士를烝ᄒᆞᄂᆞ다

○賦也倬明貌甫大也十千謂一成之田地方十里爲田九萬畝而以其萬畝爲公田蓋九一之法也我食祿主祭之人也陳舊粟也農人私百畝而養公田者也有年豐年也適往也耘除草也耔雝本也蓋后稷爲田一畝三畎廣尺深尺而播種於其中苗葉以上稍耨壠草因壝其土以附苗根壠盡畎平則根深而能風與旱也薿薿茂盛貌介大烝進髦俊也俊士秀民也古者士出於農而工商不與焉管仲曰農之子恒爲農野處而不暱其秀民之能爲士者必足賴也卽謂此也○此詩述公卿有田祿者力於農事以奉方社田祖之祭故言於此大田歲取萬畝之入以爲祿食及其積之久而有餘則又存其新而散其舊以食農人補不足助不給也蓋以自古有年是以陳陳相因所積如此然其用之之節又合宜而有序如此所以粟雖甚多而無紅腐不可食之患也又言自古既有年矣今適南畝農人方且或耘或耔而其黍稷又已茂盛則是又將復有年矣故於其所美大止息之處進我髦士而勞之也

○以我明(音咨)齊(叶謨郎反)과與我犧羊으로以社以方ᄒᆞ니我田既臧이農夫之慶(叶祛羊反)이로다 琴瑟擊鼓ᄒᆞ야以御(牙嫁反)田祖ᄒᆞ야以祈甘雨ᄒᆞ니以介我稷黍ᄒᆞ야以穀我士女ㅣ로다

●우리齊明과다못우리犧羊으로써社ᄒᆞ며써方ᄒᆞ니우리田이이믜藏홈이農夫의慶이로다 琴ᄒᆞ며瑟ᄒᆞ며鼓를擊ᄒᆞ야써田祖를御ᄒᆞ야써甘雨를祈ᄒᆞ니써우리稷黍를介ᄒᆞ야써우리士女를穀ᄒᆞ리로다

○賦也齊與粢同曲禮曰稷曰明粢此言齊明便文以協韻耳犧羊純色之羊也社后土也以句龍氏配方秋祭四方報成萬物周禮所謂羅弊獻禽以祀祊是也臧善慶福御迎也田祖先嗇也謂始耕田者卽神農也周禮籥章凡國祈年于田祖則吹豳雅擊土鼓以樂田畯是也穀養也又曰善也言倉廩實而知禮節也○言奉其齊盛犧牲以祭方社而曰我田之所以善者非我之所能致也乃賴農夫之福而致之耳又作樂以祭田祖而祈雨庶有以大其稷黍而養其民也

○曾孫來止애以其婦子[叶奬里反]로饁[音曄]彼南畝[叶音ㅣ滿彼反]어늘田畯[音俊]至喜ᄒᆞ야攘[音攘]其左右[叶羽己反]ᄒᆞ야嘗其旨否[叶補美反]ㅣ로다禾易長畝ᄒᆞ니終善且有[叶羽己反]ㅣ라曾孫不怒ᄒᆞ며農夫克敏[叶母鄙反]이로다

●曾孫이來홈애그婦子로써뎌南畝에饁ᄒᆞ거늘田畯이至ᄒᆞ야喜ᄒᆞ야그左右를攘ᄒᆞ야 그旨ᄒᆞ며否홈을嘗ᄒᆞ놋다禾ㅣ易ᄒᆞ야畝애長ᄒᆞ니ᄆᆞ내죠善ᄒᆞ고ᄯᅩ有ᄒᆞᆯ디라曾孫이怒티아니ᄒᆞ며農夫ㅣ능히敏ᄒᆞ놋다

○賦也曾孫主祭者之稱非獨宗廟爲然曲禮外事曰曾孫某侯某武王禱名山大川曰有道曾孫周王發是也饁餉攘取旨美易治長竟有多敏疾也○曾孫之來適見農夫之婦子來饁耘者於是與之偕至其所而田畯亦至而喜之乃取其左右之饋而嘗其旨否

言其上下相親之甚也旣又見其禾易治竟畝如一而知其終當善而且多是以曾孫不怒而其農夫益以敏於其事也

○曾孫之稼ㅣ如茨如梁이며 曾孫之庾ㅣ如坻音池如京叶居良反이라 乃求千斯倉ᄒᆞ며 乃求萬斯箱이로소니 黍稷稻粱이 農夫之慶叶袪羊反이라 報以介福ᄒᆞ니 萬壽無疆이로다

●曾孫의稼ㅣ茨ᄀᆞᆺᄐᆞ며梁ᄀᆞᆺᄐᆞ며曾孫의庾ㅣ坻ᄀᆞᆺᄐᆞ며京ᄀᆞᆺᄐᆞᆫ디라千인이倉을求ᄒᆞ며 萬인이箱을求ᄒᆞ노소니黍와稷과稻와粱이農夫의慶이라報호ᄃᆡ큰福으로ᄡᅥᄒᆞ니萬壽ㅣ疆이업소리로다

○賦也茨屋蓋言其密比也梁車梁言其穹隆也坻水中之高地也京高丘也箱車箱也

○此言收成之後禾稼旣多則求倉以處之求車以載之而言凡此黍稷稻粱皆賴農夫之慶而得之是宜報以大福使之萬壽無疆也其歸美於下而欲厚報之如此

甫田四章章十句

大田多稼ㅣ라 旣種上聲ᄒᆞ야 旣戒ᄒᆞ야 旣備乃事叶士止反ᄒᆞ니 以我覃音剡耜叶養里反로 俶載南畝叶滿彼反ᄒᆞ야 播厥百穀叶工洛反ᄒᆞ니 旣庭且碩叶常約反이라 曾孫是若이로다

●大田에稼ㅣᄒᆞᆫ디라이믜種ᄒᆞ며이믜戒ᄒᆞ야이믜備켜놀事ᄒᆞ니내覃ᄒᆞᆫ耜로ᄡᅥ비로소南畝애載ᄒᆞ야 그百穀을播ᄒᆞ니이믜庭ᄒᆞ고ᄯᅩ碩ᄒᆞᆫ디라曾孫을이若ᄒᆞ놋다

○賦也種擇其種也戒飭其具也覃利俶始載事庭直碩大若順也○蘇氏曰田大而種多故於今歲之冬具來歲之種戒來歲之事凡既備矣然後事之取其利耜而始事於南畝既耕而播之其耕之也勤而種之也時故其生者皆直而大以順曾孫之所欲此詩爲農夫之詞以頌美其上若以答前篇之意也

○既方既皁叶子苟反ᄒᆞ며既堅既好叶許苟反ㅣ오不稂音郎不莠音酉ㅣ어 去上聲其螟音冥螣音特과 及其蟊莫侯反賊이라 無害我田穉音稚니 田祖有神은 秉畀炎火叶虎委反ㅣ여다

●이믜方ᄒᆞ며이믜皁ᄒᆞ며이믜堅ᄒᆞ며이믜好ᄒᆞ고稂티아니ᄒᆞ며莠티아니커든 그螟과螣과밋그蟊와賊을去ᄒᆞ야ᄒᆞ우리田애穉를害홈이업ᄉᆞ리니田祖의神은秉ᄒᆞ야炎火에畀홀디어다

○賦也方房也謂孚甲始生而未合時也實未堅者曰皁稂童粱莠似苗皆害苗之草也食心曰螟食葉曰螣食根曰蟊食節曰賊皆害苗之蟲也穉幼禾也○言其苗既盛矣又必去此四蟲然後可以無害田之禾然非人力所及也故願田祖之神爲我持此四蟲而付之炎火之中也姚崇遣使捕蝗引此爲證夜中設火火邊掘坑且焚且瘞蓋古之遺法如此

○有渰音掩萋萋音妻ᄒᆞ야 興雨祁祁ᄒᆞ야 雨我公田이오遂及我私叶息夷反ᄒᆞ야 彼

有不穫穉ᄒᆞ며 此有不斂穧音霽ᄒᆞ며 彼有遺秉ᄒᆞ며 此有滯穗ᄒᆞ니 伊寡婦之利로다

● 渰히 萋萋ᄒᆞ야 雨를興홈을祈祈히ᄒᆞ야우리公田에雨ᄒᆞ고드듸여우리私에及ᄒᆞ야 뎌의穫지아인穉이시며이예斂티아인穧이시며뎌의遺ᄒᆞᆫ秉이이시며이예滯ᄒᆞᆫ穗ㅣ이시니寡婦의利로다

○賦也渰雲興貌萋萋盛貌祁祁徐也雲欲盛盛則多雨雨欲徐徐則入土公田者方里而井井九百畝其中爲公田八家皆私百畝而同養公田也穧束秉把也滯亦遺棄之意也○言農夫之心先公後私故望此雲雨而曰天其雨我公田而遂及我之私田乎冀怙君德而蒙其餘惠使收成之際彼有不及穫之穉禾此有不及斂之穧束彼有遺棄之禾把此有滯漏之禾穗而寡婦尙得取之以爲利也此見其豐成有餘而不盡取又與鰥寡共之旣足以爲不費之惠而亦不棄於地也不然則粒米狼戾不殆於輕視天物而慢棄之乎

○曾孫來止라 以其婦子로 饁彼南畝ㅣ어늘 田畯至喜로다 來方禋音因祀叶逸ᄒᆞ織反야 以其騂黑과 與其黍稷으로 以享以祀同上ᄒᆞ니 以介景福叶筆力反이로다

● 曾孫이來ᄒᆞᆫ다라그婦子로써뎌南畝에饁ᄒᆞ거늘田畯이至ᄒᆞ야喜ᄒᆞᄂᆞ다來ᄒᆞ야方에禋祀ᄒᆞ야 그騂黑과다못그黍稷으로써ᄒᆞ야써享ᄒᆞ며써祀ᄒᆞ니써큰福을介케ᄒᆞᄂᆞ다

○賦也精意以享謂之禋○農夫相告曰曾孫來矣於是與其婦子饁彼南畝之穫者而田畯亦至而喜之也曾孫之來又禋祀四方之神而賽禱焉四方各用其方色之牲此言騂黑擧南北以見其餘也以介景福農夫欲曾孫之受福也

大田四章二章章八句二章章九句

前篇有擊鼓以御田祖之文故或疑此楚茨信南山甫田大田四篇卽爲豳雅其詳見於豳風之末亦未知其是否也然前篇上之人以我田旣臧爲農夫之慶而欲報之以介福此篇農夫以雨我公田遂及我私而欲其享祀以介景福上下之情所以相賴而相報者如此非盛德其孰能之

瞻彼洛矣호니 **維水決決**音快이로다 **君子至止**호시니 **福祿如茨**ㅣ로다 **韎**音味**韐**音閤 **有奭**許力反호니 **以作六師**ㅣ로다

●뎌洛을瞻혼딕水ㅣ決決흐도다君子ㅣ至흐시니福祿이茨又도다韎혼韐이奭흐니 뻐六師를作흐놋다

○賦也洛水名在東都會諸侯之處也決決深廣也君子指天子也茨積也韎茅蒐所染色也韐韠也合韋爲之周官所謂韋弁兵事之服也奭赤貌作猶起也六師六軍也天子六軍○此天子會諸侯于東都以講武事而諸侯美天子之詩言天子至此洛水之上御戎服而起六師也

○**瞻彼洛矣**호니 **維水決決**이로다 **君子至止**호사니 **鞞**補頂反**琫**音菶 **有珌**音必이로다

君子萬年애 保其家室이로다

●뎌洛을瞻혼딗水ㅣ泱泱ᄒᆞ도다君子ㅣ至ᄒᆞ시니鞞에琫ᄒᆞ고珌ᄒᆞ얏도다君子ㅣ萬年에 그家室을保ᄒᆞ리로다

○賦也鞞容刀之鞞今刀鞘也琫上飾珌下飾亦戎服也

○瞻彼洛矣혼딗 維水泱泱이로다 君子至止ᄒᆞ시니 福祿既同이로다 君子萬年애 保其家邦이로다(叶卜工反)

●뎌洛을瞻혼딗水ㅣ泱泱ᄒᆞ도다君子ㅣ至ᄒᆞ시니福祿이이믜同ᄒᆞ도다君子ㅣ萬年애 그家邦을保ᄒᆞ리로다

○賦也同猶聚也

瞻彼洛矣三章章六句

裳裳者華여 其葉湑(上聲)兮로다 我覯之子호니 我心寫(叶想與反)兮로다 我心寫兮호니 是以有譽處兮로다

●裳裳ᄒᆞᆫ華ㅣ여그葉이湑ᄒᆞ도다내之子를覯호니내ᄆᆞᄋᆞᆷ이寫ᄒᆞ도다내ᄆᆞᄋᆞᆷ이寫호니열로써 譽ㅣ며處ㅣ잇도다

○興也裳裳猶堂堂董氏云古本作常常棣也湑盛貌覯見處安也○此天子美諸侯之辭蓋以答瞻彼洛矣也言裳裳者華則其葉湑然而美盛矣我覯之子則其心傾寫而說樂之矣夫能使見者悅樂之如此則其有譽處宜矣此章與蓼蕭首章文勢全相似

○裳裳者華여 芸其黃矣로다 我覯之子호니 維其有章矣로다 維其有章矣니 是以有慶(叶虛羊反)矣로다

●裳裳ᄒᆞᆫ華ㅣ여 芸이 그 黃ᄒᆞ도다 내 之子를 覯호니 그 章이 잇도다 그 章이 잇시니 일로써 慶이 잇도다

○興也芸黃盛也章文章也有文章斯有福慶矣

○裳裳者華여 或黃或白(叶僕各反)이로다 我覯之子호니 乘其四駱이로다 乘其四駱ᄒᆞ니 六轡沃若이로다

●裳裳ᄒᆞᆫ華ㅣ여 或黃ᄒᆞ며 或白ᄒᆞ도다 내 之子를 覯ᄒᆞ니 그 四駱을 乘ᄒᆞ얏도다 그 四駱을 乘ᄒᆞ니 六轡ㅣ 沃若ᄒᆞ도다

○興也言其車馬威儀之盛

○左(叶祖戈反)之左(同上)之애 君子宜(叶牛何反)之며 右(叶羽己反)之右(同上)之애 君子有(叶羽己反)之로다 維其有(同上)之라 是以似(叶養里反)之로다

●左ᄒᆞ며 左홈애 君子ㅣ 宜ᄒᆞ며 右ᄒᆞ며 右홈애 君子ㅣ 有ᄒᆞ도다 그 有ᄒᆞᆫ디라 이러모로 써 似ᄒᆞ도다

○賦也言其才全德備以左之則無所不宜以右之則無所不有維其有之於內是以形之於外者無不似其所有也

裳裳者華四章章六句

北山之什十篇四十六章三百三十四句

桑扈之什二之七

交交桑扈(音戶)여 有鶯其羽ㅣ로다 君子樂(音洛)胥(叶思呂反)ㅣ니 受天之祜(音戶)ㅣ로다

●交交ᄒᆞᆫ桑扈ㅣ여鶯ᄒᆞᆫ그羽ㅣ로다君子ㅣ樂ᄒᆞ니天의祜를受ᄒᆞ리로다

○興也交交飛往來之貌桑扈竊脂也鶯然有文章也君子指諸侯胥語辭祜福也○此亦天子燕諸侯之詩言交交桑扈則有鶯其羽矣君子樂胥則受天之祜矣頌禱之詞也

交交桑扈ㅣ여 有鶯其領이로다 君子樂胥ㅣ니 萬邦之屛(音丙)이로다

●交交ᄒᆞᆫ桑扈ㅣ여鶯ᄒᆞᆫ그領이로다君子ㅣ樂ᄒᆞ니萬邦의屛이로다

○興也領頸屛蔽也言其能爲小國之藩衛蓋任方伯連帥之職者也

之屛之翰(叶胡見反)ᄒᆞ니 百辟(音壁)爲憲이로다 不戢(音緝)不難(叶乃多反)가 受福不那아

●屛ᄒᆞ며翰ᄒᆞ니百辟이憲을삼ᄂᆞ다戢디아니며難티아니랴福受홈이那티아니ᄒᆞ랴

○賦也翰幹也所以當牆兩邊障土者也辟君憲法也言其所統之諸侯皆以之爲法也戢歛難愼那多也不戢戢也不難難也不那那也蓋曰豈不歛乎豈不愼乎其受福豈不多乎古語聲急而然也後放此

○兕觥其觩(音求)ᄒᆞ니 旨酒思柔ㅣ로다 彼交匪敖(去聲)ᄒᆞ니 萬福來求ㅣ로다

●兕觥이그觩ᄒᆞ니旨ᄒᆞᆫ酒ㅣ柔ᄒᆞ도다뎌交에敖티아니ᄒᆞ니萬福이來ᄒᆞ야求ᄒᆞ놋다

○賦也兕觥爵也觩角上曲貌旨美也思語辭也敖傲通交際之間無所傲慢則我無事於求福而反來求我矣

桑扈四章章四句

鴛鴦于飛ᄒᆞ니畢之羅之로다君子萬年애福祿宜(叶牛何反)之로다

●鴛鴦이飛ᄒᆞ니畢ᄒᆞ며羅ᄒᆞ놋다君子ㅣ萬年애福祿이宜ᄒᆞ리로다

○興也鴛鴦匹鳥也畢小罔長柄者也羅罔也君子指天子也○此諸侯所以答桑扈也鴛鴦于飛則畢之羅之矣君子萬年則福祿宜之矣亦頌禱之詞也

○鴛鴦在梁ᄒᆞ니戢其左翼이로다君子萬年애宜其遐福(叶筆力反)이로다

●鴛鴦이梁에이시니左翼을戢ᄒᆞ얏도다君子ㅣ萬年에그遐福이宜ᄒᆞ리로다

○興也石絕水爲梁戢斂也張子曰禽鳥並棲一正一倒戢其左翼以相依於內舒其右翼以防患於外蓋左不用而右便故也遐遠也久也

○乘(去聲)馬在廐(音救)ᄒᆞ니摧(采臥反)之秣(音末叶莫佩反)之로다君子萬年애福祿艾(叶魚肺反)之로다

●乘馬ㅣ廐애이시니摧ᄒᆞ며秣ᄒᆞ놋다君子ㅣ萬年애福祿오로艾ᄒᆞ리로다

○興也摧莝秣粟艾養也蘇氏曰艾老也言以福祿終其身也亦通○乘馬在廐則摧之

秣之矣君子萬年則福祿艾之矣

○乘馬在廐ᄒᆞ니秣之摧(徂爲采臥二反)之로다君子萬年애福祿綏(叶宣佳士果二反)之로다

●乘馬ㅣ廐에이시니秣ᄒᆞ며摧ᄒᆞ놋다君子ㅣ萬年애福祿으로綏ᄒᆞ리로다

○興也綏安也

鴛鴦四章章四句

有頍(音跬)者弁이여實維伊何오爾酒既旨ᄒᆞ며爾殽既嘉(叶居何反)ᄒᆞ니豈伊異人이리오兄弟라匪他(音拖)ㅣ로다蔦(音鳥)與女蘿(音羅)ㅣ施(音異)于松栢(叶逋莫反)이로다未見君子라憂心奕奕(叶弋灼反)이러니既見君子ᄒᆞ니庶幾說(音悅)懌(叶弋灼反)이로다

●頍ᄒᆞᆫ弁이여진실로므스것고네酒ㅣ이믜旨ᄒᆞ며네殽ㅣ이믜嘉ᄒᆞ니엇지異人이리오兄弟라他ㅣ아니로다蔦와다뭇女蘿ㅣ松栢에施ᄒᆞ얏도다君子를보지못ᄒᆞ얏ᄂᆞᆫ지라心의憂홈을奕奕히ᄒᆞ다니이믜君子를보니거의說懌ᄒᆞ도다

○賦也興又比也頍弁貌或曰舉首貌弁皮弁嘉旨皆美也匪他非他人也蔦寄生也葉似當盧子如覆盆子赤黑甜美女蘿兎絲也蔓連草上黃赤如金此則比也君子兄弟爲賓者也奕奕憂心無所薄也○此亦燕兄弟親戚之詩故言有頍者弁實維伊何乎爾酒既旨爾殽既嘉則豈伊異人乎乃兄弟而匪他也又言蔦蘿施于木上以比兄弟親戚纏綿依附之意是以未見而憂既見而喜也

○有頍者弁이여 實維何期오 爾酒旣旨며 爾殽旣時ᄒᆞ니 豈伊異人이리오 兄弟具來(叶陵之反)로다 蔦與女蘿ㅣ 施于松上(叶時亮反)이로다 未見君子ㅣ라 憂心怲怲(音柄 兵旺反)이라니 旣見君子호니 庶幾有臧(叶才浪反)이로다

●頍ᄒᆞᆫ弁이여 진실로 므스것고 네酒ㅣ 이믜旨ᄒᆞ며 네殽ㅣ 이믜 時ᄒᆞ니 엇지 異人이리오 兄弟ㅣ 다 來ᄒᆞ얏도다 蔦와 다ᄆᆞᆺ 女蘿ㅣ 松上애 施ᄒᆞ얏도다 君子를 보지 못ᄒᆞ얏ᄂᆞᆫ지라 心에 憂홈을 怲怲히 ᄒᆞ다니 이믜 君子를 보니 거의 臧홈이 잇도다

○賦而興又比也 何期猶伊何也 時善 具俱也 怲怲憂盛滿也 臧善也

○有頍者弁이여 實維在首ㅣ로다 爾酒旣旨며 爾殽旣阜ᄒᆞ니 豈伊異人이리오 兄弟甥舅ㅣ로다 如彼雨(去聲)雪에 先集維霰(音線)이라 死喪(去聲)이 無日ᄒᆞ야 無幾(音己)相見이란ᄃᆡ 樂酒今夕ᄒᆞ야 君子ㅣ 維宴이로다

●頍ᄒᆞᆫ弁이여 진실로 首에 잇도다 네酒ㅣ 이믜旨ᄒᆞ며 네殽ㅣ 이믜阜ᄒᆞ니 엇지 異人이리오 兄弟와 甥舅ㅣ로다 뎌 雪이 雨혼에 몬뎌 霰이 集홈ᄀᆞᆺᄒᆞᆫ지라 死喪이 日이 업서셔라 보이 無幾ᄒᆞᆯ란ᄃᆡ 酒를 今夕에 樂ᄒᆞ야 君子ㅣ 宴ᄒᆞᆯ지로다

○賦而興又比也 阜猶多也 甥舅謂母姑姊妹妻族也 霰雪之始凝者也 將大雨雪 必先微溫 雪自上下 遇溫氣而摶 謂之霰 久而寒勝 則大雪矣 言霰集則將雪之候 以比老至

則將死之徵也故卒言死喪無日不能久相見矣但當樂飮以盡今夕之歡篤親親之意也

頍弁三章章十二句

間關車之舝兮여 思孌(音戀)季女逝兮로다 匪飢匪渴이라 德音來括이니 雖無好友(叶羽己反)ㅣ나 式燕且喜로다

●間關한車의舝이여孌한季女를思하야逝하놋다飢홈이아니며渴홈이아니라德音으로來하야括과저하음이니비록好友ㅣ업스나써燕하고또喜홀지엇다

○賦也間關設舝聲也舝車軸頭鐵也無事則脫行則設之昏禮親迎者乘車[孌]美貌逝往括會也○此燕樂其新昏之詩故言間關然設此車舝者蓋思彼孌然之季女故乘此車往而迎之也匪飢也匪渴也望其德音來括而心如飢渴耳雖無他人亦當燕飮以相喜樂也

○依彼平林애 有集維鷮(音驕)ㅣ로다 辰彼碩女ㅣ 令德來敎(居爻反)ㅣ로다 式燕且譽하야 好(去聲)爾無射(音亦叶都故反)이로다

●依한뎌平林애鷮ㅣ集하얏도다辰한뎌碩女ㅣ令德으로來하야敎하놋다써燕하고또譽하야너를好홈을射홈이업도다

○興也依茂木貌鷮雉也微小於翟走而且鳴其尾長肉甚美辰時碩大也爾卽季女也

射厭也鷮依彼平林則有集維鷮辰彼碩女則以令德來配己而敎誨之是以式燕且譽
而悅慕之無厭也

○雖無旨酒나ㅣ式飮庶幾며雖無嘉殽나ㅣ式食庶幾며雖無德
與女(音汝)ㅣ나式歌且舞ㅣ로다

●비록旨酒ㅣ업스나써飮홈을거의ᄒᆞ며비록嘉殽ㅣ업스나써食홈을거의ᄒᆞ며비록德으로너를與ᄒᆞᆯ거시
업스나써歌ᄒᆞ고ᄯᅩ舞ᄒᆞᆯ지어다

○賦也旨嘉皆美也女亦指季女也○言我雖無旨酒嘉殽美德以與女女亦當飮食歌
舞以相樂也

○陟彼高岡ᄒᆞ야析(音錫)其柞(音昨)薪(叶音襄)호라析其柞薪호니其葉湑(上聲)兮로다鮮
我覯爾호니我心寫(叶想羽反)兮로다

●뎌高岡에陟ᄒᆞ야그柞薪을析호라그柞薪을析호니그葉이湑ᄒᆞ도다내너를覯홈을鮮히너교니내ᄆᆞ음이
寫ᄒᆞ도다

○興也陟登柞櫟湑盛鮮少覯見也○陟岡而析薪則其葉湑兮矣我得見爾則我心寫
兮矣

○高山仰(叶五剛反)止ㅣ며景行行(叶戶郎反)ᄒᆞ止로다四牡騑騑(音霏)ᄒᆞ니六轡如琴이로다
覯爾新昏이라以慰我心호라

●高山을仰ᄒᆞ며景行에行ᄒᆞ놋다四牡ㅣ騑騑ᄒᆞ니六轡ㅣ琴ᄀᆞᆺ도다너新昏을觀혼디라써내ᄆᆞᄋᆞᆷ을慰호라

○興也仰瞻望也景行大道也如琴謂六轡調和如琴瑟也慰安也○高山則可仰景行則可行馬服御良則可以迎季女而慰我心也此又擧其始終而言也表記曰小雅曰高山仰止景行行止子曰詩之好仁如此鄕道而行中道而廢忘身之老也不知年數之不足也俛焉日有孶孶斃而後已

車舝五章章六句

營營靑蠅이여止于樊이로다(音煩叶汾乾反) 豈弟君子는無信讒言이어다

●營營ᄒᆞᆫ靑蠅이여樊에止ᄒᆞ놋다豈弟ᄒᆞᆫ君子ㅣ여讒言을信치마를지어다

○比也營營往來飛聲亂人聽也靑蠅汙穢能變白黑樊藩也君子謂王也○詩人以王好聽讒言故以靑蠅飛聲比之而戒王以勿聽也

營營靑蠅이여止于棘이로다讒人罔極ᄒᆞ야交亂四國이로다(叶越逼反)

●營營ᄒᆞᆫ靑蠅이여棘에止ᄒᆞ놋다讒人이極이업서四國을交亂ᄒᆞ놋다

○興也棘所以爲藩也極猶已也

營營靑蠅이여止于榛이로다讒人罔極ᄒᆞ야構(音姤)我二人이로다

●營營ᄒᆞᆫ靑蠅이여榛에止ᄒᆞ놋다讒人이極이업서우리四人을構ᄒᆞ놋다

○興也構合也猶交亂也己與聽者爲二人

靑蠅三章章四句

賓之初筵애 左右秩秩이어늘 籩豆有楚ᄒᆞ며 殽核維旅ᄒᆞ며 酒旣和旨ᄒᆞ야 飮酒孔偕音皆叶舉里反로다 鍾鼓旣設叶書質反ᄒᆞ야 舉醻音酬逸逸ᄒᆞ며 大侯旣抗叶居郎反ᄒᆞ고 弓矢斯張ᄒᆞ니 射夫旣同이라 獻爾發功ᄒᆞ야 發彼有的叶丁藥反ᄒᆞ야 以祈爾爵이로다

●賓이筵初에左右ㅣ秩秩ᄒᆞ거늘籩豆ㅣ楚ᄒᆞ며殽核이旅ᄒᆞ며酒ㅣ이믜和旨ᄒᆞ야酒飮홈을심히 偕ᄒᆞᄂᆞ다 鍾鼓ㅣ이믜設ᄒᆞ야醻를擧홈을逸逸히ᄒᆞ며大侯ㅣ이믜抗ᄒᆞ고弓矢이에張ᄒᆞ니射夫ㅣ이믜 同ᄒᆞᆫ지라너의 發ᄒᆞᆫ功을獻ᄒᆞ야發ᄒᆞ되뎌的에ᄒᆞ야써네게爵을祈ᄒᆞᄂᆞ다

○賦也初筵初卽席也左右筵之左右也秩秩有序也楚列貌殽豆實也核籩實也旅陳也和旨調美也孔甚也偕齊一也設宿設而又遷于下也大射樂人宿縣厥明將射乃遷樂于下以避射位是也舉醻舉所奠之醻爵也逸逸往來有序也大侯君侯也天子熊侯白質諸侯麋侯赤質大夫布侯畫以虎豹士布侯畫以鹿豕天子侯身一丈其中三分居一白質畫熊其外則丹地畫以雲氣抗張也凡射張侯而不繫左下綱中掩束之至將射司馬命張侯弟子脫束遂繫下綱也大侯張而弓矢亦張節也射夫旣同比其耦也射禮選羣臣爲三耦三耦之外其餘各自取匹謂之衆耦獻猶奏也發發矢也的質也祈求也

爵射不中者飮豐上之觶也○衛武公飮酒悔過而作此詩此章言因射而飮者初筵禮儀之盛酒旣調美而飮者齊一至於設鍾鼓擧醻爵抗大侯張弓矢而衆耦拾發各心競云我以此求爵汝也

○籥舞笙鼓ᄒᆞ야樂旣和奏(叶宗五反)ᄒᆞ니烝衎(音看)烈祖ᄒᆞ야以洽百禮로다百禮旣至ᄒᆞ니有壬有林이로다錫爾純嘏ᄒᆞ니子孫其湛(音耽叶持林反)이로다其湛曰樂(音洛)ᄒᆞ니各奏爾能(叶奴金反)이로다賓載手仇(音拘叶音求其)ㅣ어늘室人入又(音叶由怡)ᄒᆞ야酌彼康爵ᄒᆞ야以奏爾時(叶音醻)로다

●籥을舞ᄒᆞ며笙을鼓ᄒᆞ야樂을이믜和히奏ᄒᆞ니烝ᄒᆞ야烈祖를衎ᄒᆞ야써百禮를洽ᄒᆞ놋다百禮이믜至ᄒᆞ니壬ᄒᆞ며林ᄒᆞ도다네게純嘏를錫ᄒᆞ니子孫이그湛ᄒᆞ놋다그湛홈이樂ᄒᆞ니각각네能을奏ᄒᆞ놋다賓이곳手로仇ᄒᆞ거놀室人이入ᄒᆞ야又ᄒᆞ야뎌康爵에酌ᄒᆞ야써네時를奏ᄒᆞ놋다

○賦也籥舞文舞也烝進衎樂烈業洽合也百禮言其備也壬大林盛也言禮之盛大也錫神錫之也爾主祭者也嘏福湛樂也各奏爾能謂子孫各酌獻尸尸酢而卒爵也仇讀曰𣃁室人有室中之事者謂佐食也又復也賓手挹酒室人復酌爲加爵也康安也酒所以安體也或曰康讀曰抗記曰崇坫康圭此亦謂坫上之爵也時時祭也蘇氏曰時物也

○此言因祭而飮者始時禮樂之盛如此也

○賓之初筵엔溫溫其恭이로다其未醉止엔威儀反反(叶分遭反)이러니曰

既醉止란 威儀幡幡(叶分邅反)이라 舍(音捨)其坐遷ᄒᆞ야 屢舞僊僊ᄒᆞᄂᆞ다 其未醉止엔 威儀抑抑이러니 曰既醉止란 威儀怭怭(音弼)ᄒᆞ니 是曰既醉라 不知其秩이로다

●賓이初筵엔溫溫ᄒᆞᆫ그恭이로다그醉치아녀서ᄂᆞᆫ威儀ㅣ反反ᄒᆞ더니이믜醉ᄒᆞ야란威儀ㅣ幡幡ᄒᆞᆫ지라그坐를舍ᄒᆞ고遷ᄒᆞ야조조舞홈을僊僊히ᄒᆞᄂᆞ이다그醉치아녀서ᄂᆞᆫ威儀ㅣ抑抑ᄒᆞ더니이믜醉ᄒᆞ야란威儀ㅣ怭怭ᄒᆞ니이를닐온이믜醉ᄒᆞᆫ지라그秩을아지못홈이로다

○賦也反反顧禮也幡幡輕數也遷徙屢數也僊僊軒舉之狀抑抑愼密也怭怭媟嫚也秩常也○此言凡飮酒者常始乎治而卒乎亂也

○賓既醉止라 載號(音毫)載呶(音鐃)ᄒᆞ야 亂我籩豆ᄒᆞ야 屢舞僛僛(音欺)ᄒᆞ니 是曰既醉라 不知其郵(叶于其反)ㅣ로다 側弁之俄ᄒᆞ야 屢舞傞傞(音娑)ㅣ로다 既醉而出ᄒᆞ면 並受其福(叶筆力反)이어ᄂᆞᆯ 醉而不出ᄒᆞ니 是謂伐德이로다 飮酒孔嘉(叶居何反)ᄂᆞᆫ 維其令儀(叶牛何反)니라

●賓이이믜醉ᄒᆞᆫ지라곳號ᄒᆞ며곳呶ᄒᆞ야우리籩豆를亂ᄒᆞ야조조舞홈을僛僛히ᄒᆞ니이를닐온이믜醉홈이라그郵를아지못ᄒᆞᄂᆞ다側ᄒᆞᆫ弁이俄ᄒᆞ야조조舞홈을傞傞히ᄒᆞᄂᆞ다이믜醉ᄒᆞ야出ᄒᆞ면다그福을受ᄒᆞᆯ거시어ᄂᆞᆯ醉ᄒᆞ되出치아니ᄒᆞᄂᆞ니이닐온德을伐홈이로다酒를飮홈에심히嘉홈은그令儀ㅣᆯ시니라

○賦也號呼呶讙也僛僛傾側之狀郵與尤同過也側傾也俄傾貌傞傞不止也出去伐害孔甚令善也○此章極言醉者之狀因言賓醉而出則與主人俱有美譽醉至若此是害其德也飮酒之所以甚美者以其有令儀爾今若此則無復有儀矣

○凡此飮酒에 或醉或否叶補美反ㅣ셔 既立之監이오 或佐之史ㅣᄒᆞᄂᆞ니 彼醉不臧을不醉反恥ᄒᆞᄂᆞ니라 式勿從謂ᄒᆞ야 無俾大音泰怠音養里反ㅣ아 匪言으란勿言ᄒᆞ며匪由란勿語ᄒᆞ라 由醉之言을 俾出童羖音호리古라 三爵不識叶音어失志니 矧敢多又叶夷益夷아皷二反

●물읏이酒를飮ᄒᆞᆷ에或醉ᄒᆞ며或否ᄒᆞᆯ시이믜監을立ᄒᆞ고或史로佐ᄒᆞᄂᆞ니 뎌醉ᄒᆞ야臧치아니ᄒᆞᆷ을醉치아니ᄒᆞᄂᆞᆫ이도로혀耻ᄒᆞᄂᆞ니라써從ᄒᆞ야닐더ᄒᆞ여곰너모怠ᄒᆞᆷ이업게말랴言치아닐거ᄉᆞ란言치말며 由치아닐거ᄉᆞ란語치말라醉를由ᄒᆞ야言ᄒᆞᄂᆞᆫ이를ᄒᆞ여곰童ᄒᆞᆫ羖를出케호리라三爵에識치못ᄒᆞ거니ᄒᆞ믈며敢히 多를又ᄒᆞ랴

○賦也監史司正之屬燕禮鄕射恐有解倦失禮者立司正以監之察儀法也謂告由從也童羖無角之羖羊必無之物也識記也○言飮酒者或醉或不醉故既立監而佐之以史則彼醉者所爲不善而不自知使不醉者反爲之羞愧也安得從而告之使勿至於大怠乎告之若曰所不當言者勿言所不當從者勿語醉而妄言則將罰汝使出童羖矣設言必無之物以恐之也汝飮至三爵已昏然無所記矣况敢又多飮乎又丁寧以戒之也

賓之初筵五章章十四句

毛氏序曰衛武公飮酒悔過也今按此詩意與大雅抑戒相類必武公自悔之作當從韓義

魚在在藻ᄒᆞ니有頒(音焚)其首ㅣ로다王在在鎬ᄒᆞ시니豈(音愷)樂(音洛)飮酒ㅣ샷다

●魚ㅣ在홈이藻에在ᄒᆞ니그首ㅣ頒ᄒᆞ도다王이在ᄒᆞ삼이鎬에在ᄒᆞ신니豈樂ᄒᆞ야酒를飮ᄒᆞ샷다

○興也藻水草也頒大首貌豈亦樂也○此天子燕諸侯而諸侯美天子之詩也言魚何在乎在乎藻也則有頒其首矣王何在乎在乎鎬京也則豈樂飮酒矣

○魚在在藻ᄒᆞ니有莘其尾ㅣ로다王在在鎬ᄒᆞ시니飮酒樂豈(叶去幾反)ㅣ샷다

●魚ㅣ在홈이藻에在ᄒᆞ니그尾ㅣ莘ᄒᆞ도다王이在ᄒᆞ삼이鎬에在ᄒᆞ시니酒를飮ᄒᆞ야樂豈ᄒᆞ샷다

○興也莘長也

○魚在在藻ᄒᆞ니依于其蒲ㅣ로다王在在鎬ᄒᆞ시니有那其居ㅣ샷다

●魚ㅣ在홈이藻에在ᄒᆞ니그蒲에依ᄒᆞ얏도다王이在ᄒᆞ삼이鎬에在ᄒᆞ시니그居에那ᄒᆞ샷다

○興也那安居處也

魚藻三章章四句

采菽采菽은筐(音匡)之筥(音擧)之로다君子來朝(音潮)에何錫予(音與)之오雖無

予之나 路車乘(去聲)馬(叶滿補反ㅣ로다) 又何予之오 玄袞及黼(音甫ㅣ로다)

●菽을采ᄒ며菽을采홈은筐에ᄒ며筥에ᄒ놋다君子ㅣ來ᄒ야朝홈에므스거슬錫予ᄒ료비록予홀거시업스나路車와乘馬ㅣ로다또무스거슬予홀고玄袞과밋黼ㅣ로다

○興也菽大豆也君子諸侯也路車金路以賜同姓象路以賜異姓也玄袞玄衣而畫以卷龍也黼如斧形刺之於裳也周制諸公袞冕九章已見九罭篇侯伯鷩冕七章則自華蟲以下子男毳冕五章衣自宗彝以下而裳黼黻孤卿絺冕三章則衣粉米而裳黼黻大夫玄冕則玄衣黻裳而已○此天子所以答魚藻也采菽采菽則必以筐筥盛之君子來朝則必有以錫予之又言今雖無以予之然已有路車乘馬玄袞及黼之賜矣其言如此者好之無已意猶以爲薄也

○觱(音必)沸(音弗)檻(胡覽反)泉(叶才句反)애 言采其芹(音勤ᄒ라) 君子來朝애 言觀其旂(音祈ᄒ 音巨斤反라) 其旂淠淠(音譬ᄒ며) 鸞聲嘒嘒(ᄒ며) 載驂載駟(ᄒ니) 君子所屆(叶居氣反로다)

●觱沸ᄒ는檻泉애그芹을采ᄒ라君子ㅣ來ᄒ야朝홈애그旂를觀ᄒ라그旂ㅣ淠淠ᄒ며鸞聲이嘒嘒ᄒ며곳驂ᄒ며곳駟ᄒ니君子의屆ᄒ비로다

○興也觱沸泉出貌檻泉正出也芹水草可食淠淠動貌嘒嘒聲也屆至也○觱沸檻泉則言采其芹諸侯來朝則言觀其旂見其旂聞其鸞聲又見其馬則知君子之至於是也

○赤芾(音弗)在股ㅣ오 邪幅在下(叶後五反ㅣ로다) 彼交匪紓(音舒叶上與反ᄒ니) 天子所予(音與)

ㅣ로다樂(音洛)只(音止)君子여天子命(叶彌幷反)之로다樂只君子여福祿申之로다

●赤芾이股에잇고邪幅이下에잇도다더交홈이紓치아니ᄒᆞ니天子의予ᄒᆞᆯ배로다樂ᄒᆞᆫ君子여天子ㅣ命ᄒᆞ놋다樂ᄒᆞᆫ君子여福祿으로申ᄒᆞ놋다

○賦也脛本曰股邪幅偪也邪纏於足如今行縢所以束脛在股下也交交際也紓緩也

○言諸侯服此芾偪見于天子恭敬齊遫不敢紓緩則爲天子所與而申之以福祿也

○維柞之枝여其葉蓬蓬이로다樂只君子여殿(多見反)天子之邦(叶卜工反)이로다樂只君子여萬福攸同이로다平平(音梗)左右ㅣ亦是率從이로다

●柞의枝여그葉이蓬蓬ᄒᆞ도다樂ᄒᆞᆫ君子여天子의邦을殿ᄒᆞ리로다樂ᄒᆞᆫ君子여萬福이同ᄒᆞᆯ배로다平平ᄒᆞᆫ左右ㅣ또ᄒᆞᆫ이에率從ᄒᆞ놋다

○興也柞見車舝篇蓬蓬盛貌殿鎭也平平辯治也左右諸侯之臣也率循也○維柞之枝則其葉蓬蓬然樂只君子則宜鎭天子之邦而爲萬福之所聚又言其左右之臣亦從之而至此也

○汎汎(芳劍反)楊舟여紼(音弗)纚(音黎)維之로다樂只君子여天子葵之로다樂只君子여福祿膍(音琵)之로다優哉游哉라亦是戾(叶郎之反)矣로다

●汎汎ᄒᆞᆫ楊舟ㅣ여紼로纚ᄒᆞ야維ᄒᆞ놋다樂ᄒᆞᆫ君子여天子ㅣ葵ᄒᆞ리로다樂ᄒᆞᆫ君子여福祿으로膍ᄒᆞ리로다優ᄒᆞ며游ᄒᆞᆫ지라또ᄒᆞᆫ이애戾ᄒᆞ도다

○興也紼繂也纚維皆繫也言以大索纚其舟而繫之也葵揆也揆猶度也膍厚戾至也○汎汎楊舟則必以紼纚維之樂只君子則天子必葵之福祿必膍之於是又歎其優游而至於此也

采菽五章章八句

騂騂(音成)角弓이여 翩(音篇)其反(叶分邅反)矣로다 兄弟昏姻은 無胥遠(叶於圓反)矣어다

●騂騂호角弓이여翩히그反호얏다兄弟와昏姻은서로멀리마를디어다

○興也騂騂弓調和貌角弓以角飾弓也翩反貌弓之爲物張之則內向而來弛之則外反而去有似兄弟昏姻親疎遠近之意胥相也○此刺王不親九族而好讒佞使宗族相怨之詩言騂騂角弓既翩然而反矣兄弟昏姻則豈可以相遠哉

爾之遠(同前)矣면 民胥然矣며 爾之敎矣면 民胥傚矣리다

●네멀리호면民이서로그러호며네敎호면民이서로傚호리라

○賦也爾王也上之所爲下必有甚者

此令兄弟는 綽綽有裕(預與二音)ㅣ어늘 不令兄弟는 交相爲瘉(同上)ㅣ로다

●이令호兄弟는綽綽히裕호거늘令치아닌兄弟는서로瘉호놋다

○賦也令善綽寬裕饒瘉病也○言雖王化之不善然此善兄弟則綽綽有裕而不變彼不善之兄弟則由此而交相病矣蓋指讒己之人而言也

○民之無良은 相怨一方이니라 受爵不讓叶如羊反ᄒᆞ니 至于己斯亡이로다

●民이良치아닌이는一方으로서로怨ᄒᆞᄂᆞ니라爵을受ᄒᆞ야讓치아니ᄒᆞᄂᆞ니亡홈에至홀ᄉᆞ롬이로다

○賦也一方彼一方也○相怨者各據其一方耳若以責人之心責己愛己之心愛人使彼己之間交見而無蔽則豈有相怨者哉況兄弟相怨相讒以取爵位而不知遜讓終亦必亡而已矣

○老馬反爲駒叶去聲ᄒᆞ야 不顧其後叶下故反ㅣ로다 如食音嗣宜饇音圉ㅣ어놀 如酌孔取叶音娶로다

●老馬ㅣ도로혀駒ㅣ로라ᄒᆞ야그後를顧치아니ᄒᆞ놋다食홈에맛당이饇홀ᄃᆞᆺᄒᆞ거놀酌에심히取ᄒᆞ욤ᄀᆞᆺ도다

○比也饇飽孔甚也○言其但知讒害人以取爵位而不知其不勝任如老馬憊矣而反自以爲駒不顧其後將有不勝任之患也又如食之己多而宜飽矣酌之所取亦己甚矣

○毋敎猱升木이어다 如塗塗附ㅣ니라 君子有徽猷ㅣ면 小人與屬音蜀叶殊遇反이리라

●猱를木에升홈을敎치마를지어다塗에塗로附홈ᄀᆞᆺᄒᆞ니라君子ㅣ徽ᄒᆞᆫ猷를두면小人이더브러屬ᄒᆞ리라

○比也猱獼猴也性善升木不待敎而能也塗泥附著徽美猷道屬附也○言小人骨肉之恩本薄王又好讒佞以來之是猶敎猱升木又如於泥塗之上加以泥塗附之也苟王

有美道則小人將反爲善以附之不至於如此矣

○雨(去聲)雪瀌瀌(音標)ㅣ나見晛(音現)曰消ᄒᆞᄂᆞ니라莫肯下(去聲)遺ㅣ오式居婁(音慮)驕ㅣ로다

●雪雨홈을瀌瀌히ᄒᆞ나晛을보면消ᄒᆞᄂᆞ니라즐겨下ᄒᆞ야遺치아니코써居ᄒᆞ야셔ᄌᆞ로驕케ᄒᆞᄂᆞᆺ다

○比也瀌瀌盛貌晛日氣也張子曰讒言遇明者當自止而王甘信之不肯貶下而遺棄之更益以長慢也

○雨雪浮浮ㅣ나見晛曰流ᄒᆞᄂᆞ이다如蠻如髦(叶莫侯反)ㅣ라我是用憂호라

●雪雨홈을浮浮히ᄒᆞ나晛을보면流ᄒᆞᄂᆞ니라蠻ᄀᆞᆺᄐᆞ며髦ᄀᆞᆺᄐᆞᆫ지라내써이애써憂호라

○比也浮浮猶瀌瀌也流流而去也蠻南蠻也髦夷髦也書作髳言其無禮義而相殘賊也

角弓八章章四句

有菀(音鬱)者柳에不尙息焉가上帝甚蹈ㅣ시니無自暱焉이어다俾予靖之ㅣ나後予極焉이리라

●菀ᄒᆞᆫ柳에겨의息코져아니ᄒᆞ랴上帝ㅣ甚히蹈ᄒᆞ시니스스로暱치말을지어다놀로ᄒᆞ여곰靖ᄒᆞ나後에내게極ᄒᆞ리라

○比也柳茂木也尙庶幾也上帝指王也蹈當作神言威靈可畏也暱近靖安也極求之

盡也○王者暴虐諸侯不朝而作此詩言彼有菀然茂盛之柳行路之人豈不庶幾欲就止息乎以比人誰不欲朝事王者而王甚威神使人畏之而不敢近耳使我朝而事之以靖王室後必將極其所欲以求於我蓋諸侯皆不朝而已獨至則王必責之無已如齊威王朝周而後反爲所辱也或曰興也下章放此

○有菀者柳애 不尙愒(音器)焉가 上帝甚蹈이시니 無自瘵焉(音際 叶子例反)이어다 俾予靖之나 後予邁(叶力制反)焉이리라

●菀ᄒᆞᆫ柳에거의愒코ᄌᆞ아니ᄒᆞ랴上帝ㅣ甚히蹈ᄒᆞ시니스스로瘵치마를지어다놀로ᄒᆞ여곰 靖ᄒᆞ나後에내계邁ᄒᆞ리라

○比也愒息瘵病也邁過也求之過其分也

○有鳥高飛는 亦傅(音附)于天(叶鐵因反)이니라 彼人之心은 于何其臻고 曷予靖之오리 居以凶矜이로다

●鳥ㅣ高飛홈은또ᄒᆞᆫ天에傅ᄒᆞᄂᆞ니라뎌人의心은어ᄃᆡ그臻홀고엇지내靖ᄒᆞ리오ᄒᆞᆫᄀᆞᆺ써凶ᄒᆞ야 矜ᄒᆞ리로다

○興也傅臻皆至也彼人斥王也居猶徒然也凶矜遭凶禍而可憐也○鳥之高飛極至於天耳彼王之心於何所極乎言其貪縱無極求責無己人不知其所至也如此則豈予能靖之乎乃徒然自取凶矜耳

菀柳三章章六句

桑扈之什十篇四十三章二百八十二句

都人士之什二之八

彼都人士ㅣ여 狐裘黃黃이로다 其容不改ᄒᆞ며 出言有章ᄒᆞ니 行歸于周ㅣ어든 萬民所望(亡마音)이러니라

● 뎌 都엣 人士ㅣ여 狐裘ㅣ 黃黃ᄒᆞ도다 그 容이 改치 아니며 言을 出홈애 章이 이시니 周에 行歸ᄒᆞ거든 萬民의 望ᄒᆞ던 비니라

○賦也都王都也黃黃狐裘色也不改有常也章文章也周鎬京也○亂離之後人不復見昔日都邑之盛人物儀容之美而作此詩以歎惜之也

○彼都人士ㅣ여 臺笠緇撮(叶租悅反)이로다 彼君子女ㅣ여 綢直如髮(叶方月反)이로다 我不見兮라 我心不說(音悅)호라

● 뎌 都엣 人士ㅣ여 臺로 ᄒᆞᆫ 笠이며 緇로 ᄒᆞᆫ 撮이로다 뎌 君子의 女ㅣ여 綢直홈이 髮ᄀᆞᆺ도다 내 보지 못ᄒᆞᆫ지라 내 ᄆᆞ음에 說티 아니호라

○賦也臺夫須也緇撮緇布冠也其制小僅可撮其髻也君子女都人貴家之女也綢直如髮未詳其義然以四章五章推之亦言其髮之美耳

○彼都人士ㅣ여充耳琇(音秀)實이로다彼君子女여謂之尹吉이로다我不見兮라我心苑(音韞)結(叶繳質反)호라

●뎌都엣人士ㅣ여充耳를琇로實ᄒᆞ엿도다뎌君子의女여尹吉이라니르놋다내보지못ᄒᆞᆫ지라내ᄆᆞᄋᆞᆷ에苑結호라

○賦也琇美石也以美石爲瑱尹吉未詳鄭氏曰吉讀爲姞尹氏姞氏周之昏姻舊姓也人見都人之女咸謂尹氏姞氏之女言其有禮法也李氏曰所謂尹吉猶晉言王謝唐言崔盧也苑猶屈也積也

○彼都人士ㅣ여垂帶而厲(叶落蓋反)ㅣ로다彼君子女여卷(音權)髮如蠆(音台)로다我不見兮호니言從之邁호리라

●뎌都엣人士ㅣ여帶를垂홈이厲ᄒᆞ도다뎌君子의女여卷ᄒᆞᆫ髮이蠆갓도다내보지못호니조차邁호리라

○賦也厲垂帶之貌卷髮鬢旁短髮不可斂者曲上卷然以爲飾也蠆螫蟲也尾末揵然似髮之曲上者邁行也蓋曰是不可得見也得見則我從之邁矣思之甚也

○匪伊垂之라帶則有餘ㅣ며匪伊卷之라髮則有旟ㅣ로다我不見兮호니云何盱(音吁)矣오

●垂ᄒᆞᆫ쥬리아니라帶곳餘홈이아시며卷ᄒᆞᆫ쥬리아니라髮이곳旟홈이잇도다내보지못호니엇지盱ᄒᆞ려뇨

○賦也旟揚也盱望也說見何人斯篇○此言士之帶非故垂之也帶自有餘耳女之髮非故卷之也髮自有旟耳言其自然閒美不假修飾也然不可得而見矣則如何而不望之乎

都人士五章章六句

終朝采綠을不盈一匊(音菊)호라 予髮曲局호니 薄言歸沐호리라

●朝ㅣ終토록綠을采홈을한匊에도盈케못호라내의髮이曲局호니잠깐歸호야沐호리라

○賦也自旦及食時爲終朝綠王芻也兩手曰匊局卷也猶言首如飛蓬也○婦人思其君子而言終朝采綠而不盈一匊者思念之深不專於事也又念其髮之曲局於是舍之而歸沐以待其君子之還也

○終朝采藍을不盈一襜(尺占反叶都甘反)호라 五日爲期호니 六日不詹(音添叶多甘反)호라

●朝ㅣ終토록藍을采홈을한襜의도盈케못호라五日에期호니六日이도록詹치못호라

○賦也藍染草也衣蔽前謂之襜卽蔽膝也詹與瞻同五日爲期去時之約也六日不詹過期而不見也

○之子于狩(音獸)ㅣ언 言韔(音暢)其弓(叶姑弘反)호며 之子于釣ㅣ언 言綸之繩호리라

●之子ㅣ가狩홀딘딘그弓을韔ᄒᆞ며之子ㅣ가釣홀딘딘繩을綸호리라

○賦也之子謂其君子也理絲曰綸○言君子若歸而欲往狩耶我則爲之韔其弓欲往釣耶我則爲之綸其繩望之切思之欲無往而不與之俱也

○其釣維何오維魴音房及鱮音叙叶音湑ㅣ로다維魴及鱮ㅣ여薄言觀者叶掌與反ㅣ로다

●그釣ᄒᆞᆫ거시므스것고魴과밋鱮ㅣ로다魴과밋鱮ㅣ여잠간觀호리라

○賦也於是其釣而有獲也又將從而觀之亦上章之意也

采綠四章章四句

芃芃音蓬黍苗를陰雨膏去聲之로다悠悠南行을召伯勞去聲之로다

●芃芃ᄒᆞᆫ黍苗를陰雨ㅣ膏ᄒᆞ노다悠悠ᄒᆞᆫ南行을召伯이勞ᄒᆞ노다

○興也芃芃長大貌悠悠遠行之意○宣王封申伯於謝命召穆公往營城邑故將徒役南行而行者作此言芃芃黍苗則唯陰雨能膏之悠悠南行則唯召伯能勞之也

○我任音壬我輦이며我車我牛叶魚其反ㅣ며我行既集ᄒᆞ니蓋云歸哉叶將黎反ㄴ뎌

●우리任을우리輦에ᄒᆞ며우리車를우리牛에ᄒᆞ논지라우리行이이믜集ᄒᆞ니歸홀딘뎌

○賦也任負任者也輦人輓車也牛所以駕大車也集成也營謝之役既成而歸也

○我徒我御ㅣ며我師我旅ㅣ라我行既集ᄒᆞ니蓋云歸處ㅣ니라

●우리徒ㅣ며우리御ㅣ며우리師ㅣ며우리旅ㅣ라우리行이이믜集ᄒᆞ니歸ᄒᆞ야處ᄒᆞᆯ지니라

○賦也徒步行者御乘車者五百人爲旅五旅爲師春秋傳曰君行師從卿行旅從

○肅肅謝功을召伯營之ㅣ며烈烈征師를召伯成之로다

●肅肅ᄒᆞᆫ謝엣功을召伯이營ᄒᆞ며烈烈ᄒᆞᆫ征ᄒᆞᄂᆞᆫ師를召伯이成ᄒᆞ도다

○賦也肅肅嚴正之貌謝邑名申伯所封國也今在鄧州信陽軍功工役之事也營治也
烈烈威武貌征行也

○原隰既平ᄒᆞ며泉流既淸ᄒᆞ야召伯有成ᄒᆞ니王心則寧이샷다

●原隰이이믜平ᄒᆞ며泉流ㅣ이믜淸ᄒᆞ야召伯이成ᄒᆞ미이시니王心이곳寧ᄒᆞ샷다

○賦也土治曰平水治曰淸○言召伯營謝邑相其原隰之宜通其水泉之利此功既成
宣王之心則安也

黍苗五章章四句

此宣王時詩與大雅崧高相表裏

隰桑有阿ᄒᆞ니其葉有難(那音)ㅣ로다既見君子ᄒᆞ니其樂(洛音)如何오

●隰엣桑이阿ᄒᆞ니그葉이難ᄒᆞ도다이믜君子를보니그즐거옴이엇더ᄒᆞ리오

○興也隰下濕之處宜桑者也阿美貌難盛貌皆言枝葉條垂之狀○此言見君子之詩

言隰桑有阿則其葉有難矣既見君子則其樂如何哉辭意大槩與菁莪相類然所謂君子則不知其何所指矣或曰比也下章放此

○隰桑有阿ᄒᆞ니其葉有沃[叶鬱縛反]이로다既見君子ᄒᆞ니云何不樂이리오

●隰엣桑이阿ᄒᆞ니그葉이沃ᄒᆞ도다이믜君子를보니엇지즐겁지아니리오

○興也沃光澤貌

○隰桑有阿ᄒᆞ니其葉有幽[叶於交反]ㅣ로다既見君子ᄒᆞ니德音孔膠[音交]ㅣ로다

●隰엣桑이阿ᄒᆞ니그葉이幽ᄒᆞ도다이믜君子를보니德音이심히膠ᄒᆞ도다

○興也幽黑色也膠固也

○心乎愛[叶許既反]矣어니遐不謂矣리오마ᄂᆞᆫ中心藏之어니何日忘之리오

●心애愛커니엇지謂치아니리오마ᄂᆞᆫ中心에藏ᄒᆞ엿거니어ᄂᆡ날忘ᄒᆞ리오

○賦也遐與何同表記作瑕鄭氏註曰瑕之言胡也謂猶告也○言我中心誠愛君子而既見之則何不遂以告之而但中心藏之將使何日而忘之耶楚辭所謂思公子兮未敢言意蓋如此愛之根於中者深故發之遲而存之久也

隰桑四章章四句

白華[音花]菅[音姦]兮어든白茅束兮니라之子之遠이라俾我獨兮아

●白華ㅣ菅ᄒᆞ얏거든白茅로束ᄒᆞᄂᆞ니라之子ㅣ遠ᄒᆞᆫ지라ᄂᆞᆯ로ᄒᆞ여곰獨케ᄒᆞᄂᆞ냐
○比也白華野菅也已漚爲菅之子斥幽王也俾使也我申后自我也○幽王娶申女以爲后又得褒姒而黜申后故申后作此詩言白華爲菅則白茅爲束二物至微猶必相須爲用何之子之遠而俾我獨耶

○英英白雲이露彼菅茅(叶莫侯反)ㅣ니라 天步艱難이어ᄂᆞᆯ 之子不猶ㅣ로다
●英英ᄒᆞᆫ白雲이저菅茅에露ᄒᆞᄂᆞ니라天步ㅣ艱難ᄒᆞ거ᄂᆞᆯ之子ㅣ猶치아니ᄒᆞ놋다
○比也英英輕明之貌白雲水土輕淸之氣當夜而上騰者也露卽其散而下降者也步行也天步猶言時運也猶圖也或曰猶如也○言雲之澤物無微不被今時運艱難而之子不圖不如白雲之露菅茅也

○滮(符彪反)池北流ᄒᆞ야浸彼稻田(叶地因反)ᄒᆞᄂᆞ이다 嘯歌傷懷ᄒᆞ야 念彼碩人호라
●滮ᄒᆞᆫ池ㅣ北으로流ᄒᆞ야저稻田에浸ᄒᆞᄂᆞ니라嘯歌ᄒᆞ야懷를傷ᄒᆞ야뎌碩人을念호라
○比也滮流貌北流豐鎬之間水多北流碩人尊大之稱亦謂幽王也○言小水微流尙能浸灌王之尊大而反不能通其寵澤所以使我嘯歌傷懷而念之也

○樵彼桑薪ᄒᆞ야 卬(音昂)烘于煁(音忱)호라 維彼碩人이여 實勞我心이로다
●저桑薪을樵ᄒᆞ야너煁에烘호라저碩人이여진실로너ᄆᆞ음을勞케ᄒᆞ놋다
○比也樵采也桑薪薪之善者也卬我烘燎也煁無釜之竈可燎而不可烹飪者也○桑

薪宜以烹飪而但爲燎燭以比嫡后之尊而反見卑賤也

○鼓鍾于宮이어든 聲聞(音問)于外ᄒᆞᄂᆞ니라 念子懆懆(七到反)ㅣ어ᄂᆞᆯ 視我邁邁아

●鍾을宮의셔鼓ᄒᆞ거든聲이外에聞ᄒᆞᄂᆞ니라子念홈을懆懆히ᄒᆞ거ᄂᆞᆯ나ᄅᆞᆯ봄을邁邁히ᄒᆞᄂᆞ냐

○比也懆懆憂貌邁邁不顧也○鼓鍾于宮則聲聞于外矣念子懆懆而反視我邁邁何哉

○有鶖(音秋)在梁이어ᄂᆞᆯ 有鶴在林이로다 維彼碩人이여 實勞我心이로다

●鶖ㅣ梁에잇거ᄂᆞᆯ鶴이林에잇도다뎌碩人이여진실로내ᄆᆞ암을勞케ᄒᆞ놋다

○比也鶖禿鶖也梁魚梁也○蘇氏曰鶖鶴皆以魚爲食然鶴之於鶖淸濁則有間矣今鶖在梁而鶴在林鶖則飽而鶴則飢矣幽王進褒姒而黜申后譬之養鶖而棄鶴也

○鴛鴦在梁ᄒᆞ니 戢其左翼이로다 之子無良ᄒᆞ야 二三其德이로다

●鴛鴦이梁에이시니그左翼을戢ᄒᆞ놋다之子ㅣ良홈이업서그德을二三으로ᄒᆞ놋다

○比也戢其左翼言不失其常也良善也二三其德則鴛鴦之不如也

○有扁(音辯)斯石은 履之卑兮니라 之子之遠이여 俾我疧(音底叶喬移反)兮로다

●扁ᄒᆞᆫ이石은履ᄒᆞᄂᆞ니도卑ᄒᆞ니라之子의遠홈이여날노ᄒᆞ여곰疧케ᄒᆞ놋다

○比也扁卑貌俾使疧病也○有扁然而卑之石則履之者亦卑矣如妾之賤則寵之者亦賤矣是以之子之遠而俾我疧也

白華八章章四句

緜蠻黃鳥ㅣ止于丘阿ㅣ로다 道之云遠이니 我勞如何오 飮(去聲)之食(音嗣)之며 敎之誨之며 命彼後車ᄒᆞ야 謂之載之아

●緜蠻ᄒᆞᆫ黃鳥ㅣ丘阿에止ᄒᆞ엿도다道ㅣ遠ᄒᆞ니내勞홈이엇더ᄒᆞ뇨飮ᄒᆞ며食ᄒᆞ며敎ᄒᆞ며誨ᄒᆞ며뎌 後車를命ᄒᆞ야載ᄒᆞ라니를가

○比也綿蠻鳥聲阿曲阿也後車副車也○此微賤勞苦而思有所託者爲鳥言以自比也蓋曰綿蠻之黃鳥自言止于丘阿而不能前蓋道遠而勞甚矣當是時也有能飮之食之敎之誨之又命後車以載之者乎

○緜蠻黃鳥ㅣ止于丘隅ㅣ로다 豈敢憚行이리오 畏不能趨ㅣ니라 飮之食之며 敎之誨之며 命彼後車ᄒᆞ야 謂之載之아

●緜蠻ᄒᆞᆫ黃鳥ㅣ丘隅에止ᄒᆞ엿도다엇지敢히行홈을憚ᄒᆞ리오能히趨치못ᄒᆞᆯ가畏ᄒᆞ예니라飮ᄒᆞ며 食ᄒᆞ며敎ᄒᆞ며誨ᄒᆞ며뎌後車를命ᄒᆞ야載ᄒᆞ라니를가

○比也隅角憚畏也趨疾行也

○緜蠻黃鳥ㅣ止于丘側이로다 豈敢憚行이리오 畏不能極이니라 飮之食之며 敎之誨之며 命彼後車ᄒᆞ야 謂之載之아

●綿蠻ᄒᆞᆫ黃鳥ㅣ丘側애止ᄒᆞ엿도다엇지敢히行홈을憚ᄒᆞ리오能히極지못ᄒᆞᆯ가畏ᄒᆞ예니라飮ᄒᆞ며食ᄒᆞ며敎ᄒᆞ며誨ᄒᆞ며뎌後車ᄅᆞᆯ命ᄒᆞ야載ᄒᆞ라이ᄅᆞᆯ가

○比也側傍極至也國語云齊朝駕則夕極于魯國

綿蠻三章章八句

幡幡(音翻)瓠葉을采之亨(叶鋪郎反)之라君子有酒ㅣ어酌言嘗之로다

●幡幡ᄒᆞᆫ瓠葉을采ᄒᆞ야亨ᄒᆞᆫ지라君子ㅣ酒ᄅᆞᆯ두거ᄂᆞᆯ酌ᄒᆞ야嘗ᄒᆞᄂᆞ다

○賦也幡幡瓠葉貌○此亦燕飮之詩言幡幡瓠葉采之亨之至薄也然君子有酒則亦以是酌而嘗之蓋述主人之謙詞言物雖薄而必與賓客共之也

○有兎斯首를炮(音庖)之燔(音煩叶汾乾反)之라君子有酒ㅣ어酌言獻(叶虛言反)之로다

●兎의首ᄅᆞᆯ炮ᄒᆞ며燔ᄒᆞᆫ지라君子ㅣ酒ᄅᆞᆯ두거ᄂᆞᆯ酌ᄒᆞ야獻ᄒᆞᄂᆞ다

○賦也有兎斯首一兎也猶數魚以尾也毛曰炮加火曰燔亦薄物也獻獻之於賓也

○有兎斯首를燔之炙(音隻叶陟略反)之라君子有酒ㅣ어酌言酢之로다

●兎의首ᄅᆞᆯ燔ᄒᆞ며炙ᄒᆞᆫ디라君子ㅣ酒ᄅᆞᆯ두거ᄂᆞᆯ酌ᄒᆞ야酢ᄒᆞᄂᆞ다

○賦也炕火曰炙謂以物貫之而擧於火上以炙之酢報也賓旣卒爵而酌主人也

○有兎斯首를燔之炮(叶蒲侯反)之라君子有酒ㅣ어酌言醻(音酬)之로다

●兎의首ᄅᆞᆯ燔ᄒᆞ며炮ᄒᆞᆫ디라君子ㅣ酒ᄅᆞᆯ두거ᄂᆞᆯ酌ᄒᆞ야醻ᄒᆞᄂᆞ다

○賦也醻導飮也

瓠葉四章章四句

漸漸(音巉)之石이여 維其高矣로다 山川悠遠ᄒᆞ니 維其勞矣로다 武人東征이여 不遑朝(叶直高反)矣로다

●漸漸ᄒᆞᆫ石이여그高ᄒᆞ도다山川이悠遠ᄒᆞ니그勞ᄒᆞ도다武人의東征홈이여朝도遑치못ᄒᆞ놋다

○賦也漸漸高峻之貌武人將帥也皇暇也言無朝旦之暇也○將帥出征經歷險遠不堪勞苦而作此詩也

○漸漸之石이여 維其卒(音崒)矣로다 山川悠遠ᄒᆞ니 曷其沒(叶莫筆反)矣오 武人東征이여 不遑出矣로다

●漸漸ᄒᆞᆫ石이여그卒ᄒᆞ도다山川이悠遠ᄒᆞ니언제그沒ᄒᆞ고武人의東征홈이여出홈을遑치못ᄒᆞ놋다

○賦也卒崔嵬也謂山巓之末也曷何沒盡也言所登歷何時而可盡也不遑出謂但知深入不暇謀出也

○有豕白蹢(音的)ᄒᆞ니 烝涉波矣며 月離于畢ᄒᆞ니 俾滂沱矣로다 武人東征이여 不遑他(音拖)矣로다

●豕ㅣ蹢이白ᄒᆞ니모다波를涉ᄒᆞ며月이畢에離ᄒᆞ니ᄒᆞ여곰滂沱케ᄒᆞ놋다武人의東征홈이여他를遑치못

ᄒᆞ놋다
○賦也蹢蹄豕衆也離月所宿也畢星名豕涉波月離畢將雨之驗也○張子曰豕之負塗曳泥其常性也今其足皆白衆與涉波而去水患之多可知矣此言久役又逢大雨甚勞苦而不暇及他事也

漸漸之石三章章六句

苕(音條)之華(音花)ㅣ여芸(音云)其黃矣로다心之憂矣ㅣ여維其傷矣로다
●苕의華ㅣ여그黃이芸ᄒᆞ도다心에憂홈이여그傷ᄒᆞ놋다
○比也苕陵苕也本草云卽今之紫葳蔓生附於喬木之上其華黃赤色亦名淩霄○詩人自以身逢周室之衰如苕附物而生雖榮不久故以爲比而自言其心之憂傷也

苕之華ㅣ여其葉青青(音精)이로다知我如此ㅣ런든不如無生(叶桑經反)이랏다
●苕의華ㅣ여그葉이青青ᄒᆞ도다내이ᄀᆞᆺ홀줄아던든生이업슴만ᄀᆞᆺ디못ᄒᆞ닷다
○比也青青盛貌然亦何能久哉

牂(音臧)羊墳(音焚)首ㅣ며三星在罶(音柳)ㅣ로다人可以食이언뎡鮮(上聲)可以飽(叶補苟反)ㅣ로다
●牂羊이首ㅣ墳ᄒᆞ며三星이에罶잇도다人이可히써食홀샌이언뎡可히써飽홈은鮮ᄒᆞ도다
○賦也牂羊牝羊也墳大也羊瘠則首大也罶笱也罶中無魚而水靜但見三星之光而

己○言饑饉之餘百物彫耗如此苟且得食足矣豈可望其飽哉

苕之華三章章四句

陳氏曰此詩其詞簡其情哀周室將亡不可救矣詩人傷之而已

○何草不黃이며何日不行(叶戶郎反)이며何人不將ᄒᆞ야經營四方이리오

●어넌草ㅣ黃치아니며어넌날行치아니며어넌사람이將ᄒᆞ야四方에經營치아니리오

○興也草衰則黃將亦行也○周室將亡征役不息行者苦之故作此詩言何草而不黃何日而不行何人而不將以經營於四方也哉

○何草不玄(叶胡匀反)이며何人不矜(音鰥)이리오哀成征夫ㅣ獨爲匪民가

●어넌草ㅣ玄치아니며어넌사람이矜이아닌리오哀홉다우리征夫ㅣ홀로民이아니가

○興也玄赤黑色也既黃而玄也無妻曰矜言從役過時而不得歸失其室家之樂也哀我征夫豈獨爲匪民哉

○匪兕匪虎ㅣ어늘率彼曠野(叶上與反)아哀我征夫ㅣ朝夕不暇(叶後五反)ㅣ로다

●兕아니며虎ㅣ아니어늘뎌曠野에率케ᄒᆞ나냐哀홉다우리征夫ㅣ朝夕에暇치못ᄒᆞ놋다

○賦也率循也曠空也○言征夫非兕非虎何爲使之循曠野而朝夕不得閒暇也

○有芃(音蓬)者狐(與車反)ㅣ여率彼幽草ㅣ로다有棧(士板反)之車ㅣ여行彼周道ㅣ로다

●芃은狐ㅣ여져幽草에率ㅎ놋다棧ㅅ車ㅣ여져周道에行ㅎ놋다

○興也芃尾長貌棧車役車也周道大道也言不得休息也

何草不黃四章章四句

都人士之什十篇四十三章二百句

詩經卷之六　　朱熹集傳

大雅三 說見小雅

文王之什三之一

文王在上하샤 **於**音烏下同 **昭于天**叶鐵因反하시니 **周雖舊邦**이나 **其命維新**이로다 **有周不顯**가 **帝命不時**아叶上紙反 **文王陟降**이 **在帝左右**叶羽已反ㅣ시니라

● 文王이上에겨샤於홉다天에昭하시니周ㅣ비록옛나라히나그命이新하도다周ㅣ顯치아니냐帝의命이時아니냐文王의陟하며降하삼이帝의左右에겨시니라

○賦也於歎辭昭明也命天命也不顯猶言豈不顯也帝上帝也不時猶言豈不時也左右旁側也○周公追述文王之德明周家所以受命而代商者皆由於此以戒成王此章言文王旣沒而其神在上昭明于天是以周邦雖自后稷始封千有餘年而其受天命則自今始也夫文王在上而昭于天則德顯矣周雖舊邦而命則新則其命時矣故又曰有周豈不顯乎帝命豈不時乎蓋以文王之神在天一升一降無時不在上帝之左右是以子孫蒙其福澤而君有天下也春秋傳天王追命諸侯之詞曰叔父陟恪在我先王之左右以佐事上帝語意與此正相似或疑恪亦降字之誤理或然也

○**亹亹**音尾**文王**이 **令聞**音問**不已**샤 **陳錫哉周**하샤되 **侯文王孫子**叶獎里反

ᄒᆞ시니文王孫子ㅣ本支百世시며凡周之士도不顯가亦世로다
●亹亹ᄒᆞ신文王이令ᄒᆞᆫ聞이已치아니샤周에베퍼錫ᄒᆞ샤ᄃᆡ文王ㅅ孫子를ᄒᆞ시니文王ㅅ孫子ㅣ本이며支
ㅣ百世시며믈읫周ㅅ士도顯치아니냐ᄯᅩᄒᆞᆫ世로ᄒᆞ리로다
○賦也亹亹强勉之貌令聞善譽也陳猶敷也哉語辭侯維也本宗子也支庶子也○文
王非有所勉也純亦不已而人見其若有所勉耳其德不已故今旣沒而其令聞猶不已
也令聞不已是以上帝敷錫于周維文王孫子則使之本宗百世爲天子支庶百世爲諸
侯而又及其臣子使凡周之士亦世世脩德與周匹休焉
○世之不顯가厥猶翼翼이로다思皇多士ㅣ生此王國(叶于逼反)이로다王
國克生ᄒᆞ니維周之楨(音貞)이로다濟濟(上聲)多士ㅣ여文王以寧이샷다
●世ㅣ顯치아니냐그猶ㅣ翼翼ᄒᆞ도다皇ᄒᆞᆫ多士ㅣ이王國에生ᄒᆞ도다王國에능히生ᄒᆞ니周의楨이로다濟
濟ᄒᆞᆫ多士ㅣ여文王이ᄡᅥ寧ᄒᆞ샷다
○賦也猶謀翼翼勉敬也思語辭皇美楨榦也濟濟多貌○此承上章而言其傳世豈不
顯乎而其謀猷皆能勉敬如此也美哉此衆多之賢士而生於此文王之國也文王之國
能生此衆多之士則足以爲國之榦而文王亦賴以爲安矣蓋言文王得人之盛而宜其
傳世之顯也
○穆穆文王이여於緝熙敬止샷다假(上聲)哉天命은有商孫子ㅣ니라商

之孫子ㅣ其麗不億이언마ᄂᆞᆫ上帝既命이라侯于周服이로다(叶蒲北反)

●穆穆ᄒᆞ신文王이여於흠다敬을緝ᄒᆞ야熙ᄒᆞ샷다假ᄒᆞᆫ大命은商ㅅ孫子애니라商ㅅ孫子ㅣ그麗ㅣ億ᄲᅮᆫ이아니언마ᄂᆞᆫ上帝이믜命ᄒᆞ신지라周에服ᄒᆞ놋다

○賦也穆穆深遠之意緝續熙明亦不已之意止語辭假大麗數也不億不止於億也侯維也○言穆穆然文王之德不已其敬如此是以天命集焉以有商孫子觀之則可見矣蓋商之孫子其數不止於億然以上帝之命集於文王而今皆維服於周矣

○侯服于周ᄒᆞ니天命靡常이라殷士膚敏이裸(音灌)將于京(叶居良反)ᄒᆞ니厥作裸將이常服黼(音甫)冔(音許)ㅣ로다王之藎(音燼)臣은無念爾祖아

●周에服ᄒᆞ니天命이常치아닌지라殷士의膚ᄒᆞ고敏ᄒᆞᆫ이京에裸을將ᄒᆞ니그裸將을作홈이여샹ᄒᆡ黼와冔를服ᄒᆞ엿도다王의藎臣은네祖를念치아니ᄒᆞ랴

○賦也諸侯之大夫入天子之國曰某士則殷士者商孫子之臣屬也膚美敏疾也裸灌鬯也將行也酌而送之也京周之京師也黼黼裳也冔殷冠也蓋先代之後統承先王脩其禮物作賓於王家時王不敢變焉而亦所以為戒也王指成王也藎進也言其忠愛之篤進進無已也無念猶言豈得無念也爾祖文王也○言商之孫子而侯服于周以天命之不可常也故殷之士助祭於周京而服商之服也於是呼王之藎臣而告之曰得無念爾祖文王之德乎蓋以戒王而不敢斥言猶所謂敢告僕夫云爾劉向曰孔子論詩至於

殷士膚敏祼將于京喟然歎曰大哉天命善不可不傳於後嗣是以富貴無常蓋傷微子之事周而痛殷之亡也

○無念爾祖아 聿脩厥德이어다 永言配命이 自求多福이니라(叶筆力反) 殷之未喪(去聲)師엔 克配上帝러니 宜鑒于殷이어다 駿(音峻)命不易니라

●네祖를念티아니랴그德을修홀지어다기리命에配홈이스스로多福을求홈이니라殷이師를喪티아녀선능히上帝싀配ᄒᆞ더니맛당이殷에鑑흘디어다駿ᄒᆞᆫ命은易티아니ᄒᆞ니라

○賦也聿發語辭永長配合也命天理也師衆也上帝天之主宰也駿大也不易言其難也○言欲念爾祖在於自脩其德而又常自省察使其所行無不合於天理則盛大之福自我致之有不外求而得矣又言殷未失天下之時其德足以配乎上帝矣今其子孫乃如此宜以爲鑑而自省焉則知天命之難保矣大學傳曰得衆則得國失衆則失國此之謂也

○命之不易니 無遏爾躬이어다(叶姑宏反) 宣昭義問ᄒᆞ며 有虞殷自天ᄒᆞ(叶鐵因反)라 上天之載는 無聲無臭니어다(叶初尤反) 儀刑文王ᄒᆞ면 萬邦作孚ᄒᆞ리라(叶房尤反)

●命이易치아니니네躬에遏치마를디어다 義問을宣ᄒᆞ야昭ᄒᆞ며ᄯᅩ殷을虞호을天으로브터ᄒᆞ라上天의載는聲이업스며臭업거니와文王을儀ᄒᆞ야刑ᄒᆞ면萬邦이作ᄒᆞ야孚ᄒᆞ리라

○賦也遏絶宣布昭明義善也問聞通有又通虞度載事儀象刑法孚信也○言天命之

不易保故告之使無若紂之自絶于天而布明其善譽於天下又度殷之所以廢興者而折之於天然上天之事無聲無臭不可得而度也惟取法於文王則萬邦作而信之矣子思子曰維天之命於穆不已蓋曰天之所以爲天也於乎不顯文王之德之純蓋曰文王之所以爲文也純亦不已夫知天之所以爲天又知文王之所以爲文則夫與天同德者可得而言矣是詩首言文王在上於昭于天文王陟降在帝左右而終之以此其旨深矣

文王七章章八句

東萊呂氏曰呂氏春秋引此詩以爲周公所作味其詞意信非周公不能作也○今按此詩一章言文王有顯德而上帝有成命也二章言天命集於文王則不惟尊榮其身又使其子孫百世爲天子諸侯也三章言命周之福不惟及其子孫而又及其羣臣之後嗣也四章言天命旣絶於商則不惟誅罰其身又使其子孫亦來臣服于周也五章絶商之禍不惟及其子孫而又及其羣臣之後嗣也六章言周之子孫臣庶當以文王爲法而以商爲監也七章又言當以商爲監而以文王爲法也其於天人之際興亡之理丁寧反覆至深切矣故立之樂官而因以爲天子諸侯朝會之樂蓋將以戒乎後世之君臣而又以昭先王之德於天下也國語以爲兩君相見之樂特擧其一端而言耳然此詩之首章言文王之昭于天而不言其所以昭次章言其令聞不已而不言其所以聞至於四章然後所以昭明而不已者乃可得而見焉然亦多詠歎之言而語其所以爲德之實則不越乎敬之一字而已然則後章所謂脩

厥德而儀刑之者豈可以他求哉亦勉於此而已矣

明明在下ᄒᆞ면赫赫在上叶辰羊反이니라天難忱音諶斯ㅣ라不易去聲維王이니天位殷適音的을使不挾子燮反四方ᄒᆞ시니라

●明明히下에이시면赫赫히上에인ᄂᆞ니라天이忱홈이難ᄒᆞᆫ지라易치아니홈이王이니天位에殷ㅅ適을ᄒᆞ야곰四方을挾지못게ᄒᆞ시니라

○賦也明明德之明也赫赫命之顯也忱信也不易難也天位天子之位也殷適殷之適嗣也挾有也○此亦周公戒成王之詩將陳文武受命故先言在下者有明明之德則在上者有赫赫之命達於上下去就無常此天之所以難忱而爲君之所以不易也紂居天位爲殷嗣乃使之不得挾四方而有之蓋以此爾

○摯音至仲氏任音壬이自彼殷商으로來嫁于周ᄒᆞ사曰嬪音貧于京叶居良反ᄒᆞ시니乃及王季로維德之行叶戶郎反이샷다大音泰任有身叶戶羊反ᄒᆞ샤生此文王ᄒᆞ시니라

●摯ㅅ仲氏연任이뎌殷商으로브터周에來ᄒᆞ야嫁ᄒᆞ샤京에嬪ᄒᆞ시니王季로밋德을行ᄒᆞ샷다大任이身을두샤文王을生ᄒᆞ시니라

○賦也摯國名仲中女也任摯國姓也殷商商之諸侯也嬪婦也京周京也曰嬪于京疊言以釋上句之意猶曰釐降二女于嬀汭嬪于虞也王季文王父也身懷孕也○將言文王之聖而追本其所從來者如此蓋曰自其父母而已然矣

○維此文王이小心翼翼하샤昭事上帝하샤聿懷多福叶筆力反하시니厥德不回하샤以受方國叶越逼反하시니라

●이文王이心을小히하야翼翼하샤上帝를昭히事하샤多福을懷케하시니그德이回치아니하샤써方國을受하시니라

○賦也小心翼翼恭愼之貌卽前篇之所謂敬也文王之德於此爲盛昭明懷來回邪也方國四方來附之國也

○天監在下하샤ㅣ有命既集叶昨合反이라文王初載에天作之合하시니在洽之陽하며在渭之涘音士叶羽己反하야文王嘉止에大邦有子叶獎禮反ㅣ샷다

●天의監홈이下에겨샤命이이믜集한지라文王ㅅ初載에天이合을作하시니洽ㅅ陽에在하며渭ㅅ涘에在하야文王이嘉하샴에大邦이子를두샷다

○賦也監視集就載年合配也洽水名本在今同州郃陽夏陽縣今流已絶故去水而加邑渭水亦逕此入河也嘉昏禮也大邦莘國也子大姒也○將言武王伐商之事故此又推其本而言天之監照實在於下其命既集於周矣故於文王之初年而默定其配所以洽陽渭涘當文王將昏之期而大邦有子也蓋曰非人之所能爲矣

○大邦有子하니俔牽遍反天之妹로다文定厥祥하시고親迎去聲于渭하샤造

舟爲梁ᄒᆞ시니不顯其光가

●大邦이子를두니天의俔ᄒᆞᆫ妹로다文으로그祥을定ᄒᆞ시고渭에親히迎ᄒᆞ샤舟를造ᄒᆞ야梁을ᄒᆞ시니그光이顯치아니랴

○賦也俔磬也韓詩作磬說文云俔譬也孔氏曰如今俗語譬喩物曰磬作然也文禮祥吉也言卜得吉而以納幣之禮定其祥也造作梁橋也作船於水比之而加板於其上以通行者卽今之浮橋也傳曰天子造舟諸侯維舟大夫方舟士特舟張子曰造舟爲梁文王所制而周世遂以爲天子之禮也不顯顯也

○有命自天이라命此文王을于周于京(叶居良反)이어ᄂᆞᆯ纘女維莘이長(上聲)子維行(叶戶郎反)ᄒᆞ니篤生武王ᄒᆞ샤保右(音佑)命爾ᄒᆞ샤燮伐大商ᄒᆞ시니라

●命이天으로브터ᄒᆞᆫ디라이文王을命ᄒᆞ샴을周ㅅ京에ᄒᆞ거시ᄂᆞᆯ女를纘ᄒᆞ리ᄂᆞᆫ莘이長子로行ᄒᆞ니篤히武王을生ᄒᆞ샤保ᄒᆞ며右ᄒᆞ며命ᄒᆞ샤大商을燮ᄒᆞ야伐케ᄒᆞ시니라

○賦也纘繼也莘國名長子長女太姒也行嫁篤厚也言既生文王而又生武王也右助燮和也○言天既命文王於周之京矣而克纘太任之女事者維此莘國以其長女來嫁于我也大又篤厚之使生武王保之助之命之而使之順天命以伐商也

○殷商之旅ㅣ其會如林ᄒᆞ야矢于牧野ᄒᆞ니維予侯興(叶音歆)이로다上帝臨女(音汝)ᄒᆞ시니無貳爾心이어다

●殷商의旅ㅣ그會홈이林갓ᄒᆞ여牧野에矢ᄒᆞ니우리興ᄒᆞ리로다 上帝너를臨ᄒᆞ야계시니네ᄆᆞᄋᆞᆷ을貳치마ᄅᆞᆯ지어다

○賦也如林言衆也書曰受率其旅若林矢陳也牧野在朝歌南七十里侯維貳疑也爾武王也○此章言武王伐紂之時紂衆會集如林以拒武王而皆陳于牧野則維我之師爲有興起之勢耳然衆心猶恐武王以衆寡之不敵而有所疑也故勉之曰上帝臨女無貳爾心蓋知天命之必然而贊其決也然武王非必有所疑也設言以見衆心之同非武王之得已耳

○**牧野洋洋**ᄒᆞ니 **檀車煌煌**ᄒᆞ며 **駟騵**(音元)**彭彭**(叶鋪郎反)이로다 **維師尙父**ㅣ **時維鷹揚**ᄒᆞ야 **涼**(音亮)**彼武王**ᄒᆞ야 **肆伐大商**ᄒᆞ니 **會朝淸明**(叶謨郎反)이로다

●牧野ㅣ洋洋ᄒᆞ니檀車ㅣ煌煌ᄒᆞ며駟騵이彭彭ᄒᆞ도다師ㅣ언尙父ㅣ時에鷹이揚ᄐᆞᆺᄒᆞ야뎌武王을涼ᄒᆞ야肆ᄒᆞ야大商을伐ᄒᆞ니會ᄒᆞᆫ朝ㅣ淸明ᄒᆞ도다

○賦也洋洋廣大之貌檀堅木宜爲車者也煌煌鮮明貌駟馬白腹曰騵彭彭强盛貌師尙父太公望爲太師而號尙父也鷹揚如鷹之飛揚而將擊言其猛也涼漢書作亮佐助也肆縱兵也會朝會戰之旦也○此章言武王師衆之盛將帥之賢伐商以除穢濁不崇朝而天下淸明所以終首章之意也

大明八章四章章六句四章章八句

名義見小旻篇一章言天命無常惟德是與二章言王季太任之德以及文王三章

言文王之德四章五章六章言文王太似之德以及武王七章言武王伐紂八章言武王克商以終首章之意其章以六句八句相間又國語以此及下篇皆爲兩君相見之樂說見上篇

綿綿瓜瓞(音垤)이여 **民之初生**이 **自土沮**(音且)**漆**(音七)ᄒᆞ니 **古公亶父**(音甫)ㅣ **陶**(音桃)**復**(音福)**陶穴**(叶戶橘反)ᄒᆞ야 **未有家室**이러시니라

●綿綿ᄒᆞᆫ瓜며瓞이여民의처음生홈이 沮漆에土홈으로브터ᄒᆞ니 古公亶父ㅣ陶ㅣ며復이며陶穴에ᄒᆞ야家室을두지못ᄒᆞ얏더시니라

○比也緜緜不絕貌大曰瓜小曰瓞瓜之近本初生者常小其蔓不絕至末而後大也民周人也自從土地也沮漆二水名在豳地古公號也亶父名也或曰字也後乃追稱大王焉陶窰竈也復重窰也穴土室也家門內之通名也豳地近西戎而苦寒故其俗如此○此亦周公戒成王之詩追述大王始遷岐周以開王業而文王因之以受天命也此其首章言瓜之先小後大以比周人始生於漆沮之上而古公之時居於窰竈土室之中其國甚小至文王而後大也

○古公亶父ㅣ **來朝走馬**(叶滿補反)ᄒᆞ사 **率西水滸**(音虎)ᄒᆞ사 **至于岐下**(叶後五反)ᄒᆞ시니 **爰及姜女**로 **聿來胥宇**ᄒᆞ시니라

●古公亶父ㅣ朝에來ᄒᆞ야馬를走ᄒᆞ샤西ㅅ水滸를率ᄒᆞ샤岐下의至ᄒᆞ시니이에 姜女로밋來ᄒᆞ야宇ᄒᆞᆯ더를胥ᄒᆞ시니라

○賦也朝早也走馬避狄難也率循也滸水厓也漆沮之側也岐下岐山之下也姜女大王妃也胥相宇宅也孟子曰大王居邠狄人侵之事之以皮幣珠玉犬馬而不得免乃屬其耆老而告之曰狄人之所欲者吾土地也吾聞之也君子不以其所以養人者害人二三子何患乎無君我將去之去邠踰梁山邑于岐山之下居焉邠人曰仁人也不可失也從之者如歸市

○周原膴膴(音武)ᄒᆞ니 堇(音謹)荼如飴(音移)로다 爰始爰謀(叶謀悲反)ᄒᆞ시며 爰契(音器)我龜ᄒᆞ샤 曰止曰時ᄒᆞ야 築室于玆(叶津之反)ㅣ라ᄒᆞ시니라

●周原이膴膴ᄒᆞ니堇과荼ㅣ飴又도다이에始ᄒᆞ시며이에謀ᄒᆞ시며이에내龜를契ᄒᆞ샤이에止ᄒᆞ야이애室을築ᄒᆞ라ᄒᆞ시니라

○賦也周地名在岐山之南廣平曰原膴膴肥美貌堇烏頭也荼苦菜蓼屬也飴餳也契所以然火而灼龜者也儀禮所謂楚焞是也或曰以刀刻龜甲欲鑽之處也○言周原土地之美雖物之苦者亦甘於是大王始與豳人之從己者謀居之又契龜而卜之既得吉兆乃告其民曰可以止於是而築室矣或曰時謂土功之時也

○迺慰迺止ᄒᆞ며 迺左迺右(叶羽己反)ᄒᆞ며 迺疆迺理ᄒᆞ며 迺宣迺畝(叶滿彼反)ᄒᆞ니 自西徂東ᄒᆞ야 周爰執事(叶士止反)ᄒᆞ니라

●慰ᄒᆞ며止ᄒᆞ며左ᄒᆞ며右ᄒᆞ며疆ᄒᆞ며理ᄒᆞ며宣ᄒᆞ며畝ᄒᆞ니西로브터東의가다이에事를執ᄒᆞ니라

○賦也慰安止居也左右東西列之也彊謂畫其大界理謂別其條理也宣布散而居也
或曰導其溝洫也畝治其田疇也自西徂東自西水滸而徂東也周徧也言靡事不爲也
○乃召司空ᄒᆞ며乃召司徒ᄒᆞ야俾立室家叶古胡反ᄒᆞ니其繩則直이어늘縮音蹜版以載叶節力反ᄒᆞ니作廟翼翼이로다
●司空을召ᄒᆞ며司徒를召ᄒᆞ며ᄒᆞ여곰室家를立ᄒᆞ니 그繩이곳直ᄒᆞ거늘版을縮ᄒᆞ야써載ᄒᆞ니作ᄒᆞᆫ廟ㅣ翼翼ᄒᆞ도다
○賦也司空掌營國邑司徒掌徒役之事繩所以爲直凡營度位處皆先以繩正之旣正
則束版而築也縮束也載上下相承也言以索束版投土築訖則升下而上以相承載也
君子將營宮室宗廟爲先廐庫爲次居室爲後翼翼嚴正也
○捄音俱之陾陾音仍ᄒᆞ며度入聲之薨薨ᄒᆞ며築之登登ᄒᆞ며削屢馮馮音憑ᄒᆞ야百堵皆興ᄒᆞ니鼛音皐鼓弗勝이로다
●捄홈을陾히ᄒᆞ며度홈을薨薨히ᄒᆞ며築홈을登登히ᄒᆞ며屢를削홈에馮馮ᄒᆞ야百堵ㅣ다興ᄒᆞ니鼛鼓ㅣ勝치못ᄒᆞ놋다
○賦也捄盛土於器也陾陾衆也度投土於版也薨薨衆聲也登登相應聲削屢牆成而
削治重複也馮馮牆堅聲五版爲堵興起也此言治宮室也鼛鼓長一丈二尺以鼓役事
弗勝者言其樂事勸功鼓不能止也

○迺立皐門ᄒᆞ니皐門有伉(音抗叶苦郞反)ᄒᆞ며迺立應門ᄒᆞ니應門將將(音搶)ᄒᆞ며迺立冢土ᄒᆞ니戎醜攸行(叶戶郞反)이로다

●皐門을立ᄒᆞ니皐門이伉ᄒᆞ며應門을立ᄒᆞ니應門이將將ᄒᆞ며冢土를立ᄒᆞ니戎醜行ᄒᆞᆯ배로다

○賦也傳曰王之郭門曰皐門伉高貌王之正門曰應門將將嚴正也大王之時未有制度特作二門其名如此及周有天下遂尊以爲天子之門而諸侯不得立焉冢土大社也亦大王所立而後因以爲天子之制也戎醜大衆也起大事動大衆必有事乎社而後出謂之宜

○肆不殄(音佃)厥慍ᄒᆞ시나亦不隕(音尹)厥問ᄒᆞ시니柞(音昨)棫(音域)拔(音佩)矣라行道兌(吐外反)矣ᄒᆞ니混(音昆)夷駾(音隊)矣ᄒᆞ야維其喙(音諱)矣로다

●이러므로그慍을殄치못ᄒᆞ시나ᄯᅩᄒᆞᆫ그問을隕치아니ᄒᆞ시니柞棫이拔ᄒᆞᆫ지라行道ㅣ兌ᄒᆞ니混夷ㅣ駾ᄒᆞ야그喙만ᄒᆞ놋다

○賦也肆故今也猶言遂也承上起下之辭殄絶慍怒隕墜也問聞通謂聲譽也柞櫟也枝長葉盛叢生有刺棫白桵也小木亦叢生有刺拔挺拔而上不拳曲蒙密也兌通也始通道於柞棫之閒也駾突喙息也○言大王雖不能殄絶混夷之慍怒亦不隕墜己之聲聞蓋雖聖賢不能必人之不怒已但不廢其自脩之實耳然大王始至此岐下之時林木深阻人物鮮少至於其後生齒漸繁歸附日衆則木拔道通混夷畏之而奔突竄伏維其

喙息而已言德盛而混夷自服也蓋已爲文王之時矣

○虞芮質厥成이어늘 文王蹶(音塊)厥生(叶桑經反)ᄒᆞ시니 予曰有疏附(叶上聲)ㅣ며 予曰有先(去聲)後(去聲叶下五反)ㅣ며 予曰有奔奏(音走叶宗五反)ㅣ며 予曰有禦侮ㅣ라ᄒᆞ노라

●虞와芮ㅣ成을質ᄒᆞ여늘文王이그生을蹶ᄒᆞ시니나ᄂᆞᆫ골오ᄃᆡ疏附ᄒᆞ리이시며나ᄂᆞᆫ골오ᄃᆡ先後ᄒᆞ리이시며나ᄂᆞᆫ골오ᄃᆡ奔奏ᄒᆞ리이시며나ᄂᆞᆫ골오ᄃᆡ禦侮ᄒᆞ리잇다ᄒᆞ노라

○賦也虞芮二國名質正成平也傳曰虞芮之君相與爭田久而不平乃相與朝周入其境則耕者讓畔行者讓路入其邑男女異路斑白者不提挈入其朝士讓爲大夫大夫讓爲卿二國之君感而相謂曰我等小人不可以履君子之境乃相讓以其所爭田爲閒田而退天下聞之而歸者四十餘國蘇氏曰虞在陝之平陸芮在同之馮翊平陸有閒原焉則虞芮之所讓也蹶生未詳其義或曰蹶動而疾也生猶起也予詩人自予也率下親上曰疏附相道前後曰先後喩德宣譽曰奔奏武臣折衝曰禦侮○言混夷旣服而虞芮來質其訟之成於是諸侯歸周者衆而文王由此動其興起之勢是雖其德之盛然亦由有此四臣之助而然故各以予曰起之其辭繁而不殺者所以深歎其得人之盛也

緜九章章六

一章言在豳二章言至岐三章言定宅四章言授田居民五章言作宗廟六章言治宮室七章言作門社八章言至文王而服昆夷九章遂言文王受命之事餘說見上篇

芃芃(音蓬)棫(音域)樸(音卜)이여 薪之槱(音酉)之로다 濟濟(上聲)辟(音壁)王이여 左右趣(叶此句反)之로다

●芃芃ᄒᆞᆫ棫樸이여薪ᄒᆞ며槱ᄒᆞ놋다濟濟ᄒᆞᆫ辟王이여左右로趣ᄒᆞ놋다

○興也芃芃木盛貌樸叢生也言根枝迫迮相附著也槱積也濟濟容貌之美也辟君也君王謂文王也○此亦以詠歌文王之德言芃芃棫樸則薪之槱之矣濟濟辟王則左右趣之矣蓋德盛而人心歸附趣向之也

○濟濟辟王이여 左右奉璋이로다 奉璋峨峨ᄒᆞ니 髦士攸宜(叶牛何反)로다

●濟濟ᄒᆞᆫ辟王이여左右ㅣ璋을奉ᄒᆞ놋다璋을奉홈이峨峨ᄒᆞ니髦士의宜ᄒᆞᆫ배로다

○賦也半圭曰璋祭祀之禮王祼以圭瓚諸臣助之亞祼以璋瓚左右奉之其判在內亦有趣向之意峨峨盛壯也髦俊也

○淠(音譬)彼涇(音經)舟를 烝徒楫(音接叶籍入反)之로다 周王于邁ᄒᆞ시니 六師及之로다

●淠ᄒᆞᆫ뎌涇엣舟를烝徒ㅣ楫ᄒᆞ놋다周王이가邁ᄒᆞ시니六師ㅣ及ᄒᆞ놋다

○興也淠舟行貌涇水名烝衆楫櫂于往邁行也六師六軍也○言淠彼涇舟則舟中之人無不楫之周王于邁則六師之衆追而及之蓋衆歸其德不令而從也

○倬(音卓)彼雲漢이여 爲章于天(叶鐵因反)이로다 周王壽考ᄒᆞ시니 遐不作人이시리오

●倬ᄒᆞᆫ뎌雲漢이여天의章이도엿도다周王이壽考ᄒᆞ시니엇지人을作지아니ᄒᆞ시리오

○興也倬大也雲漢天河也在箕斗二星之間其長竟天章文章也文王九十七乃終故

言壽考遐與何同作人謂變化鼓舞之也

○追(音堆)琢(音卓)其章이오金玉其相이로다 勉勉我王이여綱紀四方이샷다

○追ᄒᆞ며琢ᄒᆞᆫ그章이오金이며玉인그相이로다勉勉ᄒᆞ신우리王이여四方의綱이며紀샷다

○興也追雕也金曰雕玉曰琢相質也勉勉猶言不已也凡網罟張之爲綱理之爲紀○追之琢之則所以美其文者至矣金之玉之則所以美其質者至矣勉勉我王則所以綱紀乎四方者至矣

棫樸五章章四句

此詩前三章言文王之德爲人所歸後二章言文王之德有以振作綱紀天下之人而人歸之自此以下至假樂皆不知何人所作疑多出於周公也

瞻彼旱(音旱)麓(音鹿)혼딘 榛(音臻)楛(音戶)濟濟(上聲)로다 豈弟君子여 干祿豈弟로다

●뎌旱ㅅ麓을瞻혼딘榛楛ㅣ濟濟ᄒᆞ도다豈弟ᄒᆞᆫ君子ㅣ여祿을干홈이豈弟ᄒᆞ도다

○興也旱山名麓山足也榛似栗而小楛似荊而赤濟濟衆多也豈弟樂易也君子指文王也○此亦以詠歌文王之德言旱山之麓則榛楛濟濟然矣豈弟君子則其干祿也豈弟矣干祿豈弟言其干祿之有道猶曰其爭也君子云爾

○瑟彼玉瓚(才旱反)애 黃流在中이로다 豈弟君子여 福祿攸降(叶呼攻反)이로다

○瑟ᄒᆞᆫ뎌玉瓚애黃流ㅣ中애잇도다豈弟ᄒᆞᆫ君子ㅣ여福祿이降ᄒᆞᄂᆞᆫ비로다

○興也瑟縝密貌玉瓚圭瓚也以圭爲柄黃金爲勺靑金爲外而朱其中也黃流鬱鬯也釀秬黍爲酒築鬱金煮而和之使芬芳條鬯以瓚酌而祼之也攸所降下也○言瑟然之玉瓚則必有黃流在其中豈弟之君子則必有福祿下其躬明寶器不薦於褻味而黃流不注於瓦缶則知盛德必享於祿壽而福澤不降於淫人矣

○鳶(音沿)飛戾天(叶鐵因反)이어늘 魚躍于淵(叶一均反)이로다 豈弟君子여 遐不作人이오리

●鳶의飛홈은天의戾ᄒᆞ거늘魚ᄂᆞᆫ淵의셔躍ᄒᆞ놋다豈弟ᄒᆞᆫ君子ㅣ여엇지人을作지아니ᄒᆞ리오

○興也鳶鴟類戾至也李氏曰朴抱子曰鳶之在下無力及至乎上聳身直翅而已蓋鳶之飛全不用力亦如魚躍怡然自得而不知其所以然也遐何通○言鳶之飛之則戾于天矣魚之躍則出于淵矣豈弟君子而何不作人乎言其必作人也

○淸酒旣載(叶節力反)ᄒᆞ며 騂(息營反)牡旣備(叶薄北反)ᄒᆞ니 以享以祀(叶逸織反)ᄒᆞ야 以介景福(叶筆力反)이로다

●淸酒를이믜載ᄒᆞ며騂牡를이믜備ᄒᆞ니써享ᄒᆞ며써祀ᄒᆞ야써큰福을介케ᄒᆞ놋다

○賦也載在尊也備全具也承上章言有豈弟之德則祭必受福也

○瑟彼柞棫은 民所燎矣로다 豈弟君子ᄂᆞᆫ 神所勞(力服反)矣로다

●瑟ᄒᆞᆫ져柞棫은民의燎ᄒᆞᄂᆞᆫ배로다豈弟ᄒᆞᆫ君子ᄂᆞᆫ神의勞ᄒᆞᄂᆞᆫ배로다

○興也瑟茂密貌燎爨也或曰熂燎除其旁草使木茂也勞慰撫也

○莫莫葛藟(音柳)ㅣ여施(音異)于條枚(音梅)ㅣ로다豈弟君子ㅣ여求福不回로다

●莫莫ᄒᆞᆫ葛藟ㅣ여條枚에施ᄒᆞ엿도다豈弟ᄒᆞᆫ君子ㅣ여福을求홈이回치아니ᄒᆞ도다

○興也莫莫盛貌回邪也

旱麓六章章四句

思齊(音齋)大任이文王之母ㅣ시니思媚周姜ᄒᆞ샤京室之婦(音阜)ㅣ러시니大姒嗣徽音ᄒᆞ시니則百斯男(叶尼心反)이샷다

●齊ᄒᆞᆫ大任이文王의母ㅣ시니周姜씌媚ᄒᆞ사京室에婦ㅣ러시니大姒ㅣ徽ᄒᆞᆫ音을嗣ᄒᆞ시니百인이男이샷다

○賦也思語辭齊莊媚愛也周姜大王之妃大姜也京周也大姒文王之妃也徽美也百男擧成數而言其多也○此詩亦歌文王之德而推本言之曰此莊敬之太任乃文王之母實能媚于周姜而稱其爲周室之婦至於太姒又能繼其美德之音而子孫衆多上有聖母所以成之者遠內有賢妃所以助之者深也

○惠于宗公ᄒᆞ샤神罔時怨ᄒᆞ며神罔時恫(音通)은刑于寡妻ᄒᆞ샤至于兄

弟ᄒᆞ샤以御(音迓)于家邦(叶卜工反)이실서니라

●宗公에惠ᄒᆞ샤神이이에怨이업스며神이이에恫이업ᄉᆞ은寡妻에刑ᄒᆞ샤兄弟에至ᄒᆞ샤ᄡᅥ家邦을御ᄒᆞ실서니라

○賦也惠順也宗公宗廟先公也恫痛也刑儀法也寡妻猶言寡小君也御迎也○言文王順于先公而鬼神歆之無怨恫者其儀法內施於閨門而至于兄弟以御于家邦也孔子曰家齊而後國治孟子曰言擧斯心加諸彼而已張子曰言接神人各得其道也

○雝雝(音邕)在宮ᄒᆞ시며肅肅在廟(叶音貌)ᄒᆞ시며不顯亦臨ᄒᆞ시며無射(音亦)亦保(叶音飽)ᄒᆞ시니라

●雝雝히宮에겨시며肅肅히廟애겨사며顯티아니ᄒᆞ야도ᄯᅩᄒᆞᆫ臨ᄃᆞᆺᄒᆞ시며 射홈이업서도ᄯᅩᄒᆞᆫ保ᄒᆞ시니라

○賦也雝雝和之至也肅肅敬之至也不顯幽隱之處也射與斁同厭也保守也○言文王在閨門之內則極其和在宗廟之中則極其敬雖居幽隱亦常若有臨之者雖無厭射亦常有所守焉其純亦不已蓋如是

○肆戎疾不殄ᄒᆞ시나烈假(上聲)不瑕ᄒᆞ시며不聞亦式ᄒᆞ시며不諫亦入ᄒᆞ시니라

●이러모로큰疾을殄치못ᄒᆞ시나烈假ᄒᆞ야瑕치아니ᄒᆞ시며聞치아니ᄒᆞ시나ᄯᅩᄒᆞᆫ式ᄒᆞ시며 諫치아니ᄒᆞ나ᄯᅩᄒᆞᆫ入ᄒᆞ시니라

○賦也肆故今也戎大也疾猶難也大難如羑里之囚及昆夷玁狁之屬也殄絶烈光假

大瑕過也此兩句與不殄厥慍不隕厥問相表裏聞前聞也式法也○承上章言文王之德如此故其大難雖不殄絶而光大亦無玷缺雖事之無所前聞者而亦無不合於法度雖無諫諍之者而亦未嘗不入於善傳所謂性與天合是也

○肆成人有德ᄒᆞ며 小子有造ᄒᆞ니 古之人無斁音亦이라 譽髦斯士ㅣ샷다

●이러모로成人이德이이시며小子ㅣ造홈이이시니녯사람斁홈이업슨지라이士를譽ᄒᆞ야髦케ᄒᆞ샷다

○賦也冠以上爲成人小子童子也造爲也古之人指文王也譽名髦俊也○承上章言文王之德見於事者如此故一時人材皆得其所成就蓋由其德純而不已故令此士皆有譽於天下而成其俊乂之美也

思齊五章二章章六句三章章四句

皇矣上帝ㅣ臨下有赫叶黑各反ᄒᆞ샤 監觀四方ᄒᆞ샤 求民之莫이시니 維此二國이 其政不獲叶胡郭反일ᄉᆡ 維彼四國에 爰究爰度入聲ᄒᆞ시니 上帝耆之ᄂᆞᆫ 憎其式廓이라 乃眷西顧ᄒᆞ샤 此維與宅叶達各反ᄒᆞ시니라

●皇ᄒᆞᆫ上帝ㅣ下ᄅᆞᆯ臨홈이赫ᄒᆞ샤四方을監觀ᄒᆞ샤民의莫홈을求ᄒᆞ시니이二國이그政이獲디몯ᄒᆞᆯᄉᆡ여四國에이에究ᄒᆞ시며이에度ᄒᆞ시니上帝ㅣ耆ᄒᆞ샴은式廓을憎ᄒᆞ신지라眷히西로顧ᄒᆞ샤일로與ᄒᆞ야宅케ᄒᆞ시니라

○賦也皇大臨視也赫威明也監亦視也莫定也二國夏商也不獲謂失其道也四國四

方之國也究尋度謀也耆致也憎當作增式廓猶言規模也此謂岐周之地也○此詩叙大王大伯王季之德以及文王伐密伐崇之事也此其首章先言天之臨下甚明求民之安定而已彼夏商之政既不得矣故求於四方之國苟上帝之所欲致者則增大其疆境之規模於是乃眷然顧視西土以此岐周之地與大王爲居宅也

○作之屏(音丙)之(ᄒᆞ니) 其菑(音緇) 其翳(音意)(며) 修之平之(ᄒᆞ니) 其灌其栵(音例)(며) 啓之辟(音闢)之(ᄒᆞ니) 其檉其椐(音居 叶紀庶反)(ㅣ며) 攘之剔之(ᄒᆞ니) 其檿(音厭) 其柘(叶都故反)(ㅣ로다) 帝遷明德(이라) 串(音貫)夷載路(ㅣ어놀) 天立厥配(ᄒᆞ시니) 受命既固(ㅣ샷다)

●作ᄒᆞ며屛ᄒᆞ니그菑며그翳며脩ᄒᆞ며平ᄒᆞ니그灌이며그栵며啓ᄒᆞ며辟ᄒᆞ니그檉이며 그椐ㅣ며攘ᄒᆞ며剔ᄒᆞ니그檿이며그柘ㅣ로다帝ㅣ明德을遷ᄒᆞ신지라串夷路에載ᄒᆞ거놀天이그配를立ᄒᆞ시니 命受홈이이믜固ᄒᆞ샷다

○賦也作拔起也屛去之也菑木立死者也翳自斃者也或曰小木蒙密蔽翳者也修平皆治之使疎密正直得宜也灌叢生者也栵行生者也啓辟芟除也檉河柳也似楊赤色生河邊椐樻也腫節似扶老可爲杖者也攘剔謂穿剔去其繁冗使成長也檿山桑也與柘皆美材可爲弓幹又可蠶也明德謂明德之君卽大王也串夷載路未詳或曰串夷卽昆夷載路謂滿路而去所謂混夷駾矣者也配賢妃也謂大姜○此章言大王遷於岐周之事蓋岐周之地本皆山林險阻無人之境而近於昆夷大王居之人物漸盛然後漸次

開闢如此乃上帝遷此明德之君使居其地而昆夷遠遁天又爲之立賢妃以助之是以
受命堅固而卒成王業也

○帝省其山하시니 柞棫斯拔(音佩)하며 松柏斯兌(徒外反)어늘 帝作邦作對하시니
自大(音泰)伯王季샷다 維此王季ㅣ 因心則友(叶羽己反)하샤 則友其兄(叶虛王反)하샤 則
篤其慶(叶祛羊反)하샤 載錫之光하시니 受祿無喪(去聲叶平聲)하야 奄有四方이샷다

●建ㅣ그山을省하시니柞棫이이에拔하며松柏이이에兌하거놀帝ㅣ邦을作하시고對를作하시니 大伯과
王季로브터하샷다이王季ㅣ心을因하야곳友하샤곳그兄을友하샤곳그慶을篤하샤곳光을錫하시니 祿을
受하야喪홈이업서믄득四方을두샷다

○賦也拔兌見緜篇此亦言其山林之間道路通也對猶當也作對言擇其可當此國者
以君之也大伯大王之長子王季大王之少子也因心非勉强也善兄弟曰友兄謂大伯
也篤厚載則也奄字之義在忽遂之間○言帝省其山而見其木拔道通則知民之歸之
者益衆矣於是既作之邦又與之賢君以嗣其業蓋自其初生大伯王季之時而已定矣
於是大伯見王季生文王又知天命之有在故適吳不反大王沒而國傳於王季及文王
而周道大興也然以大伯而避王季則王季疑於不友故又特言王季所以友其兄者乃
因其心之自然而無待於勉强既受大伯之讓則益脩其德以厚周家之慶而與其兄以
讓德之光猶曰彰其知人之明不爲徒讓耳其德如是故能受天祿而不失至于文武而

奄有四方也

○維此王季를 帝度(入聲)ᄒᆞ시고 其心ᄒᆞ시고 貊(音麥) 其德音ᄒᆞ시니 其德克明이샷다 克明克類ᄒᆞ시며 克長克君ᄒᆞ시며 王(如字又去聲) 此大邦ᄒᆞ샤 克順克比(音비)ᄒᆞ시니 比(毗至反)于文王ᄒᆞ샤 其德靡悔(叶虎洧反)ᄒᆞ시니 旣受帝祉ᄒᆞ샤 施(音異)于孫子(叶獎里反)ㅣ샷다

●이王季를帝ㅣ그心을度케ᄒᆞ시고그德音을貊게ᄒᆞ시니그德이능히明ᄒᆞ샷다능히明ᄒᆞ시며 능히類ᄒᆞ시며능히長ᄒᆞ시며능히君ᄒᆞ시며이大邦에王ᄒᆞ샤능히順ᄒᆞ시며능히比ᄒᆞ더시니文王에니르샤 그德이悔ᄒᆞᆯ이업스시니이믜帝祉를受ᄒᆞ샤孫子에施ᄒᆞ샷다

○賦也度能度物制義也貊春秋傳樂記皆作莫謂其莫然淸靜也克明能察是非也克類能分善惡也克長敎誨不倦也克君賞慶刑威也言其賞不僭故人以爲慶刑不濫故人以爲威也順慈和徧服也比上下相親也比于至于也悔遺恨也○言上帝制王季之心使有尺寸能度義又淸靜其德音使無非間之言是以王季之德能此六者至於文王而其德尤無遺恨是以旣受上帝之福而延及于子孫也

○帝謂文王ᄒᆞ샤 無然畔援(音院)ᄒᆞ며 無然歆羨ᄒᆞ야 誕先登于岸(叶魚戰反)이라ᄒᆞ시다 密人不恭이라 敢距大邦(叶卜攻反)ᄒᆞ야 侵阮徂共(音恭)이어놀 王赫斯怒(叶暖五反)ᄒᆞ샤 爰整其旅ᄒᆞ샤 以按(音遏)徂旅ᄒᆞ샤 以篤于周祜(音戶)ᄒᆞ샤 以對于天下(叶後五反)ᄒᆞ시니라

●帝ㅣ文王ᄭᅴ니ᄅᆞ샤ᄃᆡ그러히畔援치말며그러히歆羨치마라키ᄅᆞᆫ져岸에登ᄒᆞ라ᄒᆞ시다 密人이恭치아닌지라敢히大邦을距ᄒᆞ야阮을侵ᄒᆞ야共에徂ᄒᆞ거ᄂᆞᆯ王이赫히이에怒ᄒᆞ샤이에그旅ᄅᆞᆯ整ᄒᆞ샤ᄡᅥ徂ᄒᆞᄂᆞᆫ旅ᄅᆞᆯ按ᄒᆞ샤ᄡᅥ周ㅅ祜ᄅᆞᆯ篤히ᄒᆞ샤ᄡᅥ天下ᄅᆞᆯ對ᄒᆞ시니라

○賦也帝謂文王設爲天命文王之詞如下所言也無然猶言不可如此也畔離畔也援攀援也言舍此而取彼也歆欲之動也羨愛慕也言肆情以徇物也岸道之極至處也密密須氏也姞姓之國在今寧州阮國名在今涇州徂往也共阮國之地名今涇州之共池是也其旅周師也按遏也徂旅密師之往共者也祜福對答也○人心有所畔援有所歆羨則溺於人欲之流而不能以自濟文王無是二者故獨能先知先覺以造道之極至蓋天實命之而非人力之所及也是以密人不恭敢違其命而擅興師旅以侵阮而往至于共則赫怒整兵而往遏其衆以厚周家之福而答天下之心蓋亦因其可怒而怒之初未嘗有所畔援歆羨也此文王征伐之始也

○依其在京(叶居良反)이어시ᄂᆞᆯ 侵自阮疆ᄒᆞ야 陟我高岡ᄒᆞ니 無矢我陵이라 我陵我阿ㅣ며 無飮我泉이라 我泉我池(叶徒何反)어ᄂᆞᆯ 度其鮮原ᄒᆞ샤 居岐之陽ᄒᆞ야 在渭之將ᄒᆞ시니 萬邦之方이며 下民之王이샷다

●依히그京에在ᄒᆞ시ᄂᆞᆯ侵홈을阮疆으로브터ᄒᆞ야우리高岡에陟ᄒᆞ니우리陵에矢ᄒᆞ리업슨지라 우리陵이며우리阿ㅣ며우리泉에飮ᄒᆞ리업슨지라우리泉이며우리池어ᄂᆞᆯ그鮮ᄒᆞᆫ原을度ᄒᆞ샤 岐의陽에居ᄒᆞ야渭의將에在ᄒᆞ시니萬邦의方이며下民의王이샷다

○賦也依安貌京周京也矢陳鮮善將側方鄉也○言文王安然在周之京而所整之兵旣遏密人遂從阮疆而出以侵密所陟之岡卽爲我岡而人無敢陳兵於陵飮水於泉以拒我也於是相其高原而徙都焉謂程邑也其地於漢爲扶風安陵今在京兆府咸陽縣

○帝謂文王ᄒᆞ샤ᄃᆡ予懷明德의不大聲以色ᄒᆞ며不長夏以革ᄒᆞ고不識不知ᄒᆞ야順帝以則이라ᄒᆞ시다帝謂文王ᄒᆞ샤ᄃᆡ詢爾仇方ᄒᆞ야同爾兄弟ᄒᆞ야以爾鉤援音爰과與爾臨衝으로以伐崇墉이라ᄒᆞ시다

●帝ㅣ文王ᄭᅴ니ᄅᆞ샤ᄃᆡ너明德의聲과다못色을大히아니며夏와다못革을長치아니코識지아니ᄒᆞ며知티아니ᄒᆞ야帝의則을順ᄒᆞᄂᆞᆫ줄을懷ᄒᆞ노라ᄒᆞ시다帝ㅣ文王ᄭᅴ니ᄅᆞ샤ᄃᆡ네의仇方을詢ᄒᆞ야네의兄弟를同ᄒᆞ야써녀의鉤援과다못네의臨衝으로써崇ㅅ墉을伐ᄒᆞ라ᄒᆞ시다

○賦也予設爲上帝之自稱也懷眷念也明德文王之明德也以猶與也夏革未詳則法也仇方讎國也兄弟與國也鉤援鉤梯也所以鉤引上城所謂雲梯者也臨臨車也在上臨下者也衝衝車也從旁衝突者也皆攻城之具也崇國名在今京兆府鄠縣墉城也史記崇侯虎譖西伯於紂紂囚西伯於羑里西伯之臣閎夭之徒求美女奇物善馬以獻紂紂乃赦西伯賜之弓矢鈇鉞得專征伐曰譖西伯者崇侯虎也西伯歸三年伐崇侯虎而作豐邑○言上帝眷念文王而言其德之深微不暴著其形迹又能不作聰明以循天理故又命之以伐崇也呂氏曰此言文王德不形而功無迹與天同體而已雖興兵以伐崇

莫非順帝之則而非我也

○臨衝閑閑(叶胡員反)ᄒᆞ니 崇墉言言이로다 執訊(音信)連連ᄒᆞ며 攸馘(音虢)安安(叶於肩反)이로다 是類是禡(音馬)ᄒᆞ야 是致是附(叶上聲)ᄒᆞ시니 四方以無侮ㅣ로다 臨衝茀茀(音弗 叶分聿反)ᄒᆞ니 崇墉仡仡(音屹)이로다 是伐是肆ᄒᆞ며 是絕是忽(叶虛屈反)ᄒᆞ시니 四方以無拂(叶分聿反)이로다

●臨衝이閑閑ᄒᆞ니崇ㅅ墉이言言ᄒᆞ도다訊을執홈을連連히ᄒᆞ며馘ᄒᆞᄂᆞᆫ비安安ᄒᆞ도다 이에類ᄒᆞ며이에禡ᄒᆞ야이에致ᄒᆞ야이에附ᄒᆞ시니四方이ᄡᅥ侮홈이업도다臨衝이茀茀ᄒᆞ니崇ㅅ墉이仡仡ᄒᆞ도다 이에伐ᄒᆞ며이에肆ᄒᆞ며이에絕ᄒᆞ며이에忽ᄒᆞ시니四方이ᄡᅥ拂홈이업도다

○賦也閑閑徐緩也言言高大也連連屬續狀馘割耳也軍法獲者不服則殺而獻其左耳安安不輕暴也類將出師祭上帝也禡至所征之地而祭始造軍法者謂黃帝及蚩尤也致致其至也附使之來附也茀茀强盛貌仡仡堅壯貌肆縱兵也忽滅拂戾也春秋傳曰文王伐崇三旬不降退脩教而復伐之因壘而降○言文王伐崇之初緩攻徐戰告祀羣神以致附來者而四方無不畏服及終不服則縱兵以滅之而四方無不順從也夫始攻之緩戰之徐也非力不足也非示之弱也將以致附而全之也及其終不下而肆之也則天誅不可以留而罪人不可以不得故也此所謂文王之師也

皇矣八章章十二句

一章二章言天命大王三章四章言天命王季五章六章言天命文王伐密七章八章言天命文王伐崇

經始靈臺(叶田호 飴反야)經之營之(호시니)庶民攻之(라)不日成之(로다)經始勿亟(音棘 호시나)庶民子來(叶六直反로다)

●靈臺를經호야始호야經호며營호시니庶民이攻호는디라날이아녀셔成호놋다經호야始홈을亟지말라호시나庶民이子ㅣ來톳호놋다

○賦也經度也靈臺文王所作謂之靈者言其倏然而成如神靈之所爲也營表攻作也不日不終日也亟急也○國之有臺所以望氛祲察災祥時觀游節勞佚也文王之臺方其經度營表之際而庶民已來作之所以不終日而成也雖文王心恐煩民戒令勿亟而民心樂之如子趣父事不召自來也孟子曰文王以民力爲臺爲沼而民歡樂之謂其臺曰靈臺謂其沼曰靈沼此之謂也

○王在靈囿(叶音郁 호시니)麀(音憂)鹿攸伏(이로다)麀鹿濯濯(音擢 이여놀)白鳥翯翯(音鶴 이로다)王在靈沼(叶音炤 호시니)於(音烏)牣(音刃)魚躍(이로다)

●王이靈囿에계시니麀鹿의伏혼배로다麀鹿이濯濯호거놀白鳥ㅣ翯翯호도다王이靈沼에계시니於홉다牣호야魚ㅣ躍호놋다

○賦也靈囿臺之下有囿所以域養禽獸也麀牝鹿也伏言安其所處不驚擾也濯濯肥澤貌翯翯潔白貌靈沼囿之中有沼也牣滿也魚滿而躍言多而得其所也

○虡(音巨)業維樅이오 賁(音焚)鼓維鏞(音庸)이로소니 於論(平聲)鼓鍾이여 於樂(音洛)辟(音璧)廱이로다

●虡에業ᄒᆞ며樅ᄒᆞ고賁鼓와鏞이로소니於흡다論ᄒᆞᆫ鍾을鼓홈이여於흡다樂ᄒᆞ온辟廱에셔ᄒᆞ놋다

○賦也虡植木以懸鍾磬其橫者曰栒業栒上大版刻之捷業如鋸齒者也樅業上懸鍾磬處以綵色爲崇牙其狀樅樅然者也賁大鼓也長八尺高四尺中圍加三之一鏞大鍾也論倫也言得其倫理也辟壁通廱澤也辟廱天子之學大射行禮之處也水旋丘如璧以節觀者故曰辟廱

○於論鼓鍾이여 於樂辟廱이로다 鼉(徒河反)鼓逢逢(音蓬)ᄒᆞ니 矇(音蒙)瞍(音叟)奏公이로다

●於흡다論ᄒᆞᆫ鍾을鼓홈이여於흡다樂ᄒᆞ온辟廱에셔ᄒᆞ놋다鼉鼓ㅣ逢逢ᄒᆞ니矇瞍ㅣ公을奏ᄒᆞ놋다

○賦也鼉似蜥蜴長丈餘皮可冒鼓逢逢和也有眸子而無見曰矇無眸子曰瞍古者樂師皆以瞽者爲之以其善聽而審於音也公事也聞鼉鼓之聲而知矇瞍方奏其事也

靈臺四章二章章六句二章章四句

東萊呂氏曰前二章樂文王有臺池鳥獸之樂也後二章樂文王有鐘鼓之樂也皆述民樂之詞也

下武維周에 世有哲王이샷다 三后在天이어시놀 王配于京(叶居良反)이샷다

●下武ㅅ周에世로哲王이겨샷다三后ㅣ天에在커시늘王이京에서配ᄒᆞ샷다

○賦也下義未詳或曰字當作文言文王武王實造周也哲王通言大王王季也三后大王王季文王也在天旣沒而其精神上與天合也王武王也配對也謂繼其位以對三后也京鎬京也○此章美武王能纘大王王季文王之緖而有天下也

○王配于京ᄒᆞ시니 世德作求ㅣ샷다 永言配命ᄒᆞ샤 成王之孚(叶孚尤反)ㅣ샷다

●王이京에配ᄒᆞ시니世德을作ᄒᆞ야求ᄒᆞ샷다기리命애配ᄒᆞ샤王의孚를成ᄒᆞ샷다

○賦也言武王能繼先王之德而長言合於天理故能成王者之信於天下也若暫合而遽離暫得而遽失則不足以成其信矣

○成王之孚ᄒᆞ샨 下土之式은 永言孝思ㅣ라 孝思維則이시니라

●王이孚를成ᄒᆞ샤下土의式ᄒᆞ욤은孝思를기리ᄒᆞ시논지라孝思ㅣ則이되시니라

○賦也式則皆法也○言武王所以能成王者之信而爲四方之法者以其長言孝思而不忘是以其孝可爲法者耳若有時而忘之則其孝者僞耳何足法哉

○媚玆一人이라 應侯順德ᄒᆞ니 永言孝思ᄒᆞ샤 昭哉嗣服(叶蒲北反)이샷다

●이一人을媚ᄒᆞ논지라應홈을順德으로ᄒᆞ니孝思를기리ᄒᆞ샤昭히服을嗣ᄒᆞ샷다

○賦也媚愛也一人謂武王應如丕應徯志之應侯爲服事也○言天下之人皆愛戴武

王以爲天子而所以應之維以順德是武王能長言孝思而明哉其嗣先王之事也

○昭茲來許ㅣ繩其祖武ㅣ면於萬斯年애受天之祜(音戶)ㅣ로다

●昭ᄒᆞᆫ지라來許ㅣ그祖武를繩ᄒᆞ면於흡다萬인이年애天의祜를受ᄒᆞ리로다

○賦也昭茲承上句而言茲哉聲相近古蓋通用也來後世也許猶所也繩繼武迹也言武王之道昭明如此來世能繼其迹則久荷天祿而不替矣

○受天之祜ᄒᆞ시니四方來賀ㅣ로다於萬斯年에不遐有佐아

●天의祜를受ᄒᆞ시니四方이來ᄒᆞ야賀ᄒᆞᄂᆞ다於흡다萬인이年에엇지佐ᄒᆞ리잇지아니랴

○賦也賀朝賀也周末秦強天子致胙諸侯皆賀遐何通佐助也蓋曰豈不有助乎云爾

下武六章章四句

或疑此詩有成王字當爲康王以後之詩然考尋文意恐當只如舊說且其文體亦與上下篇血脉通貫非有誤也

文王有聲이遹(音聿)駿(音峻)有聲이샷다遹求厥寧ᄒᆞ샤遹觀厥成ᄒᆞ시니文王烝哉샷다

○文王이聲을두샴이키聲을두샷다그寧을求ᄒᆞ샤그成을觀ᄒᆞ시니文王이烝이샷다

○賦也遹義未詳疑與聿同發語詞駿大烝君也○此詩言文王遷豐武王遷鎬之事而

首章推本之曰文王之有聲也甚大乎其有聲也蓋以求天下之安寧而觀其成功耳文王之德如是信乎其克君也哉

○文王受命하샤有此武功하샷다旣伐于崇하시고作邑于豐하시니文王烝哉샷다

●文王이命을受하사이武功을두샷다이믜崇을伐하시고邑을豐에作하시니文王이烝이샷다

○賦也伐崇事見皇矣篇作邑徙都也豐卽崇國之地在今鄠縣杜陵西南

○築城伊淢音域하시고作豐伊匹하시니匪棘其欲이라遹追來孝叶許六反ㅣ或呼侯反시니王后烝哉샷다

●城을築호되淢으로하시고豐을作호되匹케하시니그欲을棘하신줄이아니라追하야孝를來홈이시니王后ㅣ烝이샷다

○賦也淢城溝也方十里爲成成間有溝深廣各八尺匹稱棘急也王后亦指文王也○言文王營豐邑之城因舊溝爲限而築之其作邑居亦稱其城而不侈大皆非急成己之所欲也特追先人之志而來致其孝耳

○王公伊濯은維豐之垣音袁이니라四方攸同하야王后維翰叶胡田反하니王后烝哉샷다

●王의公이濯홈은豐을垣홈셔니라四方이同ᄒᆞ야王后로翰ᄒᆞ니王后ㅣ烝이샷다
○賦也公功也濯著明也○王之功所以著明者以其能築此豐之垣故爾四方於是來歸而以文王爲楨榦也

○豐水東注ᄒᆞ니維禹之績이로다四方攸同ᄒᆞ야皇王維辟ᄒᆞ니皇王烝哉샷다

●豐水ㅣ東으로注ᄒᆞ니禹의績이로다四方이同ᄒᆞ야皇王으로辟ᄒᆞ니皇王이烝이샷다
○賦也豐水東北流徑豐邑之東入渭而注于河績功也皇王有天下之號指武王也辟君也○言豐水東注由禹之功故四方得以來同於此而以武王爲君此武王未作鎬京時也

○鎬京辟廱애自西自東ᄒᆞ며自南自北ᄒᆞ야無思不服叶蒲北反ᄒᆞ니皇王烝哉샷다

●鎬京ㅅ辟廱에西로부터ᄒᆞ며東으로부터ᄒᆞ며南으로부터ᄒᆞ며北으로부터ᄒᆞ야思ᄒᆞ야服지아니리업스니皇王이烝이샷다
○賦也鎬京武王所營也在豐水東去豐邑二十五里張子曰周家自后稷居邰公劉居豳大王邑岐而文王則遷于豐至武王又居于鎬當是時民之歸者日衆其地有不能容不得不遷也辟廱說見前篇張子曰靈臺辟廱文王之學也鎬京辟廱武王之學也至此

始爲天子之學矣無思不服心服也孟子曰天下不心服而王者未之有也○此言武王徙居鎬京講學行禮而天下自服也

○考卜維王이 宅是鎬京叶居良反이샷다 維龜正叶諸盈反之어늘 武王成之ᄒᆞ시니 武王烝哉다샷

●卜을考ᄒᆞ신王이이鎬京에宅ᄒᆞ샷다龜ㅣ正ᄒᆞ야놀武王이成ᄒᆞ시니武王이烝이샷다

○賦也考稽宅居正決也成之作邑居也張子曰此擧謚者追述其事之言也

○豐水有芑ᄒᆞ니武王豈不仕鉏里反ㅣ시리오 詒厥孫謀ᄒᆞ샤 以燕翼子叶獎里反ᄒᆞ시니 武王烝哉다샷

●豐水에도芑이시니武王이엇지仕치아니ᄒᆞ시리오그孫에謀를貽ᄒᆞ샤써翼ᄒᆞᆫ子를燕케ᄒᆞ시니武王이烝이샷다

○興也芑草名仕事詒遺燕安翼敬也子成王也○鎬京猶在豐水下流故取以起興言豐水猶有芑武王豈無所事乎詒厥孫謀以燕翼子則武王之事也謀及其孫則子可以無事矣或曰賦也言豐水之旁生物繁茂武王豈不欲有事於此哉但以欲遺孫謀以安翼子故不得而不遷耳

文王有聲八章章五句

此詩以武功稱文王至于武王則言皇王維辟無思不服而已蓋文王旣造其始則

武王續而終之無難也又以見文王之文非不足於武而武王之有天下非以力取之也

文王之什十篇六十六章四百一十四句

鄭譜此以上爲文武時詩以下爲成王周公時詩今按文王首句卽云文王在上則非文王之詩矣又曰無念爾祖則非武王之詩矣大明有聲幷言文武者非一安得爲文武之時所作乎蓋正雅皆成王周公以後之詩但此什皆爲追述文武之德故譜因此而誤耳

生民之什三之二

厥初生民이 時維姜嫄(音原叶魚倫反)이시니 生民如何오 克禋(音因)克祀(叶養里反)ᄒᆞ샤 以弗無子(叶奬里反)ᄒᆞ시고 履帝武敏(叶母鄙反)ᄒᆞ샤 歆攸介攸止ᄒᆞ샤 載震載夙(叶相卽反)ᄒᆞ샤 載生載育(叶日逼反)ᄒᆞ시니 時維后稷이시니라

●그처엄民을生홈이이姜嫄이시니民을生홈을엇디ᄒᆞᆫ뇨능히禋ᄒᆞ며능히祀ᄒᆞ샤써子업슴을弗ᄒᆞ시고帝의武敏을履ᄒᆞ샤介ᄒᆞᆫ바와止ᄒᆞᆫ바에歆ᄒᆞ며곳震ᄒᆞ며곳夙ᄒᆞ샤곳生ᄒᆞ야곳育ᄒᆞ시니이后稷이시니라

○賦也民人也謂周人也時是也姜嫄炎帝後姜姓有邰氏女名嫄爲高辛之世妃精意以享謂之禋祀祀郊禖也弗之言祓也祓無子求有子也古者立郊禖蓋祭天於郊而以先媒配也變媒言禖者神之也其禮以玄鳥至之日用大牢祀之天子親往后率九嬪御

乃禮天子所御帶以弓韣授以弓矢于郊禖之前也履踐也帝上帝也武迹敏拇歆動也猶驚異也介大也震娠也夙肅也生子者及月辰居側室也育養也〇姜嫄出祀郊禖見大人跡而履其拇遂歆歆然如有人道之感於是卽其所大所止之處而震動有娠乃周人所由以生之始也周公制禮尊后稷以配天故作此詩以推本其始生之祥明其受命於天固有以異於常人也然巨跡之說先儒或頗疑之而張子曰天地之始固未嘗先有人也則人固有化而生者矣蓋天地之氣生之也蘇氏亦曰凡物之異於常物者其取天地之氣常多故其生也或異麒麟之生異於犬羊蛟龍之生異於魚鼈物固有然者矣神人之生而有以異於人何足怪哉斯言得之矣

〇誕彌厥月ᄒᆞ야 **先生如達**音闥ᄒᆞ시니 **不坼**勑宅反 **不副**音逼叶孚迫反ᄒᆞ시며 **無菑**音災 **無害**叶音曷ᄒᆞ샤 **以赫厥靈**ᄒᆞ시니 **上帝不寧**가 **不康禋祀**叶養里反아 **居然生子**叶奬里反ᄒᆞ샷다

● 그月을彌ᄒᆞ야몬져生호ᄃᆡ達ᄀᆞᆺ치ᄒᆞ시니坼지아니ᄒᆞ시며副지아니ᄒᆞ시며菑업ᄉᆞ시며害업ᄉᆞ샤써 그靈을赫ᄒᆞ시니上帝ㅣ寧치아니ᄒᆞ시랴禋祀를康치아니ᄒᆞ시랴居然히子를生ᄒᆞ샷다

〇賦也誕發語辭彌終也終十月之期也先生首生也達小羊也羊子易生無留難也坼副皆裂也赫顯也不寧寧也不康康也居然猶徒然也〇凡人之生必坼副灾害其母而首生之子尤難今姜嫄首生后稷如羊子之易無坼副灾害之苦是顯其靈異也上帝豈

不寧乎豈不康我之禋祀乎而使我無人道而徒然生是子也

○誕寘之隘巷ᄒᆞᆫᄃᆡ牛羊腓(音肥)字之ᄒᆞ며誕寘之平林ᄒᆞᆫᄃᆡ會伐平林ᄒᆞ며誕寘之寒冰ᄒᆞᆫᄃᆡ鳥覆翼(去聲 音異)之로다鳥乃去矣어늘后稷呱(叶去聲)矣ᄒᆞ시니實覃實訏(叶去聲)ᄒᆞ샤厥聲載路ㅣ러시니라

●隘ᄒᆞᆫ巷에寘ᄒᆞᆫ대牛羊이腓ᄒᆞ야字ᄒᆞ며平林에寘ᄒᆞᆫ대平林伐ᄒᆞ리를會ᄒᆞ며寒冰에寘ᄒᆞᆫ대鳥ㅣ覆ᄒᆞ며翼ᄒᆞ놋다鳥ㅣ去ᄒᆞ야늘后稷이呱ᄒᆞ시니실로覃ᄒᆞ며실로訏ᄒᆞ샤그聲이路에載ᄒᆞ더시니라

○賦也隘狹腓芘字愛會値也値人伐木而收之覆蓋翼藉也以一翼覆之以一翼藉之也呱啼聲也覃長訏大載滿也滿路言其聲之大也○無人道而生子或者以爲不祥故棄之而有此異也於是始收而養之

○誕實匍(音蒲)匐ᄒᆞ샤克岐克嶷이러시니以就口食ᄒᆞ샤蓺之荏(音飪)菽ᄒᆞ시니荏菽旆旆ᄒᆞ며禾役穟穟(音遂)ᄒᆞ며麻麥幪幪(莫孔反)ᄒᆞ며瓜瓞唪唪(音蚌)ᄒᆞ더니라

●실로匍匐ᄒᆞ샤능히岐ᄒᆞ시며능히嶷ᄒᆞ더시니써口食에就ᄒᆞ샤荏菽을蓺ᄒᆞ시니荏菽이旆旆ᄒᆞ며 禾의役이穟穟ᄒᆞ며麻麥이幪幪ᄒᆞ며瓜瓞이唪唪ᄒᆞ더니라

○賦也匍匐手足並行也岐嶷峻茂之狀就向也口食自能食也蓋六七歲時也蓺樹也荏菽大豆也旆旆枝旟揚起也役列也穟穟苗美好之貌也幪幪然茂密也唪唪然多實

也○言后稷能食時已有種殖之志蓋其天性然也史記曰棄爲兒時其遊戲好種殖麻麥麻麥美及爲成人遂好耕農堯擧以爲農師

○誕后稷之穡이 有相(去聲)之道(叶徒口反)ㅣ로 茀(音弗)厥豐草(叶此苟反)ᄒᆞ고 種(去聲)之黃茂(叶莫口反)ᄒᆞ니 實方實苞(叶補苟反)ᄒᆞ며 實種(上聲)實褎(叶徐久反)ᄒᆞ며 實發實秀(叶忽久反)ᄒᆞ며 實堅實好(叶許口反)ᄒᆞ며 實穎實栗ᄒᆞ더니 卽有邰(音台)家室ᄒᆞ시니라

(諺)后稷의穡이相ᄒᆞᄂᆞᆫ道ㅣ잇도다그豐草를茀ᄒᆞ고黃茂를種ᄒᆞ니실로方ᄒᆞ며실로苞ᄒᆞ며실로種ᄒᆞ며실로褎ᄒᆞ며실로發ᄒᆞ며실로秀ᄒᆞ며실로堅ᄒᆞ며실로好ᄒᆞ며실로穎ᄒᆞ며실로栗ᄒᆞ더니邰에卽ᄒᆞ야家室을ᄒᆞ시니라

○賦也相助也言盡人力之助也茀治也種布之也黃茂嘉穀也方房也苞甲而未坼也此漬其種也種甲坼而可爲種也褎漸長也發盡發也秀始穟也堅其實堅也好形味好也穎實繁碩而垂末也栗不秕也旣收成見其實皆栗栗然不秕也邰后稷之母家也豈其或滅或遷而遂以其地封后稷與○言后稷之穡如此故堯以其有功於民封於邰使卽其母家而居之以主姜嫄之祀故周人亦世祀姜嫄焉

○誕降嘉種ᄒᆞ니 維秬(音巨)維秠(音痞)며 維穈(音門)維芑(音起)로다 恒(音亘)之秬秠ᄒᆞ니 是穫是畝(叶滿洧反)ᄒᆞ며 恒之穈芑ᄒᆞ니 是任(音壬)是負(叶扶委反)ᄒᆞ야 以歸肇祀(叶養里反)ᄒᆞ시니라

●嘉ᄒᆞᆫ種을降ᄒᆞ니秬와秠며穈과芑로다秬와秠를恒ᄒᆞ니이에穫ᄒᆞ야이에畝애ᄒᆞ며穈과芑를恒ᄒᆞ니이에任ᄒᆞ며이에負ᄒᆞ야써歸ᄒᆞ야비로소祀ᄒᆞ시니라

○賦也降降是種於民也書曰稷降播種是也秬黑黍也一稃二米者也穈赤粱粟也芑白粱粟也恒徧也謂徧種之也任肩任也負背負也旣成則穫而棲之於畝任負而歸以供祭祀也秬秠言穫畝穈芑言任負互文耳肇始也稷始受國爲祭主故曰肇祀

○誕我祀如何오或舂或揄音由ᄒᆞ며或簸波我反ᄒᆞ며或蹂音柔ᄒᆞ며釋之叟叟音搜ᄒᆞ며烝之浮浮ᄒᆞ며載謀載惟ᄒᆞ며取蕭祭脂ᄒᆞ며取羝音底ᄒᆞ며以軷音鈸叶蒲昧反ᄒᆞ며載燔載烈如字叶力制反ᄒᆞ야以興嗣歲叶音雪又如字로다

●우리祀ㅣ엇디ᄒᆞ뇨或舂ᄒᆞ며或揄ᄒᆞ며或簸ᄒᆞ며或蹂ᄒᆞ며釋홈을叟叟히ᄒᆞ며烝홈을浮浮히ᄒᆞ며곳謀ᄒᆞ며곳惟ᄒᆞ며蕭를取ᄒᆞ야脂로祭ᄒᆞ며羝를取ᄒᆞ야써軷ᄒᆞ며곳燔ᄒᆞ며곳烈ᄒᆞ야써歲를興ᄒᆞ며嗣ᄒᆞ도다

○賦也我祀承上章而言后稷之祀也揄抒臼也簸揚去糠也蹂蹂禾取穀以繼之也釋淅米也叟叟聲也浮浮氣也謀卜日擇士也惟齋戒具脩也蕭蒿也脂膟膋也宗廟之祭取蕭合膟膋爇之使臭達牆屋也羝牡羊也軷祭行道之神也燔傳諸火也烈貫之而加于火也四者皆祭祀之事所以興來歲而繼往歲也

○卬五郎反盛音成于豆ᄒᆞ니于豆于登이로다其香始升ᄒᆞ니上帝居歆이샷다胡臭亶時叶上止反리오后稷肇祀叶養里反ᄒᆞ심으로庶無罪悔叶呼委反ᄒᆞ야以迄許乙反于今이샷다

●내豆에盛ᄒᆞ니豆에ᄒᆞ며登에ᄒᆞ놋다그香이비로소升ᄒᆞ니上帝ㅣ居ᄒᆞ야歆ᄒᆞ샷다엇지 臭잔실로時ㅣᆫ뿐이리오后稷이비로소祀ᄒᆞ심으로거의罪와悔언서써今에迄ᄒᆞ샷다

○賦也卬我也木曰豆以薦葅醢也瓦曰登以薦大羹也居安也鬼神食氣曰歆胡何臭香亶誠也時言得其時也庶近迄至也○此章言其尊祖配天之祭其香始升而上帝已安而饗之言應之疾也此何但芳臭之薦信得其時哉蓋自后稷之肇祀則庶無罪悔而至于今矣曾氏曰自后稷肇祀以來前後相承兢兢業業惟恐一有罪悔獲戾于天閱數百年而此心不易故曰庶無罪悔以迄于今言周人世世用心如此也

生民八章四章章十句四章章八句

此詩未詳所用豈郊祀之後亦有受釐頒胙之禮也歟舊說第三章八句第四章十句今按第三章當爲十句第四章當爲八句則去呱訏路音韻諧協呱聲載路文勢通貫而此詩八章皆以十句八句相間爲次又二章以後七章以前每章章之首皆有誕字

敦(音團)**彼行葦**를**牛羊勿踐履**면**方苞方體**ᄒᆞ야**維葉泥泥**(音禮)리라**戚戚兄弟**를**莫遠具爾**면**或肆之筵**이며**或授之几**리라

●敦ᄒᆞᆫ뎌行엣葦를牛羊이踐履치말면바야흐로苞ᄒᆞ며바야흐로體ᄒᆞ야葉이泥泥ᄒᆞ리라 戚戚ᄒᆞᆫ兄弟를멀이마라다갓가이ᄒᆞ면或筵을肆ᄒᆞ며或几를授ᄒᆞ리라

○興也敦聚貌勾萌之時也行道也勿戒止之辭也苞甲而未坼也體成形也泥泥柔澤貌戚戚親也莫猶勿也具俱也爾與邇同肆陳也○疑此祭畢而燕父兄耆老之詩故言敦彼行葦而牛羊勿踐履則方苞方體而葉泥泥矣戚戚兄弟而莫遠具爾則或肆之筵而或授之几矣此方言其開燕設席之初而慇懃篤厚之意藹然已見於言語之外矣讀者詳之

○肆筵設席(叶祥句反)ᄒ니授几有緝御(叶魚駕反)ㅣ로다或獻或酢ᄒ며洗爵奠斝(音假叶居訝反)ᄒ며醓(音貪)醢以薦(叶即略反)ᄒ며或燔或炙(叶陟略反)ᄒ며嘉殽(音爻)脾(音琵)臄(音劇)이며或歌或咢(音岳)이로다

●筵을肆ᄒ며席을設ᄒ니几를授ᄒ고緝ᄒ야御ᄒ리잇도다或獻ᄒ며或酢ᄒ며爵을洗ᄒ며斝를奠ᄒ며醓과醢로써薦ᄒ며或燔ᄒ며或炙ᄒ며嘉ᄒᆫ殽ㅣ脾와臄이며或歌ᄒ며或咢ᄒ놋다

○賦也設席重席也緝續御侍也有相續代而侍者言不乏使也進酒於客曰獻客答之曰酢主人又洗爵醻客客受而奠之不舉也斝爵也夏曰醆殷曰斝周曰爵醓醢之多汁者也燔用肉炙用肝臄口上肉也歌者比於琴瑟也徒擊鼓曰咢○言侍御獻醻飲食歌樂之盛也

○敦(音雕)弓既堅(叶古因反)ᄒ며四鍭(音侯)既鈞이어늘舍矢既均ᄒ니序賓以賢(叶下珍反)이로다敦弓既句(音姤)ᄒ며既挾(子協反)ᄒ야四鍭ᄒ며四鍭如樹(叶上主反)ㅣ니序賓以不侮ㅣ로다

●敦弓이이믜堅ᄒᆞ며四鍭ㅣ이믜鈞ᄒᆞ거늘矢를舍홈애이믜均ᄒᆞ니賓을序호ᄃᆡ賢으로써ᄒᆞᄂᆞ다 敦弓이이믜句ᄒᆞ며이믜四鍭를挾ᄒᆞ야四鍭ㅣ樹혼ᄃᆞᆺᄒᆞ니賓을序호ᄃᆡ侮치아니홈으로써ᄒᆞᄂᆞ다

○賦也敦雕通畫也天子雕弓堅猶勁也鍭金鍭翦羽矢也鈞參亭也謂參分之一在前二在後三訂之而平者前有鐵重也舍釋也謂發矢也均皆中也賢射多中也投壺曰某賢於某若干純奇則曰奇均則曰左右均是也句彀通謂引滿也射禮搢三挾一旣挾四鍭則徧釋矣如樹如手就樹之言貫革而堅正也不侮敬也令弟子辭所謂無憮無敖無偝立無踰言者也或曰不以中病不中者也射以中多爲雋以不侮爲德○言旣燕而射以爲樂也

○曾孫維主(如字或叶當口反)ᄒᆞ니 酒醴維醹(音乳或叶奴口反)ㅣ로다 酌以大斗(叶腫庾反或如字)ᄒᆞ야 以祈黃耈(叶果五反或如字)ᄒᆞ놋다 黃耈台(湯來反)背(叶必墨反)ㅣ 以引以翼ᄒᆞ야 壽考維祺(音其)ᄒᆞ야 以介景福(叶筆力反)이로다

●曾孫이主ᄒᆞ니酒醴醹ᄒᆞ도다酌호ᄃᆡ大斗로써ᄒᆞ야써黃耈를祈ᄒᆞ놋다黃耈와台背ㅣ써引ᄒᆞ며써 翼ᄒᆞ야壽考로祺ᄒᆞ야써큰福을介케ᄒᆞ놋다

○賦也曾孫主祭者之稱今祭畢而燕故因而稱之也醹厚也大斗柄長三尺祈求也黃耈老人之稱以祈黃耈猶曰以介眉壽云耳古器物款識云用蘄萬壽用蘄眉壽永命多福用蘄眉壽萬年無疆皆此類也台鮐也大老則背有鮐文引導翼輔祺吉也○此頌禱之詞欲其飮此酒而得老壽又相引導輔翼以享壽祺介景福也

行葦四章章八句

毛七章二章章六句五章章四句鄭八章章四句毛首章以四句興二句不成文理二章又不協韻鄭首章有起興而無所興皆誤今正之如此

既醉以酒ㅣ오既飽以德ᄒᆞ니君子萬年애介爾景福(叶筆力反)이로다

●이믜醉ᄒᆞᄃᆡ酒로ᄡᅥᄒᆞ고이믜飽ᄒᆞᄃᆡ德으로ᄡᅥᄒᆞ니君子ㅣ萬年에네큰福을介케ᄒᆞ리로다

○賦也德恩惠也君子謂王也爾亦指王也○此父兄所以答行葦之詩言享其飲食恩意之厚而願其受福如此也

○**既醉以酒ㅣ오爾殽既將ᄒᆞ니君子萬年애介爾昭明**(叶謨郎反)이로다

●이믜醉ᄒᆞᄃᆡ酒로ᄡᅥᄒᆞ고네殽를이믜將ᄒᆞ니君子ㅣ萬年애네昭明을介케ᄒᆞ리로다

○賦也殽俎實也將行也亦奉持而進之意昭明猶光大也

○**昭明有融ᄒᆞ니高朗令終이로다令終有俶**(尺六反)**公尸嘉告**(叶姑沃反)ㅣ로다

●昭明홈이融ᄒᆞ니高朗ᄒᆞ야終을令히ᄒᆞ리로다終을令홈이俶이이시니公尸ㅣ嘉로告ᄒᆞᄂᆞ다

○賦也融明之盛也春秋傳曰明而未融朗虛明也令終善終也洪範所謂考終命古器物銘所謂令終令命是也俶始也公尸君尸也周稱王而尸但曰公尸蓋因其舊如秦已稱皇帝而其男女猶稱公子公主也嘉告以善言告之謂嘏辭也蓋欲善其終者必善其始今固未終也而既有其始矣於是公尸以此告之

○其告維何오 籩豆靜嘉叶居何反ㅣ어놀 朋友攸攝이 攝以威儀叶牛何反로다

●그告홈은엇데오籩豆ㅣ靜ᄒᆞ고嘉ᄒᆞ거놀朋友의攝ᄒᆞᄂᆞᆫ배攝호ᄃᆡ威儀로써ᄒᆞ놋다

○賦也靜嘉淸潔而美也朋友指賓客助祭者說見楚茨篇攝檢也○公尸告以汝之祭祀籩豆之薦既靜嘉矣而朋友相攝佐者又皆有威儀當神意也自此至終篇皆述尸告之辭

○威儀孔時叶上止反어놀 君子有孝子叶奬里反ㅣ로다 孝子不匱ᄒᆞ니 永錫爾類ㅣ로다

●威儀심히時ᄒᆞ거놀君子ㅣ孝子를두도다孝子ㅣ匱치아니ᄒᆞ니기리네게類를錫ᄒᆞ리로다

○賦也孝子主人之嗣子也儀禮祭祀之終有嗣擧奠匱竭類善也○言汝之威儀既得其宜又有孝子以擧奠孝子之孝誠而不竭則宜永錫爾以善矣東萊呂氏曰君子既孝而嗣子又孝其孝可謂源源不竭矣

○其類維何오 室家之壼音悃叶苦俊反에 君子萬年을 永錫祚胤羊及反이로다

●그類ᄂᆞᆫ엇데네오室家ㅅ壼에君子ㅣ萬年을기리祚와胤을錫ᄒᆞ리로다

○賦也壼宮中之巷也言深遠而嚴肅也祚福祿也胤子孫也錫之以善莫大於此

○其胤維何오 天被音備爾祿ᄒᆞ야 君子萬年을 景命有僕이로다

●그胤은엇데오天이네게祿을被ᄒᆞ야君子ㅣ萬年을큰命이僕홈이이시리로다

○賦也僕附也○言將使爾有子孫者先當使爾被天祿而爲天命之所附屬下章乃言子孫之事

○其僕維何오 釐(音離)爾女士ㅣ로다 釐爾女士ㅣ오 從以孫子(叶獎里反)ㅣ로다

●그僕홈은엇뎨오네게女士를釐ᄒᆞ도다네게女士를釐ᄒᆞ고孫子로써從ᄒᆞ리로다

○賦也釐予也女士女之有士行者謂生淑媛使爲之妃(音配)也從隨也謂又生賢子孫也

旣醉八章章四句

鳧(音扶)鷖(於鷄反)在涇이어놀 公尸來燕來寧이로다 爾酒旣淸ᄒᆞ며 爾殽旣馨이어놀 公尸燕飮ᄒᆞ니 福祿來成이로다

●鳧鷖ㅣ涇에잇거놀公尸ㅣ來ᄒᆞ야燕ᄒᆞ며來ᄒᆞ야寧ᄒᆞ놋다네酒ㅣ이믜淸ᄒᆞ며네殽ㅣ이믜馨ᄒᆞ거놀公尸ㅣ燕ᄒᆞ야飮ᄒᆞ니福祿이來ᄒᆞ야成ᄒᆞ놋다

○興也鳧水鳥如鴨者鷖鷗也涇水名爾自歌工而指主人也馨香之遠聞也○此祭之明日繹而賓尸之樂故言鳧鷖則在涇矣公尸則來燕來寧矣酒淸殽馨則公尸燕飮而福祿來成矣

○鳧鷖在沙(叶柔何反)ㅣ어놀 公尸來燕來宜(叶牛何反)로다 爾酒旣多ᄒᆞ며 爾殽旣嘉(叶居何反)ㅣ어놀 公尸燕飮ᄒᆞ니 福祿來爲(叶吾禾反)로다

●鳧鷖ㅣ沙에잇거늘公尸ㅣ來ᄒᆞ야燕ᄒᆞ며來ᄒᆞ야宜ᄒᆞ놋다네酒ㅣ이믜多ᄒᆞ며네殽ㅣ이믜嘉ᄒᆞ거늘公尸
ㅣ燕ᄒᆞ야飮ᄒᆞ니福祿이來ᄒᆞ야爲ᄒᆞ놋다
○興也爲猶助也
○鳧鷖在渚ㅣ어늘 公尸來燕來處ㅣ로다 爾酒既湑上聲ᄒᆞ며 爾殽伊脯ㅣ어
늘 公尸燕飮ᄒᆞ니 福祿來下叶後五反ㅣ로다
●鳧鷖ㅣ渚에잇거늘公尸ㅣ來ᄒᆞ야燕ᄒᆞ며來ᄒᆞ야處ᄒᆞ놋다네酒ㅣ이믜湑ᄒᆞ며네殽ㅣ脯ㅣ어늘公尸ㅣ燕
ᄒᆞ야飮ᄒᆞ니福祿이來ᄒᆞ야下ᄒᆞ놋다
○興也渚水中高地也湑酒之泲者也
○鳧鷖在潨音叢이어늘 公尸來燕來宗이로다 既燕于宗ᄒᆞ니 福祿攸降叶乎
攻反이어늘 公尸燕飮ᄒᆞ니 福祿來崇이로다
●鳧鷖ㅣ潨에잇거늘公尸ㅣ來ᄒᆞ야燕ᄒᆞ며來ᄒᆞ야宗ᄒᆞ놋다 이믜宗에燕ᄒᆞ니福祿이降ᄒᆞᆫ배어늘公尸ㅣ
燕ᄒᆞ야飮ᄒᆞ니福祿이來ᄒᆞ야崇ᄒᆞ놋다
○興也潨水會也來宗之宗尊也于宗之宗廟也崇積而高大也
○鳧鷖在亹音門이어늘 公尸來止熏熏叶眉貧反이로다 旨酒欣欣ᄒᆞ며 燔炙芬
芬叶豐匀反이어늘 公尸燕飮ᄒᆞ니 無有後艱叶居銀反이로다
●鳧鷖ㅣ亹에잇거늘公尸ㅣ來ᄒᆞ야止ᄒᆞ야熏熏ᄒᆞ놋다 旨ᄒᆞᆫ酒ㅣ欣欣ᄒᆞ며燔이며炙이芬芬ᄒᆞ거늘公尸ㅣ

燕ᄒᆞ야飮ᄒᆞ니後艱이잇지아니ᄒᆞ리로다

○興也亹水流峽中兩岸如門也熏熏和說也欣欣樂也芬芬香也

鳧鷖五章章六句

假(音嘉)樂(音洛)君子(叶音則)ㅣ여 顯顯令德이로다 宜民宜人이라 受祿于天(叶鐵因反)이어놀 保右(音又)命(叶彌幷反)之ᄒᆞ시고 自天申之ᄒᆞ샷다(假中庸春秋傳皆作嘉今當作嘉)

●假ᄒᆞ고樂ᄒᆞ온君子ㅣ여顯顯ᄒᆞᆫ令ᄒᆞᆫ德이로다民에宜ᄒᆞ며人에宜ᄒᆞᆫ디라祿을天애受ᄒᆞ거놀保ᄒᆞ시며右ᄒᆞ시며命ᄒᆞ시고天으로브터申ᄒᆞ샷다

○賦也嘉美也君子指王也民庶民也人在位者也申重也○言王之德旣宜民人而受天祿矣而天之於王猶反覆眷顧之不厭旣保之右之命之而又申重之也疑此卽公尸之所以答鳧鷖者也

○干祿百福(叶筆力反)이라 子孫千億이로다 穆穆皇皇ᄒᆞ야 宜君宜王이라 不愆不忘ᄒᆞ야 率由舊章이로다

●祿을干ᄒᆞ야百福을혼디라子孫이千이며億이로다穆穆ᄒᆞ며皇皇ᄒᆞ야君애宜ᄒᆞ며王애宜ᄒᆞᆫ디라 愆치아니ᄒᆞ며忘치아니ᄒᆞ야舊章을率ᄒᆞ야由ᄒᆞ리로다

○賦也穆穆敬也皇皇美也君諸侯也王天子也愆過率循也舊章先王之禮樂政刑也

○言王者干祿而得百福故其子孫之蕃至於千億適爲天子庶爲諸侯無不穆穆皇皇

以遵先王之法者

○威儀抑抑ᄒᆞ며德音秩秩ᄒᆞ고無怨無惡去聲ᄒᆞ야率由羣匹ᄒᆞ니受福無疆이라四方之綱이로다

●威儀ㅣ抑抑ᄒᆞ며德音이秩秩ᄒᆞ고怨이업ᄉᆞ며惡ㅣ업서모든匹을率ᄒᆞ야由ᄒᆞ니福을受홈이 疆이업ᄉᆞᆫ디라四方의綱이로다

○賦也抑抑密也秩秩有常也匹類也○言有威儀聲譽之美又能無私怨惡以任衆賢是以能受無疆之福爲四方之綱此與下章皆稱願其子孫之辭也或曰無怨無惡不爲人所怨惡也

○之綱之紀ᄒᆞ야燕及朋友叶羽己反ㅣ면百辟卿士ㅣ媚于天子叶奬里反ᄒᆞ야不解音懈ᄒᆞ야于位ᄒᆞ야民之攸塈音戱리라

●綱ᄒᆞ며紀ᄒᆞ야燕이朋友애及ᄒᆞ면百辟과卿士ㅣ天子에媚ᄒᆞ야位에解치아니ᄒᆞ야民의塈홀배리라

○賦也燕安也朋友亦謂諸臣也解惰塈息也○言人君能綱紀四方而臣下賴之以安則百辟卿士媚而愛之維欲其不解于位而爲民所安息也東萊呂氏曰君燕其臣臣媚其君此上下交而爲泰之時也泰之時所憂者怠荒而已此詩所以終於不解于位民之攸塈也方嘉之又規之者蓋皐陶賡歌之意也民之勞逸在下而樞機在上逸則下勞矣上勞則下逸矣不解于位乃民之所由休息也

假樂四章章六句

篤公劉ㅣ 匪居匪康ᄒᆞ샤 迺場(音易)迺疆ᄒᆞ야 迺積迺倉이어ᄂᆞᆯ 迺裹(音果)餱(音侯)糧(音良)을 于橐(音託)于囊ᄒᆞ야 思輯(音集)用光ᄒᆞ샤 弓矢斯張ᄒᆞ며 干戈戚揚으로 爰方啓行(叶戶郎反)ᄒᆞ시니라

● 篤ᄒᆞ신公劉ㅣ 居치아니ᄒᆞ사며康치아니ᄒᆞ샤 場ᄒᆞ며疆ᄒᆞ야積ᄒᆞ며倉ᄒᆞ거ᄂᆞᆯ 餱와糧을裹홈을橐에ᄒᆞ며囊에ᄒᆞ야輯ᄒᆞ야ᄡᅥ光홈을思ᄒᆞ샤弓矢를이에張ᄒᆞ며干戈와戚揚으로이에비로소行을啓ᄒᆞ시니라

○賦也篤厚也公劉后稷之曾孫也事見豳風居安康寧也場疆田畔也積露積也餱食糧糗也無底曰橐有底曰囊輯和戚斧揚鉞方始也○舊說召康公以成王將涖政當戒以民事故詠公劉之事以告之曰厚哉公劉之於民也其在西戎不敢寧居治其田疇實其倉廩既富其强於是裹其餱糧思以輯和其民人而光顯其國家然後以其弓矢斧鉞之備爰始啓行而遷都於豳焉蓋亦不出其封內也

○篤公劉ㅣ 于胥斯原ᄒᆞ시니 既庶既繁(叶紛乾反)ᄒᆞ며 既順迺宣ᄒᆞ야 而無永歎(音灘)이로다 陟則在巘(音獻 叶魚軒反)ᄒᆞ시며 復降在原ᄒᆞ시니 何以舟(叶之遙反)之오 維玉及瑤(音遙)와 鞞(音必頂反)琫(音菶)容刀(叶徒招反)ㅣ로다

● 篤ᄒᆞ신公劉ㅣ 이原을胥ᄒᆞ시니이믜庶ᄒᆞ며이믜繁ᄒᆞ며이믜順ᄒᆞ야宣ᄒᆞ야기리嘆홈이업도다 陟ᄒᆞ샤ᄂᆞᆫ

巘에在ᄒᆞ시며다시降ᄒᆞ샤ᄂᆞᆫ原에在ᄒᆞ시니므어스로써舟ᄒᆞ얏ᄂᆞ뇨玉과밋瑤와鞞琫에容ᄒᆞᆫ刀ㅣ로다

○賦也胥相也庶繁謂居之者衆也順安宣徧也言居之徧也無永歎得其所不思舊也巘山頂也舟帶也鞞刀鞘也琫刀上飾也容刀容飾之刀也或曰容刀如言容臭謂鞞琫之中容此刀耳○言公劉至豳欲相土以居而帶此劒佩以上下於山原也東萊呂氏曰以如是之佩服而親如是之勞苦斯其所以爲厚於民也歟

○篤公劉ㅣ逝彼百泉ᄒᆞ샤瞻彼溥音普原ᄒᆞ시고迺陟南岡ᄒᆞ샤乃覯于京叶居良反ᄒᆞ시니京師之野叶上與反ㅣ시于時處處ᄒᆞ며于時廬旅ᄒᆞ며于時言言ᄒᆞ며于時語語ᄒᆞ시니다

㊀篤ᄒᆞ신公劉ㅣ뎌百泉에逝ᄒᆞ샤뎌溥ᄒᆞᆫ原을瞻ᄒᆞ시고南岡에陟ᄒᆞ샤京을覯ᄒᆞ시니京이오師ᄒᆞᆯ野ᄅᆞᆯ시아에處에處ᄒᆞ며이에旅를廬ᄒᆞ며이에言를言ᄒᆞ며이에語를語ᄒᆞ시니라

○賦也溥大覯見也京高邱也師衆也京師高山而衆居也董氏曰所謂京師者蓋起於此其後世因以所都爲京師也時是也處處居室也廬寄也旅賓旅也直言曰言論難曰語○此章言營度邑居也自下觀之則往百泉而望廣原自上觀之則陟南岡而覯于京於是爲之居室於是廬其賓旅於是言其所言於是語其所語無不於斯焉

○篤公劉ㅣ于京斯依叶於豈反ᄒᆞ시니蹌蹌音搶濟濟上聲어늘俾筵俾几ᄒᆞ니既登

乃依(同上로다)乃造(音造)其曹(ᄒᆞ야)執豕于牢(ᄒᆞ며)酌之用匏(音庖ᄒᆞ니)食(音嗣)之飲之(ᄒᆞ며)
君之宗之(로다)

●篤ᄒᆞ신公劉ㅣ京에이依ᄒᆞ시니蹌蹌ᄒᆞ며濟濟ᄒᆞ거ᄂᆞᆯᄒᆞ여곰筵ᄒᆞ며ᄒᆞ여곰几ᄒᆞ니이의登ᄒᆞ야依ᄒᆞ놋다
그曹에造ᄒᆞ야豕를牢에執ᄒᆞ며酌호ᄃᆡ匏로써ᄒᆞ니食ᄒᆞ며飲ᄒᆞ며君ᄒᆞ며宗ᄒᆞ놋다
○賦也依安也蹌蹌濟濟羣臣有威儀貌俾使也使人爲之設筵几也登登筵也依依几
也曹羣牧之處也以豕爲殽用匏爲爵儉以質也宗尊也主也嫡子孫主祭祀而族人尊
之以爲主也○此章言宮室既成而落之既以飲食勞其羣臣而又爲之君爲之宗焉東
萊呂氏曰既饗燕而定經制以整屬其民上則皆統於君下則各統於宗蓋古者建國立
宗其事相須楚執戎蠻子而致邑立宗以誘其遺民即其事也

○篤公劉ㅣ既溥既長(이어ᄂᆞᆯ)既景迺岡(ᄒᆞ야)相(去聲)其陰陽(ᄒᆞ며)觀其流
泉(ᄒᆞ니)其軍三單(音丹叶多涓反이로다)度其隰原(ᄒᆞ야)徹田爲糧(ᄒᆞ며)度其夕陽(ᄒᆞ니)豳
居允荒(이로다)

●篤ᄒᆞ신公劉ㅣ이믜溥ᄒᆞ며이믜長ᄒᆞ거ᄂᆞᆯ이믜景ᄒᆞ고岡ᄒᆞ야그陰陽을相ᄒᆞ며그流泉을觀ᄒᆞ니 그軍이三
單이로다그隰과原을度ᄒᆞ야田을徹ᄒᆞ야糧을ᄒᆞ며그夕陽을度ᄒᆞ니豳人居ㅣ진실로荒ᄒᆞ도다
○賦也溥廣也言其芟夷墾辟土地既廣而且長也景考日景以正四方也岡登高以望
也相視也陰陽向背寒暖之宜也流泉水泉灌漑之利也三單未詳徹通也一井之田九

百畝八家皆私百畝同養公田耕則通力而作收則計畝而分也周之徹法自此始其後周公蓋因而脩之耳山西曰夕陽允信荒大也○此言辨土宜以授所徙之民定其軍賦與其稅法又度山西之田以廣之而豳人之居於此益大矣

○篤公劉ㅣ于豳斯館(叶古玩反)ᄒᆞ샤涉渭爲亂ᄒᆞ야取厲取鍛(丁亂反)ᄒᆞ야止基迺理ᄒᆞ니爰衆爰有(叶羽已反)ᄒᆞ야夾其皇澗ᄒᆞ며遡其過(平聲)澗ᄒᆞ며止旅迺密ᄒᆞ야芮鞫(音菊)之卽이로다

●篤ᄒᆞ신公劉ㅣ豳에이館ᄒᆞ샤渭를涉ᄒᆞ샤亂을ᄒᆞ야厲를取ᄒᆞ며鍛을取ᄒᆞ야止를基ᄒᆞᆫ지라理ᄒᆞ니이에衆ᄒᆞ며이에有ᄒᆞ야그皇澗을夾ᄒᆞ며그過澗을遡ᄒᆞ며止ᄒᆞᆫ旅ㅣ密ᄒᆞ야芮ㅅ鞫에卽ᄒᆞ놋다

○賦也館客舍也亂舟之截流橫渡者也厲砥鍛鐵止居基定也理彊理也衆人多也有財足也遡鄕也皇過二澗名芮水名出吳山西北東入涇周禮職方作汭鞫水外也○此章又總敍其始終言其始來未定居之時涉渭取材而爲舟以來往取厲取鍛而成宮室旣止基於此矣乃彊理其田野則日益繁庶富足其居有夾澗者有遡澗者其止居之衆日以益密乃復卽芮鞫而居之而豳地日以廣矣

公劉六章章十句

泂(音迥)酌彼行潦(音老)ᄒᆞ야挹(音揖)彼注玆ㅣ라도可以餴(音分)饎(音熾 叶昌里反)로다豈弟君子

여民之父母 叶滿ㅣ로 彼反다

●멀리뎌行潦를酌ᄒᆞ야뎌에挹ᄒᆞ야이에注ᄒᆞ야도可히써餴ᄒᆞ며饎를ᄒᆞ리다豈弟ᄒᆞᆫ君子ㅣ여 民의父母ㅣ로다

○興也洞遠也行潦流潦也餴烝米一熟而以水沃之乃再烝也饎酒食也君子指王也

○舊說以爲召康公戒成王言遠酌彼行潦挹之於彼而注之於此尙可以餴饎況豈弟之君子豈不爲民之父母乎傳曰豈以强敎之弟以悅安之民皆有父之尊有母之親又曰民之所好好之民之所惡惡之此之謂民之父母

○洞酌彼行潦ᄒᆞ야 挹彼注玆ㅣ라도 可以濯罍 音雷로다 豈弟君子여 民之攸歸 叶古回反로다

●멀리뎌行潦를酌ᄒᆞ야뎌에挹ᄒᆞ야이에注ᄒᆞ야도可히써罍를濯ᄒᆞ리로다豈弟ᄒᆞᆫ君子ㅣ여 民의歸ᄒᆞᆯ배로다

○興也濯滌也

○洞酌彼行潦ᄒᆞ야 挹彼注玆ㅣ라도 可以濯漑 音蓋叶古氣反로다 豈弟君子여 民之攸墍 許旣反로다

●멀리뎌行潦를酌ᄒᆞ야뎌에挹ᄒᆞ야이에注ᄒᆞ야도可히써濯ᄒᆞ며漑ᄒᆞ리로다豈弟ᄒᆞᆫ君子ㅣ여 民의墍ᄒᆞᆯ바로다

○興也泂亦滌也塈息也

泂酌三章章五句

有卷音權者阿애飄風自南叶尼心反이로다豈弟君子ㅣ來游來歌ᄒᆞ야以矢其音이로다

●卷ᄒᆞᆫ阿에飄風이南으로브터ᄒᆞ놋다豈弟ᄒᆞᆫ君子ㅣ來ᄒᆞ야游ᄒᆞ며來ᄒᆞ야歌ᄒᆞ야써그音을矢ᄒᆞ놋다

○賦也卷曲也阿大陵也豈弟君子指王也矢陳也○此詩舊說亦召康公作疑公從成王游歌於卷阿之上因王之歌而作此以爲戒此章總叙以發端也

○伴音判奐音喚爾游矣며優游爾休矣로다豈弟君子아俾爾彌爾性ᄒᆞ야似先公酋音囚矣리로다

●伴奐히네游ᄒᆞ며優游히네休ᄒᆞ놋다豈弟ᄒᆞᆫ君子아널로ᄒᆞ여곰네性을彌ᄒᆞ야先公의酋홈갓두리로다

○賦也伴奐優游閑暇之意爾君子皆指王也彌終也性猶命也酋終也○言爾既伴奐優游矣又呼而告之言使爾終其壽命似先君善始而善終也自此至第四章皆極言壽考福祿之盛以廣王心而歆動之五章以後乃告以所以致此之由也

○爾土宇昄符版反章ᄒᆞ니亦孔之厚叶狠口下主二反矣로다豈弟君子아俾爾彌爾性ᄒᆞ야百神爾主叶當口腫庾二反矣리로다

●네土宇ㅣ昄章ᄒᆞ니ᄯᅩᄒᆞᆫ심히厚ᄒᆞ도다豈弟ᄒᆞᆫ君子아널로ᄒᆞ여곰네性을彌ᄒᆞ야百神을네主ᄒᆞ리로다

○賦也昄章大明也或曰昄當作版版章猶版圖也○言爾土宇昄章旣甚厚矣又使爾終其身常爲天地山川鬼神之主也

○爾受命長矣니 茀(音弗)祿爾康矣로다 豈弟君子아 俾爾彌爾性ᄒᆞ야 純嘏爾常矣리로다

●네命을受홈이長ᄒᆞ니茀祿으로네康ᄒᆞ놋다豈弟ᄒᆞᆫ君子아널로ᄒᆞ여곰네性을彌ᄒᆞ야 純ᄒᆞᆫ嘏를네常ᄒᆞ리로다

○賦也茀嘏皆福也常常享之也

○有馮(音憑)有翼ᄒᆞ며 有孝有德ᄒᆞ야 以引以翼ᄒᆞ면 豈弟君子를 四方爲則ᄒᆞ리라

●馮이이시며翼이이시며孝ㅣ이시며德이이셔써引ᄒᆞ며써翼ᄒᆞ면豈弟ᄒᆞᆫ君子를四方이則을삼으리라

○賦也馮謂可爲依者翼謂可爲輔者孝謂能事親者德謂得於己者引導其前也翼相其左右也東萊呂氏曰賢者之行非一端必曰有孝有德何也蓋人主常與慈祥篤實之人處其所以興起善端涵養德性鎭其躁而消其邪日改月化有不在言語之間者矣○言得賢以自輔如此則其德日脩而四方以爲則矣自此章以下乃言所以致上章福祿之由也

○顒顒(魚容反)卬卬(五綱反)ᄒᆞ며如圭如璋ᄒᆞ며令聞(音問)令望(叶無方反)이라豈弟君子를
四方爲綱ᄒᆞ리라
●顒顒ᄒᆞ며卬卬ᄒᆞ며圭ᄀᆞᆺ타며璋ᄀᆞᆺ타며令ᄒᆞᆫ聞이며令ᄒᆞᆫ望이라豈弟ᄒᆞᆫ君子를四方이綱을삼으리라
○賦也顒顒卬卬尊嚴也如圭如璋純潔也令聞善譽也令望威儀可望法也○承上章
言得馮翼孝德之助則能如此而四方以爲綱矣
○鳳凰于飛ᄒᆞ니翽翽(音諱)其羽ㅣ라亦集爰止로다藹藹王多吉士ᄒᆞ시니
維君子使ㅣ라媚于天子ㅣ로다
●鳳凰이飛ᄒᆞ니翽翽ᄒᆞᆫ그羽ㅣ라ᄯᅩᄒᆞᆫ止ᄒᆞᆯ되集ᄒᆞᄂᆞᆺ다藹藹히王이吉士ㅣ多ᄒᆞ시니君子ㅣ使ᄒᆞᆯ지라天子ᄭᅴ媚ᄒᆞᄂᆞᆺ다
○興也鳳凰靈鳥也雄曰鳳雌曰凰翽翽羽聲也鄭氏以爲因時鳳凰至故以爲喩理或
然也藹藹衆多也媚順愛也○鳳凰于飛則翽翽其羽而集於其所止矣藹藹王多吉士
則維王之所使而皆媚于天子矣旣曰君子又曰天子猶曰王于出征以佐天子云爾
○鳳凰于飛ᄒᆞ니翽翽其羽ㅣ라亦傅(音附)于天(叶鐵因反)이로다藹藹王多吉人
ᄒᆞ시니維君子命(叶彌幷反)이라媚于庶人이로다
●鳳凰이飛ᄒᆞ니翽翽ᄒᆞᆫ그羽ㅣ라ᄯᅩᄒᆞᆫ天에傅ᄒᆞᄂᆞᆺ다藹藹히王이吉人이多ᄒᆞ시니君子ㅣ命ᄒᆞᆯ지라庶人에

媚ᄒᆞ놋다

○興也媚于庶人順愛于民也

○鳳凰鳴矣ㄴ니于彼高岡이로다梧桐生矣ㄴ니于彼朝陽이로다菶菶音琫萋萋音ᄒᆞ妻ㄴ니雝雝喈喈叶居奚反로다

●鳳凰이鳴ᄒᆞ니뎌高岡에ᄒᆞ놋다梧桐이生ᄒᆞ니뎌朝陽에ᄒᆞ놋다菶菶ᄒᆞ며萋萋ᄒᆞ니雝雝ᄒᆞ며喈喈ᄒᆞ놋다

○比也又以興下章之事也山之東曰朝陽鳳凰之性非梧桐不棲非竹實不食菶菶萋萋梧桐生之盛也雝雝喈喈鳳凰鳴之和也

○君子之車ㅣ既庶且多ᄒᆞ며君子之馬ㅣ既閑且馳叶唐何反로다矢詩不多ㅣ라維以遂歌ㅣ니라

●君子의車ㅣ이믜庶ᄒᆞ고多ᄯᅩᄒᆞ며君子의馬ㅣ이믜閑ᄒᆞ고ᄯᅩ馳ᄒᆞ놋다詩를矢홈을多ᄒᆞ논줄이아니라ᄡᅥ드듸여歌홈이니라

○賦也承上章之興也菶菶萋萋則雝雝喈喈矣君子之車馬則既衆多而閑習矣其意若曰是亦足以待天下之賢者而不厭其多矣遂歌蓋繼王之聲而遂歌之猶書所謂賡載歌也

卷阿十章六章章五句四章章六句

民亦勞止ㅣ라汔許乙反可小康ㅣ니이惠此中國ᄒᆞ야以綏四方이어다無縱詭

居般反隨ᄒᆞ야以謹無良ᄒᆞ며 式遏寇虐이憯音慘不畏明叶謨郎反이라 柔遠能邇ᄒᆞ야
以定我王이라

●民이또ᄒᆞᆫ勞ᄒᆞᆫ디라거의可히져기康ᄒᆞᆯ디니이中國을惠ᄒᆞ야써四方을綏ᄒᆞᆯ디어다詭隨를縱티마라 써無良을謹ᄒᆞ며 써寇虐이일즉明을畏치아니ᄒᆞᄂᆞᆫ이를遏ᄒᆞ야아遠을柔ᄒᆞ며邇를能ᄒᆞ야 써우리王을定ᄒᆞ리라

○賦也汔幾也中國京師也四方諸夏也京師諸夏之根本也詭隨不顧是非而妄隨人也謹斂束之意憯曾也明天之明命也柔安也能順習也○序說以此爲召穆公刺厲王之詩以今考之乃同列相戒之詞耳未必專爲刺王而發然其憂時感事之意亦可見矣蘇氏曰人未有無故而妄從人者維無良之人將悅其君而竊其權以爲寇虐則爲之故無縱詭隨則無良之人肅而寇虐無畏之人止然後柔遠能邇而王室定矣穆公名虎康公之後厲王名胡成王七世孫也

○民亦勞止라 汔可小休ㅣ니 惠此中國ᄒᆞ야 以爲民逑ㅣ어다 無縱詭隨ᄒᆞ야 以謹惛怓音奴叶尼猶反ᄒᆞ며 式遏寇虐ᄒᆞ야 無俾民憂ㅣ라 無棄爾勞ᄒᆞ야 以爲王休ㅣ어다

●民이또ᄒᆞᆫ勞ᄒᆞᆫ디라거의可히져기休ᄒᆞᆯ지니이中國을惠ᄒᆞ야써民의逑를ᄒᆞᆯ지어다 詭隨를縱치마라써惛怓를謹ᄒᆞ며써寇虐을遏ᄒᆞ야民으로ᄒᆞ여곰憂케말을지라네의勞을棄치마라써王의休를ᄒᆞᆯ지어다

○賦也逑聚也惛怓猶讙譁也勞猶功也言無棄爾之前功也休美也

○民亦勞止라 汔可小息이니 惠此京師ᄒᆞ야 以綏四國이어다(叶于逼反) 無縱詭隨ᄒᆞ야 以謹罔極ᄒᆞ며 式遏寇虐ᄒᆞ야 無俾作慝이오 敬愼威儀ᄒᆞ야 以近有德ᄒᆞ라

●民이ᄯᅩᄒᆞᆫ勞ᄒᆞᆫ지라거의可히져기息ᄒᆞᆯ지니이京師를惠ᄒᆞ야ᄡᅥ四國을綏ᄒᆞᆯ지어다詭隨를縱치마라ᄡᅥ罔極을謹ᄒᆞ며ᄡᅥ寇虐을遏ᄒᆞ야ᄒᆞ여곰慝을作게말오威儀를敬愼ᄒᆞ야ᄡᅥ德잇ᄂᆞᆫ이를近ᄒᆞ라

○賦也罔極爲惡無窮極之人也有德有德之人也

○民亦勞止라 汔可小愒(起例反)니 惠此中國ᄒᆞ야 俾民憂泄(以世反)어다 無縱詭隨ᄒᆞ야 以謹醜厲ᄒᆞ며 式遏寇虐ᄒᆞ야 無俾正敗(叶蒲寐反)ᄒᆞ라 戎雖小子ㅣ나 而式弘大(叶持計反)ᄒᆞ니라

●民이ᄯᅩᄒᆞᆫ勞ᄒᆞᆫ지라거의可히져기愒ᄒᆞᆯ지니이中國을惠ᄒᆞ야民으로ᄒᆞ여곰憂ㅣ泄케ᄒᆞᆯ지어다 詭隨를縱치마라ᄡᅥ醜厲를謹ᄒᆞ며ᄡᅥ寇虐을遏ᄒᆞ야正으로ᄒᆞ여곰敗케말라네비록小子ㅣ나式은弘大ᄒᆞ니라

○賦也愒息泄去厲惡也正敗正道敗壞也戎汝也言汝雖小子而其所爲甚廣大不可不謹也

○民亦勞止라 汔可小安이니 惠此中國ᄒᆞ야 國無有殘이어다 無縱詭隨ᄒᆞ야 以謹繾綣ᄒᆞ며 式遏寇虐ᄒᆞ야 無俾正反ᄒᆞ라 王欲玉女(音汝)ㅣ실서니 是用

大諫ᄒᆞ노라 春秋傳荀子書並作簡音簡

●民이ᄯᅩᄒᆞᆫ勞ᄒᆞᆫ지라거의可히져기安ᄒᆞᆯ지니이中國을惠ᄒᆞ야國이殘ᄒᆞᆷ이업게ᄒᆞᆯ지어다詭隨를縱치마라써繾綣을謹ᄒᆞ며써冦虐을遏ᄒᆞ야ᄒᆞ여금正에反케말라王이너를玉고져ᄒᆞ실ᄉᆡ니이에써키諫ᄒᆞ노라

○賦也繾綣小人之固結其君者也正反反於正也玉寶愛之意言王欲以女爲玉而寶愛之故我用王之意大諫正於女蓋託爲王意以相戒也

民勞五章章十句

上帝板板이라下民卒癉音亶이어놀 出話不然ᄒᆞ며爲猶不遠ᄒᆞ야靡聖管管ᄒᆞ며不實於亶ᄒᆞᄂᆞ니猶之未遠이라是用大諫叶音簡ᄒᆞ노라

●上帝ㅣ板板ᄒᆞ신지라下民이다癉ᄒᆞ거놀話를出홈이然치아니ᄒᆞ며猶를홈이遠치아니ᄒᆞ야聖이업다ᄒᆞ야管管ᄒᆞ며亶애實치아니ᄒᆞᄂᆞ니猶ㅣ遠치못ᄒᆞᆫ지라이써키諫ᄒᆞ노라

○賦也板板反也卒盡癉病猶謀也管管無所依也亶誠也○序以此爲凡伯刺厲王之詩今考其意亦與前篇相類但責之益深切耳此章首言天反其常道而使民盡病矣而女之出言皆不合理爲謀又不久遠其心以爲無復聖人但恣己妄行而無所依據又不實之於誠信豈其謀之未遠而然乎世亂乃人所爲而曰上帝板板者無所歸咎之詞耳

○天之方難叶泥涓反이시니 無然憲憲叶虛言反이어다 天之方蹶音愧이시니 無然泄泄以世反이어다 辭之輯音集叶祖合反矣면 民之洽矣며 辭之懌叶弋灼反矣면 民之莫矣리라

●天이보야흐로難ᄒᆞ시니憲憲치마를지어다天이보야흐로蹶ᄒᆞ시니泄泄치마를지어다 辭ㅣ輯ᄒᆞ면民이洽ᄒᆞ며辭ㅣ懌ᄒᆞ면民이莫ᄒᆞ리라

○賦也憲憲欣欣也蹶動也泄泄猶沓沓也蓋弛緩之意孟子曰事君無義進退無禮言則非先王之道者猶沓沓也輯和洽合懌悅莫定也辭輯而懌則言必以先王之道矣所以民無不合無不定也

○我雖異事나ㅣ 及爾同僚ㅣ로다 我卽爾謀ᄒᆞ니 聽我囂囂音鴞ᄒᆞᄂᆞ니 我言維服이니 勿以爲笑叶思邀反ᄒᆞ라 先民有言호ᄃᆡ 詢于芻初俱反蕘音饒ㅣ라ᄒᆞ니라

●내비록事ㅣ異ᄒᆞ나널로ᄆᆡᆺ同僚ㅣ로라내너계卽ᄒᆞ야謀호니나를聽홈을囂囂히ᄒᆞᄂᆞ다내言이服이니써笑ᄒᆞ지말라先民이言을두ᄃᆡ芻蕘에도詢ᄒᆞ라ᄒᆞ니라

○賦也異事不同職也同僚同爲王臣也春秋傳曰同官爲僚卽就也囂囂自得不肯受言之貌服事也猶曰我所言者乃今之急事也先民古之賢人也芻蕘采薪者古人尙詢及芻蕘況其僚友乎

○天之方虐이시니 無然謔謔이어다 老夫灌灌이어늘 小子蹻蹻其略反이로다 匪我言耄音帽叶毛博反ㅣ어늘 爾用憂謔ᄒᆞᄂᆞ니 多將熇熇叶許各反ᄒᆞ야 不可救藥이리라

●天이보야흐로虐ᄒᆞ시니謔謔지마를지어다老夫ㅣ灌灌ᄒᆞ거늘小子ㅣ蹻蹻ᄒᆞᄂᆞ다 내言이耄ᄒᆞᆫ줄이아니어늘네憂로써謔ᄒᆞᄂᆞ니多ᄒᆞ면쟝찻熇熇ᄒᆞ야可히救藥지못ᄒᆞ리라

○賦也謔戲侮也老夫詩人自稱灌灌欵欵也蹻蹻驕貌耄老而昏也熇熇熾盛也○蘇氏曰老者知其不可而盡其欵誠以告之少者不信而驕之故曰非我老耄而妄言乃汝以憂爲戲耳夫憂未至而救之猶可爲也苟俟其益多則如火之盛不可復救矣

○天之方懠(音擠叶箋西反)시니 無爲夸(音誇)毗하야 威儀卒迷하며 善人載尸어다 民之方殿屎(音羲)어놀 則莫我敢葵하나니 喪(去聲)亂蔑資(叶箋西反)라 曾莫惠我師(叶霜夷反)로다

●天이보야흐로懠하시니夸하며毗하야威儀다迷하며善人이곳尸케말을지어다 民이보야흐로殿屎하거놀곳우리를敢히葵하리업나니喪亂하야蔑홈이資혼지라일즉우리師를惠하리업도다

○賦也懠怒夸大毗附也小人之於人不以大言夸之則以諛言毗之也尸則不言不爲飮食而已者也殿屎呻吟也葵揆也蔑猶滅也資與咨同嗟歎聲也惠順師衆也○戒小人毋得夸毗使威儀迷亂而善人不得有所爲也又言民方愁苦呻吟而莫敢揆度其所以然者是以至於散亂滅亾而卒無能惠我師者也

○天之牖民이 如壎(音塤)如篪(音池)하며 如璋如圭하며 如取如携하니 携無曰益이라 牖民孔易(去聲叶夷益反)하니 民之多辟(音僻)이니 無自立辟이어다

●天의民을牖홈이壎ᄀᆞᆮ드며篪ᄀᆞᆮ드며璋ᄀᆞᆮ드며圭ᄀᆞᆮ드며取홈ᄀᆞᆮ드며携홈ᄀᆞᆮ드니 携홈에益하논지아니라民을牖홈이심히易하니라民이辟이多하니스스로辟을立지마를지어다

○賦也牖開明也猶言天啓其心也壎唱而篪和璋判而圭合取求攜得而無所費皆言易也辟邪也○言天之開民其易如此以明上之化下其易亦然今民旣多邪辟矣豈可又自立邪辟以道之邪

○价(音介)人維藩(叶分遭反)이며 大師維垣이며 大邦維屛이며 大宗維翰(叶胡田反)이며 懷德維寧이며 宗子維城이니 無俾城壞(叶胡罪胡威二反)ᄒᆞ야 無獨斯畏(叶紆會於非二反)라

●介人이藩이며大師ㅣ垣이며大邦이屛이며大宗이翰이며德으로懷홈이寧ᄒᆞ리며 宗子ㅣ城이니城으로ᄒᆞ여곰壞케마라獨ᄒᆞ야이에畏케말라

○賦也价大也大德之人也藩籬師衆垣墻也大邦强國也屛樹也所以爲蔽也大宗强族也翰榦也宗子同姓也○言是六者皆君之所恃以安而德其本也有德則得是五者之助不然則親戚叛之而城壞城壞則藩垣屛翰皆壞而獨居獨居而所可畏者至矣

○敬天之怒ᄒᆞ야 無敢戲豫ᄒᆞ며 敬天之渝(音兪)ᄒᆞ야 無敢馳驅ㅣ어다 昊天日明(叶謨郎反)ᄒᆞ샤 及爾出王(音往叶如字)ᄒᆞ시며 昊天日旦(叶得絹反)ᄒᆞ샤 及爾游衍(叶怡戰反)ᄒᆞ시ᄂᆞ니라

●天의怒를敬ᄒᆞ야敢히戲豫치말며天의渝를敬ᄒᆞ야敢히馳驅치말디어다 昊天이明ᄒᆞ샤네出王에及ᄒᆞ시며昊天이旦ᄒᆞ샤네游衍에及ᄒᆞ시ᄂᆞ니라

○賦也渝變也王往通言出而有所往也旦亦明也衍寬縱之意○言天之聰明無所不及不可以不敬也板板也難也蹶也虐也懠也其怒而變也甚矣而不之敬也亦知其有

日監在玆者乎張子曰天體物而不遺猶仁體事而無不在也禮儀三百威儀三千無一事而非仁也昊天曰明及爾出王昊天曰旦及爾游衍無一物之不體也

板八章章八句

生民之什十篇六十一章四百三十三句

詩經卷七　　朱熹集傳

蕩之什三之三

蕩蕩上帝는下民之辟(音璧)이시니 疾威上帝는 其命多辟(音僻)이로다 天生烝民ᄒᆞ시니 其命匪諶(音忱 或叶市隆反)은 靡不有初ㅣ나 鮮克有終(叶諸深反)일시니라

● 蕩蕩ᄒᆞᆫ上帝ᄂᆞᆫ下民의辟이시니疾威ᄒᆞᆫ上帝ᄂᆞᆫ그命이辟이ᄒᆞ도다天이烝民을生ᄒᆞ시니 그命이諶치못홈은初ᄅᆞᆯ두지아니리업스나능히終을두리鮮홀시니라

○賦也蕩蕩廣大貌辟君也疾威猶暴虐也多辟多邪辟也烝衆諶信也○言此蕩蕩之上帝乃下民之君也今此暴虐之上帝其命乃多邪僻者何哉蓋天生衆民其命有不可信者蓋其降命之初無有不善而人少能以善道自終是以致此大亂使天命亦罔克終如疾威而多僻也蓋始爲怨天之辭而卒自解之如此劉康公曰民受天地之中以生所謂命也能者養之以福不能者敗以取禍此之謂也

○文王曰咨라ㅣ咨女(音汝)殷商아 曾是彊禦와 曾是掊(音抔)克이 曾是在位ᄒᆞ며 曾是在服(叶蒲北反)은 天降慆(音滔)德이나 女興是力일시니라

● 文王이ᄀᆞᆯᄋᆞ샤ᄃᆡ咨ㅣ라咨홉다네殷商아일즉이彊禦와일즉이掊克이일즉이位에잇시며일즉 이服에이심은天이慆德을降ᄒᆞ나네興ᄒᆞ야이力홀시니라

○賦也此設爲文王之言也咨嗟也殷商紂也彊禦暴虐之臣也掊克聚斂之臣也服事也慆慢興起也力如力行之力○詩人知厲王之將亡故爲此詩託於文王所以嗟歎殷紂者言此暴虐聚斂之臣在位用事乃天降慆慢之德而害民然非其自爲之也乃汝興起此人而力爲之耳

○文王曰咨ㅣ라咨女殷商아 而秉義類ㅣ어ᄂᆞᆯ 彊禦多懟音隊로 流言以對ᄒᆞᄂᆞ니 寇攘式內라 侯作音詛侯祝音呪ㅣ 靡屆靡究ㅣ로다

●文王이ᄀᆞᆯ으샤ᄃᆡ咨ㅣ라咨홉다너殷商아네義類ᄅᆞᆯ秉ᄒᆞᆯ거시어ᄂᆞᆯ彊禦ᄒᆞ야懟ㅣ多ᄒᆞ니로流言으로ᄡᅥ對케ᄒᆞᄂᆞ니寇攘이ᄡᅥ內ᄒᆞᆫ지라作와祝ㅣ屆업스며究ㅣ업도다

○賦也而亦女也義善懟怨也流言浮浪不根之言也侯維也作讀爲詛詛祝怨謗也○言汝當用善類而反任此暴虐多怨之人使用流言以應對則是爲寇盜攘竊而反居內矣是以致怨謗之無極也

○文王曰咨ㅣ라咨女殷商아 女炰音庖烋音哮于中國叶于逼反ᄒᆞ야 斂怨以爲德ᄒᆞᄂᆞ다 不明爾德이라 時無背音貝無側ᄒᆞ며 爾德不明이라 以無陪音培無卿이로다

●文王이ᄀᆞᆯ으샤ᄃᆡ咨ㅣ라咨홉다너殷商아네中國에炰烋ᄒᆞ야怨을斂ᄒᆞ야ᄡᅥ德을삼ᄂᆞ다 네德을明치아닌ᄂᆞᆫ지라이背업스며側이업스며네德이明치아닌지라ᄡᅥ陪업스며卿이업도다

○賦也炰烋氣健貌歛怨以爲德多爲可怨之事而反自以爲德也背後側旁陪貳也言前後左右公卿之臣皆不稱其官如無人也

○文王曰咨라咨女殷商아天不湎(音免)爾以酒시어ᄂᆞᆯ不義從式(叶式吏反)이로다既愆爾止ᄒᆞ야靡明靡晦(叶呼洧反ᄒᆞ며)式號式呼(去聲ᄒᆞ야)俾晝作夜(叶羊茹反ᄒᆞᄂᆞᆺ다)

●文王이ᄀᆞᆯᄋᆞ샤ᄃᆡ咨ㅣ라咨홉다너殷商아天이너를酒로써湎케ᄒᆞ신줄이아니어시ᄂᆞᆯ不義를從ᄒᆞ야式ᄒᆞᄂᆞᆺ다이믜네止를愆ᄒᆞ야明이업스며晦업스며써號ᄒᆞ며써呼ᄒᆞ야晝로ᄒᆞ야곰夜를삼ᄂᆞᆺ다

○賦也湎飮酒變色也式用也言天不使爾沈湎於酒而惟不義是從而用也止容止也

○文王曰咨라咨女殷商아如蜩如螗(音唐ᄒᆞ며)如沸如羹(叶盧當反ᄒᆞ야)小大近喪(去聲叶平聲)이어ᄂᆞᆯ人尙乎由行(叶戶郎反ᄒᆞ야)內奰(皮器反)于中國ᄒᆞ야覃及鬼方이로다

●文王이ᄀᆞᆯᄋᆞ샤ᄃᆡ咨ㅣ라咨홉다너殷商아蜩ᄀᆞᆺᄐᆞ며螗ᄀᆞᆺᄐᆞ며沸ᄀᆞᆺᄐᆞ며羹ᄀᆞᆺᄐᆞ야小와大ㅣ喪에近ᄒᆞ거ᄂᆞᆯ人이오히려由ᄒᆞ야行ᄒᆞ야內로中國애奰ᄒᆞ야覃ᄒᆞ야鬼方애及ᄒᆞᄂᆞᆺ다

○賦也蜩螗皆蟬也如蟬鳴如沸羹皆亂意也小者大者幾於喪亡矣尙且由此而行不知變也奰怒覃延也鬼方遠夷之國也言自近及遠無不怨怒也

○文王曰咨라咨女殷商아匪上帝不時(叶上止反)라殷不用舊(叶巨已反)라ㅣ니雖無老成人이나尙有典刑이어ᄂᆞᆯ曾是莫聽이라大命以傾이로다

●文王이ᄀᆞᆯᄋᆞ샤ᄃᆡ咨ㅣ라咨홉다너殷商아上帝ㅣ不時를ᄒᆞ시ᄂᆞᆫ줄이아니라 殷이舊를用치아니ᄒᆞ시니라
비록老成엣人이업스나오히려典刑이잇거ᄂᆞᆯ일즉이聽ᄒᆞ리업슨지라大命이써傾ᄒᆞ노다
○賦也老成人舊臣也典刑舊法也○言非上帝爲此不善之時但以殷不用舊致此禍
爾雖無老成人與圖先王舊政然典刑尙在可以循守乃無聽用之者是以大命傾覆而
不可救也

○文王曰咨ㅣ라咨女殷商아 人亦有言호ᄃᆡ 顚沛之揭(紀竭去例二反)애 枝葉
未有害(許曷瑕憩二反)라 本實先撥(音跋叶方吠筆烈二反)이라ᄒᆞᄂᆞ다 殷鑒不遠ᄒᆞ야 在夏后之世(叶始制弘列二反)ᄒᆞ니라

●文王이ᄀᆞᆯᄋᆞ샤ᄃᆡ咨ㅣ라咨홉다너殷商아人이ᄯᅩᄒᆞᆫ言을두ᄃᆡ顚沛ᄒᆞ야揭홈에 枝葉이害홈이잇지아닌지
라本實이몬저撥ᄒᆞᆫ다ᄒᆞᄂᆞ다殷의鑑이머지아니ᄒᆞ야夏后의世에잇ᄂᆞ니다
○賦也顚沛仆拔也揭本根蹶起之貌撥猶絶也鑒視也夏后桀也○言大木揭然將蹶
枝葉未有折傷而其根本之實已先絶然後此木乃相隨而顚拔爾蘇氏曰商周之衰典
刑未廢諸侯未畔四夷未起而其君先爲不義以自絶於天莫可救止正猶此爾殷鑒在
夏蓋爲文王歎紂之辭然周鑒之在殷亦可知矣

蕩八章章八句

抑抑威儀ᄂᆞᆫ 維德之隅ㅣ니라 人亦有言호ᄃᆡ 靡哲不愚ㅣ라ᄒᆞᄂᆞ니 庶人之

愚는亦職維疾[叶集二反]이어니와哲人之愚는亦維斯戾ㅣ로다

●抑抑ᄒᆞᆫ威儀ᄂᆞᆫ德의隅ㅣ니라人이ᄯᅩᄒᆞᆫ言을두ᄃᆡ哲이愚치아닌이업다ᄒᆞᄂᆞ니庶人의愚홈은ᄯᅩᄒᆞᆫ疾을職ᄒᆞ얏거니와哲人의愚홈은ᄯᅩᄒᆞᆫ이戾ᄒᆞ도다

○賦也抑抑密也隅廉角也鄭氏曰人密審於威儀者是其德必嚴正也故古之賢者道行心平可外占而知內如宮室之制內有繩直則外有廉隅也哲知庶衆職主戾反也○衛武公作此詩使人日誦於其側以自警言抑抑威儀乃德之隅則有哲人之德者固必有哲人之威儀矣而今之所謂哲者未嘗有其威儀則是無哲而不愚矣夫衆人之愚蓋有稟賦之偏宜有是疾不足爲怪哲人而愚則反戾其常矣

○無競維人이면四方其訓之ᄒᆞ며有覺德行[去聲]이면四國順之ᄒᆞᄂᆞ니訏[音吁]謨定命ᄒᆞ며遠猶辰告[叶古得反]ᄒᆞ며敬愼威儀라아維民之則이리라

●이만競ᄒᆞᆫ이업슨人이면四方이그訓ᄒᆞ며覺ᄒᆞᆫ德行이면四國이順ᄒᆞᄂᆞ니謨를訏ᄒᆞ며命을定ᄒᆞ며猶를遠히ᄒᆞ야辰으로告ᄒᆞ며威儀를敬愼ᄒᆞ야아民의則이리라

○賦也競强也覺直大也訏大謨謀也大謀謂不爲一身之謀而有天下之慮也定審定不改易也命號令也猶圖也遠圖謂不爲一時之計而爲長久之規也辰時告戒也辰告謂以時播告也則法也○言天地之性人爲貴故能盡人道則四方皆以爲訓有覺德行則四國皆順從之故必大其謀定其命遠圖時告敬其威儀然後可以爲天下法也

○其在于今(叶音經)ᄒᆞ야 興迷亂于政(叶音征)ᄒᆞ야 顚覆厥德이오 荒湛(音耽)于酒(叶子小反)ᄒᆞᄂᆞ다 女(音汝)雖湛樂(音洛)從ᄒᆞ나 弗念厥紹아 罔敷求先王ᄒᆞ야 克共(音拱)明刑(叶胡光反)ᄒᆞᄂᆞ다

●그이제이셔政에迷亂홈을興ᄒᆞ야그德을顚覆ᄒᆞ고酒에荒湛ᄒᆞᄂᆞ다네비록湛樂을從ᄒᆞ나 그紹홈을念치아니ᄒᆞ라先王을敷求ᄒᆞ야능히明刑을共치아니ᄒᆞᄂᆞ다

○賦也今武公自言己今日之所爲也興尙也女武公使人誦詩而命己之詞也後凡言女言爾言小子者放此湛樂從言湛樂之是從也紹謂所承之緒也敷求先王廣求先王所行之道也共執刑法也

○肆皇天弗尙(叶平聲)이시니 如彼流泉이라 無淪胥以亡가 夙興夜寐ᄒᆞ야 洒掃廷內ᄒᆞ야 維民之章이며 脩爾車馬와 弓矢戎兵(叶哺亡反)ᄒᆞ야 用戒戎作ᄒᆞ야 用逷(音剔)蠻方이어다

●그러므로皇天이尙치아니ᄒᆞ시니뎌泉의流홈이ᄀᆞᆺ튼지라淪ᄒᆞ야서르써亡홈이업스랴일興ᄒᆞ며밤들거든寐ᄒᆞ야廷內를洒掃ᄒᆞ야民의章이며네車馬와弓矢와戎兵을修ᄒᆞ야써戎의作홈을戒ᄒᆞ야 써逷ᄒᆞᆫ蠻方의홀지어다

○賦也弗尙厭棄之也淪陷胥相章表戒備戎兵作起逷遠也○言天所不尙則無乃淪陷相與而亡如泉流之易乎是以內自庭除之近外及蠻方之遠細而寢興洒掃之常大

而車馬戎兵之變慮無不周備無不飭也上章所謂訏謨定命遠猶辰告者於此見矣

○質爾人民ᄒᆞ며 謹爾侯度ᄒᆞ야 用戒不虞(叶元具反)ㅣ오 愼爾出話ᄒᆞ며 敬爾威儀(叶牛何反)ᄒᆞ야 無不柔嘉(叶居何反)ㅣ어다 白圭之玷(音點)은 尙可磨也ㅣ어니와 斯言之玷은 不可爲(叶吾禾反)也ㅣ니라

●네人民을質ᄒᆞ며네侯의度를謹ᄒᆞ야ᄡᅥ不虞를戒ᄒᆞ고네話出홈을愼ᄒᆞ며네威儀를敬ᄒᆞ야 柔ᄒᆞ며嘉치아님이업게ᄒᆞᆯ지어다白圭의玷은오히려可히磨ᄒᆞ려니와이言의玷은可히爲치못ᄒᆞᆯ거시니라

○賦也質成也定也侯度諸侯所守之法度也虞慮話言柔安嘉善玷缺也○言旣治民守法防意外之患矣又當謹其言語蓋玉之玷缺尙可磨鑢使平言語一失莫能救之其戒深切矣故南容一日三復此章而孔子以其兄之子妻之

○無易(去聲)由言ᄒᆞ야 無曰苟矣어다 莫捫(音門)朕舌이라 言不可逝(叶音折)矣니라 無言不讎(叶市又反)ㅣ며 無德不報(叶蒲救反)ㅣ니 惠于朋友(叶羽己反)와 庶民小子(叶奬里反)ㅣ면 子孫繩繩ᄒᆞ야 萬民靡不承ᄒᆞ리라

●由ᄒᆞᆫ言을易치마라苟치마를지어다내舌을捫ᄒᆞ리업슨지라言을可히逝치못ᄒᆞᆯ거시니라 言을讎치아니리업스며德을報치아니리업ᄂᆞ니朋友와庶民과小子의게惠ᄒᆞ면子孫이繩繩ᄒᆞ야 萬民이承치아닐리업스리라

○賦也易輕捫持逝去讎答承奉也○言不可輕易其言蓋無人爲我執持其舌者故言

語由己易致差失常當執特不可放去也且天下之理無有言而不讎無有德而不報者若爾能惠于朋友庶民小子則子孫蠅繩而萬民靡不承矣皆謹言之效也

○視爾友君子혼ᄃᆡ 輯(音集) 柔爾顏(叶魚堅反)ᄒᆞ야 不遐有愆가ᄒᆞᄂᆞ다 相(去聲)在爾室혼ᄃᆡ도 尙不愧于屋漏ㅣ니 無曰不顯이라 莫予云覯ㅣ라ᄒᆞ라 神之格(叶剛鶴反)思ㅣ 不可度(入聲)思온ㅣ 矧可射(音亦叶弋灼反)思아

●네君子友홈을視혼ᄃᆡ네顏을輯ᄒᆞ고柔ᄒᆞ야아니엇던愆이인ᄂᆞ가ᄒᆞᄂᆞ다네室에이신적을相혼ᄃᆡ도거의屋漏에愧치아니케홈이니顯치아닌지라나를覯ᄒᆞ리업다니라지말라神이格홈이可히度치못ᄒᆞ곤ᄒᆞ믈며可히射ᄒᆞ랴

○賦也輯和也遐何通愆過也尙庶幾也屋漏室西北隅也覯見也格至度測矧況也財斁通厭也○言視爾友於君子之時和柔爾之顏色其戒懼之意常若自省曰豈不至於有過乎蓋常人之情其修於顯者無不如此然視爾獨居於室之時亦當庶幾不愧于屋漏然後可爾無曰此非明顯之處而莫予見也當知鬼神之妙無物不體其至於是有不可得而測者不顯亦臨猶懼有失況可厭財而不敬乎此言不但脩之於外又當戒謹恐懼乎其所不睹不聞也子思子曰君子不動而敬不言而信又曰夫微之顯誠之不可揜如此此正心誠意之極功而武公及之則亦聖賢之徒矣

○辟爾爲德을 俾臧俾嘉(叶居ㅣ何反)ㅣ니 淑愼爾止ᄒᆞ야 不愆于儀(叶牛何反)어다 不

僭不賊이면鮮(上聲)不爲則이니 投我以桃에 報之以李ㅣ니 彼童而角이라

實虹(音紅)小子(叶獎里反)ㅣ니라

●辟아너德홈을ᄒᆞ여곰臧케ᄒᆞ며ᄒᆞ여곰嘉케홀지니네止를淑愼ᄒᆞ야儀에愆치아니홀지어다僭치아니며賊지아니면則이되지아닐이져금이내계桃로써投홈애李로써報홈이니뎌ᄂᆞᆫ童에角을ᄒᆞᆫ지라진실노小子를虹홈이로다

○賦也辟君也指武公也止容止也僭差賊害則法也無角曰童虹潰亂也○旣戒以脩德之事而又言爲德而人法之猶投桃報李之必然也彼謂不必脩德而可以服人者是牛羊之童者而求其角也亦徒潰亂汝而已豈可得哉

○荏(音壬)染柔木에 言緡之絲(叶新夷反)ㅣ니라 溫溫恭人은 維德之基니라 其維哲人은 告之話言에 順德之行이어든 其維愚人은 覆謂我僭(叶七尋反)ᄒᆞᄂᆞ니 民各有心이로다

●荏染ᄒᆞᆫ柔木에絲를緡ᄒᆞᄂᆞ니라溫溫ᄒᆞᆫ恭人은德의基니라그哲人은話言을告홈애德을順ᄒᆞ야行ᄒᆞ거든그愚人은도로혀나를닐오되僭타ᄒᆞᄂᆞ니民이각각ᄆᆞᄋᆞᆷ이잇도다

○興也荏染柔貌柔木柔忍之木也緡綸也被之綸以爲弓也話言古之善言也覆猶反也僭不信也民各有心言人心不同愚智相越之遠也

○於(音烏)乎(音呼)小子(叶獎里反)아 未知臧否(音鄙)아 匪手攜之라 言示之事(叶上止反)ㅣ며

匪面命之라 言提其耳호라 借曰未知나 亦旣抱子同ㅣ엇上다 民之靡盈이면 誰夙知而莫音慕成이리오

●於乎ㅣ라 小子아 臧否를 잇지못ᄒᆞᄂᆞ냐 手로 携홀ᄲᅮᆫ이 아니라 事로 示ᄒᆞ며 面ᄒᆞ야 命홀ᄲᅮᆫ이 아니라 그 耳를 提호라 가령 ᄀᆞᆯ오ᄃᆡ 아지못ᄒᆞᆫ다ᄒᆞ나 또ᄒᆞᆫ 이믜 子를 抱ᄒᆞ엿것다 民이 盈호라 ᄃᆡ 아니ᄒᆞ면 뉘 일알고 늣게 成ᄒᆞ리오

○賦也 非徒手携之也 而又示之以事 非徒面命之也 而又提其耳 所以喩之者詳且切矣 假令汝未有知識 則汝旣長大而抱子 宜有知矣 人若不自盈滿 能受敎戒 則豈有旣早知而反晚成者乎

○昊天孔昭叶音灼ᄒᆞ시니 我生靡樂音洛이로다 視爾夢夢音蒙이오 我心慘慘音懆叶七各反호라 誨爾諄諄音純호니 聽我藐藐音邈ᄒᆞᄂᆞ다 匪用爲敎音入ㅣ聲오 覆用爲虐ᄒᆞᄂᆞ다 借曰未知나 亦聿旣耄叶音莫ㅣ엇다

●昊天이 심히 昭ᄒᆞ시니 내 生이 樂지아니ᄒᆞ도다 네 夢夢홈을 視ᄒᆞ고 내 ᄆᆞᄋᆞᆷ이 慘慘호라 너을 誨홈을 諄諄히 호니 나를 聽홈을 藐藐히ᄒᆞᄂᆞ다 써 敎ᄒᆞᆫ다 아니ᄒᆞ고 도로혀 써 虐ᄒᆞᆫ다ᄒᆞᄂᆞ다 가령 ᄀᆞᆯ오ᄃᆡ 아지못ᄒᆞᆫ다ᄒᆞ나 또ᄒᆞᆫ 이믜 耄ᄒᆞ엿것다

○賦也 夢夢不明 亂意也 慘慘憂貌 諄諄詳熟也 藐藐忽略貌 耄老也 八十九十曰耄 左史所謂年九十有五時也

○於乎小子아告爾舊止ᄒᆞ노다聽用我謀ㅣ면庶無大悔리마(叶虎委反)天方艱難이라曰喪厥國이로소니(叶于逼反)取譬不遠이라昊天不忒이어놀回遹(音聿)其德ᄒᆞ야俾民大棘ᄒᆞ노다

●於乎ㅣ라小子아네계舊를告ᄒᆞ노라내謀를聽ᄒᆞ야用ᄒᆞ면힝혀큰悔업스리라天이보야호로艱難ᄒᆞᆫ디라그國을喪ᄒᆞ리로소니取ᄒᆞ야譬ᄒᆞᆷ이머지아니ᄒᆞᆫ지라昊天이忒디아니ᄒᆞ거ᄂᆞᆯ그德을回遹ᄒᆞ야民으로ᄒᆞ여곰키棘케ᄒᆞ노다

○賦也舊舊章也或曰久也止語辭庶幸悔恨忒差遹僻棘急也○言天運方此艱難將喪厥國矣我之取譬夫豈遠哉觀天道禍福之不差忒則知之矣今汝乃回遹其德而使民至於困急則喪厥國也必矣

抑十二章三章章八句九章章十句

楚語左史倚相曰昔衛武公年數九十五矣猶箴儆於國曰自卿以下至于師長士苟在朝者無謂我老耄而舍我必恭恪於朝夕以交戒我在輿有旅賁之規位宁有官師之典倚几有誦訓之諫居寢有暬御之箴臨事有瞽史之道宴居有師工之誦史不失書矇不失誦以訓御之於是作懿戒以自儆及其沒也謂之睿聖武公韋昭曰懿讀爲抑卽此篇也董氏曰侯包言武公行年九十有五猶使人日誦是詩而不離於其側然則序說爲刺厲王者誤矣

菀(音鬱)彼桑柔ㅣ여 其下侯旬이러니 捋(力活反)采其劉ᄒᆞ야 瘼(音莫)此下民이로다 不殄心憂ᄒᆞ야 倉(音愴)兄(音怳)塡兮ᄒᆞ니 倬彼昊天(叶鐵因反)은 寧不我矜고

●菀ᄒᆞ며桑柔ㅣ여그下ㅣ旬ᄒᆞ더니捋採홈에그劉ᄒᆞ야이下民을瘼ᄒᆞ놋다 心憂홈을殄치못ᄒᆞ야倉兄홈을塡ᄒᆞ니倬ᄒᆞ져昊天은엇지나를矜치아니ᄒᆞ는고

○比也菀茂旬徧劉殘殄絶也倉兄與愴怳同悲閔之意也塡未詳舊說與陳塵同蓋言久也或疑與瘨字同爲病之義但召旻篇內二字並出又恐未然今姑闕之倬明貌○舊說此爲芮伯刺厲王而作春秋傳亦曰芮良夫之詩則其說是也以桑爲比者桑之爲物其葉最盛然及其采之也一朝而盡無黃落之漸故取以比周之盛時如葉之茂其陰無所不徧至於厲王肆行暴虐以敗其成業王室忽焉凋弊如桑之旣采民失其蔭而受其病故君子憂之不絶於心悲閔之甚而至於病遂號天而訴之也

○四牡騤騤ᄒᆞ니 旟旐有翩(叶批賓反)이로다 亂生不夷ᄒᆞ야 靡國不泯(叶彌鄰反)ᄒᆞ며 民靡有黎ᄒᆞ야 具禍以燼(叶咨辛反)이로다 於(音烏)乎(音呼)有哀(叶音依)ᄒᆞ니 國步斯頻이로다

●四牡ㅣ騤騤ᄒᆞ니旟旐ㅣ翩ᄒᆞ도다亂이生ᄒᆞ야夷티아니ᄒᆞ야國이泯티아니ᄒᆞ리업스며 民이黎ㅣ잇지아니ᄒᆞ야다禍ᄒᆞ야써燼ᄒᆞ리로다於乎ㅣ라슬프믈두니國步ㅣ이에頻ᄒᆞ도다

○賦也夷平泯滅黎黑也謂黑首也具俱也燼灰燼也步猶運也頻急蹙也○厲王之亂天下征役不息故其民見其車馬旌旗而厭苦之自此至第四章皆征役者之怨辭也

○國步蔑資ㅣ라天不我將叶子兩反ᄒᆞ샤靡所止疑魚乞反叶如字소니이로云徂何往고
君子實維秉心無競叶其兩反이어시니誰生厲階叶居奚反ᄒᆞ야至今爲梗音鯁叶古黨反고
●國步ㅣ蔑홈이資혼지라天이나를將티아니ᄒᆞ샤止ᄒᆞ야疑홀배업도소니徂호되어ᄃᆡ往ᄒᆞ료 君子ㅣ진신
로心秉홈이競이업거시니뉘厲階를生ᄒᆞ야이제니르히梗이되게ᄒᆞ논고
○賦也蔑滅資咨將養也疑讀如儀禮疑立之疑定也徂亦往也競爭厲怨梗病也○言
國將危亡天不我養居無所定徂無所往然非君子之有爭心也誰實爲此禍階使至今
爲病乎蓋曰禍有根原其所從來也遠矣
○憂心慇慇ᄒᆞ야念我土宇ᄒᆞ노라我生不辰이라逢天僤音亶怒叶暖五反호라自
西徂東叶音丁히靡所定處ㅣ로소니多我覯痻音民이며孔棘我圉ㅣ로다
●心에憂홈을慇慇히ᄒᆞ야우리土宇를念ᄒᆞ노라우리生이辰이아니라天의僤혼怒를逢호라西로부터 東에
가도록히定ᄒᆞ야處홀배업도소니多ᄒᆞ다우리痻을覯홈이며심히棘ᄒᆞ다우리圉ㅣ로다
○賦也土鄕宇居辰時僤厚覯見痻病棘急圉邊也或曰禦也多矣我之見病也急矣我
之在邊也
○爲謀爲毖叶音必이나亂況斯削이로다告爾憂恤ᄒᆞ며誨爾序爵ᄒᆞ노라誰
能執熱ᄒᆞ야逝不以濯이리오其何能淑고載胥及溺叶奴學反이로다
●謀ᄒᆞ며毖ᄒᆞ나亂이況ᄒᆞ야이에削ᄒᆞ놋다네게憂恤홈을告ᄒᆞ며네게爵序홈을誨ᄒᆞ노라 뉘能히熱을執ᄒᆞ

야셔濯디아니ᄒᆞ리오그엇디能히淑ᄒᆞᆯ고곳서르溺에及ᄒᆞ리로다

○賦也毖愼况滋也序爵辨別賢否之道也執熱手執熱物也○蘇氏曰王豈不謀且愼哉然而不得其道適所以長亂而自削耳故告之以其所當憂而誨之以序爵且曰誰能執熱而不濯者賢者之能已亂猶濯之能解熱耳不然則其何能善哉相與入於陷溺而已

○如彼遡風(叶孚音反)이라亦孔之僾(音愛)로다民有肅心이나荓(音烹)云不逮라ᄒᆞ야好是稼穡ᄒᆞ야力民代食이로소니稼穡維寶ㅣ며代食維好ㅣ로다

●뎌風을遡홈ᄀᆞᆺ탄지라ᄯᅩᄒᆞᆫ심히僾ᄒᆞ옴도다民이肅ᄒᆞᆫ心을두나ᄒᆞ여금닐오ᄃᆡ逮티못ᄒᆞ리라ᄒᆞ야이稼穡을好ᄒᆞ야民과로力ᄒᆞ야食을代ᄒᆞ노소니稼穡이寶ㅣ며食을代홈이好ᄒᆞ도다

○賦也遡鄕僾唈肅進荓使也○蘇氏曰君子視厲王之亂悶然如遡風之人唈而不能息雖有欲進之心皆使之曰世亂矣非吾所能及也於是退而稼穡盡其筋力與民同事以代祿食而已當是時也仕進之憂甚於稼穡之勞故曰稼穡維寶代食維好言雖勞而無患也

○天降喪(去聲)亂이라滅我立王이오降此蟊賊ᄒᆞ야稼穡卒痒(音羊)이로다哀恫(音通)中國이具贅(音惴)卒荒이로소니靡有旅力이以念穹蒼이로다

●天이喪亂을降ᄒᆞᆫ디라우리立ᄒᆞᆫ王을滅ᄒᆞ고이蟊와賊을降ᄒᆞ야稼穡이다痒ᄒᆞ놋다 哀恫ᄒᆞᆫ中國이다贅ᄒᆞ

야다荒ᄒᆞ리로소니旅力이써穹蒼을念ᄒᆞᆯ이업도다

○賦也恫痛具俱也贅屬也言危也春秋傳曰君若綴旒然與此贅同卒盡荒虛也旅與膂同穹蒼天也穹言其形蒼言其色○言天降喪亂固已滅我所立之王矣又降此蟊賊則我之稼穡又病而不得以代食矣哀此中國皆危盡荒是以危困之極無力以念天禍也此詩之作不知的在何時其言滅我立王則疑在共和之後也

○**維此惠君의民人所瞻**(叶側姜反)**은秉心宣猶ᄒᆞ샤考愼其相**(去聲叶平聲)**이니라 維彼不順은自獨俾臧ᄒᆞ며自有肺腸ᄒᆞ야俾民卒狂ᄒᆞᄂᆞ다**

●이惠ᄒᆞᆫ君의民人이瞻ᄒᆞᄂᆞᆫ바ᄂᆞᆫ心을秉ᄒᆞ야猶을宣ᄒᆞ야그相을考ᄒᆞ야愼ᄒᆞ시니라 뎌順티아니ᄒᆞᆫ이ᄂᆞᆫ스스로홀노ᄒᆞ여곰臧ᄒᆞ라ᄒᆞ며스스로肺腸을두어民으로ᄒᆞ여곰다狂케ᄒᆞᄂᆞ다

○賦也惠順也順於義理也宣偏猶謀相輔狂惑也○言彼順理之君所以爲民所尊仰者以其能秉持其心周偏謀度考擇其輔相必衆以爲賢而後用之彼不順理之君則自以爲善而不考衆謀自有私見而不通衆志所以使民眩惑至於狂亂也

○**瞻彼中林혼ᄃᆡ甡甡**(音莘)**其鹿이어ᄂᆞᆯ朋友已譖**(音僭叶子林反)**ᄒᆞ야不胥以穀이로다 人亦有言호ᄃᆡ進退維谷이라ᄒᆞᄂᆞ다**

●뎌中林을瞻ᄒᆞᆫᄃᆡ甡甡ᄒᆞᆫ그鹿이어ᄂᆞᆯ朋友ㅣ이믜譖ᄒᆞ야서로써穀지아니ᄒᆞᄂᆞᆫ다 人이ᄯᅩᄒᆞᆫ 言을두ᄃᆡ進ᄒᆞ며退ᄒᆞᆷ이谷이라ᄒᆞᄂᆞ다

○興也甡甡衆多並行之貌譖不信也胥相穀善谷窮也言朋友相譖不能相善曾鹿之不如也○言上無明君下有惡俗是以進退皆窮也

○維此聖人은瞻言百里어늘維彼愚人은覆狂以喜ᄒᆞᄂᆞ니匪言不能이어시니胡斯畏忌오(叶巨己反)

●이聖人은瞻ᄒᆞ야言ᄒᆞ논거시百里어늘뎌愚人은도로혀狂ᄒᆞ야써喜ᄒᆞᄂᆞ다言을能치몯ᄒᆞ논줄이아니어시니엇지이畏忌ᄒᆞᄂᆞ뇨

○賦也聖人炳於幾先所視而言者無遠而不察愚人不知禍之將至而反狂以喜今用事者蓋如此我非不能言也如此畏忌何哉言王暴虐人不敢諫也

○維此良人을弗求弗迪ᄒᆞ고(叶徒沃反)維彼忍心을是顧是復ᄒᆞᄂᆞ니(音伏)民之貪亂이여寧爲荼毒이로다

●이良ᄒᆞᆫ人을求치아니ᄒᆞ며迪지아니ᄒᆞ고뎌忍心ᄒᆞᆫ이를이에顧ᄒᆞ며이에復ᄒᆞᄂᆞ니民의貪亂홈이여荼毒을寧ᄒᆞ놋다

○賦也迪進也忍殘忍也顧念復重也荼苦菜也味苦氣辛能殺物故謂之荼毒也○言不求善人而進用之其所顧念重復而不已者乃忍心不仁之人民不堪命所以肆行貪亂而安爲荼毒也

○大風有隧ᄒᆞ니(音遂)有空大谷이로다維此良人은作爲式穀이어늘維彼

不順은征以中垢音苟叶ㅣ로居六反다

●大風이隧ㅣ이시니空ᄒᆞᆫ大谷이로다이良ᄒᆞᆫ人은作ᄒᆞ야爲홈이穀을써ᄒᆞ거늘 뎌不順은征홈을中垢로써ᄒᆞᄂᆞ다

○興也隧道式用穀善也征以中垢未詳其義或曰征行也中隱暗也垢汚穢也○大風之行有隧蓋多出於空谷之中以興下文君子小人所行亦各有道耳

○大風有隧ᄒᆞ니貪人敗類ㅣ로다聽言則對ㅣ나誦言如醉ᄒᆞ니匪用其良ᄒᆞ야覆俾我悖叶蒲寐反로다

●大風이隧ㅣ이시니貪ᄒᆞᆫ人이類를敗ᄒᆞᄂᆞ다言을聽홀가ᄒᆞ여곳對ᄒᆞ나言을誦ᄒᆞ고醉ᄒᆞᆫᄃᆞᆺᄒᆞ니 良을쓰지아니ᄒᆞ야도로혀나로ᄒᆞ여곰悖케ᄒᆞᄂᆞ다

○興也敗類猶言圮族也王使貪人爲政我以其或能聽我之言而對之然亦知其不能聽也故誦言而中心如醉由王不用善人而反使我至此悖眊也厲王說榮夷公芮良夫曰王室其將卑乎夫榮公好專利而不備大難夫利百物之所生也天地之所載也而或專之其害多矣此詩所謂貪人其榮公也與芮伯之憂非一日矣

○嗟爾朋友아予豈不知而作이리오如彼飛蟲을時亦弋獲叶胡郭反이라既之陰去聲女ᄒᆞ니反予來赫叶黑各反ᄒᆞᄂᆞ다

●嗟홉다너朋友아내엇지아지몯ᄒᆞ고作ᄒᆞ리오뎌飛ᄒᆞᄂᆞᆫ蟲을時로또ᄒᆞᆫ弋ᄒᆞ야獲홈ᄀᆞᆺ탄디라 이믜너를陰

호니도로혀내게와赫ᄒᆞᄂᆞ다

○賦也如彼飛蟲時亦弋獲言己之言或亦有中猶曰千慮而一得也之往陰覆也赫威怒之貌我以言告女是往陰覆於女女反來加赫然之怒於己也張子曰陰往密告於女反謂我來恐動也亦通

○民之罔極은職涼善背叶必墨反ㅣ니라爲民不利호ᄃᆡ如云不克다ᄒᆞᄂᆞ民之回遹音聿은職競用力이니라

●民의極이업슴은涼타호ᄃᆡ善히背홈을職ᄒᆞ예니라民의不利를호ᄃᆡ克지못ᄒᆞᆯ다시ᄒᆞᄂᆞ다 民의回遹홈은競ᄒᆞ여힘을씀을職ᄒᆞ예니라

○賦也職專也涼義未詳傳曰涼薄也鄭讀作諒信也疑鄭說爲得之善背工爲反覆也克勝也回遹邪僻也○言民之所以貪亂而不知所止者專由此人名爲直諒而實善背又爲民所不利之事如恐不勝而力爲之也又言民之所以邪僻者亦由此輩專競用力而然也反覆其言所以深惡之也

○民之未戾는職盜爲寇ㅣ니라涼曰不可ㅣ라ᄒᆞ나覆背善詈音利ᄒᆞᄂᆞ니雖曰匪予ㅣ라ᄒᆞ나既作爾歌ㅣ로다

●民의戾치못홈은盜ㅣ寇홈을職ᄒᆞ예니라涼ᄒᆞ야ᄂᆞᆫ골오ᄃᆡ可치아니라ᄒᆞ나 도로혀背ᄒᆞ얀善히詈ᄒᆞᄂᆞ니비록골오ᄃᆡ내아니라ᄒᆞ나이의네歌을作ᄒᆞ연노라

○賦也戾定也民之所以未定者由有盜臣爲之寇也蓋其爲信也亦以小人爲不可矣及其反背也則又工爲惡言以詈君子是其色厲內荏眞可謂穿窬之盜矣然其人又自文飾以爲此非我言也則我已作爾歌矣言得其情且事已著明不可揜覆也

桑柔十六章八章章八句八章章六句

倬彼雲漢이여 昭回于天이로다 王曰於(音烏)乎(音呼)ㅣ라 何辜今之人고 天降喪(去聲)亂ᄒᆞ샤 饑饉薦(音荐)臻일ᄉᆡ 靡神不擧ᄒᆞ며 靡愛斯牲(叶桑經反)ᄒᆞ야 圭璧旣卒이어늘 寧莫我聽(平聲)고

●倬ᄒᆞᆫ뎌雲漢이여昭ㅣ天에回ᄒᆞ얏도다王이ᄀᆞᆯᄋᆞ샤ᄃᆡ於乎ㅣ라이젯사ᄅᆞᆷ이므슴죄고 天이喪亂을降ᄒᆞ샤饑饉이薦히臻ᄒᆞᆯᄉᆡ神을擧치아니리업스며이牲을愛홈이업서圭璧이이믜卒ᄒᆞ거늘엇지 나ᄅᆞᆯ聽치아니ᄒᆞᄂᆞᆫ고

○賦也雲漢天河也昭光回轉也言其光隨天而轉也薦荐通重也臻至也靡神不擧所謂國有凶荒則索鬼神而祭之也圭璧禮神之玉也卒盡寧猶何也○舊說以爲宣王承厲王之烈內有撥亂之志遇災而懼側身脩行欲消去之天下喜於王化復行百姓見憂故仍叔作此詩以美之言雲漢者夜晴則天河明故述王仰訴於天之詞如此也

○旱旣大(音泰)甚ᄒᆞ야 蘊隆蟲蟲일ᄉᆡ 不殄禋祀ᄒᆞ야 自郊徂宮ᄒᆞ야 上下奠瘞ᄒᆞ며 靡神不宗ᄒᆞ니 后稷不克이시며 上帝不臨(叶力中反)이샷다 耗斁(音妒) 下土ㅣ

寧丁我躬고

●旱이이믜大甚ᄒᆞ야蘊ᄒᆞ며隆ᄒᆞ야蟲蟲ᄒᆞᆯ서禋祀를殄치아니ᄒᆞ야郊로브터宮에徂ᄒᆞ야 上ᄒᆞ며下ᄒᆞ야奠ᄒᆞ고瘞ᄒᆞ며神을宗치아닐이업시호니后稷이克지못ᄒᆞ시며上帝ㅣ臨치아니ᄒᆞ샷다 下土를耗斁홈이엇지내몸에丁ᄒᆞᄂᆞ고

○賦也蘊蓄隆盛也蟲蟲熱氣也殄絕也郊祀天地也宮宗廟也上祭天下祭地奠其禮瘞其物宗尊也克勝也言后稷欲救此旱災而不能勝也臨享也稷以親言帝以尊言也斁敗丁當也何以當我之身而有是災也或曰與其耗斁下土寧使災害當我身也亦通

○旱既大甚이라 則不可推(吐雷反)로다 兢兢業業ᄒᆞ야 如霆如雷호라 周餘黎民이 靡有孑遺(叶夷ㅣ回反)어ᄂᆞᆯ 昊天上帝ㅣ 則不我遺ㅣ샷다 胡不相畏리오 先祖于摧(音崔)혼녀

●旱이이믜大甚ᄒᆞᆫ지라곳可히推치못ᄒᆞ리로다兢兢ᄒᆞ며業業ᄒᆞ야霆ᄀᆞᆺ치ᄒᆞ며雷ᄀᆞᆺ치호라 周옛나ᄆᆞᆫ黎民이孑도遺ᄒᆞ니이소미업거ᄂᆞᆯ昊天上帝곳나도遺커아니ᄒᆞ샷다엇지셔라져치아니ᄒᆞ리오 先祖ㅣ摧ᄒᆞ곤녀

○賦也推去也兢兢恐也業業危也如霆如雷言畏之甚也孑無右臂貌遺餘也言大亂之後周之餘民無復有半身之遺者而上天又降旱災使我亦不見遺摧滅也言先祖之祀將自此而滅也

○旱既大甚이라 則不可沮(上聲)ㅣ로다 赫赫炎炎ᄒᆞ야 云我無所ㅣ로다 大命

近止라 靡瞻靡顧叶果五反라 羣公先正은 則不我助叶牀所反ㅣ니와 父母先祖는 胡寧忍予叶演女反오

●旱이이믜大甚혼지라곳可히沮치못ᄒᆞ리로다赫赫ᄒᆞ며炎炎ᄒᆞ야내所ㅣ업도다큰命이近혼지라瞻홀딕업스며顧홀딕업소라群公과先正은곳날助치아니ᄒᆞ거니와父母와先祖는엇자나를忍ᄒᆞ는고

○賦也沮止也赫赫旱氣也炎炎熱氣也無所無所容也大命近止死將至也瞻仰顧望也羣公先正月令所謂雩祀百辟卿士之有益於民者以祈穀實者也於群公先正但言其不見助至父母先祖則以恩望之矣所謂垂涕泣而道之也

○旱既大甚이라 滌滌山川叶樞倫反이로다 旱魃音跋爲虐ᄒᆞ야 如惔音談如焚叶符匀反이로다 我心憚暑ᄒᆞ야 憂心如熏ᄒᆞ라 羣公先正이 則不我聞叶微匀反이로소니 昊天上帝는 寧俾我遯叶徒匀反고

●旱이이믜大甚혼지라山川이滌滌ᄒᆞ도다旱魃이虐을ᄒᆞ야惔ᄐᆞᆺᄒᆞ며焚ᄐᆞᆺᄒᆞ놋다내ᄆᆞ음에暑를憚ᄒᆞ야憂ᄒᆞ는ᄆᆞ음이熏ᄐᆞᆺ호라群公과先正이곳나를聞치아니ᄒᆞ노소니昊天上帝는엇지날로ᄒᆞ여곰遯케ᄒᆞ료

○賦也滌滌言山無木川無水如滌而除之也魃旱神也惔燎之也憚勞也畏也熏灼遯逃也言天又不肯使我我得逃遯而去也

○旱既大甚이라 黽勉畏去ᄒᆞ라 胡寧瘨音顛我以旱고 憯七感反 不知其

故ㅣ로다 祈年孔夙ᄒᆞ며 方社不莫(音暮)ᄒᆞ니 昊天上帝ㅣ 則不我虞(叶尤具反)ㅣ샷다
敬恭明神ᄒᆞ오니 宜無悔怒ㅣ니라
●旱이이믜大甚ᄒᆞᆫ지라黽勉ᄒᆞ야去을畏ᄒᆞ노라엇지날를瘨ᄒᆞ되旱으로써ᄒᆞᄂᆞ고일즉그故를아지못ᄒᆞ리로다年을祈홈을심히夙ᄒᆞ며方ᄒᆞ며社홈을莫치아니ᄒᆞ니昊 天上帝ㅣ곳나를虞치아니ᄒᆞ샷다明神을敬恭홈오로맛당이悔怒ㅣ업섬즉ᄒᆞ니라
○賦也黽勉畏去出無所之也瘨病𢪤曾也祈年孟春祈穀于上帝孟冬祈來年于天宗是也方祭四方也社祭土神也虞度悔恨也言天曾不度我之心如我之敬事明神宜可以無恨怒也
○旱既大甚이라 散無友紀로다 鞫哉庶正이며 疚哉冢宰(叶獎里反)며 趣(七口反)馬師氏와 膳夫左右(叶羽己反)왜 靡人不周ᄒᆞ야 無不能止로다 瞻卬(音仰)昊天ᄒᆞ니 云如何里오
●旱이이믜大甚ᄒᆞᆫ지라散ᄒᆞ야友紀업도다鞫ᄒᆞᆫ庶正이며疚ᄒᆞᆫ冢宰며趣馬와師氏와膳夫와左右왜人이周치아니ᄒᆞ리업서能치못ᄒᆞ리업도다昊天에瞻卬ᄒᆞ니里에엇지ᄒᆞ료
○賦也友紀猶言綱紀也或曰友疑作有鞫窮也庶正衆官之長也疚病也冢宰又衆長之長也趣馬掌馬之官師氏掌以兵守王門者膳夫掌食之官也歲凶年穀不登則趣馬不秣師氏弛其兵馳道不除祭事不縣膳夫膳左右布而不脩大夫不食粱士飲酒不樂

周救也無不能止言諸臣無有一人不周救百姓者無有自言不能而遂止不爲也里憂也與漢書無俚之俚同聊賴之意也

○瞻卬昊天혼ᄃᆡ 有嘒音暳其星이로다 大夫君子ㅣ 昭假音格無贏音盈이로다 大命近止나 無棄爾成이어다 何求爲我오리 以戾庶正叶諸盈反이니 瞻卬昊天ᄒᆞ노니 曷惠其寧고

●昊天을瞻卬혼ᄃᆡ嘒혼그星이로다대부君子ㅣ昭히假홈이贏이업도다큰命이近ᄒᆞ나네成을棄치마를자엇다엇지나를위홈을求ᄒᆞ리오써庶正을戾홈이니라昊天을瞻卬ᄒᆞ노니언제그寧을惠홀고

○賦也嘒明貌昭明假至也○久旱而仰天以望雨則有嘒然之明星未有雨徵也然羣臣竭其精誠而助王以昭假于天者已無餘矣雖今死亡將近而不可以棄其前功當益求所以昭假者而脩之固非求爲我之一身而已乃所以定衆正也於是語終又仰天而訴之曰果何時而惠我以安寧乎張子曰不敢斥言雨者畏懼之甚且不敢必云爾

雲漢八章章十句

崧音嵩高維嶽이 駿音峻極于天叶銕因反이로다 維嶽降神ᄒᆞ야 生甫及申이로다 維申及甫ㅣ 維周之翰叶胡千反이라 四國于蕃叶分邅反이며 四方于宣이로다

●崧高혼嶽이駿ᄒᆞ야天애極ᄒᆞ도다嶽이神을降ᄒᆞ야甫와밋申을生ᄒᆞ도다申과밋甫ㅣ周의翰이라四國에蕃이며四方애宣ᄒᆞ놋다

○賦也山大而高曰崧嶽山之尊者東岱南霍西華北恒是也駿大也甫甫侯也卽穆王時作呂刑者或曰此是宣王時人而作呂刑者之子孫也申申伯也皆姜姓之國也翰幹蕃蔽也○宣王之舅申伯出封于謝而尹吉甫作詩以送之言嶽山高大而降其神靈和氣以生甫侯申伯實能爲周之楨幹屛蔽而宣其德澤於天下也蓋申伯之先神農之後爲唐虞四嶽總領方嶽諸侯而奉嶽神之祭能脩其職嶽神享之故此詩推本申伯之所以生以爲嶽降神而爲之也

○亹亹申伯을 王纘之事ᄒᆞ샤 于邑于謝ᄒᆞ야 南國是式케ᄒᆞ시다(叶失吏反) 王命召伯ᄒᆞ샤(叶逋莫反) 定申伯之宅ᄒᆞ샤(叶達各反) 登是南邦ᄒᆞ시니(叶卜工反) 世執其功이로다

●亹亹ᄒᆞᆫ申伯을王이事를纘케ᄒᆞ샤謝에邑ᄒᆞ야南國이이에式케ᄒᆞ시다王이召伯을命ᄒᆞ샤 申伯에宅을定ᄒᆞ샤이南邦을登ᄒᆞ시니世로그功을執케ᄒᆞ놋다

○賦也亹亹强勉之貌纘繼也使之繼其先世之事也邑國都之處也謝在今鄧州南陽縣周之南土也式使諸侯以爲法也召伯召穆公虎也登成也世執其功言使申伯後世常守其功也或曰大封之禮召公之世職也

○王命申伯ᄒᆞ샤 式是南邦ᄒᆞ시고(叶卜功反) 因是謝人ᄒᆞ야 以作爾庸ᄒᆞ시다 王命召伯ᄒᆞ샤 徹申伯土田ᄒᆞ시고(叶他因反) 王命傅御ᄒᆞ샤 遷其私人ᄒᆞ시다

●王이申伯을命ᄒᆞ샤이南邦을式재ᄒᆞ시고이謝人人을因ᄒᆞ야써네庸을作ᄒᆞ시다 王이召伯을命ᄒᆞ샤申伯

의土田을徹ᄒᆞ시고王이傳御를命ᄒᆞ샤그私人을遷ᄒᆞ시다

○賦也庸城也言因謝邑之人而爲國也鄭氏曰庸功也爲國以起其功也徹定其經界正其賦稅也傳御申伯家臣之長也私人家人遷使就國也漢明帝送侯印與東平王蒼諸子而以手詔賜其國中傳蓋古制如此

○申伯之功을召伯是營이로다有俶(音蓄)其城ᄒᆞ니寢廟既成ᄒᆞ야既成藐藐이어늘王錫申伯(叶逋各反)ᄒᆞ시니四牡蹻蹻ᄒᆞ며鉤膺濯濯이로다

●申伯의功을召伯이이營ᄒᆞ도다그城을俶ᄒᆞ니寢廟ㅣ이믜成ᄒᆞ야이믜成홈애藐藐ᄒᆞ거늘王이申伯을錫ᄒᆞ시니四牡ㅣ蹻蹻ᄒᆞ며鉤膺이濯濯ᄒᆞ도다

○賦也俶始作也藐藐深貌蹻蹻壯貌濯濯光明貌

○王遣申伯ᄒᆞ시니路車乘(去聲)馬(叶滿補反)ㅣ로다我圖爾居호니莫如南土ㅣ로다錫爾介圭ᄒᆞ야以作爾寶(叶音補)ᄒᆞ노니往近王舅아南土是保(叶音補)ㅣ어다

●王이申伯을遣ᄒᆞ시니路車와乘馬ㅣ로다내네居를圖호니南土만ᄀᆞᆮ탄이업도다 너를介圭를錫ᄒᆞ야써네寶를作ᄒᆞ노니往ᄒᆞ라王舅아南土를이에保홀디어다

○賦也介圭諸侯之封圭也近辭也

○申伯信邁어늘王餞(音賤)于郿(音眉)ᄒᆞ시다申伯還南ᄒᆞ니謝于誠歸로다王命召伯ᄒᆞ샤徹申伯土疆ᄒᆞ야以峙(音痔)其粻(音張)ᄒᆞ니式遄(音椽)其行(叶戶郎反)이로다

●申伯이진실로邁ᄒ거ᄂᆞᆯ王이郿에餞ᄒ시다申伯이南으로還ᄒ니詩에진실로歸ᄒ놋다 王이召伯을命ᄒ샤申伯의土疆을徹ᄒ야써그粻을峙ᄒ니써그行을셜리ᄒ놋다

○賦也郿在今鳳翔府郿縣在鎬京之西岐周之東而申在鎬京之東南時王在岐周故餞于郿也言信邁誠歸以見王之數留疑於行之不果故也峙積粻糧遄速也召伯之營謝也則已歛其稅賦積其餱糧使廬市有止宿之委積故能使申伯無留行也

○申伯番番(音波 叶分邅反)ᄒ니既入于謝ᄒ야徒御嘽嘽(音儺)ᄒ니周邦咸喜ᄒ야戎有良翰(叶胡千反)이라ᄒ놋다 不顯가申伯이여王之元舅ㅣ로소니文武是憲(叶虛言反)이로다

●申伯이番番ᄒ니이믜謝에入ᄒ야徒御ㅣ嘽嘽ᄒ니周ㅅ邦이다喜ᄒ야네어딘翰을둣다ᄒ놋다 顯치아니ᄒ냐申伯이여王의元舅ㅣ로소니文武ㅣ이예憲ᄒ놋다

○賦也番番武勇貌嘽嘽衆盛也戎女也申伯既入于謝周人皆以爲喜而相謂曰女今有良翰矣元長憲法也言文武之士皆以申伯爲法也或曰申伯能以文王武王爲法也

○申伯之德이여柔惠且直이로다揉(汝又反)此萬邦ᄒ야聞(音問)于四國(叶于逼反)이로다 吉甫作誦호니其詩孔碩이로다其風肆好ᄒ니以贈申伯ᄒ노라

●申伯의德이여柔惠ᄒ고ᄯᅩ直ᄒ도다이萬邦을揉ᄒ야四國에聞ᄒ놋다吉甫ㅣ誦을作호니 그詩심히碩ᄒ도다그風이드듸여好ᄒ니써申伯을贈ᄒ노라

○賦也揉治也吉甫尹吉甫周之卿士誦工師所誦之詞也碩大風聲肆遂也

崧高八章章八句

天生烝民ᄒᆞ시니 有物有則이로다 民之秉彝音夷라 好是懿德이로다 天監有周ᄒᆞ시니 昭假音格于下後五反ᄒᆞ시마 保玆天子ᄒᆞ샤 生仲山甫ㅣ샷다

●天이모단民을生ᄒᆞ시니物이이숌애則이잇도다 民의秉ᄒᆞ엿ᄂᆞᆫ彝라이懿ᄒᆞᆫ德을好ᄒᆞ놋다 天이周를監ᄒᆞ시니昭로下의셔假ᄒᆞ실시이天子를保ᄒᆞ샤仲山甫를生ᄒᆞ샷다

○賦也烝衆則法秉執彝常懿美監視昭明假至保祐也仲山甫樊侯之字也○宣王命樊侯仲山甫築城于齊而尹吉甫作詩以送之言天生衆民有是物必有是則蓋自百骸九竅五臟而達之君臣父子夫婦長幼朋友無非物也而莫不有法焉如視之明聽之聰貌之恭言之順君臣有義父子有親之類是也是乃民所執常性之故其情無不好此美德者而況天之監視有周能以昭明之德感格于下故保祐之而爲之生此賢佐曰仲山甫焉則所以鍾其秀氣而全其美德者又非特如凡民而已也昔孔子讀詩至此而贊之曰爲此詩者其知道乎故有物必有則民之秉彝也故好是懿德而孟子引之以證性善之說其旨深矣讀者其致思焉

○仲山甫之德이 柔嘉維則이라 令儀令色이며 小心翼翼ᄒᆞ며 古訓是式ᄒᆞ며 威儀是力ᄒᆞ며 天子是若ᄒᆞ며 明命使賦ㅣ로다

●仲山甫의德이柔嘉홈이則혼지라令ᄒᆞᆫ儀며令ᄒᆞᆫ色이며ᄆᆞᄋᆞᆷ을젹게ᄒᆞ야翼翼ᄒᆞ며古訓을이式ᄒᆞ고 威儀

을이力ᄒᆞ며天子를이若ᄒᆞ며明ᄒᆞᆫ命을ᄒᆞ여곰賦ᄒᆞᄂᆞ다

○賦也嘉美令善也儀威儀也色顔色也翼翼恭敬貌古訓先王之遺典也式法力勉若順賦布也○東萊呂氏曰柔嘉維則不過其則也過其則斯爲弱不得謂之柔嘉矣令儀令色小心翼翼言其表裏柔嘉也古訓是式威儀是力言其學問進修也天子是若明命使賦言其發而措之事業也此章蓋備擧仲山甫之德

○王命仲山甫ᄒᆞ샤 式是百辟(音壁)ᄒᆞ며 纘戎祖考ᄒᆞ야 王躬是保케ᄒᆞ시다 出納王命ᄒᆞ니 王之喉舌이며 賦政于外ᄒᆞ니 四方爰發(叶方月反)이로다

●王이仲山甫를命ᄒᆞ샤 이百辟을式게ᄒᆞ며네祖考를纘ᄒᆞ야王의躬을이에保케ᄒᆞ시다 王의命을出ᄒᆞ며納ᄒᆞ니王의喉舌이며政을外에賦ᄒᆞ니四方이이에發ᄒᆞᄂᆞ다

○賦也式法戎女也王躬是保所謂保其身體者也然則仲山甫蓋以冢宰兼大保而大保抑其世官也與出承而布之也納行而復之也喉舌所以出言也發發而應之也○東萊呂氏曰仲山甫之職外則總領諸侯內則輔養君德入則典司政本出則經營四方此章蓋備擧仲山甫之職

○肅肅王命을 仲山甫將之ᄒᆞ며 邦國若否(音鄙)를 仲山甫明(叶謨郎反)之로다 旣明且哲ᄒᆞ야 以保其身이며 夙夜匪解(音懈)ᄒᆞ야 以事一人이로다

●肅肅ᄒᆞᆫ王의命을仲山甫ㅣ將ᄒᆞ며邦國의若이며否를仲山甫ㅣ明ᄒᆞᄂᆞ다이믜明ᄒᆞ고ᄯᅩ哲ᄒᆞ야써그身을

保ᄒᆞ며夙夜에解치아니ᄒᆞ야써一人을事ᄒᆞᄂᆞ다
○賦也肅肅嚴也將奉行也若順也順否猶臧否也明謂明於理哲謂察於事保身蓋順理以守身非趨利避害而偸以全軀之謂也解怠也一人天子也

○人亦有言호ᄃᆡ柔則茹音汝之오剛則吐之라ᄒᆞᄂᆞ니維仲山甫ᄂᆞᆫ柔亦不茹ᄒᆞ며剛亦不吐ᄒᆞ야不侮矜音鰥寡叶果五反ᄒᆞ며不畏彊禦ㅣ로다
●人이ᄯᅩᄒᆞᆫ言을두ᄃᆡ柔ᄒᆞ면茹ᄒᆞ고剛ᄒᆞ면吐ᄒᆞᆫ다ᄒᆞᄂᆞ니仲山甫ᄂᆞᆫ柔ᄒᆞ야도ᄯᅩᄒᆞᆫ茹치아니ᄒᆞ며剛ᄒᆞ야도ᄯᅩᄒᆞᆫ吐치아니ᄒᆞ야矜寡를侮ᄒᆞ지아니ᄒᆞ며彊禦를畏치아니ᄒᆞᄂᆞ다
○賦也人亦有言世俗之言也茹納也○不茹柔故不侮矜寡不吐剛故不畏彊禦以此觀之則仲山甫之柔嘉非軟美之謂而其保身未嘗枉道以徇人可知矣

○人亦有言호ᄃᆡ德輶音酉如毛ㅣ나民鮮上聲克擧之라ᄒᆞᄂᆞ니我儀圖叶丁五反之호니維仲山甫擧之로소니愛莫助叶牀五反之로다袞職有闕이어든維仲山甫補之로다
●人이ᄯᅩᄒᆞᆫ言을두ᄃᆡ德의輶홈이毛ㅣᄀᆞᆺ타나民이능히擧ᄒᆞ리적다ᄒᆞᄂᆞ니내儀ᄒᆞ며圖ᄒᆞ니仲山甫ㅣ擧ᄒᆞ리로소니愛ᄒᆞ야도助치못ᄒᆞ리로다袞職이闕이잇거든仲山甫ㅣ補ᄒᆞᄂᆞ다
○賦也輶輕儀度圖謀也袞職王職也天子龍袞不敢斥言王闕故曰袞職有闕也○言人皆言德甚輕而易擧然人莫能擧也我於是謀度其能擧之者則惟仲山甫而已是以

心誠愛之而恨其不能有以助之蓋愛之者秉彝好德之性也而不能助者能擧與否在彼而已固無待於人之助而亦非人之所能助也至於王職有闕失亦維仲山甫獨能補之蓋唯大人然後能格君心之非未有不能自擧其德而能補君之闕者也

○仲山甫出祖ᄒᆞ니四牡業業ᄒᆞ며征夫捷捷ᄒᆞ니每懷靡及叶極業反이로다四牡彭彭叶鋪郞反ᄒᆞ며八鸞鏘鏘ᄒᆞ니王命仲山甫ᄒᆞ사城彼東方이샷다

●仲山甫ㅣ出ᄒᆞ야祖ᄒᆞ니四牡ㅣ業業ᄒᆞ며征夫ㅣ捷捷ᄒᆞ니미양懷홈이밋지못홀닷ᄒᆞ놋다 四牡ㅣ彭彭ᄒᆞ며八鸞이鏘鏘ᄒᆞ니王이仲山甫을命ᄒᆞ샤뎌東方에城ᄒᆞ라ᄒᆞ샷다

○賦也祖行祭也業業健貌捷捷疾貌東方齊也傳曰古者諸侯之居逼隘則王者遷其邑而定其居蓋去薄姑而遷於臨菑也孔氏曰史記齊獻公元年徙薄姑都治臨菑計獻公當夷王之時與此傳不合豈徙於夷王之時至是而始備其城郭之守歟

○四牡騤騤音逵ᄒᆞ며八鸞喈喈音皆叶居奚反ᄒᆞ니仲山甫徂齊ᄒᆞᄂᆞ니式遄其歸로다吉甫作誦ᄒᆞ니穆如淸風叶孚愔反이로다仲山甫永懷라以慰其心ᄒᆞ노라

●四牡ㅣ騤騤ᄒᆞ며八鸞이喈喈ᄒᆞ니仲山甫ㅣ齊에徂ᄒᆞᄂᆞ니써그歸홈을섈리ᄒᆞ리로다吉甫ㅣ誦을作ᄒᆞ니穆홈이淸風ᄀᆞᆺ도다仲山甫ㅣ기리懷ᄒᆞ논지라써그ᄆᆞᄋᆞᆷ을慰ᄒᆞ노라

○賦也式遄其歸不欲其久於外也穆深長也淸風淸微之風化養萬物者也以其遠行而有所懷思故以此詩慰其心焉曾氏曰賦政於外雖仲山甫之職然保王躬補王闕尤

其所急城彼東方其心永懷蓋有所不安者尹吉甫深知之作誦而告以遄歸所以安其心也

烝民八章章八句

奕奕梁山을 維禹甸之샷다 有倬其道에 韓侯受命이로다 王親命之ᄒᆞ샤더 纘戎祖考ᄒᆞ노니 無廢朕命ᄒᆞ야 夙夜匪解(音懈 訖力反)ᄒᆞ야 虔共爾位ᄒᆞ라 朕命不易ᄒᆞ리라 榦(音幹) 不庭方ᄒᆞ야 以佐戎辟(音壁)ᄒᆞ라

●奕奕ᄒᆞᆫ梁山을禹ㅣ甸ᄒᆞ샷다 倬ᄒᆞᆫ그道에韓侯ㅣ命을受ᄒᆞ놋다 王이親히命ᄒᆞ샤더네祖考를纘케ᄒᆞ노니朕의命을廢치마라夙夜에解치아니ᄒᆞ야네位에虔共ᄒᆞ라朕의命을易지아니ᄒᆞ리라 庭치아니ᄒᆞᄂᆞᆫ方을榦ᄒᆞ야써네辟을佐ᄒᆞ라

○賦也奕奕大也梁山韓之鎭也今在同州韓城縣甸治也倬明貌韓國名侯爵武王之後也受命蓋卽位除喪以土服入見天子而聽命也纘繼戎女也言王錫命之使繼世而爲諸侯也虔敬易改榦正也不庭方不來庭之國也辟君也此又戒之以脩其職業之詞也○韓侯初立來朝始受王命而歸詩人作此以送之序亦以爲尹吉甫作今未有據下篇云召穆公凡伯者放此

○四牡奕奕ᄒᆞ니 孔脩且張이로다 韓侯入覲ᄒᆞ니 以其介圭로 入覲于

王이로다 王錫韓侯ᄒᆞ시니 淑旂綏章과 簟茀錯衡叶戶郎反과 玄袞赤舃과 鉤
膺鏤音漏錫音羊과 鞹音廓鞃音弘淺幭音覓과 鞗音條革金厄叶於栗反이로다
●四牡ㅣ奕奕ᄒᆞ니심히脩ᄒᆞ고ᄯᅩ張ᄒᆞ도다韓侯ㅣ入ᄒᆞ야覲ᄒᆞ니그介圭로써王ᄭᅴ入ᄒᆞ야覲ᄒᆞ놋다 王이韓侯를錫ᄒᆞ시니淑ᄒᆞᆫ旂와綏章과簟으로ᄒᆞᆫ茀과錯ᄒᆞᆫ衡과玄ᄒᆞᆫ袞과赤ᄒᆞᆫ舃과鉤와膺과 鏤ᄒᆞᆫ錫과鞹으로ᄒᆞᆫ鞃과淺으로ᄒᆞᆫ幭과鞗革에金으로厄ᄒᆞᆫ거시로다
○賦也脩長張大也介圭封圭執之爲贄以合瑞于王也淑善也交龍曰旂綏章染鳥羽或旄牛尾爲之注於旂竿之首爲表章者也鏤刻金也馬眉上飾曰錫今當盧也鞹去毛之革也鞃式中也謂兩較之間橫木可憑者以鞹持之使牢固也淺虎皮也幭覆式也字一作幦又作幎以有毛之皮覆式上也鞗革轡首也金厄以金爲環纏搤轡首也
○韓侯出祖ᄒᆞ니 出宿于屠ㅣ로다 顯父音甫餞之ᄒᆞ니 清酒百壺ㅣ로다 其殽維何오 炰音庖鼈鮮魚ㅣ로다 其蔌音速維何오 維筍音笋及蒲ㅣ로다 其贈維何오 乘去聲馬路車ㅣ로다 籩豆有且音疽ᄒᆞ니 侯氏燕胥ㅣ로다
●韓侯ㅣ出ᄒᆞ야祖ᄒᆞ니出ᄒᆞ야屠에宿ᄒᆞ놋다 顯父ㅣ餞ᄒᆞ니淸酒ㅣ百壺ㅣ로다그殽ㅣ므섯고炰ᄒᆞᆫ鼈과鮮ᄒᆞᆫ魚ㅣ로다그蔌이므섯고筍과밋蒲ㅣ로다그贈ᄒᆞᆫ거시므섯고乘馬와路車ㅣ로다 籩豆ㅣ且ᄒᆞ니侯氏ㅣ서로燕ᄒᆞ놋다
○賦也旣覲而反國必祖者尊其所往去則如始行焉屠地名或曰卽杜也顯父周之卿

士也欵菜殺也筍竹萌也蒲蒲蒻也且多貌侯氏覲禮諸侯來朝者之稱胥相也或曰語辭

○韓侯取去聲妻ᄒᆞ니汾音焚王之甥이오蹶音愧父音甫之子叶奬里反ㅣ로다 韓侯迎去聲止于蹶之里로ᄒᆞ니 百兩音亮又如字彭彭叶蒲郎反ᄒᆞ며 八鸞鏘鏘ᄒᆞ니 不顯其光가 諸娣音第從之ᄒᆞ니祁祁如雲이로다 韓侯顧之ᄒᆞ니爛其盈門叶眉員反이로다

●韓侯ㅣ妻를取ᄒᆞ니汾王의甥이오蹶父의子ㅣ로다 韓侯ㅣ迎ᄒᆞ니蹶ㅅ里에ᄒᆞ놋다 百兩이彭彭ᄒᆞ며八鸞이鏘鏘ᄒᆞ니그光을顯티아니ᄒᆞ냐모든娣ㅣ從ᄒᆞ니祈祈ᄒᆞ야雲ᄀᆞᆺ도다韓侯ㅣ顧ᄒᆞ니爛히 그門에盈ᄒᆞ도다

○賦也此言韓侯既覲而還遂以親迎也汾王厲王也厲王流于彘在汾水之上故詩人以目王焉猶言莒郊公黎比公也蹶父周之卿士姞姓也諸娣諸侯一娶九女二國媵之皆有娣姪也祁祁徐靚也如雲衆多也

○蹶父孔武ᄒᆞ야靡國不到ᄒᆞ야爲去聲韓姞音佶相去聲攸ᄒᆞ니莫如韓樂音洛叶力告反이로다 孔樂韓土여 川澤訏訏音許ᄒᆞ며 魴鱮甫甫ᄒᆞ며 麀鹿噳噳音語ᄒᆞ며 有熊有羆ᄒᆞ며 有貓音茅叶苗二音 有虎ㅣ로다 慶既令居叶斤御斤於二反ᄒᆞ니 韓姞燕譽叶羊如羊諸二反ㅣ로다

●蹶父ㅣ심히武ᄒᆞ야國에到티아닐듸업시ᄒᆞ야韓姞을爲ᄒᆞ야攸을相ᄒᆞ니 韓의樂홈만ᄀᆞᆺ타니업도다심히樂ᄒᆞᆫ韓ᄯᅡ히여川과澤이訏訏ᄒᆞ며魴과鱮ㅣ甫甫ᄒᆞ며麀와鹿이噳噳ᄒᆞ며熊이이시며羆ㅣ이시며 虎ㅣ잇도

다이의令ᄒᆞᆫ居를慶ᄒᆞ니韓姞이燕譽ᄒᆞᄂᆞᆺ다
○賦也韓姞蹶父之子韓侯妻也相攸擇可嫁之所也訏訏甫甫大也噳噳衆也貓似虎
而淺毛慶喜令善也喜其有此善居也燕安譽樂也

○溥彼韓城이여燕(平聲)師所完이로다以先祖受命이因時百蠻으로王
錫韓侯ᄒᆞ시니其追其貊(音麥)이로다奄受北國ᄒᆞ야因以其伯ᄒᆞ니實墉實壑
ᄒᆞ며實畝實籍ᄒᆞ고獻其貔(音毗)皮와赤豹黃羆로다

●溥ᄒᆞᆫ韓ㅅ城이여燕ㅅ師의完ᄒᆞᆫ배로다先祖의命受ᄒᆞᆷ이이百蠻을因ᄒᆞᆷ으로써王이韓侯를錫ᄒᆞ시니그追
와그貊이로다문득北國을受ᄒᆞ야因ᄒᆞ야써그伯ᄒᆞ니진실로墉ᄒᆞ며진실로壑ᄒᆞ며진실로畝ᄒᆞ며진실로籍
ᄒᆞ고그貔皮와赤豹와黃羆를獻ᄒᆞ리로다

○賦也溥大也燕召公之國也師衆也追貊夷狄之國也墉城壑池籍稅也貔猛獸名○
韓初封時召公爲司空王命以其衆爲築此城如召伯營謝山甫城齊春秋諸侯城邢城
楚丘之類也王以韓侯之先因是百蠻而長之故錫之追貊使爲之伯以脩其城池治其
田畝正其稅法而貢其所有於王也

韓奕六章章十二句

江漢浮浮ᄒᆞ니武夫滔滔(叶他侯反)ㅣ로다匪安匪遊ㅣ라淮夷來求ㅣ라ㅣ니既出

我車호며既設我旗호니匪安匪舒ㅣ라淮夷來鋪ㅣ니라

●江漢이浮浮호니武夫ㅣ滔滔호놋다安치못호며遊치못호논지라淮夷를來호야求홈이니라 이믜내事를出호며이믜내旗를設호니安치못호며舒치못호논지라淮夷를來호야鋪홈이니라

○賦也浮浮水盛貌滔滔順流貌淮夷夷之在淮上者也鋪陳也陳師以伐之也○宣王命召穆公平淮南之夷詩人美之此章總序其事言行者皆莫敢安徐而曰吾之來也惟淮夷是求是伐耳

○江漢湯湯音傷호니武夫洸洸音光이로다經營四方호야告成于王이로다四方既平호니王國庶定이로다叶唐丁反時靡有爭호니叶留陘反王心載寧이샷다

●江漢이湯湯호니武夫ㅣ洸洸호도다四方을經營호야王씌成홈을告호놋다 四方이이믜平호니王國이힝혀定호도다이에爭홈이잇지아니호니王의心이곳寧호샷다

○賦也洸洸武貌庶幸也○此章言既伐而成功也

○江漢之滸音虎에王命召虎호샤式辟音闢四方호야徹我疆土호샨匪疚匪棘이라王國來極이시니于疆于理호야至于南海叶虎委反로다

●江漢ㅅ滸에王이召虎를命호샤써四方을辟호야 우리疆土를徹호샨단疚호논줄이아니며棘호논줄이아니라王國에來호야極게호심이니疆호며理호야南海에至호도다

○賦也虎召穆公名也辟與闢同徹井其田也疚病棘急也極中之表也居中而爲四方

所取正也○言江漢旣平王又命召公闢四方之侵地而治其疆界非以病之非以急之也但使其來取正於王國而已於是遂疆理之盡南海而止也

○王命召虎하샤 來旬來宣하시다 文武受命이실서 召公維翰이러니(叶胡千反) 無曰予小子ㅣ어다(叶奬里反) 召公是似ㅣ니라(叶養里反) 肇敏戎公이면 用錫爾祉호리라

●王이召虎를命하샤來하야旬하며來하야宣하라하시다文武ㅣ命을受하실서 召公이翰이러니나小子ㅣ라니르디마를디어다召公을이예ᄀᆞᆮ톨디니라너公을肇ᄒᆞ야敏ᄒᆞ면써네게祉를錫호리라

○賦也旬徧宣布也自江漢之滸言之故曰來召公召康公奭也翰榦也予小子王自稱也肇開戎女公功也○又言王命召虎來此江漢之滸徧治其事以布王命而曰昔文武受命惟召公爲楨榦今女無曰以予小子之故也但自爲嗣女召公之事耳能開敏女功則我當錫女以祉福如下章所云也

○釐(音離)爾圭瓚(才旱反)과 秬(音巨)鬯(音暢)一卣(音酉)ᄒᆞ며 告于文人ᄒᆞ야 錫山土田(叶他因反)ᄒᆞ노니 于周受命(叶滿幷反)ᄒᆞ야 自召祖命ᄒᆞ노라 虎拜稽首ᄒᆞ니 天子萬年(叶彌因反)이쇼셔

●너를圭瓚과秬鬯ᄒᆞᆫ卣를釐ᄒᆞ며文人씌告ᄒᆞ야山과土田을錫ᄒᆞ노니周에가命을受ᄒᆞ야 召祖의命ᄒᆞ던ᄃᆡ로브터ᄒᆞ노라虎ㅣ拜ᄒᆞ야首를稽ᄒᆞ니天子ㅣ萬年이쇼셔

○賦也釐賜卣尊也文人先祖之有文德者謂文王也周岐周也召祖穆公之祖康公也

○此序王賜召公策命之詞言錫爾圭瓚秬鬯者使之以祀其先祖又告于文人而錫之

山川土田以廣其封邑蓋古者爵人必於祖廟示不敢專也又使往受命於岐周從其祖康公受命於文王之所以寵異之而召公拜稽首以受王命之策書也人臣受恩無可以報謝者但言使君壽考而已

○虎拜稽首ᄒᆞ야 對揚王休ᄒᆞ샤虛久反야 作召公考ᄒᆞ샤叶去久反니 天子萬壽ㅣ쇼叶殖酉反셔

明明天子ㅣ叶獎里反 令聞不已ᄒᆞ시며 矢其文德ᄒᆞ샤 洽此四國ᄒᆞ쇼叶越逼反셔

●虎ㅣ拜ᄒᆞ야首를稽ᄒᆞ야王의休를對ᄒᆞ야揚ᄒᆞ야召公의作ᄒᆞ야考ᄒᆞ니天子ㅣ萬壽ㅣ쇼셔 明明ᄒᆞ신天子ㅣ令ᄒᆞᆫ聞이己티아니ᄒᆞ시며그文德을矢ᄒᆞ샤이四國을洽ᄒᆞ소셔

○賦也對答揚稱休美考成矢陳也○言穆公既受賜遂答稱天子之美命作康公之廟器而勸王策命之詞以考其成且祝天子以萬壽也古器物銘云郲拜稽首敢對揚天子休命用作朕皇考龔伯尊敦郲其眉壽萬年無疆語正相類但彼自祝其壽而此祝君壽耳既又美其君之令聞而進之以不已勸其君以文德而不欲其極意於武功古人愛君之心於此可見矣

江漢六章章八句

赫赫明明ᄒᆡ 王命卿士ㅣ叶音所 南仲大音泰祖ㅣᆫ 大師皇父音甫ᄒᆞ샤 整我六師ᄒᆞ야 以脩我戎叶音汝ᄒᆞ야 既敬既戒叶訖力反ᄒᆞ야 惠此南國ᄒᆞ지叶越逼反다

●赫赫히明明히王이卿士ㅣ南仲이大祖ㅣᆫ大師ㅣ연皇父를命ᄒᆞ사우리六師를整ᄒᆞ야 써우리戎을脩ᄒᆞ야

이의敬ᄒᆞ며이의戒ᄒᆞ야이南國을惠ᄒᆞ시다

○賦也卿士則皇父之官也南仲見出車篇大祖始祖也大師皇父之兼官也我爲宣王之自我也戎兵器也○宣王自將以伐淮北之夷而命卿士之謂南仲爲大祖兼大師而字皇父者整治其從行之六軍脩其戎事以除淮夷之亂而惠此南方之國詩人作此以美之必言南仲大祖者稱其世功以美大之也

○王謂尹氏ᄒᆞ샤命程伯休父ᄒᆞ야左右陳行音杭ᄒᆞ야戒我師旅ᄒᆞ야率彼淮浦ᄒᆞ야省此徐土ᄒᆞ시니不留不處ᄒᆞ야三事就緒音序ㅣ로다

●王이尹氏ᄃᆞ려니ᄅᆞ샤程伯休父를命ᄒᆞ야左右로行을陳ᄒᆞ야우리師와旅를戒ᄒᆞ야 뎌淮浦를率ᄒᆞ야이徐土를省ᄒᆞ시니留치아니ᄒᆞ며處치아니ᄒᆞ야三事ㅣ緒에就ᄒᆞ놋다

○賦也尹氏吉甫也蓋爲內史掌策命卿大夫也程伯休父周大夫三事未詳或曰三農之事也○言王詔尹氏策命程伯休父爲司馬使之左右陳其行列循淮浦而省徐州之土蓋伐淮北徐州之夷也上章既命皇父而此章又命程伯休父者蓋王親命大師以三公治其軍事而使內史命司馬以六卿副之耳

○赫赫業業叶宜劫反ᄒᆞ니有嚴天子ㅣ샷다王舒保作ᄒᆞ샤匪紹匪遊ᄒᆞ시니徐方繹騷叶蘇侯反ㅣ로다震驚徐方ᄒᆞ니如雷如霆ᄒᆞ야徐方震驚이로다

●赫赫ᄒᆞ고業業ᄒᆞ니嚴ᄒᆞᆫ天子ㅣ샷다王이舒히保作ᄒᆞ샤紹티아니ᄒᆞ며遊치아니ᄒᆞ시니 徐方이繹ᄒᆞ야騷

ᄒᆞᄂᆞ다徐方을震驚ᄒᆞ니雷ᄀᆞᄐᆞ며霆ᄀᆞᄐᆞ야徐方이震驚ᄒᆞᄂᆞ다

○賦也赫赫顯也業業大也嚴威也天子自將其威可畏也王舒保作未詳其義或曰舒徐保安作行也言王師舒徐而安行也紹糾緊也遊遨遊也繹連絡也騷擾動也○夷厲以來周室衰弱至是而天子自將以征不庭其師始出不疾不徐而徐方之人皆已震動如雷霆作於其上不遑安矣

○王奮厥武ᄒᆞ시니 如震如怒叶暖五反ㅣ로다 進厥虎臣ᄒᆞ시니 闞音喊如虓音哮虎ㅣ로다 鋪平聲敦淮濆音焚ᄒᆞ야 仍執醜虜ᄒᆞ니 截彼淮浦ㅣ여 王師之所ㅣ로다

●王이그武를奮ᄒᆞ시니震ᄀᆞᆺᄒᆞ며怒ᄀᆞᆺᄒᆞ도다그虎臣을進ᄒᆞ시니闞히虓虎ᄀᆞᆺ도다 淮濆에鋪ᄒᆞ야敦ᄒᆞ야仍ᄒᆞ야醜虜를執ᄒᆞ니截ᄒᆞᆫ淮浦ㅣ여王師의所ㅣ로다

○賦也進鼓而進之也闞奮怒之貌虓虎之自怒也鋪布也布其師旅也敦厚也厚集其陳也仍就也老子曰攘臂而仍之截截然不可犯之貌

○王旅嘽嘽音灘ᄒᆞ니 如飛如翰ᄒᆞ며 如江如漢ᄒᆞ며 如山之苞叶鋪鉤反ᄒᆞ며 如川之流ᄒᆞ며 緜緜翼翼ᄒᆞ며 不測不克ᄒᆞ야 濯征徐國叶越逼反이로다

●王의旅ㅣ嘽嘽ᄒᆞ니飛홈ᄀᆞᆺ다며翰홈ᄀᆞᆺ다며江ᄀᆞᆺ다며漢ᄀᆞᆺ다며 山의苞ᄀᆞᆺ다며川의流ᄀᆞᆺ다며緜緜ᄒᆞ며翼翼ᄒᆞ며測디못ᄒᆞ며克디못ᄒᆞ야키徐國을征ᄒᆞᄂᆞ다

○賦也嘽嘽衆盛貌翰羽苞本也如飛如翰疾也如江如漢衆也如山不可動也如川不

可禦也緜緜不可絕也翼翼不可亂也不測不可知也不克不可勝也濯大也

○王猶允塞ᄒᆞ시니 徐方既來(叶六直反)로다 徐方既同ᄒᆞ니 天子之功이샷다 四方既平ᄒᆞ니 徐方來庭이로다 徐方不回ᄒᆞ어ᄂᆞᆯ 王曰還歸(叶古回反)라ᄒᆞ시다

●王의猶ㅣ 진실로塞ᄒᆞ시니徐方이이믜來ᄒᆞ도다徐方이이믜同ᄒᆞ니天子의功이샷다 四方이이믜平ᄒᆞ니徐方이來ᄒᆞ야庭ᄒᆞᄂᆞ다徐方이回치아니커ᄂᆞᆯ王이ᄀᆞᆯ으샤ᄃᆡ도라ᄀᆞᆯ디라ᄒᆞ시다

○賦也猶道允側塞實庭朝回違也還歸班師而歸也○前篇召公帥師以出歸告成功故備載其褒賞之詞此篇王實親行故於卒章反復其詞以歸功於天子言王道甚大而遠方懷之非獨兵威然也序所謂因以爲戒者是也

常武六章章八句

瞻卬(音仰)昊天ᄒᆞ니 則不我惠라 孔塡不寧ᄒᆞ야 降此大厲ㅣ샷다 邦靡有定ᄒᆞ야 士民其瘵(音債叶側例反)ᄒᆞ니 蟊(音牟)賊蟊疾이 靡有夷屆(音戒叶居氣反)ᄒᆞ며 罪罟不收ᄒᆞ야 靡有夷瘳(音抽)ㅣ로다

●昊天을瞻卬호니곳나를惠치아니ᄒᆞᄂᆞ디라심히오래寧치아니ᄒᆞ야이큰厲를降ᄒᆞ샷다 邦이定홈이잇지아니ᄒᆞ야士民이그瘵ᄒᆞ니蟊賊의蟊ᄒᆞ야疾홈이夷ᄒᆞ야屆홈이잇지아이ᄒᆞ며 罪罟를收치아니ᄒᆞ야夷ᄒᆞ야瘳홈이잇지아니ᄒᆞᄂᆞ다

○賦也塡久厲亂瘵病也蟊賊害苗之蟲也疾害夷平屆極罟網也○此刺幽王嬖褒姒任奄人以致亂之詩首言昊天不惠而降亂無所歸咎之詞也蘇氏曰國有所定則民受其福無所定則受其病於是有小人爲之蟊賊刑罪爲之網罟凡此皆民之所以病也

○人有土田을女音汝反有酉由二音之ᄒᆞ며人有民人을女覆奪之ᄒᆞ며此宜無罪를女反收殖酉殖由二反之ᄒᆞ며彼宜有罪를女覆說音脫之로다

●人이둔ᄂᆞᆫ土田을네도로혀두며人이둔ᄂᆞᆫ民人을네도로혀奪ᄒᆞ며이맛당이 罪업슨이를네도로혀收ᄒᆞ며뎌맛당이罪인ᄂᆞᆫ이를네도로혀說ᄒᆞ놋다

○賦也反覆收拘說赦也

○哲夫成城이어든 哲婦傾城이다ᄒᆞᄂᆞ 懿厥哲婦ㅣ爲梟爲鴟로다 婦有長舌이여維厲之階로다叶居奚反 亂匪降自天叶鐵因反이라 生自婦人이니라 匪教匪誨叶呼位反ᄂᆞᆫ 時維婦寺니라

●哲ᄒᆞᆫ夫ㅣ城을成ᄒᆞ거든哲ᄒᆞᆫ婦ㅣ城을傾ᄒᆞᄂᆞ니라懿ᄒᆞᆫ그哲婦ㅣ梟되며鴟되놋다婦의長舌을둠이여厲의階로다亂이天으로브터降ᄒᆞᄂᆞᆫ亂이아니라婦人으로브터生ᄒᆞ예니라敎ㅣ아니며誨아닌거슨이婦와寺니라

○賦也哲智也城猶國也哲婦蓋指褒姒也傾覆懿美也梟鴟惡聲之鳥也長舌能多言者也階梯也寺奄人也○言男子正位乎外爲國家之主故有知則能立國婦人以無非

無儀爲善無所事哲哲則適以覆國而已故此懿美之哲婦而反爲梟鴟蓋以其多言而能爲禍亂之梯也若是則亂豈眞自天降如首章之說哉特由此婦人而已蓋其言雖多而非有敎誨之益者是惟婦人與奄人耳豈可近哉上文但言婦人之禍末句兼以奄人爲言蓋二者常相倚而爲姦不可不幷以爲戒也歐陽公嘗言宦者之禍甚於女寵其言尤爲深切有國家者可不戒哉

○鞫人忮(音志)忒ᄒᆞ야譖(音僭)始竟背(音佩叶必墨反)마어든 豈曰不極이리오 伊胡爲慝ᄒᆞ고ᄂᆞ니
如賈(音古)三倍를 君子是識이라 婦無公事ㅣ어ᄂᆞᆯ 休其蠶織이로다

●人을鞫ᄒᆞ야忮ᄒᆞ야忒ᄒᆞ야譖으로始ᄒᆞ야ᄆᆞᄎᆞᆷ내背ᄒᆞ거든엇디極디아니ᄒᆞ라니ᄅᆞ리오엇디慝이되리오ᄒᆞᄂᆞ니賈의三倍홈을君子ㅣ이알옴ᄀᆞᆺ탄디라婦ㅣ公事ㅣ업거ᄂᆞᆯ그蠶織ᄒᆞ기를休ᄒᆞᄂᆞᆺ다

○賦也鞫窮忮害忒變也譖不信也竟終背反極已慝惡也賈居貨者也三倍獲利之多也公事朝廷之事蠶織婦人之業○言婦寺能以其智辯窮人之言其心忮害而變詐無常旣以譖妄倡始於前而終或不驗於後則亦不復自謂其言之放恣無所極已而反曰是何足爲慝乎夫商賈之利非君子之所宜識如朝廷之事非婦人之所宜與也今賈三倍而君子識其所以然婦人無朝廷之事而舍其蠶織以圖之則豈不爲慝哉

○天何以刺(叶音ㅣ砌)며 何神不富(叶方味反)오 舍(音捨)爾介狄이오 維予胥忌ᄒᆞᄂᆞ다 不吊不祥ᄒᆞ며 威儀不類ᄒᆞ며 人之云亡이니 邦國殄瘁로다

●天엇디써刺ᄒᆞ며엇디神이富케아니ᄒᆞᄂᆞ고네介ᄒᆞᆫ狄을舍ᄒᆞ고나를서로忌ᄒᆞᄂᆞ다不祥을弔치아니ᄒᆞ며威儀ㅣ類치아니ᄒᆞ며人이亡ᄒᆞ니邦國이殄瘁ᄒᆞ리로다

○賦也刺責介大胥相弔閔也○言天何用責王神何用不富王哉凡以王信用婦人之故也是必將有夷狄之大患今王舍之不忌而反以我之正言不諱爲忌何哉夫天之降不祥庶幾王懼而自脩今王遇災而不恤又不謹其威儀又無善人以輔之則國之殄瘁宜矣或曰介狄卽指婦寺猶所謂女戎者也

○天之降罔이여維其優矣로다人之云亡이여心之憂矣로다天之降罔이여維其幾矣로다人之云亡이여心之悲矣로다

●天이罔을降홈이여그優ᄒᆞ도다人의亡홈이여心의憂홈도다天이罔을降홈이여그幾ᄒᆞ도다 人의亡홈이여心에悲홈도다

○賦也罔罟優多幾近也蓋承上章之意而重言之以警王也

○觱音必沸音弗檻胡覽反泉이여維其深矣로다心之憂矣여寧自今矣오리不自我先이며不自我後叶下五反ㅣ로다 藐藐昊天이나無不克鞏叶音古이시니無忝皇祖ㅣ면式救爾後ㅣ리라

●觱沸ᄒᆞᆫ檻泉이여그深ᄒᆞ도다心의憂홈이여엇디이제로브터리오날로브터先이아니며 날로브터後ㅣ아니로다藐藐ᄒᆞᆫ昊天이나능히鞏티아니홈이업스시니皇祖를忝티말면써네後를救ᄒᆞ리라

○興也觱沸泉湧貌檻泉泉正出者藐藐高遠貌鞏固也○言泉水瀵涌上出其源深矣我心之憂亦非適今日然也然而禍亂之極適當此時蓋己無可爲者惟天高遠雖若無意於物然其功用神明不測雖危亂之極亦無不能鞏固之者幽王苟能改過自新而不忝其祖則天意可回來者猶必可救而子孫亦蒙其福矣

瞻卬七章三章章十句四章章八句

旻天疾威라天篤降喪去聲叶桑郎反ᄒᆞ샤瘨音顚我饑饉ᄒᆞ야民卒流亡ᄒᆞ야我居圉音語卒荒이로다

●旻天이疾威ᄒᆞᆫ디라天이篤히喪을降ᄒᆞ샤날을饑饉으로瘨ᄒᆞ야民이다流亡ᄒᆞ야우리居와圉ㅣ다荒ᄒᆞ놋다

○賦也篤厚瘨病卒盡也居國中也圉邊陲也○此刺幽王任用小人以致饑饉侵削之詩也

○天降罪罟ᄒᆞ샤蟊賊內訌音紅ᄒᆞ며昏椓音卓靡共音恭ᄒᆞ야潰潰回遹이어놀實靖夷我邦叶十工反이로다

●天이罪罟를降ᄒᆞ샤蟊賊이內로訌ᄒᆞ며昏椓이共치아니ᄒᆞ야潰潰ᄒᆞ야回遹ᄒᆞ거놀진실로우리邦을靖ᄒᆞ야夷케ᄒᆞ놋다

○賦也訌潰也昏椓昏亂椓喪之人也共與恭同一說與供同謂供其職也潰潰亂也回

遹邪僻也靖治夷平也○言此蟊賊昏椓者皆潰亂邪僻之人而王乃使之治平我邦所
以致亂也
○皐皐訿訿(音紫)란 曾不知其玷(音店)ᄒᆞ고 兢兢業業ᄒᆞ야 孔塡不寧ᄒᆞ니 我
位孔貶이로다
●皐皐코訿訿ᄒᆞ이란을즉그玷을아지못ᄒᆞ고兢兢ᄒᆞ고業業ᄒᆞ야심히 오래寧치못ᄒᆞᄂᆞ니아우리位ㅣ심히
貶ᄒᆞ놋다
○賦也皐皐頑慢之意訿訿務爲謗毁也玷缺也塡久也○言小人在位所爲如此而王
不知其缺至於戒敬恐懼甚久而不寧者其位乃更見貶黜其顚倒錯亂之甚如此
○如彼歲旱에 草不潰茂ᄒᆞ며 如彼棲(音西)苴(七如反)ᄒᆞ니 我相(去聲)此邦ᄒᆞᆫ딘 無
不潰止로다
●뎌歲ㅣ旱ᄒᆞᆷ애草ㅣ潰茂치못ᄒᆞᆷ ᄀᆞᆺᄐᆞ며뎌棲苴ᄀᆞᆺᄐᆞ니내이邦을相ᄒᆞᆫ딘潰치아니ᄒᆞᆫ이업도다
○賦也潰遂也棲苴水中浮草棲於木上者言枯槁無潤澤也相視潰亂也
○維昔之富애 不如時ᄒᆞ며 維今之疚도 不如茲ㅣ로다 彼疏斯粺(音敗)어늘
胡不自替오 職兄(音況)斯引ᄒᆞ라
●네富ᄒᆞᆷ애이ᄀᆞᆺ디아니ᄒᆞ며이제疚도이ᄀᆞᆺ지아니 ᄒᆞ도다뎌ᄂᆞᆫ疏ㅣ오이ᄂᆞᆫ粺어늘엇지ᄉᆞᄉᆞ로替치아니ᄒᆞ
ᄂᆞᆫ고職ᄒᆞ야兄ᄒᆞ야이예引ᄒᆞ라

○賦也時是疚病也疏糲也粺則精矣替廢也兄怳同引長也○言昔之富未嘗若是之疚也而今之疚又未有若此之甚也彼小人之與君子如疏與粺其分審矣而曷不自替以避君子乎而使我心專爲此故至於愴怳引長而不能自已也

○池之竭矣로不云自頻ᄒᆞ며泉之竭矣로不云自中叶諸仍反ᄒᆞᄂᆞ다溥斯害矣라職兄斯弘ᄒᆞ니不烖我躬叶姑宏反가

●池의竭ᄒᆞᆷ을頻으로自ᄒᆞ다니르지아니ᄒᆞ며泉의竭ᄒᆞᆷ을中으로自ᄒᆞ다니르지아니ᄒᆞᄂᆞ다이害ㅣ溥ᄒᆞ지라職ᄒᆞ야兄ᄒᆞᆷ이이에弘ᄒᆞ니내몸에烖치아니ᄒᆞᆯ가

○賦也頻厓溥廣弘大也○池水之鍾也泉水之發也故池之竭由外之不入泉之竭由內之不出言禍亂有所從起而今不云然也此其爲害亦已廣矣是使我心專爲此故至於愴怳日益弘大而憂之曰是豈不烖及我躬也乎

○昔先王受命엔有如召公의日辟音闢國百里러니今也日蹙音蹴國百里로다於音烏乎音呼哀哉라維今之人은不尙有舊叶巨己反아

●녜先王이命을受ᄒᆞ실제召公ᄀᆞᄐᆞ니日로國百里를辟ᄒᆞ더니이제ᄂᆞᆫ日로國百里로蹙ᄒᆞᄂᆞ다於乎ㅣ라哀ᄒᆞᆸ다이젯人은오히려舊ㅣ잇지아니ᄒᆞ냐

○賦也先王文武也召公康公也辟開蹙促也○文王之世周公治內召公治外故周人之詩謂之周南諸侯之詩謂之召南所謂日辟國百里云者言文王之化自北而南至於

江漢之間服從之國日以益衆及虞芮質成而其旁諸侯聞之相帥歸周者四十餘國焉今謂幽王之時促國蓋犬戎內侵諸侯外畔也又歎息哀痛而言今世雖亂豈不猶有舊德可用之人哉言有之而不用耳

召旻七章四章章五句三章章七句

因其首章稱旻天卒章稱召公故謂之召旻以別小旻也

蕩之什十一篇九十二章七百六十九句

詩經卷之八　　朱熹集傳

頌四

頌者宗廟之樂歌大序所謂美盛德之形容以其成功告于神明者也蓋頌與容古字通用故序以此言之周頌三十一篇多周公所定而亦或有康王以後之詩魯頌四篇商頌五篇因亦以類附焉凡五卷

周頌清廟之什四之一

於(音烏)穆清廟애肅雝顯相(去聲)이며濟濟(上聲)多士ㅣ秉文之德ᄒᆞ야對越在天이오駿奔走在廟ᄒᆞ니不顯不承가無射(音亦)於人斯ㅣ샷다

●於ᄒᆞᆫ다穆ᄒᆞᆫ淸廟애肅ᄒᆞ며雝ᄒᆞᆫ顯ᄒᆞᆫ相이며濟濟ᄒᆞᆫ多士ㅣ文의德을秉ᄒᆞ야天에在ᄒᆞ신이ᄅᆞᆯ對ᄒᆞ고廟에在ᄒᆞ신ᄃᆡ駿히奔走ᄒᆞᄂᆞ니顯치아니ᄒᆞ냐承치아니ᄒᆞ냐人의게射홈이업ᄉᆞ샷다

○賦也於歎辭穆深遠也清清靜也肅敬雝和顯明相助也謂助祭之公卿諸侯也濟濟衆也多士與祭執事之人也越於也駿大而疾也承尊奉也斯語辭○此周公既成洛邑而朝諸侯因率之以祀文王之樂歌言於穆哉此清靜之廟其助祭之公侯皆敬且和而其執事之人又無不執行文王之德既對越其在天之神而又駿奔走其在廟之主如此則是文王之德豈不顯乎豈不承乎信乎其無有厭斁於人也

淸廟一章八句

書稱王在新邑烝祭歲文王騂牛一武王騂牛一實周公攝政之七年而此其升歌之辭也書大傳曰周公升歌淸廟苟在廟中嘗見文王者愀然如復見文王焉樂記曰淸廟之瑟朱弦而疏越壹倡而三歎有遺音者矣鄭氏曰朱弦練朱弦練則聲濁越瑟底孔也疏之使聲遲也倡發歌句也三歎三人從歎之耳漢因秦樂乾豆上奏登歌獨上歌不以筦弦亂人聲欲在位者偏聞之猶古淸廟之歌也

維天之命이 **於**(音烏)**穆不已**시니 **於**(同上)**乎**(音呼)**不顯**가 **文王之德之純**이여

●天ㅅ命이於ㅣ라穆히마쟈아니ᄒᆞ시니於乎ㅣ라顯치아니ᄒᆞ시냐文王의德이純홈이여

○賦也天命卽天道也不已言無窮也純不雜也○此亦祭文王之詩言天道無窮而文王之德純一不雜與天無間以贊文王之德之盛也子思子曰維天之命於穆不已蓋曰天之所以爲天也於乎不顯文王之德之純蓋曰文王之所以爲文也純亦不已程子曰天道不已文王純於天道亦不已純則無二無雜不已則無間斷先後

假(春秋傳作何)**以溢**(春秋傳作恤)**我**오 **我其收之**ᄒᆞ야 **駿惠我文王**호리니 **曾孫篤之**어다

●므서스로써나를溢ᄒᆞ고내그收ᄒᆞ야키우리文王씌惠호리니曾孫은篤홀디어다

○何之爲假聲之轉也恤之爲溢字之訛也收受駿大惠順也曾孫後王也篤厚也○言文王之神將何以恤我乎有則我當受之以大順文王之道後王又當篤厚之而不忘也

維天之命一章八句

維清緝熙는 **文王之典**이시니 **肇禋**(音因)으로 **迄**(音訖)**用有成**하니 **維周之禎**이로다

● 清ᄒᆞ야緝ᄒᆞ야熙ᄒᆞᆯ써ᄉᆞᆫ文王의典이시니비로소禋ᄒᆞ나로써成홈이이심애迄ᄒᆞ니周의禎이로다

○賦也清清明也緝續熙明肇始禋祀迄至也○此亦祭文王之詩言所當清明而緝熙者文王之典也故自始祀至今有成實維周之禎祥也然此詩疑有闕文焉

維清一章五句

烈文辟(音璧)**公**이 **錫茲祉福**하니 **惠我無疆**하야 **子孫保之**로다

● 烈文ᄒᆞᆫ辟公이이祉福을錫ᄒᆞ니나를惠호ᄃᆡ疆업슴오로ᄒᆞ야子孫으로保게ᄒᆞ놋다

○賦也烈光也辟公諸侯也○此祭於宗廟而獻助祭諸侯之樂歌言諸侯助祭使我獲福則是諸侯錫此祉福而惠我以無疆使我子孫保之也

無封靡于爾邦이면 **維王其崇之**며 **念玆戎功**이라 **繼序其皇之**리라

● 네邦의封ᄒᆞ며靡홈이업스면王이그崇ᄒᆞ며이큰功을念ᄒᆞ논디라序를繼ᄒᆞ야그皇케ᄒᆞ리라

封靡之義未詳或曰封專利以自封殖也靡汰侈也崇尊尚也戎大皇大也○言汝能無封靡于汝邦則王當尊汝又念汝有此助祭錫福之大功則使汝之子孫繼序而益大之也

無競維人을四方其訓之며不顯維德을百辟其刑之ᄒᆞᄂᆞ니於音烏乎音呼ㅣ라前王不忘이로다

●이만競ᄒᆞᆫ이업ᄉᆞᆫ人을四方이그訓ᄒᆞ며이만顯ᄒᆞᆫ이업ᄉᆞᆫ德을百辟이그刑ᄒᆞᄂᆞ니於乎ㅣ라前王을忘치못ᄒᆞ리로다

○又言莫强於人莫顯於德先王之德所以人不能忘者用此道也此戒飭而勸勉之也中庸引不顯惟德百辟其刑之而曰故君子篤恭而天下平大學引於乎前王不忘而曰君子賢其賢而親其親小人樂其樂而利其利此以沒世不忘也

烈文一章十三句

此篇以公疆兩韻相叶未審當從何讀意亦可互用也

天作高山이어시ᄂᆞᆯ大音泰王荒之샤다彼作矣어시ᄂᆞᆯ文王康之라彼岨矣岐에有夷之行叶戶郎反이니子孫保之어다

●天이高山을作ᄒᆞ야시ᄂᆞᆯ大王이荒ᄒᆞ샤다뎌作ᄒᆞ야시ᄂᆞᆯ文王이康ᄒᆞ신지라뎌岨ᄒᆞᆫ岐에夷ᄒᆞᆫ行이이시니子孫은保ᄒᆞᆯ지어다

○賦也高山謂岐山也荒治康安也岨險僻之意也夷平行路也○此祭大王之詩言天作岐山而大王始治之大王旣作而文王又安之於是彼險僻之岐山人歸者衆而有平易之道路子孫當世世保守而不失也

天作一章七句

昊天有成命이어시놀二后受之ᄒᆞ시니라成王不敢康ᄒᆞ샤夙夜基命宥密ᄒᆞ샤於(音烏)緝熙ᄒᆞ샤單厥心ᄒᆞ시니肆其靖之시니라

● 昊天이成ᄒᆞᆫ命이잇거시놀二后ㅣ受ᄒᆞ시니라成王이敢히康치못ᄒᆞ샤夙夜애命을基홈을宥ᄒᆞ고密케ᄒᆞ샤於홉다緝ᄒᆞ야熙ᄒᆞ야그心을單ᄒᆞ시니그러므로그靖ᄒᆞ시니라

○賦也二后文武也成王名誦武王之子也基積累于下以承藉乎上者也宥宏深也密靜密也於歎辭靖安也○此詩多道成王之德疑祀成王之詩也言天祚周以天下既有定命而文武受之矣成王繼之又能不敢康寧而其夙夜積德以承藉天命者又宏深而靜密是能繼續光明文武之業而盡其心故今能安靖天下而保其所受之命也國語叔向引此詩而言曰是道成王之德也成王能明文昭定武烈者也以此證之則其爲祀成王之詩無疑矣

昊天有成命一章七句

此康王以後之詩

我將我享이維羊維牛ㅣ니維天其右(叶音由)之아

● 내將ᄒᆞ며내享홈이羊과牛ㅣ니天이그右에ᄒᆞ실가

○賦也將奉享獻右尊也神坐東向在饌之右所以尊之也○此宗祀文王於明堂以配

上帝之樂歌言奉其牛羊以享上帝而曰天庶其降而在此牛羊之右乎蓋不敢必也

儀式刑文王之典하야 日靖四方하면 伊嘏(音假)文王이 旣右享(叶虛良反)之하시리라

●文王의典을儀하며式하며刑하야日로四方을靖하면嘏하시는文王이이믜右하야享하시리라

○儀式刑皆法也嘏錫福也○言我儀式刑文王之典以靖天下則此能錫福之文王旣降而在此之右以饗我祭若有以見其必然矣

我其夙夜애 畏天之威하야 于時保之엇다

●내그夙夜에天ㅅ威를畏하야이예保할지엇다

○又言天與文王旣皆右享我矣則我其敢不夙夜畏天之威以保天與文王所以降鑒之意乎

我將一章十句

程子曰萬物本乎天人本乎祖故冬至祭天而以祖配之以冬至氣之始也萬物成形於帝而人成形於父故季秋享帝而以父配之以季秋成物之時也陳氏曰古者祭天於圜丘掃地而行事器用陶匏牲用犢其禮極簡聖人之意以爲未足以盡其意之委曲故於季秋之月有大享之禮焉天卽帝也郊而曰天所以尊之也故以后稷配焉后稷遠矣配稷於郊亦以尊稷也明堂而曰帝所以親之也以文王配焉文

王親也配文王於明堂亦以親文王也尊尊而親親周道備矣然則郊者古禮而明堂者周制也周公以義起之也東萊呂氏曰於天維庶其饗之不敢加一詞焉於文王則言儀式其典日靖四方天不待贊法文王所以法天也卒章惟言畏天之威而不及文王者統於尊也畏天所以畏文王也天與文王一也

時邁其邦애 **昊天其子之**아

●時로그邦에邁홈애昊天이그子ᄒᆞ실가

○賦也邁行也邦諸侯之國也周制十有二年王巡守殷國柴望祭告諸侯畢朝○此巡守而朝會祭告之樂歌也言我之以時巡行諸侯也天其子我乎哉蓋不敢必也

實右序有周ㅣ라 **薄言震之**ᄒᆞ니 **莫不震疊**ᄒᆞ며 **懷柔百神**ᄒᆞ야 **及河喬嶽**ᄒᆞ니 **允王維后**ㅣ샷다

●진실로周를右序ᄒᆞᆫ지라잠깐震ᄒᆞ니震ᄒᆞ야疊지아닐이업스며百神을懷ᄒᆞ야柔ᄒᆞ야河와 喬嶽애及ᄒᆞ니진실로王이后ㅣ샷다

○右尊序次震動疊懼懷來柔安允信也○既而曰天實右序有周矣是以使我薄言震之而四方諸侯莫不震懼又能懷柔百神以至于河之深廣嶽之崇高而莫不感格則是信乎周王之爲天下君矣

明昭有周ㅣ **式序在位**ᄒᆞ고 **載戢干戈**ᄒᆞ며 **載櫜**音高**弓矢**ᄒᆞ고 **我求懿德**

ᄒᆞ야肆于時夏ᄒᆞ니允王保之샷다

●明昭ᄒᆞᆫ周ㅣ써位에잇ᄂᆞᆫ이를序ᄒᆞ고곳干戈를戢ᄒᆞ며곳弓矢를櫜ᄒᆞ고내懿ᄒᆞᆫ德을求ᄒᆞ야 이夏애肆ᄒᆞ니
진실로王이保ᄒᆞ샷다

○戢聚櫜韜肆陳也夏中國也○又言明昭乎我周也旣以慶讓黜陟之典式序在位之諸侯又收斂其干戈弓矢而益求懿美之德以布陳于中國則信乎王能之保天命也或曰此詩卽所謂肆夏以其有肆于時夏之語而命之也

時邁一章十五句

春秋傳曰昔武王克商作頌曰載戢干戈而外傳又以爲周文王之頌則此詩乃武王之世周公所作也外傳又曰金奏肆夏樊遏渠天子以饗元侯也韋昭注云肆夏一名樊韶夏一名遏納夏一名渠卽周禮九夏之三也呂叔玉云肆夏時邁也樊遏執競也渠思文也

執競武王이여無競維烈이샷다不顯가成康이여上帝是皇이샷다

●競을執ᄒᆞ신武王이여競ᄒᆞ리업슨烈이샤다顯치아니ᄒᆞ시냐成康이여上帝ㅣ이皇ᄒᆞ샷다

○賦也此祭武王成王康王之詩競强也言武王持其自强不息之心故其功烈之盛天下莫得而競豈不顯哉成王康王之德亦上帝之所君也

自彼成康ᄒᆞ야奄有四方ᄒᆞ시니斤去聲斤其明叶謨郎反이샷다

●뎌成康으로브터므득四方을두시니斤斤ᄒᆞᆫ그明이샷다

○斤斤明之察也言成康之德明著如此也

鍾鼓喤(音皇)**喤**(横)ᄒᆞ며**磬筦**(音管)**將將**ᄒᆞ니**降**(音搶)**福穰穰**(音攘)이로다

●鍾鼓ㅣ喤喤ᄒᆞ며磬筦이將將ᄒᆞ니福을降홈이穰穰ᄒᆞ도다

○喤喤和也將將集也穰穰多也言今作樂以祭而受福也

降福簡簡이어늘**威儀反反**ᄒᆞ니**既醉既飽**ᄒᆞ야**福祿來反**이로다

●福을降홈이簡簡ᄒᆞ거늘威儀ㅣ反反ᄒᆞ니이믜醉ᄒᆞ며이믜飽ᄒᆞ야福祿來홈이反ᄒᆞ놋다

○簡簡大也反反謹重也反覆也言受福之多而愈益謹重是以既醉既飽而福祿之來反覆而不厭也

執競一章十四句

此昭王以後之詩國語說見前篇

思文后稷이여**克配彼天**이샷다**立我烝民**이**莫匪爾極**이시니라**貽我來牟**ㅣ**帝命率育**(叶曰逼反)이라**無此疆爾界**(叶訖力反)ᄒᆞ시고**陳常于時夏**ㅣ샷다

●文ᄒᆞ신后稷이여능히뎌天을配ᄒᆞ샷다우리모단民을立케ᄒᆞ삼이네極이아닌아니시니라 우리를來牟로貽ᄒᆞ심이帝ㅣ命ᄒᆞ야다育게ᄒᆞ신지라이疆이며界업시ᄒᆞ시고常을이夏에陳ᄒᆞ샷다

○賦也思語詞文言有文德也立粒通極至也德之至也貽遺也來小麥牟大麥也率偏

育養也○言后稷之德眞可配天蓋使我烝民得以粒食者莫非其德之至也且其貽我民以來牟之種乃上帝之命以此徧養下民者是以無有遠近彼此之殊而得以陳其君臣父子之常道於中國也或曰此所謂納夏者亦以其有時夏之語而命之也

思文一章八句

國語說見時邁篇

淸廟之什十篇十章九十五句

周頌臣工之什四之二

嗟嗟臣工아 敬爾在公이어다 王釐(音離)爾成하시니 來咨來茹(音孺)ㅣ어다

●嗟홉다 嗟홉다 臣工아 네 公에 이심을 敬홀디어다 王이 네게 成을 釐하시니 來하야 咨하며 來하야 茹홀디어다

○賦也嗟嗟重歎以深敕之也臣工羣臣百官也公公家也釐賜也成成法也茹度也○此戒農官之詩先言王有成法以賜女女當來咨度也

嗟嗟保介여 維莫(音暮)之春이어니 亦又何求오 如何新畬(音余)오 於(音烏)皇來牟ㅣ 將受厥明이로소니 明昭上帝ㅣ 迄用康年이샷다 命我衆人하야 庤(音峙)乃錢(音翦)鎛(音博)하라 奄觀銍(音質)艾(音刈)로리다

●嗟홉다嗟홉다保介여莫혼春이어이또혼므서슬求ᄒᆞ리오新畬ㅣ엇더ᄒᆞ뇨於ㅣ라皇혼來牟ㅣ장찻그明을受ᄒᆞ리로소니明昭ᄒᆞ신上帝셔康年에迄케ᄒᆞ샷다우리衆人을命ᄒᆞ야네錢과鎛을庤ᄒᆞ라몬득銍로艾홈을보리로다

○保介見月令呂覽其說不同然皆爲籍田而言蓋農官之副也莫春斗柄建辰夏正之三月也畬三歲田也於皇歎美之詞來牟麥也明上帝之明賜也言麥將熟也迄至也康年猶豐年也衆人甸徒也庤具錢銚鎛鉏皆田器也銍穫禾短鎌也艾穫也○此乃言所戒之事言三月則當治其新畬矣今如何哉然麥已將熟則可以受上帝之明賜而此明昭之上帝又將賜我新畬以豐年也於是命甸徒具農器以治其新畬而又將忽見其收成也

臣工一章十五句

噫嘻成王이既昭假音格爾ᄒᆞ시니率時農夫ᄒᆞ야播厥百穀호ᄃᆡ駿發爾私ᄒᆞ야終三十里ᄒᆞ며亦服爾耕호ᄃᆡ十千維耦音擬ㅣ니라

●噫嘻라成王이이믜昭히너를假ᄒᆞ시니이農夫를率ᄒᆞ야그百穀을播호ᄃᆡ키내私를發ᄒᆞ야三十里를終ᄒᆞ며또혼네耕을服호ᄃᆡ十千으로耦ᄒᆞ라

○賦也噫嘻亦歎詞也昭明假格也爾田官也時是駿大發耕也私私田也三十里萬夫之地四旁有川內方三十三里有奇言三十里舉成數也耦二人並耕也○此連上篇亦戒農官之詞昭假爾猶言格汝衆庶蓋成王始置田官而嘗戒命之也爾當率是農夫播其百穀使之大發其私田皆服其耕事萬人爲耦而並耕也蓋耕本以二人爲耦今合一

川之衆爲言故云萬人事畢出幷力齊心如合一耦也此必鄕遂之官司稼之屬其職以萬夫爲界者溝洫用貢法無公田故皆謂之私蘇氏曰民曰雨我公田遂及我私而君曰駿發爾私終三十里其上下之間交相忠愛如此

噫嘻一章八句

振鷺于飛ᄒᆞ니于彼西雝이로다 我客戾止ᄒᆞ니亦有斯容이로다

●振ᄒᆞᆫ鷺ㅣ飛ᄒᆞ니뎌西雝애ᄒᆞ놋다우리客이戾ᄒᆞ니ᄯᅩᄒᆞᆫ이容이잇도다

○賦也振羣飛貌鷺白鳥雝澤也客謂二王之後夏之後杞商之後宋於周爲客天子有事膰焉有喪拜焉者也○此二王之後來助祭之詩言鷺飛于西雝之水而我客來助祭者其容貌脩整亦如鷺之潔白也或曰興也

在彼無惡ᄒᆞ며在此無斁叶丁故反ᄒᆞ니庶幾夙夜叶羊茹反ᄒᆞ야以永終譽ㅣ리로다

●뎌에이셔惡ᄒᆞ리업스며이에이셔斁홈이업스니거의夙夜ᄒᆞ야ᄡᅥ譽를기리終ᄒᆞ리로다

○彼其國也在國無惡之者在此無厭之者如是則庶幾其能夙夜以永終此譽矣陳氏曰在彼不以我革其命而有惡於我知天命無常惟德是與其心服也在我不以彼墜其命而有厭於彼崇德象賢統承先王忠厚之至也

振鷺一章八句

豐年多黍多稌音杜ᄒᆞ야 亦有高廩力錦反이 萬億及秭咨履反어ᄂᆞᆯ 爲酒爲醴ᄒᆞ야

烝畀祖妣ᄒᆞ야以洽百禮ᄒᆞ니降福孔皆(叶擧里反)로다

●豐年의黍ㅣ多ᄒᆞ며稌ㅣ多ᄒᆞ야또ᄒᆞᆫ노픈廩이이슘이萬과億과밋秭어놀酒를ᄒᆞ며醴를ᄒᆞ야祖妣ᄭᅴ烝畀ᄒᆞ야써百禮를洽ᄒᆞ니福을降홈이심히皆ᄒᆞ리로다

○賦也稌稻也黍宜高燥而寒稌宜下濕而暑黍稌皆熟則百穀無不熟矣亦助語辭數萬至萬日億數億至億日秭烝進畀予洽備皆徧也○此秋冬報賽田事之樂歌蓋祀田祖先農方社之屬也言其收入之多至於可以供祭祀備百禮而神降之福將甚徧也

豐年一章七句

有瞽有瞽ㅣ여在周之庭이로다

●瞽ㅣ여瞽ㅣ여周ㅅ庭에잇도다

○賦也瞽樂官無目者也○序以此爲始作樂而合乎祖之詩兩句總序其事也

設業設虡(音巨)ᄒᆞ니崇牙樹羽ㅣ로다應田縣鼓와鞉(音桃)磬柷(尺叔反)圉(音語)ㅣ旣備乃奏(叶音祖)ᄒᆞ니簫管備擧(以上叶瞽字)ㅣ로다

●業을設ᄒᆞ며虡를設ᄒᆞ니崇牙에羽을樹ᄒᆞ얏도다應과田이며縣ᄒᆞᆫ鼓와鞉와磬과柷과圉ㅣ이믜備ᄒᆞ야奏ᄒᆞ니簫와管이備ᄒᆞ야擧ᄒᆞ놋다

○業虡崇牙見靈臺篇樹羽置五采之羽於崇牙之上也應小鞞田大鼓也鄭氏曰田當作朄小鼓也縣鼓周制也夏后氏足鼓殷楹鼓周縣鼓鞉如鼓而小有柄兩耳持其柄搖

之則旁耳還自擊磬石磬也柷狀如漆桶以木爲之中有椎連底挏之令左右擊以起樂者也圉亦作敔狀如伏虎背上有二十七鉏鋙刻以木長尺擽之以止樂者也簫編小竹管爲之管如遂併兩而吹之者也

喤喤(音橫)**厥聲**이 **肅雝和鳴**ᄒᆞ니 **先祖是聽**ᄒᆞ시며 **我客戾止**ᄒᆞ야 **永觀厥成**(以上叶庭字이로다)

●喤喤ᄒᆞ고 소리肅ᄒᆞ고雝ᄒᆞ야和히鳴ᄒᆞ니先祖ㅣ이에聽ᄒᆞ시며우리客이戾ᄒᆞ야기리그成을觀ᄒᆞ놋다

○我客二王後也觀視也成樂闋也如簫韶九成之成獨言二王後者猶言虞賓在位我有嘉客蓋尤以是爲盛耳

有瞽一章十三句

猗(於宜反)**與**(音余)**漆沮**(七余反)에 **潛有多魚**ᄒᆞ니 **有鱣**(張連反) **有鮪**(叶于軌反)ᄒᆞ며 **鰷**(音條)**鱨**(音常)**鰋**(音偃)**鯉**로소니 **以享以祀**(叶逸織反)ᄒᆞ야 **以介景福**(叶筆力反)이로다

●猗흡다漆와沮에潛에多ᄒᆞᆫ魚ㅣ이시니鱣이이시며鮪ㅣ이시며鰷ㅣ며鱨이며鰋이며鯉로소니 써享ᄒᆞ며써祀ᄒᆞ야써큰福을介케ᄒᆞ놋다

○賦也猗與歎詞潛槮也蓋積柴養魚使得隱藏避寒因以蒲圍取之也或曰藏之深也鰷白鰷也月令季冬命漁師始漁天子親往乃嘗魚先薦寢廟季春薦鮪于寢廟此其樂歌也

潛一章六句

有來雝雝(與公叶ᄒᆞ야 篇內同)이로 至止肅肅이로다 相(息亮反)維辟(音璧)公이어ᄂᆞᆯ 天子穆穆이샷다

●來ᄒᆞᆫ음이雝々ᄒᆞ야至ᄒᆞ얀肅肅ᄒᆞ도다相ᄒᆞᄂᆞᆫ이ᄂᆞᆫ辟公이어ᄂᆞᆯ天子ㅣ穆穆ᄒᆞ샷다

○賦也雝雝和也肅肅敬也相助祭也辟公諸侯也穆穆天子之容也○此武王祭文王之詩言諸侯之來皆和且敬以助我之祭事而天子有穆穆之容也

於(音烏)薦廣牡ᄒᆞ야 相(同上)予肆祀(叶養里反)니 假(古雅反)哉皇考(叶音口)ㅣ 綏予孝子(叶獎里反)ㅣ샷다

●於ㅣ라廣牡를薦ᄒᆞ야나를도와祀를베프니假ᄒᆞ신皇考ㅣ나孝子를綏ᄒᆞ샤다

○於歎辭廣牡大牲也肆陳假大也皇考文王也綏安也孝子武王自稱也○言此和敬之諸侯薦大牲以助我之祭事而大哉之文王庶其享之以安我孝子之心也

宣哲維人이시며 文武維后ㅣ시니 燕及皇天(叶鐵因反)ᄒᆞ야 克昌厥後ㅣ샷다

●宣哲ᄒᆞᆫ人이시며文武ᄒᆞᆫ后ㅣ시니燕ᄒᆞ야皇天에밋처능히그後를昌ᄒᆞ샷다

○宣通哲知燕安也○此美文王之德宣哲則盡人之道文武則備君之德故能安人以及于天而克昌其後嗣也蘇氏曰周人以諱事神文王名昌而此詩曰克昌厥後何也曰周之所謂諱不以其名號之耳不遂廢其文也諱其名而廢其文者周禮之末失也

綏我眉壽(叶殖酉反)ᄒᆞ며 介以繁祉ᄒᆞ야 旣右(音又)烈考(叶音口)ㅣ오 亦右文母(叶滿彼反)ㅣ샷다

● 나를綏호ᄃᆡ眉壽로ᄒᆞ며介호ᄃᆡ繁ᄒᆞᆫ祉로써ᄒᆞ야이믜烈考를右ᄒᆞ고ᄯᅩᄒᆞᆫ文母를右게ᄒᆞ샷다

○右尊也周禮所謂享右祭祀是也烈考猶皇考也文母大姒也○言文王昌厥後而安之以眉壽助之以多福使我得以右於烈考文母也

雝一章十六句

周禮樂師及徹帥學士而歌徹說者以爲卽此詩論語亦曰以雍徹然則此蓋徹祭所歌而亦名爲徹也

載見(音現)辟(音璧)王ᄒᆞ야 曰求厥章ᄒᆞ니 龍旂陽陽ᄒᆞ며 和鈴央央(音秧)ᄒᆞ며 鞗(音條)革有鶬(音槍)ᄒᆞ니 休有烈光이로다

● 곳辟王의見ᄒᆞ야그章을求ᄒᆞ니龍旂ㅣ陽陽ᄒᆞ며和와鈴이央央ᄒᆞ며鞗革이鶬ᄒᆞ니休ᄒᆞ야烈光이잇도다

○賦也載則也發語辭也章法度也交龍曰旂陽明也軾前曰和旂上曰鈴央央有鶬皆聲和也休美也○此諸侯助祭于武王廟之詩先言其來朝稟受法度其車服之盛如此

率見昭考ᄒᆞ야 以孝以享(叶虛良反)ᄒᆞ야

◉率ᄒᆞ야昭考씌見ᄒᆞ야써孝ᄒᆞ야써享ᄒᆞ야

○昭考武王也廟制太祖居中左昭右穆周廟文王當穆武王當昭故書稱穆考文王而

此詩及訪落皆謂武王爲昭考此乃言王率諸侯以祭武王廟也

以介眉壽ᄒᆞ야永言保之ᄒᆞ야 思皇多祜ᄂᆞᆫ(音戶) 烈文辟公이 綏以多福ᄒᆞ야俾緝熙于純嘏ㅣ로다(叶古音)

●써眉壽를介ᄒᆞ야기리保ᄒᆞ야皇ᄒᆞᆫ多祜를ᄒᆞᆷ은烈文ᄒᆞᆫ辟公이綏호ᄃᆡ多福으로 써ᄒᆞ야ᄒᆞ여금緝ᄒᆞ야熙ᄒᆞ야純嘏케ᄒᆞ놋다

○思語辭皇大也美也○又言孝享以介眉壽而受多福是皆諸侯助祭有以致之使我得繼而明之以至於純嘏也蓋歸德于諸侯之詞猶烈文之意也

載見一章十四句

有客有客이여亦白其馬ㅣ로다(叶滿補反) 有萋有且ᄒᆞ니(上聲) 敦(音堆)琢其旅ㅣ로다

●客이여客이여白ᄒᆞᆫ그馬ㅣ로다萋ᄒᆞ며且ᄒᆞ니敦琢ᄒᆞᆫ그旅ㅣ로다

○賦也客微子也周旣滅商封微子於宋以祀其先王而以客禮待之不敢臣也亦語辭也殷尙白脩其禮物仍殷之舊也萋且未詳傳曰敬愼貌敦琢選擇也旅其卿大夫從行者也○此微子來見祖廟之詩而此一節言其始至也

有客宿宿ᄒᆞ며有客信信ᄒᆞ니言授之縶(音執)ᄒᆞ야以縶其馬ᄒᆞ리라

●客이宿ᄒᆞ고宿ᄒᆞ며客이信ᄒᆞ고信ᄒᆞ니縶ᄒᆞᆯ써ᄉᆞᆯ授ᄒᆞ야써그馬를縶호리라

○一宿曰宿再宿曰信縶其馬愛之不欲其去也此一節言其將去也

薄言追之ᄒᆞ야 左右綏之ᄒᆞ라 旣有淫威ᄒᆞ니 降福孔夷로다

●잠간追ᄒᆞ야左右로綏ᄒᆞ라이믜淫威를두시니福을降ᄒᆞᆷ이심히夷ᄒᆞ도다

○追之已去而復還之愛之無已也左右綏之言所以安而留之者無方也淫威未詳舊說淫大也統承先王用天子禮樂所謂淫威也夷易也大也此一節言其留之也

有客一章十二句

於音烏皇武王이여 無競維烈이샷다 允文文王이 克開厥後ㅣ어시ᄂᆞᆯ 嗣武受之ᄒᆞ샤 勝殷遏劉ᄒᆞ야 耆音指定爾功이샷다

●於ㅣ라皇ᄒᆞ신武王이여競ᄒᆞ리업ᄉᆞᆫ烈이샷다진실로文ᄒᆞ신文王이능히그後를開ᄒᆞ야시ᄂᆞᆯ嗣ᄒᆞ야武ㅣ受ᄒᆞ사殷을勝ᄒᆞ야劉를遏ᄒᆞ야네功을定ᄒᆞᆷ을耆ᄒᆞ샷다

○賦也於歎辭皇大遏止劉殺耆致也○周公象武王之功爲大武之樂言武王無競之功實文王開之而武王嗣而受之勝殷止殺以致定其功也

武一章七句

春秋傳以此爲大武之首章也大武周公象武王武功之舞歌此詩以奏之禮曰朱干玉戚冕而舞大武然傳以此詩爲武王所作則篇內已有武王之謚而其說誤矣

臣工之什十篇十章一百六句

周頌閔予小子之什四之三

閔予小子ㅣ遭家不造叶祖候反ᄒᆞ야嬛嬛音煢在疚音救ᄒᆞ니於音烏乎音呼皇考叶袪候反ㅣ여ㅣ

永世克孝叶呼候反ㅣ샷다

●閔ᄒᆞ나小子ㅣ家의造치못ᄒᆞᆷ을遭ᄒᆞ야嬛嬛히疚에在ᄒᆞ니於乎ㅣ라皇考ㅣ여기리世에능히孝ᄒᆞ샷다

○賦也成王免喪始朝于先王之廟而作此詩也閔病也予小子成王自稱也造成也嬛嬛與煢同無所依怙之意疚哀病也匡衡曰煢煢在疚成王喪畢思慕意氣未能平也蓋所以就文武之業崇大化之本也皇考武王也歎武王之終身能孝也

念玆皇祖ㅣ陟降庭叶去聲ᄒᆞ시니止維予小子ㅣ夙夜敬止엇다

●이皇祖ᄅᆞᆯ念ᄒᆞᆷ이庭애陟降ᄐᆞᆺᄒᆞ시니나小子ㅣ夙夜에敬ᄒᆞᆯ디엇다

○皇祖文王也承上文言武王之孝思念文王常若見其陟降於庭猶所謂見堯於牆見堯於羹也楚詞云三公揖讓登降堂只與此文勢正相似而匡衡引此句顏註亦云若神明臨其朝廷是也

於乎皇王이여繼序思不忘이로다

●於乎ㅣ라皇王이여序ᄅᆞᆯ繼ᄒᆞᆷ을思ᄒᆞ야忘티못ᄒᆞ리로다

○皇王兼指文武也承上文言我之所以夙夜敬止者思繼此序而不忘耳

閔予小子一章十一句

此成王除喪朝廟所作疑後世遂以爲嗣王朝廟之樂後三篇放此

訪予落止ᄒᆞ야率時昭考ㅣ나於乎悠哉라朕未有艾로다將予就之나繼猶判渙이로다維予小子ㅣ未堪家多難去聲ᄒᆞ니紹庭上下ᄒᆞ며陟降厥家ᄒᆞ야休矣皇考로以保明其身이엇다

●내落에訪ᄒᆞ야이昭考를率호려ᄒᆞㄴ於乎ㅣ라悠ᄒᆞᆫ디라朕이艾치못ᄒᆞ리로다將찻놀로就ᄒᆞᆫ디나繼ᄒᆞᆷ이으히려判渙ᄒᆞ도다나小子ㅣ家의多難을堪치못ᄒᆞ니庭에上下ᄒᆞ며그家에陟降ᄒᆞᆷ을紹ᄒᆞ야休ᄒᆞ신皇考로써그身을保ᄒᆞ며明ᄒᆞᆯ디엇다

○賦也訪問落始悠遠也艾如夜未艾之艾判分渙散保安明顯也○成王既朝于廟因作此詩以道延訪羣臣之意言我將謀之於始以循我昭考武王之道然而其道遠矣予不能及也將使予勉強以就之而所以繼之者猶恐其判渙而不合也則亦繼其上下於庭陟降於家庶幾賴皇考之休有以保明吾身而已矣

訪落一章十二句

說同上篇

敬之敬之어다天維顯思叶新夷反ㅣ라命不易去聲哉叶獎里反ㅣ니無曰高高在上이어

다

陟降厥士ᄒᆞ야日監在玆叶津之反ㅣ시니라

●敬홀디어다敬홀디어다天이顯혼디라命이易치아니니高高ᄒᆞ야上의잇다 니ᄅᆞ디말더어다그士에陟降ᄒᆞ야日로監ᄒᆞ야이에계시니라

○賦也顯明也思語辭也士事也○成王受羣臣之戒而述其言曰敬之哉敬之哉天道甚明其命不易保也無謂其高而不吾察當知其聰明明畏常若陟降於吾之所爲而無日不臨監於此者不可以不敬也

維予小子叶獎里反ㅣ不聰敬止ᄒᆞ나日就月將ᄒᆞ야學有緝熙于光明叶謨郎反ᄒᆞ며佛音弼時仔音玆肩ᄒᆞ야示我顯德行去聲叶戶郎反이니라

●나小子ㅣ聰ᄒᆞ며敬치못ᄒᆞ나日로就ᄒᆞ며月로將ᄒᆞ야學이緝ᄒᆞ야熙ᄒᆞ야光明홈이이시며 이仔肩을佛ᄒᆞ야내게顯혼德行으로示홀지니라

將進也佛弼通仔肩任也○此乃自爲答之之言曰我不聰而未能敬也然願學焉庶幾日有所就月有所進續而明之以至于光明又賴羣臣輔助我所負荷之任而示我以顯明之德行則庶乎其可及爾

敬之一章十二句

予其懲이라而毖後患가莫予荓音俜蜂이랏다自求辛螫音釋이로다肇允彼

桃蟲이라니 **拚**音翻**飛維鳥**ㅣ로다 **未堪家多難**去聲이어늘 **予又集于蓼**音了호라

●내그懲혼지라後ㅅ患이나毖홀가내蜂울荓치마를지랏다스스로辛螫을求홈이로다肇에뎌桃蟲이라밋다니拚히飛ᄒᆞ니鳥ㅣ로다家의多難을堪치못ᄒᆞ거놀내또蓼에集호라

○賦也懲有所傷而知戒也毖愼荓使也蜂小物而有毒肇始允信也桃蟲鷦鷯小鳥也拚飛貌鳥大鳥也鷦鷯之雛化而爲鵰故古語曰鷦鷯生鵰語始小而終大也蓼辛苦之物也○此亦訪落之意成王自言予何所懲而謹後患乎荓蜂而得辛螫信桃蟲而不知其能爲大鳥此其所當懲者蓋指管蔡之事也然我方幼冲未堪多難而又集于辛苦之地羣臣奈何捨我而弗助哉

小毖一章八句

蘇氏曰小毖者謹之於小也謹之於小則大患無由至矣

載芟載柞音窄叶疾各反이니 **其耕澤澤**音釋叶徒洛反이로다

●곳芟ᄒᆞ며곳柞ᄒᆞ니그耕이澤澤ᄒᆞ도다

○賦也除草曰芟除木曰柞秋官柞氏掌攻草木是也澤澤解散也

千耦其耘ᄒᆞ니 **徂隰徂畛**音眞이로다

●千耦ㅣ그耘ᄒᆞ니隰에徂ᄒᆞ며畛에徂ᄒᆞ놋다

○耘去苗間草也隰爲田之處也畛田畔也

侯主侯伯과 侯亞侯旅와 侯彊侯以와 有嗿(他感反) 其饁(音曄)이로소니 思媚

其婦ᄒᆞ며 有依其士ᄒᆞ야 有略其耜(叶養里反)로 俶載南畝(叶滿委反)ㅣ로다

●主와伯과亞와旅와彊과以ㅣ와그饁을嗿ᄒᆞ노소니그婦를媚ᄒᆞ며그士를依ᄒᆞ야略ᄒᆞᆫ그耜로비로소 南畝에載ᄒᆞ놋다

○主家長也伯長子也亞仲叔也旅衆子弟也彊民之有餘力而來助者遂人所謂以彊予任甿者也能左右之曰以太宰所謂閒民轉移執事者若今時傭力之人隨主人所左右者也嗿衆飮食聲也媚順依愛士夫也言餉婦與耕夫相慰勞也略利俶始載事也

播厥百穀ᄒᆞ야 實函斯活(叶呼酷反)ᄒᆞ니

●그百穀을播ᄒᆞ야實이函ᄒᆞ야이예活ᄒᆞ니

○函含活生也既播之其實含氣而生也

驛驛其達(叶佗悅反)이며 有厭其傑이며

●驛驛히그達ᄒᆞ며厭ᄒᆞᆫ그傑이며

○驛驛苗生貌達出土也厭受氣足也傑先長者也

厭厭其苗ㅣ며 綿綿其麃(表驕反)ㅣ로다

●厭厭ᄒᆞᆫ그苗ㅣ며綿綿ᄒᆞᆫ그麃ㅣ로다

○綿綿詳密也麃耘也

載穫濟濟上聲ᄒᆞ니 有實其積音漬ㅣ上聲ㅣ 萬億及秭ㅣ어늘 爲酒爲醴ᄒᆞ야 烝畀祖妣ᄒᆞ야 以洽百禮로다

●곳穫홈을濟濟히ᄒᆞ니實ᄒᆞᆫ그積ㅣ萬이며億이며밋秭ㅣ어늘酒를ᄒᆞ며醴를ᄒᆞ야 祖妣씌烝畀ᄒᆞ야써百禮를洽ᄒᆞ놋다

○濟濟人衆貌實積之實也積露積也

有飶音苾其香ᄒᆞ니 邦家之光이며 有椒其馨ᄒᆞ니 胡考之寧이로다

●飶이그香ᄒᆞ니邦家의光홈이며椒ㅣ그馨ᄒᆞ니胡考의寧홈이로라

○飶芬香也未詳何物胡壽也以燕享賓客則邦家之所以光也以共養者老則胡考之所以安也

匪且有且며 匪今斯今音이마經라 振古如茲ㅣ로다無韻未詳

●이에이이실ᄲᅮᆫ이아니며이제이제ᄲᅮᆫ이아니라振古로이ᄀᆞᆺ도다

○且此振極也言非獨此處有此稼穡之事非獨今時有今豐年之慶蓋自極古以來已如此矣猶言自古有年也

載芟一章三十一句

此詩未詳所用然辭意與豐年相似其用應亦不殊

畟畟(音測)良耜(叶養里反)로 俶(音蓄)載南畝(叶滿委反)ᄒᆞ야
●畟畟ᄒᆞᆫ良耜로비로소南畝에載ᄒᆞ야
○賦也畟畟嚴利也

播厥百穀ᄒᆞ니 實函斯活(叶呼酷反)이로다
●그百穀을播ᄒᆞ니實이函ᄒᆞ야이에活ᄒᆞ놋다
○說見前篇

或來瞻女ᄒᆞ니 載筐及筥ㅣ로소니 其饟(式亮反)伊黍ㅣ로다
●或來ᄒᆞ야너를瞻ᄒᆞ니곳筐과밋筥ㅣ로소니그饟이黍ㅣ로다
○或來瞻女婦子之來饁者也筐筥饟具也

其笠伊糾(叶其了反)ㅣ며 其鎛(音博)斯趙(直了反)ㅣ로소니 以薅(音蒿)荼蓼ㅣ로다
●그笠이糾ᄒᆞ며그鎛으로이에趙ᄒᆞ노소니써荼蓼를薅ᄒᆞ놋다
○糾然笠之輕擧也趙刺薅去也荼陸草蓼水草一物而有水陸之異也今南方人猶謂蓼爲辣荼或用以毒溪取魚卽所謂荼毒也

荼蓼朽止ᄒᆞ니 黍稷茂(叶莫口反)止ㅣ로다
●荼蓼ㅣ朽ᄒᆞ니黍稷이茂ᄒᆞ놋다
○毒草朽則土熱而苗盛

穫之挃挃音窒ᄒᆞ며積之栗栗ᄒᆞ니其崇如墉ᄒᆞ며其比去聲如櫛側瑟反ᄒᆞ니以開百室이로다

●穫ᄒᆞᆷ을挃挃히ᄒᆞ며積ᄒᆞᆷ을栗栗히ᄒᆞ니그崇이墉ᄀᆞᆺᄒᆞ며그比ㅣ櫛ᄀᆞᆺᄒᆞ니ᄡᅥ百室을開ᄒᆞ놋다

○挃挃穫聲也栗栗積之密也櫛理髮器言密也百室一族之人也五家爲比五比爲閭四閭爲族族人輩作相助故同時入穀也

百室盈止ᄒᆞ니婦子寧止로다

●百室이盈ᄒᆞ니婦子ㅣ寧ᄒᆞ놋다

○盈滿寧安也

殺時犉音淳牡ᄒᆞ니有捄音求其角叶盧谷反이로다以似以續ᄒᆞ야續古之人이로다

●이犉牡를殺ᄒᆞ니捄ᄒᆞᆫ그角이로다ᄡᅥ似ᄒᆞ며ᄡᅥ續ᄒᆞ야녜ᄉᆞ룸을續ᄒᆞ놋다

○黃牛黑脣曰犉捄曲貌續謂續先祖以奉祭祀

良耜一章二十三句

或疑思文臣工噫嘻豐年載芟良耜等篇卽所謂豳頌者其詳見於豳風及大田篇之末亦未知其是否也

絲衣其紑孚浮反ᄒᆞ니載弁俅俅音求ㅣ로다自堂徂基ᄒᆞ며自羊徂牛ᄒᆞ며鼐音奈鼎

及鼐(叶津ㅣ로之反다) 兕觥其觩(音求ᄒᆞ니) 旨酒思柔ᄂᆞᆫㅣ어 不吳(音話)不傲(音傲ᄒᆞ니) 胡考之休ㅣ로다

● 絲衣ㄱ紑ᄒᆞ니弁을載ᄒᆞᆫ이俅俅ᄒᆞ도다堂으로브터基에徂ᄒᆞ며羊으로브터牛에徂ᄒᆞ며 鼐鼎과밋鼒ㅣ로다兕觥이ㄱ觩ᄒᆞ니旨酒ㅣ柔ᄒᆞᆫ는吳치아니며敖치아니ᄒᆞ니胡考의休ㅣ로다

○賦也絲衣祭服也紑潔貌載戴也弁爵弁也士祭於王之服俅俅恭順貌基門塾之基鼐天鼎鼒小鼎也思語辭柔和也吳譁也○此亦祭而飮酒之詩言此服絲衣爵弁之人升門堂視壼濯籩豆之屬降往於基告濯具又視牲從羊至牛反告充已乃擧鼎冪告潔禮之次也又能謹其威儀不諠譁不怠傲故能得壽考之福

絲衣一章九句

此詩或紑俅牛觩柔休並叶基韻或基鼒並叶紑韻

於(音烏)鑠(音爍)王師로 遵養時晦ᄒᆞ야 時純熙矣어아 是用大介다샷 我龍受之ᄒᆞ니 蹻蹻(音矯)王之造(叶祖候反ㅣ로다) 載用有嗣(叶音嗣ㅣ) 實維爾公允師ㅣ로다

● 於ㅣ라鑠ᄒᆞᆫ王師로遵養ᄒᆞ야時로晦ᄒᆞ야이에純熙케아이에大介를쓰샷다 내龍ᄒᆞ야受ᄒᆞ니蹻蹻ᄒᆞᆫ王의造ㅣ로다곳섬嗣홈이진실로네公을진실로師ᄒᆞᆯ지로다

○賦也於歎辭鑠盛遵循熙光介甲也所謂一戎衣也龍寵也蹻蹻武貌造爲載則公事允信也○此亦頌武王之詩言其初有於鑠之師而不用退自循養與時皆晦旣純光矣

然後一戎衣而天下大定後人於是寵而受此蹻蹻然王者之功其所以嗣之者亦惟武王之事是師爾

酌一章八句

酌卽勺也內則十三舞勺卽以此詩爲節而舞也然此詩與賚般皆不用詩中字名篇疑取樂節之名如曰武宿夜云爾

綏萬邦하시니 婁(音盧)豐年이로다 天命匪解(音懈)라 桓桓武王이 保有厥士하샤 于以四方하야 克定厥家하시니 於(音烏)昭于天이라 皇以間之샷다

●萬邦을綏하시니ᄌᆞ조豐年하놋다天命이解치아니ᄒᆞᆫ지라桓桓ᄒᆞ신武王이그士를保有하샤 四方의以하야능히그家를定하시니於ㅣ라天의昭ᄒᆞᆫ지라皇하야써間하샷다

○賦也綏安也桓桓武貌大軍之後必有凶年而武王克商則除害以安天下故屢獲豐年之祥傳所謂周饑克殷而年豐是也然天命之於周久而不厭也故此桓桓之武王保有其士而用之於四方以定其家其德上昭于天也間字之義未詳傳曰間代也言君天下以代商也此亦頌武王之功

桓一章九句

春秋傳以此爲大武之六章則今之篇次蓋已失其舊矣又篇內已有武王之謚則其謂武王時作者亦誤矣序以爲講武類禡之詩豈後世取其義而用之於其事也

敷

文王旣勤止어시늘 我應受之호니 敷時繹思호야 我徂維求定이니라 時周之命이이시니 於繹思ㅣ어다

●文王이이믜勤호야시늘우리應호야受호니이繹호야思홀거살敷호야우리가定을求홈이니라 이周의命이시니於ㅣ라繹호야思홀지어다

○賦也應當也敷布時是也繹尋繹也於歎辭繹思尋繹而思念也○此頌文武之功而言其大封功臣之意也言文王之勤勞天下至矣其子孫受而有之然而不敢專也布此文王功德之在人而可繹思者以賚有功而往求天下之安定又以爲凡此皆周之命而非復商之舊矣遂歎美之而欲諸臣受封賞者繹思文王之德而不忘也

賚一章六句

春秋傳以此爲大武之三章而序以爲大封於廟之詩說同上篇

於烏音 皇時周ㅣ 陟其高山과 墮隋音 山喬嶽호시고 允猶翕吸音 河호야 敷天之下를 裒抔音 時之對호시니 時周之命이이시니라

●於ㅣ다皇호이周ㅣ그高山과墮山과喬嶽에陟호시고진실로翕河를猶호야 敷天ㅅ下를裒호야이에對호시니이周의命이시니라

○賦也高山汎言山耳墮則其狹而長者喬高也嶽則其高而大者允猶未詳或曰允信

也猶與由同翕河河善泛溢今得其性故翕而不爲暴也裒聚也對答也言美哉此周也其巡守而登此山以柴望又道於河以周四嶽凡以敷天之下莫不有望於我故聚而朝之方嶽之下以答其意耳

般一章七句

般義未詳

閔予小子之什十一篇十一章一百三十六句

魯頌四之四

魯少皞之墟在禹貢徐州蒙羽之野成王以封周公長子伯禽今襲慶東平府沂密海等州卽其地也成王以周公有大勳勞於天下故賜伯禽以天子之禮樂魯於是乎有頌以爲廟樂其後又自作詩以美其君亦謂之頌舊說皆以爲伯禽十九世孫僖公申之詩今無所考獨閟宮一篇爲僖公之詩無疑耳夫以其詩之僭如此然夫子猶錄之者蓋其體固列國之風而所歌者乃當時之事則猶未純於天子之頌若其所歌之事又皆有先王禮樂敎化之遺意焉則其文疑若猶可予也況夫子魯人亦安得而削之哉然因其實而著之而其是非得失自有不可揜者亦春秋之法也或曰魯之無風何也先儒以爲時王褒周公之後比於先代故巡守不陳其詩而其篇第不列於大師之職是以宋魯無風其或然歟或謂夫子有所諱而削之則左氏

所記當時列國大夫賦詩及吳季子觀周樂皆無曰魯風者其說不得通矣

駉駉(音局)**牡馬**(叶滿補反)ㅣ **在坰**(音局)**之野**(叶上與反)ᄒᆞ니 **薄言駉者**(叶章與反)ㅣ로다 **有驈**(音聿)**有皇**ᄒᆞ며 **有驪**(音離)**有黃**ᄒᆞ니 **以車彭彭**(叶鋪郞反)이로다 **思無疆**ᄒᆞ니 **思馬斯臧**이로다

◉駉駉ᄒᆞᆫ牡馬ㅣ 坰野에이시니잠간駉ᄒᆞᆫ지로다驈이이시며皇이이시며驪이시며黃이이시니 車에以홈에彭彭ᄒᆞ도다思ㅣ 疆이업스니馬를思홈에이에臧ᄒᆞ도다

○賦也駉駉腹幹肥張貌邑外謂之郊郊外謂之牧牧外謂之野野外謂之林林外謂之坰驪馬白跨曰驈黃白曰皇純黑曰驪黃騂曰黃彭彭盛貌思無疆言其思之深廣無窮也臧善也○此詩言僖公牧馬之盛由其立心之遠故美之曰思無疆則思馬斯臧矣衛文公秉心塞淵而騋牝三千亦此意也

○駉駉牡馬ㅣ **在坰之野**ᄒᆞ니 **薄言駉者**ㅣ로다 **有騅**(音佳)**有駓**(音丕)ᄒᆞ며 **有騂有騏**ᄒᆞ니 **以車伾伾**(音丕)로다 **思無期**ᄒᆞ니 **思馬斯才**(叶前西反)로다

◉駉駉ᄒᆞᆫ牡馬ㅣ 坰野애이시니잠간駉ᄒᆞᆫ지로다騅ㅣ이시며駓ㅣ이시며騂이이시며騏이시니 車에以홈에伾伾ᄒᆞ도다思ㅣ 期업스니馬를思홈애이애才ᄒᆞ도다

○賦也蒼白雜毛曰騅黃白雜毛曰駓赤黃曰騂青黑曰騏伾伾有力也無期猶無疆也才材力也

○駉駉牡馬ㅣ **在坰之野**ᄒᆞ니 **薄言駉者**ㅣ로다 **有驒**(音駄)**有駱**ᄒᆞ며 **有駵**(音留)

有騅ᄒᆞ니以車繹繹叶弋灼反이로다 思無斁叶弋灼反ᄒᆞ니 思馬斯作이로다

●駉駉ᄒᆞᆫ牡馬ㅣ坰野애이시니잠간駉ᄒᆞᆫ지로다驒ㅣ이시며駱이이시며駵ㅣ이시며雒이이시니 車에以ᄒᆞᆷ애繹繹ᄒᆞ도다思ㅣ斁ᄒᆞᆷ이업스니馬를思ᄒᆞᆷ애이예作ᄒᆞ놋다

○賦也青驪驎曰驒色有深淺斑駁如魚鱗今之連錢驄也白馬黑鬣曰駱赤身黑鬣曰駵黑身白鬣曰雒繹繹不絕貌斁厭也作奮起也

○駉駉牡馬ㅣ在坰之野ᄒᆞ니薄言駉者ㅣ로다 有駰音因ᄒᆞ며有騢音遐叶洪孤反ᄒᆞ며有驔音簟有魚ᄒᆞ니以車祛祛音區ㅣ로다 思無邪叶祥余反ᄒᆞ니思馬斯徂ㅣ로다

●駉駉ᄒᆞᆫ牡馬ㅣ坰野애이시니잠간駉ᄒᆞᆫ지로다駰이이며騢ㅣ이시며驔이이시며魚ㅣ이시니 車애以ᄒᆞᆷ애祛祛ᄒᆞ도다思ㅣ邪ㅣ업스니馬를思ᄒᆞᆷ애이에徂ᄒᆞ놋다

○賦也陰白雜毛曰駰陰淺黑色今泥驄也彤白雜毛曰騢豪骭曰驔毫在骭而白也二目白曰魚似魚目也祛祛彊健也徂行也孔子曰詩三百一言以蔽之曰思無邪蓋詩之言美惡不同或勸或懲皆有以使人得其情性之正然其明白簡切通于上下未有若此言者故特稱之以爲可當三百篇之義以其要爲不過乎此也學者誠能深味其言而審於念慮之間必使無所思而不出於正則日用云爲莫非天理之流行矣蘇氏曰昔之爲詩者未必知此也孔子讀詩至此而有合於其心焉是以取之蓋斷章云爾

駉四章章八句

有駜(音必)有駜ᄒᆞ니 駜彼乘(去聲)黃이로다 夙夜在公ᄒᆞ니 在公明明(叶謨郎反)이로다 振振鷺ㅣ여 鷺于下(叶後五反)ㅣ로다 鼓咽咽(音淵)이어ᄂᆞᆯ 醉言舞ᄒᆞ니 于胥樂(音洛)兮로다

●駜ᄒᆞ며駜ᄒᆞ니駜ᄒᆞᆫ뎌乘黃이로다夙夜애公애이시니公애이셔明明ᄒᆞ놋다振振ᄒᆞᄂᆞᆫ鷺ㅣ여 鷺ㅣ下ᄒᆞ놋다鼓ㅣ咽咽ᄒᆞ거ᄂᆞᆯ醉ᄒᆞ야舞ᄒᆞ니서로樂ᄒᆞ놋다

○興也駜馬肥强貌明明辨治也振振羣飛貌鷺鷺羽舞者所持或坐或伏如鷺之下也咽與淵同鼓聲之深長也或曰鷺亦興也胥相也醉而起舞以相樂也此燕飲而頌禱之詞也

○有駜有駜ᄒᆞ니 駜彼乘牡ㅣ로다 夙夜在公ᄒᆞ니 在公飲酒ㅣ로다 振振鷺ㅣ여 鷺于飛로다 鼓咽咽이어ᄂᆞᆯ 醉言歸ᄒᆞ니 于胥樂兮로다

●駜ᄒᆞ며駜ᄒᆞ니駜ᄒᆞᆫ뎌乘牡ㅣ로다夙夜애公애이시니公애이셔酒를飲ᄒᆞ놋다振振ᄒᆞᄂᆞᆫ 鷺ㅣ여鷺ㅣ飛ᄒᆞ놋다鼓ㅣ咽咽ᄒᆞ거ᄂᆞᆯ醉ᄒᆞ야歸ᄒᆞ니서로樂ᄒᆞ놋다

○興也鷺于飛舞者振作鷺羽如飛也

○有駜有駜ᄒᆞ니 駜彼乘駽(音絢)이로다 夙夜在公ᄒᆞ니 在公載燕이로다 自今以始ᄒᆞ야 歲其有(叶羽己反)ㅣ로다 君子有穀ᄒᆞ야 詒孫子(叶獎里反)ㅣ로소니 于胥樂兮로다

●駜ᄒᆞ며駜ᄒᆞ니駜ᄒᆞᆫ뎌乘駽이로다夙夜애公애이시니公애이셔곳燕ᄒᆞ놋다이제로브터 써始ᄒᆞ야歲그有

ᄒᆞ리로다君子ㅣ穀을두어孫子애詒ᄒᆞ리로소니서르樂ᄒᆞ놋다
○興也靑驪曰駽今鐵驄也載則也有有年也穀善也或曰祿也詒遺也頌禱之辭也

有駜三章章九句

思樂(音洛)泮(音判)水애 薄采其芹(音勤)호라 魯侯戾止ᄒᆞ시니 言觀其旂(叶其斤反)로다 其旂茷茷(音旆)ᄒᆞ며 鸞聲噦噦(音喙)ᄒᆞ니 無小無大히 從公于邁로다

●樂ᄒᆞᆫ泮水애잠간그芹을采호라魯侯ㅣ戾ᄒᆞ시니그旂를觀ᄒᆞ리로다그旂ㅣ茷茷ᄒᆞ며鸞聲이噦噦ᄒᆞ니小ㅣ업스며大ㅣ업시公을조차邁ᄒᆞ놋다
○賦其事以起興也思發語辭也泮水泮宮之水也諸侯之學鄉射之宮謂之泮宮其東西南方有水形如半璧以其半於辟廱故曰泮水而宮亦以名也芹水菜也戾至也茷茷飛揚也噦噦和也此飮於泮宮而頌禱之詞也

○思樂泮水애 薄采其藻호라 魯侯戾止ᄒᆞ시니 其馬蹻蹻ㅣ로다 其馬蹻蹻(音矯)ᄒᆞ니 其音昭昭(叶之繞反)ㅣ샷다 載色載笑ᄒᆞ시니 匪怒伊教ㅣ샷다

●樂ᄒᆞᆫ泮水애잠간그藻를采호라魯侯ㅣ戾ᄒᆞ시니그馬ㅣ蹻蹻ᄒᆞ도다그馬ㅣ蹻蹻ᄒᆞ니 敎니그音이昭昭ᄒᆞ샷다곳色ᄒᆞ시며곳笑ᄒᆞ시니怒ㅣ아니라敎ㅣ샷다
○賦其事以起興也蹻蹻盛貌色和顏色也

○思樂泮水에薄采其茆(叶謨九反)라魯侯戾止하시니在泮飲酒ㅣ로다既飲旨酒하시니永錫難老(叶魯吼反)ㅣ로다順彼長道(音徒叶徒吼反)하샤屈此羣醜쇼서

●樂한泮水에잠간그茆를采호라魯侯ㅣ戾하시니泮애在하야酒를飲하놋다 이믜旨酒를飲하시니가리難老를錫하리로다뎌長道를順하샤이羣醜을屈하쇼서

○賦其事以起興也茆鳧葵也葉大如手赤圓而滑江南人謂之蓴菜者也長道猶大道也屈服醜衆也此章以下皆頌禱之詞也

○穆穆魯侯ㅣ여敬明其德이샷다敬愼威儀하시니維民之則이샷다允文允武하샤昭假(音格)烈祖하시니靡有不孝하야自求伊祜(音戶)ㅣ샷다

●穆穆한신魯侯ㅣ여그德을敬明하샷다威儀를敬愼하시니民의則이샷다진실로文하시며진실로 武하샤烈祖씌昭히假하시니孝아님이잇지아녀 스스로祜를求하샷다

○賦也昭明也假與格同烈祖周公魯公也

○明明魯侯ㅣ여克明其德이샷다既作泮宮하니淮夷攸服(叶蒲北反)이로다矯矯虎臣이在泮獻馘(音號叶況壁反)하며淑問如皐陶(叶夷周反)ㅣ在泮獻囚ㅣ로다

●明明한신魯侯ㅣ여능히그德을明하샷다이믜泮宮을作하니淮夷의服할배로다 矯矯한虎臣이泮애이셔馘을獻하며淑問이皐陶ᄀᆞᄐᆞᆫ이泮애이셔囚를獻하리로다

○賦也矯矯武貌馘所格者之左耳也淑善也問訊囚也囚所虜獲者蓋古者出兵受成

於學及其反也釋奠於學而以訊馘告故詩人因魯侯在泮而願其有是功也

○濟濟上聲多士ㅣ克廣德心ᄒᆞ야桓桓于征ᄒᆞ야狄音剔彼東南叶尼心反ᄒᆞ니烝烝皇皇ᄒᆞ며不吳音話不揚ᄒᆞ며不告于訩音凶ᄒᆞ야在泮獻功이리로다

●濟濟ᄒᆞᆫ多士ㅣ능히德心을廣ᄒᆞ야桓桓히征ᄒᆞ야뎌東南을狄ᄒᆞ니烝烝히ᄒᆞ며皇皇ᄒᆞ며 吳치아니며揚치아니며訩을告치아니ᄒᆞ야泮애이셔功을獻ᄒᆞ리로다

○賦也廣推而大之也德心善意也狄猶逷也東南謂淮夷也烝烝皇皇盛也不吳不揚肅也不告于訩師克而和不爭功也

○角弓其觩ᄒᆞ니束矢其搜ㅣ로다戎車孔博ᄒᆞ니徒御無斁叶弋灼反이로다既克淮夷ᄒᆞ니孔淑不逆叶宜脚反ㅣ로다式固爾猶ㅣ면淮夷卒獲叶黃郭反ᄒᆞ리라

●角弓이그觩ᄒᆞ니束矢ㅣ그搜ᄒᆞ도다戎車ㅣ심니博ᄒᆞ니徒와御ㅣ斁홈이업도다 이믜淮夷를克ᄒᆞ니심히淑ᄒᆞ야逆지아니ᄒᆞ놋다써네猶를固ᄒᆞ면淮夷ㅣ마참내獲ᄒᆞ리라

○賦也觩弓健貌五十矢爲束或曰百矢也搜矢疾聲也博廣大也無斁言競勸也逆違命也蓋能審固其謀猶則淮夷終無不獲矣

○翩彼飛鴞音梟ㅣ集于泮林ᄒᆞ야食我桑黮音甚ᄒᆞ고懷我好音이로다憬音耿彼淮夷ㅣ來獻其琛勑金反ᄒᆞ니元龜象齒와大賂南金이로다

●翩히뎌飛ᄒᆞᄂᆞᆫ鴞ㅣ泮林에集ᄒᆞ야우리桑黮을食ᄒᆞ고나를好音으로懷ᄒᆞᄂᆞᆫ다 憬ᄒᆞᆫ뎌淮夷ㅣ來ᄒᆞ야그琛을獻ᄒᆞ니元龜와象齒와크南金을賂ᄒᆞᄂᆞᆫ다

○興也鴞惡聲之鳥也黮桑實也憬覺悟也琛寶也元龜尺二寸賂遺也南金荊揚之金也此章前四句興後四句如行葦首章之例也

泮水八章章八句

閟[音秘]宮有侐[音洫ᄒᆞ니]實實枚枚[로다] 赫赫姜嫄[音元이] 其德不回[ᄒᆞ샤] 上帝是依[叶音隱ᄒᆞ시니] 無災無害[ᄒᆞ야] 彌月不遲[叶陳回反ᄒᆞ야] 是生后稷[ᄒᆞ시고] 降之百福[叶筆力反ᄒᆞ시니] 黍稷重[平聲]穋[音六叶六直反과] 稙[音陟]稺菽麥[叶訖力反이로다] 奄有下國[叶于逼反ᄒᆞ샤] 俾民稼穡[ᄒᆞ시니] 有稷有黍[ᄒᆞ며] 有稻有秬[音巨ㅣ로소니] 奄有下土[ᄒᆞ사] 纘禹之緒[音序ㅣ샷다]

●閟ᄒᆞᆫ宮이侐ᄒᆞ니實實ᄒᆞ며枚枚ᄒᆞ도다赫赫ᄒᆞᆫ姜嫄이그德이回치아니샤上帝이에依ᄒᆞ시니 災업스며害업서月이彌ᄒᆞ야遲치아니ᄒᆞ야이에后稷를生ᄒᆞ시고百福을降ᄒᆞ시니黍와稷이重ᄒᆞ며穋ᄒᆞᄂᆞᆫ것과 稙ᄒᆞ며稺ᄒᆞᄂᆞᆫ菽과麥이로다믄득下國을두샤民으로ᄒᆞ여곰稼穡게ᄒᆞ시니稷이이시며黍ㅣ이시며 稻ㅣ이시며秬ㅣ잇도소니믄득下土를두샤禹의緒를纘ᄒᆞ샷다

○賦也閟深閉也宮廟也侐淸靜也實實鞏固也枚枚礱密也時蓋脩之故詩人歌詠其事以爲頌禱之詞而推本后稷之生而下及于僖公耳回邪也依猶眷顧也說見生民篇

先種曰稙後種曰穉奄有下國封於邰也緒業也禹治洪水旣平后稷乃播種百穀

○后稷之孫이 實維大(音泰)王이시니 居岐之陽하샤 實始翦商이어시놀 至于文武하샤 纘大王之緒하샤 致天之屆를 于牧之野(叶上與反)하시니 無貳無虞하라 上帝臨女(音汝)ㅣ시니라 敦(音堆)商之旅하야 克咸厥功(叶居古反)이어놀 王曰叔父아 建爾元子(叶奬古反)하야 俾侯于魯하노니 大啓爾宇하야 爲周室輔ㅣ어다

●后稷의孫이진실로大王이시니岐人陽에居하샤 진실노비로소商을翦하여시놀文武에 니르샤大王의緒를纘하샤天의屆를致홈을牧人野에하시니貳치말며虞치말라上帝너를臨하야겨시니라 商의旅를敦하야능히그功을咸케놀王이굴으샤딕叔父아네元子를建하야하여吾魯애侯하노니키네宇를啓하야 周室에輔ㅣ될지어다

○賦也翦斷也大王自豳徙居岐陽四方之民咸歸往之於是而王迹始著蓋有翦商之漸矣屆極也猶言窮極也虞慮也無貳無虞上帝臨女猶大明云上帝臨女無貳爾心也敦治之也咸同也言輔佐之臣同有其功而周公亦與焉也王成王也叔父周公也元子魯公伯禽也啓開宇居也

○乃命魯公하사 俾侯于東하시고 錫之山川과 土田附庸이로다 周公之孫莊公之子(叶奬里反)ㅣ 龍旂承祀(叶養里反)하시니 六轡耳耳로다 春秋匪解(音懈)

享祀不忒叶訖力反ᄒᆞ사心ᄒᆞ사皇皇后帝와 皇祖后稷의 享以騂犧虛宜虛何二反ᄒᆞ시니是
饗是宜牛奇牛何二反ᄒᆞ야降福既多章移當何二反ㅣ며周公皇祖도亦其福女音汝ㅣ샷다

●魯公을命ᄒᆞ샤ᄒᆞ여吾東의侯ᄒᆞ시고山川과土田과附庸을錫ᄒᆞ도다周公의孫이언莊公의子ㅣ龍旂로祀를承ᄒᆞ시니六轡ㅣ耳耳ᄒᆞ도다春秋에解치아니ᄒᆞ샤享祀를忒디아니ᄒᆞ샤皇皇ᄒᆞ신后帝와皇祖ㅣ后稷의享ᄒᆞ되騂犧로써ᄒᆞ시니이에饗ᄒᆞ며이에宜ᄒᆞ야福을降홈이이믜多ᄒᆞ며周公과皇祖도ᄯᅩᄒᆞᆫ그너를福ᄒᆞ샷다

○賦也附庸猶屬城也小國不能自達於天子而附於大國也上章既告周公以封伯禽之意此乃言其命魯公而封之也莊公之子其一閔公其一僖公知此是僖公者閔公在位不久未有可頌此必是僖公也耳耳柔從也春秋錯擧四時也忒過差也成王以周公有大功於王室故命魯公以夏正孟春郊祀上帝配以后稷牲用騂牡皇祖謂羣公此章以後皆言僖公致敬郊廟而神降之福國人稱願之如此也

○秋而載嘗이라夏而楅衡叶戶郎反ᄒᆞ니白牡騂剛이며犧尊將將音搶ᄒᆞ며毛炰音庖
胾音恣羹叶盧當反이며籩豆大房이어놀 萬舞洋洋ᄒᆞ니孝孫有慶叶祛羊反이로다 俾爾
熾而昌ᄒᆞ며俾爾壽而臧ᄒᆞ야保彼東方ᄒᆞ야魯邦是常이시며 不虧不崩ᄒᆞ며
不震不騰ᄒᆞ야三壽作朋ᄒᆞ샤如岡如陵이쇼서

●秋에곳嘗ᄒᆞᆯ지라夏애楅衡ᄒᆞ니白牡와騂剛이며犧樽이將將ᄒᆞ며毛ᄒᆞ야炰ᄒᆞ며胾이며羹이며 籩豆와大

房이어놀萬으로舞홈을洋洋히ᄒᆞ니孝孫이慶이잇도다널로ᄒᆞ여곰熾ᄒᆞ고昌ᄒᆞ며널로ᄒᆞ여곰壽ᄒᆞ고臧ᄒᆞ야뎌東方을保ᄒᆞ야魯邦을이에常ᄒᆞ시며虧치아니며崩치아니며震치아니며騰치아니ᄒᆞ야 三壽로朋을作ᄒᆞ야岡ᄀᆞᆺᄐᆞ며陵ᄀᆞᆺᄐᆞ쇼셔

○賦也嘗秋祭名福衡施於牛角所以止觸也周禮封人云凡祭飾其牛牲設其福衡是也秋將嘗而夏福衡其牛言夙戒也白牡周公之牲也騂剛魯公之牲也白牡殷牲也周公有王禮故不敢與文武同魯公則無所嫌故用騂剛犧尊畫牛於尊腹也或曰尊作牛形鑿其背以受酒也毛炰周禮封人祭祀有毛炰之豚註云爓去其毛而炰之也胾切肉也羹大羹鉶羹也大羹大古之羹湆煑肉汁不和盛之以登貴其質也鉶羹肉汁之有菜和者也盛之鉶器故曰鉶羹大房半體之俎足下有跗如堂房也萬舞名震騰驚動也三壽未詳鄭氏曰三卿也或曰願公壽與岡陵等而爲三也

○公車千乘去聲叶이神陵反니朱英綠縢音이滕며二矛重平聲弓叶이로姑弘反다公徒三萬이니貝冑朱綅音纖叶이息稜反며烝徒增增이로다戎狄是膺ᄒᆞ며荊舒是懲ᄒᆞ니則莫我敢承이로다俾爾昌而熾ᄒᆞ며俾爾壽而富叶方未反ᄒᆞ야黃髮台背叶蒲寐反ㅣ壽胥與試ᄒᆞ며俾爾昌而大叶特計反ᄒᆞ며俾爾耆而艾叶五計反ᄒᆞ야萬有千歲에眉壽無有害叶暇憩反ᄒᆞ쇼서

●公의車ㅣ千乘이니朱ᄒᆞᆫ英과綠ᄒᆞᆫ縢이며二矛와重弓이로다公의徒ㅣ三萬이니貝로ᄒᆞᆫ冑와朱ᄒᆞᆫ綅이며모단徒ㅣ增增ᄒᆞ도다戎狄을이에膺ᄒᆞ며荊舒ᄅᆞᆯ이에懲케ᄒᆞ니곳우리ᄅᆞᆯ敢히承ᄒᆞ리업도다널로ᄒᆞ여곰昌ᄒᆞ고熾ᄒᆞ며널로ᄒᆞ여곰壽ᄒᆞ고富ᄒᆞ야黃髮台背ㅣ壽ᄒᆞ야서르다뭇試ᄒᆞ며널로ᄒᆞ여곰昌ᄒᆞ고大ᄒᆞ며널로ᄒᆞ여곰耆ᄒᆞ고艾ᄒᆞ야萬이오千歲에眉壽ᄒᆞ야害이심이업ᄉᆞ쇼셔

○賦也千乘大國之賦也成方十里出革車一乘甲士三人左持弓右持矛中人御步卒七十二人將重車者二十五人千乘之地則三百十六里有奇也朱英所以飾矛綠縢所以約弓也二矛夷矛酋矛也重弓備折壞也徒步卒也三萬擧成數也車千乘法當用十萬人而爲步卒者七萬二千人然大國之賦適滿千乘苟盡用之是擧國而行也故其用之大國三軍而已三軍爲車三百七十五乘三萬七千五百人其爲步卒不過二萬七千人擧其中而以成數言故曰三萬也貝冑貝飾冑也朱綅所以綴也增增衆也戎西戎狄北狄膺當也荊楚之別號舒其與國也懲艾承禦也僖公嘗從齊桓公伐楚故以此美之而祝其昌大壽考也壽胥與試之義未詳王氏曰壽考者相與爲公用也蘇氏曰願其壽而相與試其才力以爲用也

○**泰山巖巖**叶魚咸反ᄒᆞ니**魯邦所詹**이로다**奄有龜蒙**ᄒᆞ야**遂荒大東**ᄒᆞ야**至于海邦**叶卜工反ᄒᆞ니**淮夷來同**ᄒᆞ야**莫不率從**ᄒᆞ니**魯侯之功**이샷다

●泰山이巖巖ᄒᆞ니魯邦의詹ᄒᆞᄂᆞᆫ배로다龜와蒙을두어ᄃᆞ듸여大東을荒ᄒᆞ야海邦애니르히ᄒᆞ니淮夷ㅣ來ᄒᆞ야同ᄒᆞ야率從치아닛아니ᄒᆞ니魯侯의功이샷다

○賦也泰山魯之望也詹與瞻同龜蒙二山名荒奄也大東極東也海邦近海之國也

○保有鳧繹(叶弋灼反)ᄒᆞ야 遂荒徐宅(叶達各反)ᄒᆞ야 至于海邦ᄒᆞ니 淮夷蠻貊(叶莫博反)과 及彼南夷ㅣ莫不率從ᄒᆞ며 莫敢不諾ᄒᆞ야 魯侯是若이로다

●鳧와繹을保有ᄒᆞ야드듸여徐宅을荒ᄒᆞ야海邦의니르러ᄒᆞ니淮夷와蠻貊과밋뎌南夷ㅣ率從치아닛아니ᄒᆞ며감히諾지아닛아니ᄒᆞ야魯侯를이에若ᄒᆞ놋다

○賦也鳧繹二山名宅居也謂徐國也諸應辭若順也○泰山龜蒙鳧繹魯之所有其餘則國之東南勢相連屬可以服從之國也

○天錫公純嘏(叶果五反)ᄒᆞ시니 眉壽保魯ᄒᆞ샤 居常與許ᄒᆞ야 復周公之宇ㅣ샷다 魯侯燕喜ᄒᆞ시니 令妻壽母(叶滿委反)ㅣ샷다 宜大夫庶士ᄒᆞ샤 邦國是有(叶羽己反)ᄒᆞ시니 既多受祉ᄒᆞ샤 黃髮兒齒샷다

●天이公의純嘏를錫ᄒᆞ시니眉壽ᄒᆞ야魯를保ᄒᆞ샤常과다뭇許에居ᄒᆞ야周公의宇를復ᄒᆞ샷다 魯侯ㅣ燕ᄒᆞ야喜ᄒᆞ시니令ᄒᆞᆫ妻와壽ᄒᆞᆫ母ㅣ샷다ᄃᆡ우와庶士를宜케ᄒᆞ샤邦國을이에두서시니이믜祉를히受ᄒᆞ샤 黃髮이며兒齒ᄒᆞ리샷다

○賦也常或作嘗在薛之旁許許田也魯朝宿之邑也皆魯之故地見侵於諸侯而未復者故魯人以是願僖公也令妻令善之妻聲姜也壽母壽考之母成風也閔公八歲被弑必是未娶其母叔姜亦應未老此言令妻壽母又可見公爲僖公無疑也有常有也兒齒

齒落更生細者亦壽徵也

○徂來之松과新甫之柏(叶逋莫反)을是斷(音短)是度(入聲)ᄒᆞ며是尋是尺(叶尺約反)ᄒᆞ야

松桷(音角)有舃(叶七約反)ᄒᆞ니路寢孔碩(叶常約反)이로다新廟奕奕(叶弋灼反)ᄒᆞ니奚斯所作이로다

孔曼(音萬)且碩(同上)ᄒᆞ니萬民是若이로다

●徂來의松과新甫의柏을이에斷ᄒᆞ며이에度ᄒᆞ며이에尋ᄒᆞ며 이에尺ᄒᆞ야松으로ᄒᆞᆫ桷이舃ᄒᆞ니路寢이심히碩ᄒᆞ도다新廟ㅣ奕奕ᄒᆞ니奚斯의作ᄒᆞᆫ배로다심히曼ᄒᆞ고또碩ᄒᆞ니萬民을이에若ᄒᆞ도다

○賦也徂來新甫二山名八尺曰尋舃大貌路寢正寢也新廟僖公所脩之廟奚斯公子魚也作者敎護屬功課章程也曼長碩大也萬民是若順萬民之望也

閟宮九章五章章十七句內第四章脫一句二章章八句二章章十句

舊說八章二章章十七句一章十二句一章三十八句二章章八句二章章十句多寡不均雜亂無次蓋不知第四章有脫句而然今正其誤

魯頌四篇二十四章二百四十三句

商頌四之五

契爲舜司徒而封於商傳十四世而湯有天下其後三宗迭興及紂無道爲武王所

滅封其庶兄微子啓於宋脩其禮樂以奉商後其地在禹貢徐州泗濱西及豫州盟豬之野其後政衰商之禮樂日以放失七世至戴公時大夫正考甫得商頌十二篇於周大師歸以祀其先王至孔子編詩而又亡其七篇然其存者亦多闕文疑義今不敢强通也商都亳宋都商丘皆在今應天府亳州界

猗(音宜)**與**(音余)**那與**ㅣ라 **置我鞉**(音桃)**鼓**ᄒᆞ야 **奏鼓簡簡**ᄒᆞ니 **衎我烈祖**ㅣ로다

●猗홉다那ᄒᆞᆫ지라우리鞉와鼓를置ᄒᆞ야鼓奏홈을簡簡히ᄒᆞ니우리烈祖를衎ᄒᆞ놋다

○賦也猗歎辭那多置陳也簡簡和大也衎樂也烈祖湯也記曰商人尙聲臭味未成滌蕩其聲樂三闋然後出迎牲卽此是也舊說以此爲祀成湯之樂也

湯孫奏假ᄒᆞ시니 **綏我思成**이샷다 **鞉鼓淵淵**(叶於巾反)ᄒᆞ며 **嘒嘒管聲**이 **旣和且平**ᄒᆞ야 **依我磬聲**ᄒᆞ니 **於**(音烏)**赫湯孫**(叶思倫反)이여 **穆穆厥聲**이샷다

●湯의孫이奏ᄒᆞ야假ᄒᆞ시니우리를綏호ᄃᆡ思ᄒᆞ야成ᄒᆞᆫ이로ᄒᆞ샷다鞉와鼓ㅣ淵淵ᄒᆞ며嘒嘒ᄒᆞᆫ管ㅅ聲이이믜和ᄒᆞ고ᄯᅩ平ᄒᆞ야우리磬ㅅ聲에依ᄒᆞ니於홉다赫ᄒᆞᆫ湯의孫이여穆穆ᄒᆞᆫ그聲이샷다

○湯孫主祀之時王也假與格同言奏樂以格于祖考也綏安也思成未詳鄭氏曰安我以所思而成之人謂神明來格也禮記曰齊之日思其居處思其笑語思其志意思其所樂思其所嗜齊三日乃見其所爲齊者祭之日入室僾然必有見乎其位周旋出戶肅然必有聞乎其容聲出戶而聽愾然必有聞乎其歎息之聲此之謂思成蘇氏曰其所見聞

本非有也生於思耳此二說近是蓋齊而思之祭而如有見聞則成此人矣鄭註頗有脫誤今正之淵淵深遠也嘒嘒淸亮也磬玉磬也堂上升歌之樂非石磬也穆穆美也

庸鼓有斁ᄒᆞ며**萬舞有奕**ᄒᆞ니**我有嘉客**이**亦不夷懌**야

●庸鼓ㅣ斁ᄒᆞ며萬舞ㅣ奕ᄒᆞ니우리嘉客이ᄯᅩᄒᆞᆫ夷懌치아니랴

○庸鏞通斁斁然盛也奕奕然有次序也蓋上文言鞉鼓管籥作於堂下其聲依堂上之玉磬無相奪倫者至於此則九獻之後鐘鼓交作萬舞陳于庭而祀事畢矣嘉客先代之後來助祭者也夷悅也亦不夷懌者言皆悅懌也

自古在昔에**先民有作**ᄒᆞ니**溫恭朝夕**ᄒᆞ야**執事有恪**ᄒᆞ니라

●古로브터昔에이솜애先民이作홈을두니朝夕에溫恭ᄒᆞ야事를執홈을恪ᄒᆞ니라

○恪敬也言恭敬之道古人所行不可忘也閔馬父曰先聖王之傳恭猶不敢專稱曰自古古曰在昔昔曰先民

顧予烝嘗인뎌**湯孫之將**이니라

●내烝嘗을顧홀진뎌湯孫의將이니라

○將奉也言湯其尙顧我烝嘗哉此湯孫之所奉者致其丁寧之意庶幾其顧之也

那一章二十二句

閔馬父曰正考甫校商之名頌以那爲首其輯之亂曰云云卽此詩也

嗟嗟烈祖ㅣ有秩斯祜(音호 戶샤)申錫無疆이라及爾斯所ㅣ로다

●嗟홉다嗟홉다烈祖ㅣ秩ᄒᆞᆫ이祜를두샤다시곰無疆에錫ᄒᆞ신지라네이所에及ᄒᆞ놋다

○賦也烈祖湯也秩常申重也爾主祭之君蓋自歌者指之也斯所猶言此處也○此亦祀成湯之樂言嗟嗟烈祖有秩秩無窮之福可以申錫於無疆是以及於爾今王之所而脩其祭祀如下所云也

旣載清酤(叶侯ᄒᆞ 五反ᄒᆞ니)賚我思成(叶音이 常 며)亦有和羹(叶音이 郞)旣戒旣平(叶音이 旁 어)ᄂᆞᆯ鬷(音 奏)假(音 格)無言(叶音ᄒᆞ 昂 야)時靡有爭(叶音ᄒᆞ 章 니)綏我眉壽ᄒᆞ야黃耇無疆이로다

●이믜清酤를載ᄒᆞ니우리를賚호ᄃᆡ思ᄒᆞ야成ᄒᆞᆫ이로ᄒᆞ며 ᄯᅩᄒᆞᆫ和ᄒᆞᆫ羹이이믜戒ᄒᆞ며이믜平ᄒᆞ거ᄂᆞᆯ鬷ᄒᆞ야假홈애言이업서時에爭ᄒᆞ리잇지아니ᄒᆞ니우리를綏호ᄃᆡ眉壽ᄒᆞ야黃耇ㅣ疆이업슴으로ᄒᆞ샷다

○酤酒賚與也思成義見上篇和羹味之調節也戒夙戒也平猶和也儀禮於祭祀燕享之始每言羹定蓋以羹熟爲節然後行禮定卽戒平之謂也鬷中庸作奏正與上篇義同蓋古聲奏族相近族聲轉平而爲鬷耳無言無爭肅敬而齊一也言其載清酤而旣與我以思成矣及進和羹而肅敬之至則又安我以眉壽黃耇之福也

約軝(音 祈)錯衡(叶戶이 郞反며)八鸞鶬鶬(音이 搶 라)以假(音 格)以享(叶虛ᄒᆞ 良反니)我受命溥將이어ᄂᆞᆯ自天降康ᄒᆞ샤豐年穰穰ᄒᆞ니來假來饗(叶虛ᄒᆞ 良反야)降福無疆이로다

●約ᄒᆞᆫ軝와錯ᄒᆞᆫ衡이며八鸞이鶬鶬ᄒᆞᆫ지라ᄡᅥ假ᄒᆞ며ᄡᅥ享ᄒᆞ니우리命受홈이 溥將ᄒᆞ거ᄂᆞᆯ天으로브러康을

降ᄒᆞ샤 豐年이 穰穰ᄒᆞ니 來ᄒᆞ야 假ᄒᆞ며 來ᄒᆞ야 饗ᄒᆞ야 福을 降홈이 疆이 업도다

○約軝錯衡八鸞見采芑篇鶬見載見篇言助祭之諸侯乘是車以假以享于祖宗之廟也溥廣將大也穰穰多也言我受命旣廣大而天降以豐年黍稷之多使得以祭也假之而祖考來假享之而祖考來饗則降福無疆矣

顧予烝嘗이인 **湯孫之將**이니라

●내 烝嘗을 顧ᄒᆞ신 디 湯孫의 將이니라

○說見前篇

烈祖一章二十二句

天命玄鳥ᄒᆞ샤 **降而生商**ᄒᆞ야 **宅殷土芒芒**이어시ᄂᆞᆯ **古帝命武湯**ᄒᆞ샤 **正域彼四方**ᄒᆞ시니라

●天이 玄鳥를 命ᄒᆞ샤 降ᄒᆞ야 商을 生ᄒᆞ야 殷土ㅣ 芒芒ᄒᆞᆫ 디 宅ᄒᆞ여시ᄂᆞᆯ 녯 帝ㅣ 武湯을 命ᄒᆞ샤 域을 뎌 四方에 正ᄒᆞ시니라

○賦也玄鳥鳦也春分玄鳥降高辛氏之妃有娀氏女簡狄祈于郊禖鳦遺卵簡狄呑之而生契其後世遂爲有商氏以有天下事見史記宅居也殷地名芒芒大貌古猶昔也帝上帝也武湯以其有武德號之也正治也域封境也○此亦祭祀宗廟之樂而追叙商人之所由生以及其有天下之初也

方命厥后ᄒᆞ샤奄有九有ᄒᆞ시叶羽己反니商之先后ㅣ受命不殆ㅣ叶養里反라在武丁孫子ᄒᆞ샷다叶獎里反

●방으로그后를命ᄒᆞ사다九有를두시니商의先后ㅣ命受홈이殆차아닌지라武丁ㅅ孫子의겨ᄉᆞ다

○方命厥后四方諸侯無不受命也九有九州也武丁高宗也言商之先后受天命不危殆故今武丁孫子猶賴其福

武丁孫子武王이靡不勝音ᄒᆞ升니시龍旂十乘오로大糦音熾是承이로다

●武丁ㅅ孫子ㅣ연武王이勝치아닐이업스시니龍旂十乘으로大糦를이承ᄒᆞ놋다

○武王湯號而其後世亦以自稱也龍旂諸侯所建交龍之旂也大糦黍稷也承奉也○言武丁孫子今襲湯號者其武無所不勝於是諸侯無不奉黍稷以來助祭也

邦畿千里여維民所止로소니肇域彼四海叶虎洧反로다

●邦ㅅ畿千里여民의止ᄒᆞ연ᄂᆞᆫ배로소니域은뎌四海에肇ᄒᆞ얏도다

○止居肇開也言王畿之內民之所止不過千里而封域則極乎四海之廣也

四海來假音ᄒᆞ格니來假祈祈로다景員維河애殷受命咸宜叶牛何反라百祿是何音荷叶ㅣ로如字다

●四海ㅣ來ᄒᆞ야假ᄒᆞ니來ᄒᆞ야假홈을祈祈히ᄒᆞ놋다景의員ᄒᆞᆫ河에殷이命을受홈이다맛당ᄒᆞᆫ지라百祿을

이何ᄒᆞ놋다

○假與格同祈祈衆多貌景員維河之義未詳或曰景山名商所都也見殷武卒章春秋傳亦曰商湯有景亳之命是也員與下篇幅隕義同蓋言周也河大河也言景山四周皆大河也何任也春秋傳作荷

玄鳥一章二十二句

濬哲維商에 長發其祥이로다 洪水芒芒이어늘 禹敷下土方ᄒᆞ샤 外大國是疆ᄒᆞ야 幅隕(音員)既長이어늘 有娀(音菘)方將일서 帝立子生商ᄒᆞ시니라

●濬哲ᄒᆞᆫ商에 그祥이發컨디長ᄒᆞ도다 洪水ㅣ芒芒ᄒᆞ거늘 禹ㅣ下土方을敷ᄒᆞ샤 外大國을이에疆ᄒᆞ야幅隕이이믜長ᄒᆞ거늘有娀이보야흐로將ᄒᆞᆯ서帝ㅣ子를立ᄒᆞ야商을生ᄒᆞ시니라

○賦也濬深哲知長久也方四方也大外國遠諸侯也幅猶言邊幅也隕讀作員謂周也有娀契之母家也將大也○言商世世有濬哲之君其受命之祥發見也久矣方禹治洪水以外大國爲中國之境而幅員廣大之時有娀氏始大故帝立其女之子而造商室也蓋契於是時始爲舜司徒掌布五教于四方而商之受命實基於此

○玄王桓撥(叶必烈反)ᄒᆞ시니 受小國是達(叶他悅反)ᄒᆞ며 受大國是達이샷다 率履不越ᄒᆞ시니 遂視既發(叶方月反)이로다 相土烈烈ᄒᆞ시니 海外有截이로다

●玄王이桓으로撥ᄒᆞ시니小國을受ᄒᆞ여도이에達ᄒᆞ며 大國을受ᄒᆞ여도이에達ᄒᆞ샷다 履를率ᄒᆞ야越치아

니ᄒᆞ시니ᄃᆞ듸여視홈에이믜發ᄒᆞ도다相土ㅣ烈烈ᄒᆞ시니海外ㅣ截ᄒᆞ도다

○賦也玄王契也玄者深微之稱或曰以玄鳥降而生也王者追尊之號桓武撥治達通也受小國大國無所不達言其無所不宜也率循履禮越過發應也言契能循禮不過越遂視其民則旣發以應之矣相士契之孫也截整齊也至是而商益大四方諸侯歸之截然整齊矣其後湯以七十里起豈嘗中衰也與

○帝命不違ᄒᆞ샤至于湯齊ᄒᆞ시니湯降不遲ᄒᆞ시며聖敬日躋音賫ᄒᆞ샤昭假遲遲ᄒᆞ샤上帝是祗ᄒᆞ시니帝命式于九圍ᄒᆞ시니라

●帝命이違치아니샤湯의니르러齊ᄒᆞ시니 湯이降ᄒᆞ샴이遲치아니ᄒᆞ시며聖敬이日로躋ᄒᆞ샤 昭히假홈을遲遲히ᄒᆞ샤上帝를이에祗ᄒᆞ시니帝ㅣ命ᄒᆞ샤九圍에式게ᄒᆞ시니라

○賦也湯齊之義未詳蘇氏曰至湯而王業成與天命會也降猶生也遲遲久也祗敬式法也九圍九州也○商之先祖旣有明德天命未嘗去之以至於湯湯之生也應期而降適當其時其聖敬又日躋升以至昭假于天久而不息惟上帝是敬故帝命之以爲法於九州也

○受小球音求大球ᄒᆞ샤爲下國綴音贅旒音流ᄒᆞ샤何音賀天之休ᄒᆞ샷다不競不絿音求ᄒᆞ시며不剛不柔ᄒᆞ사敷政優優ᄒᆞ시니百祿是遒音囚ㅣ샷다

●小球와大球를受ᄒᆞ샤下國에綴旒ㅣ되샤 天의休를何ᄒᆞ샷다競치아니ᄒᆞ시며 剛치아니ᄒᆞ시며柔치아니

ᄒᆞ사政을敷홈을優優히ᄒᆞ시니百祿이이예遒ᄒᆞ샷다
○賦也大球小球之義未詳或曰小國大國所贄之玉也鄭氏曰小球鎭圭尺有二寸大球大圭三尺也皆天子之所執也下國諸侯也綴猶結也旒旗之垂者也言爲天子而爲諸侯所係屬如旗之縿爲旒所綴著也何荷競强絿緩也優優寬裕之意遒聚也

○受小共大共(音恭叶居勇反)ᄒᆞ사爲下國駿(音峻)厖(音忙叶莫孔反)ᄒᆞ샤何天之龍(叶丑勇反)이샷다敷奏其勇ᄒᆞ사不震不動(叶德總反)ᄒᆞ시며不戁(音赧)不竦(音聳)ᄒᆞ시니百祿是總이샷다

●小共과大共을受ᄒᆞ샤下國에駿厖이되샤天의龍을何ᄒᆞ샷다그勇을敷奏ᄒᆞ샤震치아니ᄒᆞ시며動치아니ᄒᆞ시며戁치아니ᄒᆞ시며竦치아니ᄒᆞ시니百祿이이에總ᄒᆞ샷다
○賦也小共大共駿厖之義未詳或曰小國大國所共之貢也鄭氏曰共執也猶小球大球也蘇氏曰共珙通合珙之玉也傳曰駿大也厖厚也董氏曰齊詩作駿駹謂馬也龍寵也敷奏其勇猶言大進其武功也戁恐竦懼也

○武王載旆ᄒᆞ사有虔秉鉞(音越)ᄒᆞ시니如火烈烈ᄒᆞ야則莫我敢曷(音遏叶何竭反)이로다苞有三蘖(叶五竭反)이莫遂莫達(叶他悅反)ᄒᆞ야九有有截이어늘韋顧旣伐(叶房越反)ᄒᆞ시고昆吾夏桀이로다

●武王이旆를載ᄒᆞ샤虔ᄒᆞ야鉞을秉ᄒᆞ시니火ㅣ烈烈ᄐᆞᆺᄒᆞ야곳나를敢히曷ᄒᆞ리업도다苞의세蘖이遂치못ᄒᆞ며達치못ᄒᆞ야九有ㅣ截ᄒᆞ거늘韋와顧를이믜伐ᄒᆞ시고昆吾와夏桀을ᄒᆞ도다

○賦也武王湯也虔敬也言恭行天討也曷遏通或曰曷誰何也苞本也蘖旁生萌蘖也言一本生三蘖也本則夏桀蘖則韋也顧也昆吾也皆桀之黨也鄭氏曰韋彭姓顧昆吾己姓○言湯旣受命載旆秉鉞以征不義桀與三蘖皆不能遂其惡而天下截然歸商矣初伐韋次伐顧次伐昆吾乃伐夏桀當時用師之序如此

○**昔在中葉**ᄒᆞ야 **有震且業**이러니 **允也天子**(叶奬里反)ㅣ **降于卿士**ᄒᆞ시니 **實維阿衡**(叶戶郞反)이 **實左**(音佐)**右**(音又)**商王**이로다

●녜中葉에이셔震ᄒᆞ고ᄯᅩ業ᄒᆞ더니진실로天子ㅣ卿士를降ᄒᆞ시니 진실로阿衡이진실로商王을左右ᄒᆞ도다

○賦也葉世震懼業危也承上文而言昔在則前乎此矣豈謂湯之前世中衰時與允也天子指湯也降言天賜之也卿士則伊尹也言至於湯得伊尹而有天下也阿衡伊尹官號也

長發七章一章八句四章章七句一章九句一章六句

序以此爲大禘之詩蓋祭其祖之所出而以其祖配也蘇氏曰大禘之祭所及者遠故其詩歷言商之先后又及其卿士伊尹蓋與祭於禘者也商書曰玆予大享于先王爾祖其從與享之是禮也豈其起於商之世歟今按大禘不及羣廟之主此宜爲

祫祭之詩然經無明文不可考也

撻彼殷武로 奮伐荊楚ᄒᆞ샤 罙(音面規反) 入其阻ᄒᆞ야 裒(音抔) 荊之旅ᄒᆞ야 有截其所ᄒᆞ니 湯孫之緒(音序)ㅣ샷다

● 撻ᄒᆞᆫ뎌 殷ㅅ武로 荊楚를 奮ᄒᆞ야 伐ᄒᆞ샤 그 阻애 罙入ᄒᆞ야 荊의 旅를 裒ᄒᆞ야 그 所를 截케ᄒᆞ니 湯孫의 緒ㅣ샷다

○賦也撻疾貌殷武殷王之武也罙冒裒聚湯孫謂高宗○舊說以此爲祀高宗之樂蓋自盤庚沒而殷道衰楚人叛之高宗撻然用武以伐其國入其險阻以致其衆盡平其地使截然齊一皆高宗之功也易曰高宗伐鬼方三年克之蓋謂此歟

○維女(音汝) 荊楚ㅣ 居國南鄕ᄒᆞᄂᆞ니 昔有成湯ᄒᆞ실서 自彼氐(音堤) 羌ᄒᆞ야 莫敢不來享(叶虛良反)ᄒᆞ며 莫敢不來王ᄒᆞ야 曰商是常이러니라

● 너 荊楚ㅣ 國ㅅ南鄕의 居ᄒᆞᄂᆞ니 녜 成湯이 계실서 녀 氐羌으로 브터 敢히 來ᄒᆞ야 享치 아니리 업스며 敢히 來ᄒᆞ야 王치 아니리 업서 골오ᄃᆡ 商에 이 常이라 ᄒᆞ더니라

○賦也氐羌夷狄國在西方享獻也世見曰王○蘇氏曰既克之則告之曰爾雖遠亦居吾國之南耳昔成湯之世雖氐羌之遠猶莫敢不來朝曰此商之常禮也況汝荊楚曷敢不至哉

○天命多辟(音壁)ᄒᆞ샤 設都于禹之績ᄒᆞ시니 歲事來辟ᄒᆞ야 勿予禍適(音謫)이

다

稼穡匪解(音懈叶訖力反)로이다

●天이多辟을命ᄒᆞ샤都를禹의績ᄒᆞ신ᄃᆡ設ᄒᆞ시니歲事로來ᄒᆞ야辟ᄒᆞ야나를禍適지마를지어다稼穡을解치아니ᄒᆞᄂᆞ이다

○賦也多辟諸侯也來辟來王也適讁通○言天命諸侯各建都邑于禹所治之地而皆以歲事來至于商以祈王之不譴曰我之稼穡不敢解也庶可以免咎矣言荆楚既平而諸侯畏服也

○天命降監(下與濫叶)이라下民有嚴(叶五剛反)ᄒᆞ니不僭不濫ᄒᆞ야不敢怠遑ᄒᆞ면命于下國(叶越逼反)ᄒᆞ샤封建厥福(叶筆力反)ᄒᆞ시ᄂᆞ니라

●天의命이降監ᄒᆞ시ᄂᆞᆫ지라下民이嚴ᄒᆞᆷ이이시니僭치아니며濫치아니ᄒᆞ야敢히怠遑치아니면下國의命ᄒᆞ샤키그福을建ᄒᆞ시ᄂᆞ니라

○賦也監視嚴威也僭賞之差也濫刑之過也遑暇封大也○言天命降監不在乎他皆在民之視聽則下民亦有嚴矣惟賞不僭刑不濫而不敢怠遑則天命之以天下而大建其福此高宗所以受命而中興也

○商邑翼翼ᄒᆞ니四方之極이로다赫赫厥聲이며濯濯厥靈이로소니壽考且寧ᄒᆞ샤以保我後生(叶桑經反)이샷다

●商邑이翼翼ᄒᆞ니四方의極이로다赫赫ᄒᆞᆫ그聲이며濯濯ᄒᆞᆫ그靈이로소니壽考ᄒᆞ고ᄯᅩ寧ᄒᆞ샤써우리後生

을保ᄒᆞ샷다

○賦也商邑王都也翼翼整勅貌極表也赫赫顯盛也濯濯光明也言高宗中興之盛如此壽考且寧云者蓋高宗之享國五十有九年我後生謂後嗣子孫

○陟彼景山(叶所旃反)ᄒᆞ니 松柏丸丸(叶胡員反)이어놀 是斷(音短)是遷ᄒᆞ야 方斲(音蜀)是虔ᄒᆞ니 松桷(音角)有梴(五連反)ᄒᆞ며 旅楹有閑(叶胡田反)ᄒᆞ니 寢成孔安(叶於連反)이로다

●뎌景山의陟ᄒᆞ니松柏이丸丸ᄒᆞ거놀이에斷ᄒᆞ며이에遷ᄒᆞ야方히斲ᄒᆞ야이에虔ᄒᆞ니松으로ᄒᆞᆫ桷이梴ᄒᆞ며旅楹이閑ᄒᆞ니寢이成홈애심히安ᄒᆞ도다

○賦也景山名商所都也丸丸直也遷徙方正也虔亦截也梴長貌旅衆也閑閑然而大也寢廟中之寢也安所以安高宗之神也此蓋特爲百世不遷之廟不在三昭三穆之數旣成始祔而祭之之詩也然此章與閟宮之卒章文意略同未詳何謂

殷武六章三章章六句二章章七句一章五句

商頌五篇十六章一百五十四句

詩經卷之八 終

原本備旨 **詩 傳**(全)

初 版 發 行●1978年 12月 15日
重 版 發 行●2019年 1月 22日
校 閱●金 赫 濟
發行者●金 東 求
發行處●明 文 堂(1923. 10. 1 창립)
서울시 종로구 윤보선길61(안국동)
우체국 010579-01-000682
전화 (영) 733-3039, 734-4798
(편) 733-4748
FAX 734-9209
Homepage www.myungmundang.net
E-mail mmdbook1@kornet.net
등록 1977. 11. 19. 제1～148호

●낙장 및 파본은 교환해 드립니다.

정가 15,000원
ISBN 978-89-7270-946-0 93140

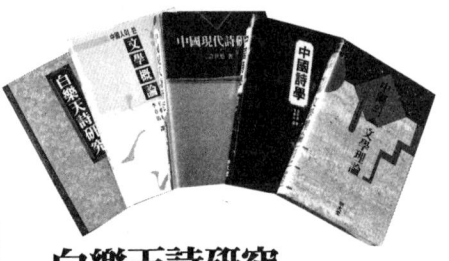

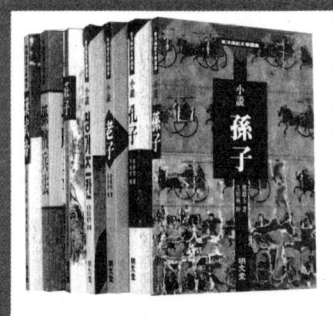

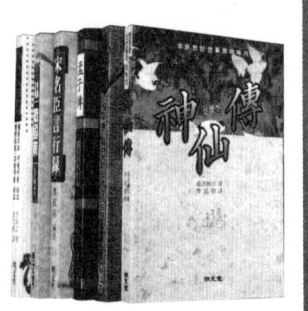

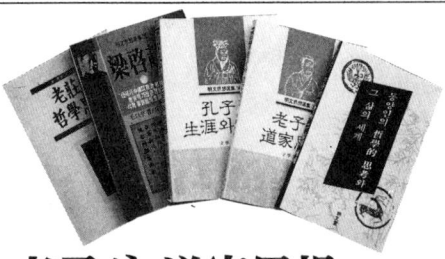

東洋古典原本叢書

原本備旨 **大學集註**(全) 金赫濟 校閱

原本備旨 **中庸**(全) 金赫濟 校閱

原本備旨 **大學・中庸**(全) 金赫濟 校閱

原本 **孟子集註**(全) 金赫濟 校閱

原本備旨 **孟子集註**(上・下) 金赫濟 校閱

正本 **論語集註** 金星元 校閱

懸吐釋字具解 **論語集註**(全) 金赫濟 校閱

原本備旨 **論語集註**(上・下) 申泰三 校閱

原本集註 **周易** 金赫濟 校閱

備旨具解 **原本周易**(乾・坤) 明文堂編輯部

原本集註 **書傳** 金赫濟 校閱

原本集註 **詩傳** 金赫濟 校閱

原本懸吐備旨 **古文眞寶前集** 黃堅 編 金赫濟 校閱

原本懸吐備旨 **古文眞寶後集** 黃堅 編 金赫濟 校閱

懸吐 **通鑑註解**(전3권) 司馬光 撰

原本 **史記五選** 金赫濟 校閱

詳密註解 **史略諺解**(전3권) 明文堂編輯部 校閱

詳密註解 **史略諺解**(全) 明文堂編輯部 校閱

原本集註 **小學**(上・下) 金赫濟 校閱

原本 **小學集註**(全) 金星元 校閱

東洋古典은
계속
출간됩니다.

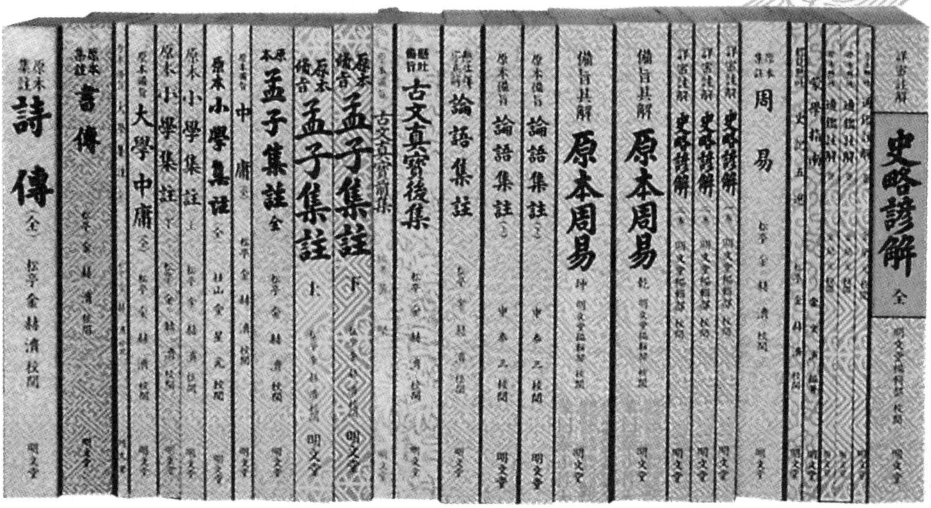